新闻传播文存

李仁博题

白贵 著

人民日报出版社
北京

图书在版编目（CIP）数据

新闻传播文存 / 白贵著. —北京：人民日报出版社，2023.2

ISBN 978-7-5115-7620-0

Ⅰ.①新… Ⅱ.①白… Ⅲ.①新闻学—传播学—研究 Ⅳ.①G210

中国版本图书馆CIP数据核字（2022）第233488号

书　　名：新闻传播文存
XINWEN CHUANBO WENCUN
作　　者：白　贵

出 版 人：刘华新
责任编辑：梁雪云　王奕帆
封面设计：中尚图

出版发行：人民日报出版社
社　　址：北京金台西路2号
邮政编码：100733
发行热线：（010）65369527　65369846　65369509　65369512
邮购热线：（010）65369530
编辑热线：（010）65369526
网　　址：www.peopledailypress.com
经　　销：新华书店
印　　刷：天津中印联印务有限公司
法律顾问：北京科宇律师事务所010-83632312

开　　本：710mm ×1000mm　1/16
字　　数：450千字
印　　张：30.5
版次印次：2023年6月第1版　2023年6月第1次印刷

书　　号：ISBN 978-7-5115-7620-0

定　　价：99.00元

目　录

报　刊

广播电视

网络与新媒体

出版与文化传播

会议综述

报刊

“五度”引导：城市党报提升舆论引导力的路径选择

导读 在市场化的传媒生态中，城市党报承受着四种力量的分割——网络、移动媒体等新兴媒体；广播、电视等电子媒体；中央、省级党报；都市报、晚报。竞争的压力使多数城市党报陷入发展空间日益萎缩的窘境。如何有效引导舆论面临挑战？如何在新的舆论传播环境中有更大作为？作者从舆论引导力的多维解构与合力建构角度，提出城市党报在舆论引导中的“五度”提升路径。

一、高度：强调思想性，营造支持性氛围引导舆论

所谓高度，即强调新闻报道的思想性，就是要突出事物的本质、时代性与社会价值等。思想性有利于营造支持性氛围，进而抢占舆论制高点，而能否营造这一氛围成为衡量一份报纸舆论引导力的重要标准。当前，党报的思想性体现在有分量的指导性新闻中，“加强分析和解释，整合零散信息，挖掘实践发展的内在逻辑关系，做出正确的预测，而非简单印证，是指导性新闻面临的新抉择。”[1]可以看出，加强指导性新闻的创新是打造党报思想性的有效途径。

因此，城市党报应善于从政治思想高度来挖掘、思考新闻，从政治思想上着眼来选择新闻题材，重视指导性新闻的内容整合与形式创新，巧妙策划专题来打造指导性新闻独特的思想力。《贵阳日报》提出走“精”品之路，即

[1] 童兵主编. 李良荣自选集：新闻改革的探索[M]. 上海：复旦大学出版社，2004：182.

“精准把握党委意图、精确表达新闻要素、精心策划主题活动、精兵参与重大报道、精细管理采编流程”。该报以主题策划提升报纸的影响力，以2011年上半年为例，《贵阳日报》紧扣贵州省委“加速发展·加速转型·推动跨越”的主基调，在建党90周年、“贵阳速度”“三个建设年”、创先争优及贵阳市委八届十次全会等重大宣传上进行多版块、全方位策划报道，获得好评。比如在2011年生态文明贵阳会议中，《贵阳日报》推出四期64个整版，声势浩大的宣传与精心细致的工作相配合，吸引了社会各界的关注，获得了宣传价值和新闻价值的双丰收。

二、角度：以“贴近性”与“参与式”理念引导舆论

这里说的角度，即媒体的立场、态度和方式。城市党报好比一张为城市勾勒的肖像图，画笔所描处为画者视角和心态的呈现，也体现着城市的内在活力和发展张力。因此，选择什么样的视角来勾勒城市生活，便成为城市党报能否立足城市、赢得民心的关键基点。

引导力源于公信力——全面、主动、正确反映舆论是引导舆论的前提，舆情呈现的力度与符合度决定了媒体与民意接近的距离。也就是对于党报来说，重要的不单单是上情下达能力，更是上下沟通的意识和作为，特别是能否做到下情准确、及时地上传，这才是考量一个党报能否拥有公信力的关键。

首先，城市党报要确立贴近性和民众本位的办报理念。抓住民众满意的根本，增加与城市读者的关系黏性，比如积极改进会议报道的角度，从群众的、实际的和生活的角度来审视和把握会议亮点、关键点，体现报道的贴近性。

其次，城市党报应改变以往的“主导式”传播模式，尝试践行“参与式”模式。“参与代表了一种全新的发展理念，反映的是一种基层群众被赋权的过程。”[1]

具体而言，城市党报应低姿态主动与网络和社会自媒体进行信息链对接，

---

[1] 王德海. 发展传播学[M]. 北京：中国农业科学技术出版社，2003：291.

积极将自媒体信源纳入传统传播流程中来。一些地方党报在这方面已有所实践，如《嘉兴日报》于2002年创办的“党报热线”已有10年之久，而且从原来的电话互动发展到现在的QQ群、热线微博，继而推出子栏目“市民问政”，围绕党委、政府的决策点以及市民关心的热点，通过热线电话、热线微博、热线QQ群等展开讨论，让官意对接民意。民众不再一味地被动地接受政令和决策，党委政府的决策也输入了民众发声的管道，社会各界反响良好。可见，这种参与式理念对提升城市党报的舆论引导大有裨益。

三、深度：创新深度报道引导舆论

所谓深度，即报道指向的程度，是浅尝辄止还是深入挖掘？是流于表面还是探究内质？这类报道一般围绕重要新闻事件和社会问题，追踪来龙去脉，挖掘事实背后的事实，着力于人性解读，洞察新闻人物的心路历程。深度报道不仅仅体现了媒体对某一新闻事件的倾力挖掘、深入思考、理性判断，更是媒体社会责任感的充分展示。

城市党报具有天然的地方优势和党报权威性，但要使两种优势水乳交融、相得益彰，就需要从“受众认知效用”的角度创新深度报道，在主题选择和形式创新方面打造深度。

首先，从主题选择上，坚持以“理性思维、前瞻性分析、独到视角”为标准。对地方民众关注的热点问题进行理性辨别、客观审视，进行前瞻性或独到的解读、剖析，就能够在众说纷纭中“振臂一呼”，充分发挥地方党报特有的舆论引导功能。

其次，从表达形式上，城市党报强调的深度不是高深莫测、抽象晦涩、死气沉沉，而是主题挖掘要深，深入浅出。同时，能激发读者阅读兴趣、提升阅读快感，诸如在版式编排、标题写作、语言风格等方面增强律动美感，清晰报道路径，由长变短的分拆式呈现（比如增加“导读”“小标题”等），达到从“易读”到“悦读”的效果。

四、力度：强化新闻评论的影响力引导舆论

所谓力度，即媒体向社会发言、实施社会干预的强度，是媒体社会影响力的重要体现。新闻评论一向是报纸组织舆论、反映舆论、引导舆论和进行舆论监督的重要手段。媒体通过新闻评论体现媒体的立场、态度，并进行一定程度的社会干预。正如美国学者约斯特在其《新闻学原理》中所述："一份报纸的个性不在新闻版，而在其评论。"评论是一份报纸个性的体现，评论是报纸的灵魂，是报纸的主要声音。

但是，就目前我国党报新闻评论的现状而言，还存在很多的问题，表现为：评论的量少、涉及面窄、影响力弱等。试想，当社会坊间议论纷纷，其他媒体讲得沸沸扬扬，一定有一些人（更多的是社会的知识型人群）期待听到党报的声音，不管读者的反应是肯定或否定，支持或反对，必然是意见表达和交流的过程，这正是党报影响舆论的时机。因此，党报必须多用、善用新闻评论，城市党报特别要积极利用新闻评论的武器，更新观念、提高评论的强度。

五、尺度：在"媒体作为"的把握中引导舆论

所谓尺度，即媒体自身角色的把握。在网络舆论、微舆论勃兴的新媒体格局下，从理念到技术，从策略到手段，无论是何种级别和规模的党报，在舆情复杂的热点问题及突发、重大事件报道中，都不同程度地遭遇着职责与实践之困。

对于城市党报来说，要把握好"有为"与"有位"的尺度，做到复杂、敏感舆情面前"不失语""不乱语"，积极搭建"公众了解和表达热点难点问题的可信任渠道"。[1]

"有为"即"有作为""不失语"。对发生于本地的、涉及政府及其职能部门工作失误的突发性事件或危机事件，城市党报绝对不能缺席，而是要做有智慧的喉舌，从理念、体制、机制和技术等方面给予政府危情疏导和有效沟通

[1] 陈东，杨子平. 在热点难点舆论引导中积极有为[J]. 新闻战线，2010（3）.

的实质性支撑：一方面，在突发事件报道上，要配合党委部署，遵循“快报情况、重报态度、慎报原因”的原则，强化时效性、针对性、开放性和互动性。党报应积极推动政务公开，特别是突发事件的信息透明，没有真相就没有谅解；触摸民意脉搏，从群众利益角度，体会解决现实矛盾的切肤之痛，增强紧迫感，不要与主流民意对抗。另一方面，也要及时、全面、准确地反映民声，让政府了解民众的期待，避免“政府议程”处于自说自话的尴尬之中，将政府的态度与民众的期待有效融合，支持政府搭建主动跟进、良性呼应的空间和沟通平台，使媒体议程、公众议程与政府议程在有序对接中走向和谐。

“有位”，即“有定位”“不乱语”。一些热点问题本身就是社会各种矛盾的集中体现，或者是关乎民生利益的重要问题，或者是影响社会稳定发展的危机爆发。无论何等程度的事件，党报如若无视或者淡然处之就会失掉民心，被民众所抛弃，更无从谈及舆论引导；但如若缺少理性定位，一味盲从、冲动乱语，可能会激化矛盾，强化冲突，使危机事件升级、蔓延，更不利于事件的处置与舆论的引导。

城市党报的“定位”需要强调三点：一是城市党报的职能定位，即配合同级党委和政府的工作进行组织舆论、引导舆论的宣传职能。二是城市党报的专业定位，即必须遵循新闻传播规律的舆情干预，讲究新闻原则和宣传目的的有效结合。三是城市党报的超地域定位，即在着力服务于地方宣传工作的同时，也要时刻将传播视野覆盖全国、全球。“有位”的目的在于党报在新闻报道中要“有理有节”地融入事件报道，把握与民众互动的尺度和分寸，宣传不能过头，批评也不能上纲上线，否则就容易贻笑大方。

（白贵、甄巍然，原载《中国记者》2013年第1期）

理念·机制·队伍

——有关专副刊生存与创新的断想

探讨专副刊的创新问题，首先有必要对专副刊做一个简单的界定，这里不妨暂且借用冯并新出版的《中国文艺副刊史》中的一段话：“专副刊是我国报纸的编辑特点，也是植根于民族文化土壤的优良报纸传统。副刊已有百年的历史，它的亚种专刊也发展了70多年。”这段话不仅交代了专副刊的历史，也说明了二者的关系。

跨入新千年以来，随着新一轮改版热的不断升温，众多报纸逐步开始“扬新闻，抑专副刊”，“小编大采”的模式悄然兴起，围绕全面强化新闻性，不少报纸都推出了主动出击的举措。另外，大力压缩专副刊，使得专副刊处于一种日渐冷落、生存维艰的尴尬局面。在这种情况下，专副刊如何通过创新赢得有效生存和发展空间，是摆在报人面前的严峻课题。笔者试从以下三个方面谈谈个人的一些思考。

理　念

理念之一，理念关乎一切创新的成败。

对待专副刊，从历史到性质、功能，直至其与正刊的关系及在新闻文化中的角色位置，都存在许多认识上的偏误，我们权且归结为若干“理念”问题。

专副刊的生存和发展首先应当厘清的第一个理念是“专副刊是否已成为报纸读者流失的一个主要因素”？让我们来简单回顾一下：20世纪80年代开始，为了满足人们迅速增长的精神及物质的需求，阔别多年的专刊以各种不同的姿态，走进了人们的生活。20世纪90年代以后，原本脱胎于综合性副刊的专刊更得天时地利之便，以雨后春笋之势蓬勃发展。各类报纸正是靠增加、扩大专副刊，才吸引了大批的读者，有效提升了报纸的发行量。只是到了90年代后期，专副刊大行其道而又未加调整规范，逐渐出现了明显的“杂志化”倾向，以至于不断削弱蚕食报纸的新闻性。专副刊当初的流行说明了读者市场的存在，而如今开始被冷落，亦有着深刻的自身原因。当作为广义的副刊体系无所不包的时候，它的特色也就必然悄然褪尽；当它的文章愈来愈长，且庞杂无序时，其可读性和魅力必然风光不再。然而，在没有把准脉的情况下贸然釜底抽薪，只会走入另一个误区。

理念之二，专副刊是正刊的某种延伸。

尺有所短，寸有所长。以各类要闻、新闻见长的正刊，作为新闻“快餐”，可以满足人们的“新闻欲”，但光有新闻“快餐”，是不是就能满足人们对报纸的需求呢？正刊的新闻是否就可以涵盖“新闻文化”的全部内容呢？读者日常文化生活的广泛性，新闻文化中传播先进文化、建设民族新文化的重任，是否仅靠正刊来独立担当就万事大吉呢？

理念之三，专刊副刊的“品牌效应”不可忽略。

除了与正刊共有的一个总品牌（报名）外，许多专副刊往往有自己的专有品牌，它们经过长期积累，已经有一定的知名度、美誉度，读者是因为对它的特殊感情，才始终如一地成为报纸的忠实朋友。像人们熟知的《文汇报·笔会》《人民日报·大地》《羊城晚报·花地》……如果翻开副刊的历史，我们还可以随手拈出诸如《申报·自由谈》《新民报·新园地》等众多范例。这些副刊在中国现代思想文化建设史上的作用，丝毫不逊色于正刊。至于它们在现代文学史、现代文体发展史上的作用，同样难以估量。

接下来的两个理念也难以回避：一是报纸靠什么创特色？人们都懂得：报纸要创新，特色是关键。靠新闻，尤其是独家新闻、地方新闻创特色已被证明是一条路子；而以经营好专副刊来创特色，是较为可行的另外一条路子。专刊因为兼具正刊与副刊的某些特点，所以最容易背靠新闻，做出许多深广独到的东西来；而副刊虽说是正刊的延伸，但毕竟在题材、体裁上比正刊的创造空间更大些。如果说正刊满足的是人们的“新闻欲”，那么副刊满足的则是人们的“审美欲”“求知欲”“消闲欲”。对接受主体来说，需求是各不相同的。二是就专副刊本身而言，近些年也暴露出不少困扰自身发展的问题。例如注重类别的“大而全”，而不注重“独家专卖”；注重开辟园地，而不注重培植品牌。许多报纸只着眼不断推出×××专刊、×××周刊，但名称仅仅是内容类别的概括，缺乏个性色彩，当然也就难以创出品牌，表现出理念上的重功利而轻文化战略、品牌战略的某种短视。连一些苦心经营了多年的有价值的副刊品牌，由于信心或底气不足也时见半途而废；由此就必然产生专副刊虽多，但名牌少、特色少，读者不易辨识、记不住的问题。再如，随着版面的扩展，专副刊的综合性、独立性愈来愈突出，杂志化倾向日强，而新闻性渐弱，专副刊不再是正刊的延伸，而是另成中心。相对的独立性如果说对于文艺性副刊来说还因有传统作为依据，有其存在的合理性的话，那么，一些专刊日强的独立性，就无疑构成了对正刊的挤压。

机 制

报纸虽说是新闻纸，但无论正刊如何发达，新闻如何被重视强化，专副刊的地位和作用也是难以取代的。问题在于专副刊首先应当在理念上重新定位，然后就应解决机制上的矛盾。

以目前的格局而言，新闻正刊以自采稿件为多，副刊（尤其文艺副刊）以外稿为多，而专刊介于二者之间，既有自采，又有外组。然而，从副刊的性质来看，它的宗旨、内容、特点、风格乃至读者对象的趣味，都有与正刊不同的特点，像文艺类副刊的用稿，又不能以记者稿件为主，须以组织外稿为主，这就决定了编辑在副刊中的无可置疑的中心地位。值得关注的是，在目前报纸改革中，有不少报纸采用了“小编大采”的思路。这在一定程度上促进了新闻的繁荣，比较有利于新闻的发展。但对于文艺类副刊和某些专刊来说，则明显不利。本来人手就有限的编辑力量，在正副刊打通后，更难有专门的精力来组织充足的优质副刊稿件，甚至只能迁就于既有稿件，有什么吃什么。记者采回的稿件再好，也多属新闻类，偶有副刊可用者，也难以成为“拳头产品”。所以，鉴于副刊的特殊性，很难照搬新闻的“小编大采”机制，而必须代之以组织、策划、编辑为主导的“编辑中心制”，特别是要培养学有专长的作家学者型编辑。在副刊的办刊质量上，要实行适合副刊特点的社内外结合的监评制，对副刊的质量进行有效的长期评估。

队 伍

办好副刊，人不在多而在精，在于眼光和胆识。理想的副刊编辑应当是善于借“外脑”的编辑家，而不只是会关起门来拍拍脑门想点子的编辑。有品位的副刊要靠才能学识魅力兼具的编辑家来经营，否则便难有文化的“累积效应”，更谈不上创名牌。在这方面，副刊往往比正刊更经得起时间的淘洗、历史的沉淀。这些都须以编辑敏锐的思想，过人的胆识来专心经营。纵观历来优秀的副刊编辑，无不具有以下几种重要素质：一是过人的策划能力；二是超凡的创新意识；三是较好的文化和专业素养；四是良好的公关交往能力。近些年来，许多省市级的报纸副刊，由于策划创意好，加之肯不辞辛苦、礼贤下士，往往可以组织起一支可观的作者队伍，其中不乏名家名人，也不乏颇具实力的后起之秀。

专副刊作者的构成，也与正刊有明显的区别。其中正刊的作者一般主要由本报记者或通讯社记者，或本报通讯员组成；而专刊的作者队伍一般既要有本报记者，也要有社会各行各业人士、专家。而副刊（这里主要指文艺副刊）的作者，则主要由作家、艺术家、评论家、民间艺人、业余作者、学者构成。作者队伍的专业化、广泛性，是形成副刊高品位、多元化的根本因素。此外，为保持副刊的不断出新，还应在培养新人上下功夫。稿源的多元化，最有利于特色的建立。

在作者队伍中，要善于培植“重点稿”，每期力争要有“出彩”的“领衔稿”；另外要尽量杜绝“关系稿”“平庸稿”。在平庸的园地里，是绝难产生特色的。所以，拒绝平庸也就成了编辑义不容辞的艰巨使命。理念的检审，机制的调整，队伍的造就，笔者认为这是专副刊增强核心竞争力，不断走向创新的三个关键性因素。

（白贵，原载《新闻战线》2002年第4期）

《中国报业》刊首语：适应是为了征服

塔克拉玛干沙漠被称为“死亡之海”，此前从未有人徒步穿越过。为了征服它，无数探险者倒在了沙漠中。1998年11月，在深入论证后，52岁的欧洲女性卡拉，只身一人，历时20天，由南向北成功穿越“死亡之海”。选择冬季穿越，是她成功的主因。她说：“我不挑战自然，我是千方百计地适应自然。”

中国报业也面临着新的重大穿越。如何穿越？探险家卡拉的经验给了身处逆境的中国报业重要启示：不是挑战而是适应。美学家王朝闻先生在《适应与征服》里讲过一个审美的道理：审美主体对艺术等审美对象都必须先适应，然后才谈到征服，创造与欣赏都是如此。没有适应，就没有征服。

今天的报业，人们谈论较多的是“坚守”，其实审时度势，既要坚守，又要放弃。坚守什么？报业永不言败的精神；放弃什么，一切不适应报业发展的观念、模式、采编方式、经营理念。适应是基于变化，征服既是目标也是动力。适应就是要主动出击，不是先过了今天的坎儿，再说明天的路。一些报纸媒体的营收，基本上还是依靠广告，遇上支撑性广告行业如房地产、汽车等不景气，整个报社都会眉头紧锁。如今经营媒体，不仅要熟悉本行业，还要了解相关行业，要富有艺术家的想象力，军事家的果敢与胆识。眼睛要紧盯现实的和潜在的受众，在不媚俗、不降低格调的追求下，积极适应新格局下媒体的新定位、新功能。适应而不失自我，征服而不失底线。

那么，现在的中国报业到底要适应什么？

首先，是内容。这里所说的内容是融媒时代的内容，从采集制作到传播接收都具有时代性、变化性的东西，既包含了传统意义上的内容，也包含了形式方面的内容。在这其中，最先要适应的就是采编和报道方式，要适应融媒时代受众的阅读习惯。还有公信力问题。我们有些地方领导让媒体报喜不报忧，不提舆论监督，只讲舆论引导，使得传统媒体公信力日渐衰微。没有公信力，引导就是一句空话。一旦远离事实真相，罔顾民众情绪，公信力不就成了空中楼阁？重振报业，需要实事求是，需要专业精神，否则，就难以赢得尊敬，赢得信任，走下坡路是必然结局。

其次，是服务。人们都说“内容为王，服务为魂”，笔者认为二者都是王。没有服务意识，被冷落、被排斥是意料中的事情；没有取长补短、扬长避短的观念，就会无所适从。今天，“王者”已经不仅仅是内容了，除了内容，经营的多元化、服务的便捷性，都是报纸发展重要的考量因素。君不见，如今青年人全新的“悦读”方式和习惯，不正是在悄然改变着传统媒体的版图吗？

当然，我们报业中也有一些报社早就未雨绸缪，积极试水。为了征服，他们迈出了各式各样的适应步伐。这一点，人们已有目共睹。

（白贵，原载《中国报业》2012年第9期）

为当代报纸副刊定位

20多年来，我国新闻事业获得了巨大的发展。同时，新闻研究也获得了丰硕的成果。然而，美中不足的是关于报纸副刊的研究却十分薄弱，真正具有学术价值的论著难得一见。这同我国当代报纸副刊丰富多彩、万紫千红的发展现状是非常不符的，学术研究远远落后于副刊实践。田建平先生主编的《当代报纸副刊研究》一书，无论是对于我国新闻学的研究（特别是对于报纸副刊的研究），还是对于我国新闻学科的建设，均具有重要的学术价值。它填补了这一研究领域的空白，甚至可以说初步奠定了当代我国报纸副刊研究的基本格局。全书显示了作者对当代我国报纸副刊全面、系统的认识与把握，以及学术理论上的体系构建。凡十二章，依次为：我国报纸副刊史简述、当代报纸副刊的定义及其他、副刊的基本属性、副刊的基本类型、副刊的基本内容、副刊的体裁及主要表现形式、副刊与新闻的关系、副刊的版面语言与版面构成、副刊与传播、副刊作者的培养与队伍建设、副刊编辑人员的修养与队伍建设、我国报纸副刊未来发展趋势。再加上立意高远、见解不凡的长篇“绪论”。这一体例颇具新意，在我国当代报纸副刊研究中不失为“创见”之作，在一定程度上反映出该领域研究的新水平。从2万余字的“绪论”中，读者可以看出该书的主要思想、观点及理论框架。作者主要提出并论述了五个问题：一、“大副刊”理念。二、副刊与新闻对等理念。三、副刊的文化本位理念。四、副刊的传播理念。五、澄清关于“副刊”研究上的若干认识问题。作者站在时代前沿，纵览当代我国报纸“万象”，从“全球化”与“大文化”的历史语境与现实语境出发对我国当代报纸副刊进行“定位”与学术“考察”，从而大致完成了副刊研究的学术理论构建。此前，副刊研究领域零星的、碎化的、个人经验式的论文远远多于高屋建瓴的有洞见的著述，而《当代报纸副刊研究》恰恰以奇峰突现般的学术姿态完成了理论上的一次“超越”。作者主要从“大文化”的视角对当代报纸副刊作了学术考察。书中精彩的论述时时可见。副刊的本质是文化。人类的一切文化，人类未来可能创造的文化，均在副刊“表达”的视野之内。副刊不仅“表达”“文化”，而且更重要的是传播与创造“文化”。作者给副刊下的定义也自成一家：所谓报纸副刊，就是以作为大众传媒之一的报纸为其载体，符合报纸本身的基本属性，与报纸新闻、广告相区别，独立传播文学、艺术、技术及其他相关文化、知识（或传播“大文化”）的一切报纸作品及其版面语言。在《澄清关于“副刊”研究上的若干认识问题》中，作者敏锐地抓住了副刊认识与研究上普遍存在的12个主要问题，一一加以剖析，鞭辟入里，均能切中肯綮，可以说是对我国当代报纸副刊研究做了一次全面的、清晰的“梳理”与“诊断”，澄清了长期存在的模糊、片面、偏颇乃至错误的看法，因而尤具建设价值。

（白贵，原载《光明日报》2006年12月26日）

经济新闻报道嬗变之三十年

——以中国报刊经济新闻报道发展为例

摘要：经济新闻报道与中国经济共同成长。经济新闻的三十年嬗变过程可分成三个阶段：第一阶段（1978—1992）为经济新闻重振时期。此时，经济新闻报道领域拓宽，报道角度着眼政治，主要以“讨论”式报道为主，报道方式趋向深度报道。随着中国证券市场的建立和成熟，证券类新闻彰显活力，即狭义财经新闻报道日渐盛行，这是第二阶段（1992—2001）。从2001年至今的新财经新闻报道时期，为经济新闻发展的第三阶段，这一时期的经济新闻以全新的理念将视角转向全球，报道形式多以故事化手法为主，并在报道中凸显人文关怀。

关键词：改革开放　经济新闻报道　嬗变　三十年

陈力丹曾指出：在一个社会中，经济是一个系统化的整体，由变动着的一系列相互关联的进程、状态和指标构成。而变动产生新闻。30年来，中国的伟大变革为经济新闻提供了快速成长的土壤。从十一届三中全会党将工作重心转移到经济建设上来到党的十四大社会主义市场经济体制的确立，再到我国正式加入世贸组织和党的十六大“科学发展观”的提出，中国经济新闻报道随着中国经济体制的转变与深化迅速发展。所以，我们有必要把经济新闻报道放到中国改革开放三十年的宏观背景中进行梳理，用全面和发展的眼光来分析经济新闻报道在不同时期的形态与特征，科学地总结经济新闻报道规律，为中国经济新闻在更广阔的全球视野中找到更好的生存空间。

第一阶段：经济新闻重振时期（1978—1992）

1978年12月，中国共产党召开十一届三中全会。“解放思想，实事求是”的思想开启了中国经济体制改革的大门。会议明确了党的工作重心从阶级斗争转移到生产力的发展上来，提出经济体制改革。

“文化大革命”十年浩劫，暴风骤雨般的政治风云使我国经济新闻严重受阻。当经济领域的竞争代替政治领域的斗争，逐步上升为社会竞争的核心之时，全国以报纸为代表的主流媒体纷纷行动起来，开展了经济新闻重振运动。

1979年，人民日报社率先举起重振运动的大旗。它创办了以反映国内各经济行业最新动态为主的《市场报》，发行量一度在80万份以上；1981年新华社主办的《经济参考报》是改革开放后诞生的第一份全国性经济日报；1983年1月1日，国家经委以原《中国财贸报》为基础组建了《经济日报》；1987年由8家银行共同创办的《金融时报》，成为党和国家在金融领域的最重要媒体；1989年全国工商联创办的《中华工商时报》异军突起，成为工商界的舆论阵地与信息平台。

作为经济新闻振兴的记录者、见证者，这些报纸对于中国经济新闻史来说功不可没。通过这些报纸对当时经济领域的报道，我们总结出中国经济新闻重振时期的如下报道特点。

1. 报道领域拓宽，报道角度着眼政治

此时的经济新闻报道扫描国内外宏观经济，宣传、解读政策，微观角度上关注民生和市场动态，不断介入老百姓日常生活，洞开了百姓关注经济生活的全新视野，起到了市场经济思想启蒙的作用。《经济学家赶集》《访厕记》等文章从百姓小视角看经济大问题，贴近生活，贴近实际，至今都是经济新闻报道的典范之作。但这些报刊是政府出于宣传、推广经济政策的需要而创办，受众更多是政府官员和企业主，所以对于市场经济中的经济现象和经济行为的报道角度大多着眼于政治。

2.“讨论”式报道成为主流

十一届三中全会之后的一段时间里，由于新旧体制的摩擦，很多人对改革持怀疑和否定的态度。对于中国来说，是稳定经济还是继续深化改革，中国的市场是姓“社”还是姓“资”，这些问题在讨论过程中意见不同，存在很多分歧。于是，“讨论式”报道成为经济新闻报道的主流。《人民日报》以“怎样加快农业生产”（1979年4月）、“农民怎样尽快富起来”（1980年1月）、“怎样开创农业发展新局面”（1983年1月）、“进一步发展农村商品生产”（1984年1月）等主题进行讨论。1987年《经济日报》40多天连续报道“关广梅现象”，就社会主义租赁制企业是姓“社”还是姓“资”展开讨论。参加讨论的人来自社会的各个阶层，有干部、专家、农民、学生。通过这种方式来解决改革中出现的问题，能够多侧面地暴露问题的症结，有利于集思广益，群策群力，有利于问题的解决。[1]

3. 深度经济报道的崛起

20世纪80年代，国门打开，深入改革，各种社会矛盾交织在一起。新闻就像一面镜子，反映着纷繁复杂的社会现实。简单的非黑即白的二元报道已经不能解释人们遇到的问题和困惑。此时，大刀阔斧的改革和变幻莫测的经济现象需要一种能够提供背景、追寻原因、展现过程、预测未来的新闻报道体裁出现。于是，经济新闻深度报道崛起。80年代的经济新闻深度报道多选择社会的热点问题，放到改革开放的宏观背景中，全方位、多角度地探寻问题的经济动因，为人们答疑解惑。由于多年的政治因素，这些经济新闻报道没能与1978年以前的传统经济新闻拉开太大的距离，在一定程度上依然远离受众，缺乏实用性和贴近性。但是这一时期的报道与时代交相辉映，使经济新闻报道回归了新闻本位，奠定了经济新闻在整个新闻传播领域的地位。

第二阶段：狭义财经新闻盛行时期（1992—2001）

1992年，邓小平南方谈话大大促进了改革开放的进程。随后，党中央召开十四大，确立了建设社会主义市场经济体制的伟大目标。随着改革的深入，我国证券市场应运而生。自1990年深圳交易所和上海交易所紧锣密鼓开市到

[1] 沈毅. 中国经济新闻史[M]. 北京：北京大学出版社，2008：267.

今天，我国的证券市场逐渐建立和完善，它成为新中国经济转型的代表。同时，证券市场使所有普通老百姓都有可能成为投资者，成为市场的决策主体。所以，在很短的时间内，我国形成了巨大的股民群体。据统计，20世纪初每20个人中就有一个股民。伴随证券市场的成熟和证券类经济新闻受众群的形成和壮大，证券类经济新闻报道表现出强大的生命力。

《上海证券报》《中国证券报》《证券时报》三大证券类报纸成为证券类经济新闻报道的主要阵地，明确地以为经济建设服务，为百姓生活和投资、理财服务为目标。但是，这类经济新闻的报道范围和受众范围还比较狭窄，所以称之为狭义的财经新闻。

据此，我们总结证券类经济新闻的特征如下。

1. 满足受众需求，报道的服务性增强

由于证券行业本身就是服务业，所以证券报道主要是为投资者传达信息，并提供智力支持。受众可以根据财经报道调整策略，采取相应措施。由于财经报道和消费者的经济利益直接挂钩，所以服务性就成为证券报道的一大特性。《中国证券报》在1993年创刊的当年，就推出了“我看股票市场”的问卷调查，重点了解人们对股票市场的评价，了解股价波动对公众心理的冲击，股票及其交易行为对人们经济生活的影响程度和范围。证券类报道能够根据民意对报道进行相应的改进，使其服务性提高。[1]

2. 以“揭丑式”的调查报道监督市场

中国的证券市场从计划经济中成长起来，本身就有先天性缺陷。中国的股市现状，正好适合“揭丑式”调查报道对其进行严肃的监督和合理的引导。2000年，新华社记者深入调查，在掌握精准的第一手材料后写出轰动一时的调查性报道《假典型巨额亏空的背后——郑百文跌落发出的警示》。文章不仅揭露了郑百文操纵证券黑幕，而且毫不留情地批判我国证券市场监管机制的漏洞。这篇报道直接导致了我国一系列上市公司审核和证券市场监管政策的出台，促进了我国证券市场的规范和完善。

---

[1] 戴铭. 中国证券报道研究[D]. 四川：四川大学硕士学位论文，2004.

有人说“证券市场是经济的晴雨表”，但是关心经济的人不可能只关心证券市场。所以，证券类报纸及时地调整角度，朝着综合财经报道方向转型。

第三阶段：新兴财经报道时期（从2001年至今）

2001年12月，我国正式加入世界贸易组织，标志着中国经济与世界经济融为一体。所以，我们对身边的经济现象和新生事物不能再从单一方面考虑，而要以开放的视角来看整个世界的变化和发展。

新技术的开发和新经济形态的产生带来了一个以信息、知识为标志的新经济时代。这个时代孕育了一个新阶层的出现。这个阶层的人拥有较高的学历、收入和地位，较为密切地关注经济生活的方方面面。他们不仅需要大量的经济信息，还需要能够为他们“代言”的媒介。于是专业意识和市场意识表现得极为强烈的新兴财经报道产生，并且直到现在，都影响着人们的生活和行为。

《中国经营报》原是经济新闻重振时期创办的报纸，发展的20多年里能够突破旧观念，进行分众化探索，在新世纪不断散发活力。2001年1月创办的《21世纪经济报道》以冷静的经济学理性、娴熟的操作技巧和完善的发行渠道迅速抢占了财经新闻的高端市场。《经济观察报》创办于2001年4月，“理性和建设性”是他们最高的办报理念和口号。

新时期，面对变幻莫测的世界经济环境，面对不断兴起的科技浪潮，面对市场细分化的趋势，新财经新闻报道特点表现在以下三方面。

1. 全球的视角，全新的理念

中国正式加入世界贸易组织是我们恢复大国地位，参与国际经济规则制定的重要举措。但是，全球一体化也给我们带来了挑战。对于媒体来说，用传统的视野、知识和思维来解释和判断错综复杂的国际形势已经不可能了。所以，新财经新闻报道着眼于世界，站在世界的高度来报道国内外发生的政治经济事件。2002年，《经济观察报》把“两会”放在中国加入WTO（世界贸易组织）这样的大背景下，以《WTO新政》为专题进行报道，所有的报道无不选择全球视角，并将时政新闻和财经新闻完美地结合在一起，给人以新颖独特、厚重充实之感。

2. 财经新闻故事化

财经新闻往往会因为它的艰涩难懂让人望而却步。财经新闻故事化的优势在于不同层次的读者可以各取所需。读者可以在故事化的讲述中看到经济生活中深层次的信息来指导自己的经济行为，而水平相对较低的读者并不会因为难懂而放弃阅读。《中国经营报》通过专栏《与老板对话》来分析企业如何决策、如何运营和许多企业背后的故事。2008年2月23日，这个专栏中一篇名为《混搭商人》的文章用白描的手法将冯仑——一个中国社会转型期商人的形象描写得生动、丰满。

3. 突出人文关怀

党的十六届四中全会提出了构建社会主义和谐社会的目标。坚持以人为本是构建和谐社会必须遵循的基本原则之一。经济新闻报道要全方位、多角度地为构建和谐社会营造良好的舆论环境，就应该在报道中贯穿人文关怀的报道理念，对人文关怀做出新的追求：站在人的视角关注经济发展，在经济生活中关注人的命运、尊严等伦理道德及其他精神层面，在传播经济信息过程中把经济活动向人性化的层面升华。[1] 2008年10月30日《21世纪经济报道》刊登一篇名为《悲情乡医背后：农村公共品困局》的文章。文章讲述我国农村医疗卫生机构基础设施建设的短缺、滞后和从业人员的经济状况，字里行间充满了对乡医的同情和尊重，也反映出了我国经济新闻媒体对“三农”问题的关注。

结语

从30年前的一般性政策宣传到今天为受众提供重要的决策依据，从30年前呆板单一的报道体裁、报道方式到今天丰富多彩的体裁、层出不穷的报道技巧、手法、方式的运用，从30年前单纯关注国家和企业到现在的全球报道的视角转变，经济新闻在报道内容、报道手法和报道角度等方面有了很大的

[1] 吴玉兰. 构建和谐社会视角下经济新闻报道的人文关怀[J]. 武汉大学学报，2008（4）.

改观和长足的进步。

全球经济的进一步融合使中国经济呈现出多元、活跃、开放等特性，影响着每个人的生活和思想。经济的快速发展给经济新闻报道提出了更高的要求。因为与发达国家的经济新闻报道相比，中国的经济新闻在时效性、服务性、客观性、可读性方面还存在一定的差距，所以我们的经济新闻报道要继续探讨市场规律和受众规律，加大新闻事业改革力度，为中国经济新闻报道寻找更广阔的生存空间和发展道路。

（白贵、李博宇，原载《新闻爱好者》2009年第1期）

《北洋官报》与清末官员的现代化

摘要：从晚清迈向现代化的社会变革进程中，清政府开始创办官报或支持商办报刊，宣传新政，引导舆论。在“开民智、开绅智、开官智”，促进社会现代化的过程中，直隶省官方喉舌《北洋官报》大量报道国外的新知识、新思想、新道理，意在增长官员的学识，完善官员的知识结构，从中汲取各种有益的养料，用以改良中国的治国方略。《北洋官报》的创办使政府官员眼界大开，在一定程度上促进了清末官员的现代化。

关键词：《北洋官报》 晚清 官员 现代化

在晚清社会变革进程中，近代报刊发挥了重要作用。首先是变法图强的知识分子创办了大量报刊，传播新思想、新文化、新知识，移风易俗，开启民智。随后，清政府也开始创办官报或支持商办报刊，宣传“新政”，引导舆论。在晚清新旧、中西观念的碰撞中，官报与民报一道，合力促进了中国社会的现代化发展。

一、晚清“开官智”需求与《北洋官报》的创办

在“人存政举、人亡政息”为特征的封建社会人治时代，政府官员素质的高低直接关系到国家政局的稳定和社会的发展，尤其是在晚清时期，国人进一步认识到“开官智”是救亡图存、兴国利民的迫切需要。梁启超认为，“开官智，又为万事之起点”[1]。清廷宣布仿行立宪后，慈禧曾以谕旨的形式强

[1] 梁启超. 梁启超文集[M]. 北京：燕山出版社，1997：54.

调，“内外百官俱有长民之责”[1]。“开官智”为“开民智”之先，只有“开官智”才能扫除清自强图存的障碍。为此，清末各级政府机构大张旗鼓地创办了一批新式官报，这些官报以官员为主要受众，其目的是提高官员素质，促进官员的现代化。《北洋官报》则为当时各类官报中的佼佼者。

1.《北洋官报》是直隶乃至中央政府的喉舌

《北洋官报》于1902年12月25日在天津创刊，至1912年2月12日清朝末代皇帝溥仪宣布逊位，共出版3053期。创办《北洋官报》，是袁世凯在直隶推行“新政”的重要举措之一，从编刊到发行都作了许多有益的尝试，在不少方面开风气之先。办报近十年间，取法日本，采用现代化管理模式，并根据晚清实情，不断探索、实验新的编辑形式和技术，以完善宣传报道的内容与发行制度，使之已完全不同于传统报纸。该报双面印刷，“官报每份一册，每册至少八页，多至十余页。开办伊始，间日一出”[2]。第200期之后，该报改为日报。《北洋官报》筹办之初，即明确了办报性质和办报思想。每期固定的栏目和内容有宫门抄、要件、奏议录要、本埠新闻、外埠新闻、国外新闻、科学丛录等。后来，栏目不断调整和增加，内容逐渐丰富。每一栏目中刊载新闻的数量不等，但每条新闻都加类题。办报初期，广告为两页，后增加至4页、8页等。难得的是，几乎每期还刊载一整版大图，介绍皇家园林，各地风景名胜，更有各州县的新式学堂、新式工厂等新面貌的展现，甚至还有国外著名地标建筑图等。由于北洋在清末新政中的地位及天津的多重身份，在1907年清政府机关报《政治官报》发行之前，《北洋官报》不仅是直隶的官方喉舌，而且还在一定程度上承担着中央级官报的职责。

2.《北洋官报》成为清末各地官报的典范

《北洋官报》宣称“官报专以宣德通情启发民智为要义”[3]，但由于其主要读者对象以各级官员为主，所以其“开智”的作用并不能广泛辐射到平民百姓，而是在清末官员的现代化中发挥了一定的作用。《北洋官报》创造了一种

[1] 朱寿鹏. 光绪朝东华录：第5册[Z]. 北京：中华书局，2016：5742.
[2] 戈公振. 中国报学史[M]. 北京：中国新闻出版社，1985：48.
[3] 戈公振. 中国报学史[M]. 北京：中国新闻出版社，1985：48.

新的官报模式，在当时起到了重要的示范和带动作用。为此，清政府发文推广，约在1905年前后各省官报才相继建立起来。江浙一带官报建立较晚，约在1908年开始创办。但各地官报创办以后，有的出现经营不善、发行不力、编撰人员缺乏等各种问题。于是，出版未几便停刊者，当不在少数。当时影响较大的官报除了《北洋官报》外，还有《南洋官报》《湖南官报》《河南官报》《四川官报》等。在众多停停复复的官报当中，《北洋官报》为其中的佼佼者，出版近达十年，共3053期。从出版时长来看，《北洋官报》对清末官员的影响作用相对其他官报来说更大一些。

当时，《北洋官报》主要是依靠行政力量自上而下地在各级官员中发行，因而广受欢迎。后来，在直隶省外也增设了代销点，销行几乎覆盖当时晚清统辖的整个地域，影响遍及全国。1903年1月8日《大公报》记载："北洋官报出版以来，于论说、新闻、白话外模仿日本体例，插入铜板写真。京中各部院皆看此报，其各国使馆亦有谓中国新出官报，凡中外交涉事宜无不阑入，各使馆均甚喜阅，一查中国政务之事实，二查中国全部之现状。使馆之看报与各部院之看报不一宗旨也。惟士商阅者不多云。"[1]

为扩大读者群，官报要求各地新式学堂必须订阅《北洋官报》。同时，在各州、县大力倡行阅报社，以广见闻，开风气，并启动辅助推行官报。当然，官报最重要的读者群体还是官员。《北洋官报》发行前期，每期派发省内各州、县约3000份以上。而且，在最初几个月的报纸上常刊登《各属州县添够官报清单》，从一个侧面说明官报销行量不断上升。除了京师以外，其他"远近各省逐渐流通，全赖邮递迅速，销数方能旺，就山东、四川、湖南三省计之。现售将近二千份是报务日有起色之证"[2]。按此推算，《北洋官报》的省内外发行量每期应在1万份以上。因此，从发行范围及数量上来看，报纸对清末官员现代化的促进作用不可谓不大。

---

[1] 北京官报销畅[N].大公报，1903（1）.

[2] 北洋大臣劄行总税务司公文[N].北洋官报，第77期.

二、《北洋官报》对现代化思想的广泛传播

1.《北洋官报》以丰富的刊载内容广泛介绍世界各国政治、经济制度与政策，以便革新晚清官员的执政理念，开通官员的执政智慧

晚清政府的三次改革维新，意在补救大国的尊严。因此，考察各国可资借鉴的制度、政策、法规是《北洋官报》刊载的重要内容。比如对美国币制的研究考察，从第403期始至第425期止，陆续连载了12篇《美国圜法考》(圜法即货币——引者注)。外币侵入中国，流弊滋多，在政府着手整顿外币之际，《北洋官报》翻译了由美国人所撰写的关于美国币制沿革、价值源流的文章，刊发出来以供中国经济学家参考。此外，报纸所发经济参考方面的文章还有《各国货币制度考略》《日本调查算学记》《法兰西外国资本》《十九世纪经济概论》《论挽回银价降贱之法》《国家银行》《译日本中桥德五郎兴国三大策》《筹富新策》等。由于每期刊文的篇幅所限，大多数文章常以连载的形式出现。其中，《筹富新策》连载多期，对西方国家的预算、统计、银行、税收等制度予以详细解读，并对比中国之制度，阐释了改革的方向与目标。《法兰西外国资本》的连载，对当时法国与其他国家相互投资的情况做了较为详细的考察，甚至把投资方向、额度等详细信息全部列出。当时的中国对于在战争中屡胜大国的日本充满了好奇、羡慕和关注，维新运动与变法改良大都以日本为楷模。所以,《北洋官报》刊发介绍日本各方面情况的文章非常多。《日本调查算学记》连载超过了20期，通过中国人与日本人对话的形式展现了日本数学理论研究的发展及其在实践领域中的运用。

此外,《北洋官报》对西方国家的外交、军事、法制、新闻业等方面的可取之处都作了报道，或翻译西方著作，或摘编国人所作撰述，选登文章及其内容多为国人易于接受的要点。比如《西伯利亚最近之情势》一文连载多期，介绍了日俄战争期间西伯利亚地区的地貌、人口特征、商业、各方治理政策、军事外交政策等，同时还配有《西伯利亚总图》，即一张刻有经纬度和标尺的平面地图，标注非常详细全面，对中国官员了解北方局势大有裨益。此外，《论太平洋上列国竞争大势》《列国军制考略》《东西洋水陆军政异同考》等关

于外国军事情况的文章，有助于中国官员的战略目光扩展至世界范围。报纸刊登的文章涉及面很广，其中包括《译日本官报制度沿革略》《译日本加籐宏之风俗改良论》《美国军医公会章程》等，这在客观上为清末官员作了意义重大的启蒙工作，使他们懂得，除了须掌握本国传统知识之外，西方列强之所以能够驾驭坚船利炮入侵大清帝国，当有其先进的治国、治军之道。《北洋官报》希望通过其所宣传的这些新思想、新学问、新道理，活跃国人尤其是政府官员的思想，并从中汲取各种有益的养料，用以改良中国的治国方略。

2.《北洋官报》大量刊载外国新闻，有助于政府官员眼界大开

既为报纸，刊载新闻当为其首要功能。《北洋官报》每期设有本埠新闻、各省新闻、各国新闻等栏目。其中各国新闻每期刊载七八条以上，内容五花八门，包罗万象。有各国国内政局、重要职位的官吏任免、外交、军事、市政建设、基础设施建设、教育、经济状况，乃至科学发明、天灾人祸、奇闻逸事等。虽然每条新闻有些像当今新闻中的简讯，三五十字，最多不超过百字，却是清帝国以外，越过“万里重洋”之他国的事情，这对于生于交通和通信尚不便捷，有可能连幅员辽阔的中国大地都没走遍的中国官员来说，这些新闻犹如“天方夜谭”一样的新鲜。为了知己知彼，政府官员不仅要开阔眼界，还要能熟知西方列强的政治、经济、军事情况，才能相应地展开外交，制定抵御外辱的政策。值得一提的是，1904年日俄战争爆发以后，《北洋官报》连载几百期的《日俄战纪》，有战报、预测、评论等，直至战争结束。对于日俄战争，《北洋官报》虽无力平息战事，但作为清末最有影响力的新闻报纸，密切关注战争局势、及时向读者进行报道和评析，是其职责和使命所在。

关于国外新闻的刊载，笔者统计了1906年8月即从第1084期至第1114期《北洋官报》刊载的外国新闻数量和内容。这一个月《北洋官报》刊载的外国新闻涉及日本、俄国、美国、英国、法国、德国、意大利、土耳其、芬兰、挪威、希腊、波兰、智利、奥地利、匈牙利、西班牙、葡萄牙、荷兰、韩国、印度、西印度、波斯、比利时、瑞士、菲律宾、加拿大、墨西哥、哥伦比亚、南非、摩洛哥、罗马尼亚、拿大路、亚拉伯、布拉智尔、阿非利加、丹尼尔、土加俄埠、布尔雁、古巴、昂而拉等40个国家和地区。《北洋官报》对小国的

关注度较低，一个月内只刊载一两条新闻，为此，以下选取刊载量排前12位的国家做一分析。

从报纸刊发的内容来看，《北洋官报》关注度最高的是日本，这与晚清的时代背景和清政府的外交政策相吻合。晚清时期，中日两国关系密不可分，在政治、经济、文化、社会和军事方面，复杂、矛盾而对立。日俄战争、甲午战争和八国联军侵华战争之后，中国看待日本，不再是“天朝”面对“岛夷”的傲慢想象。中国开始大量学习和效仿日本明治维新的经验与做法。所以，《北洋官报》对日本的报道涉及各个领域，关注度明显比其他国家要高很多。

从新闻类别上来看，《北洋官报》关注外国的政治新闻最多，其次是军事、外交和经济方面的新闻。这反映了晚清时期清政府在与外国尤其是资本主义列强的被动外交中，各国的政治、军事动态，外交策略的变化，对处于风雨飘摇中的中国来说，格外重要。中国的大门被坚船利炮轰开后，中国的经济建设从此和世界更加联系在一起。清政府推行“新政”以后，急切希望通过学习西方经济建设的经验，以改革中国旧制度、旧政策，重振中华。于是，对于外国经济的报道便成为《北洋官报》关注的重点，对世界各国的社会新闻也很关注。例如，智利发生大地震，《北洋官报》在当年8月21日《译电》中首次报道“智利国伯尔巴剌臣府忽然发生地震”的新闻，此后至月末，10天中刊发6条新闻加以持续关注，报道智利地震惨状、伤亡损失及救援情况等。

3.《北洋官报》刊载世界现代自然科学知识，意在开拓官员的现代知识范围，改善官员的知识结构

中国封建王朝选拔官员主要是通过科举考试。由科举选拔出来的官员熟读四书五经，却对科学技术知之甚少，不仅知识范围狭窄，且结构畸形。科举选拔中不乏真才实学的官员，但“茫不知国际往来之政策”，以致“主权日失，由甲午以及庚子而官场狼狈愈不堪言”[1]。梁启超曾痛心地指出，“彼官之

[1] 论官智之难开[N].大公报，1903（09）.

不能治事，无怪其然也，彼胸中曾未有地球之形状，曾未有欧洲列国之国名，不知学堂工艺商政为何事，不知修道养兵为何政”[1]。为此，“开官智”首当其冲应该增长官员的现代学识，完善官员的现代知识结构，开拓官员的现代知识范围。《北洋官报》大量刊载现代科学技术知识，涉及天文、地理、农业、生物、气象、电子、工程、医学、物理、化学等学问，门类丰富，包罗万象。这些知识中既有被西方学术界普及为“常识”的，也有西方科学技术最新研究成果。《北洋官报》几乎每期都开辟固定栏目，或单文，或连载，有时还有画图，以图文并茂、深入浅出的形式耐心解读那些对中国官员来说颇为“新鲜”的域外科学技术知识。

4. 为了集中传播新知识，《北洋官报》还出版附刊《北洋学报》

《北洋学报》作为《北洋官报》的附刊，与官报的办报宗旨相仿。《北洋学报》明确表达其办报宗旨是“发明中西学术以保持国粹，输运文明；搜求精美图画以提倡美术，浚导智识；补助学堂教科以开通风气，裨益士林”[2]。《北洋学报》每期4页，随报发行，每10册订成一编，可单独发售，每编定价大洋3角。后来改成每5日出一期。《北洋学报》内容分为三编，甲编为文学类内容；乙编为“质学”，即化学；丙编为“丛录”，即学术汇编。因内容丰富，页数有限，各编轮流出刊。为方便读者阅习和收藏，每编内容不相混杂，岁末年终之时拆分，即可分别装订成为各类专业书籍。1906年，清廷宣布预备立宪后，因“民智未开”，为了顺利开展议会选举，使国民具有现代国家观念，唤醒民众的民主参政意识，提高参政议政能力，清政府大力提倡官方与民间开办宣讲所等学习机构，为民众宣讲政治与法律。应此形势，《北洋官报》将《北洋学报》改为《北洋政学旬报》。

5.《北洋官报》刊载了大量新书广告

《北洋官报》以广告方式推介的图书有北洋官书局出版的新书，也有商务印书馆、新闻北京第一书局、天津官书局、天津孟晋书社等书局出版的新书。

---

[1] 梁启超. 梁启超文集[M]. 北京：燕山出版社，1997：54.

[2] 北洋学报出版[N].北洋官报，第15期.

《北洋官报》广告推销的新书一般为两大类：一类是每年各出版社出版的最新教科书，包括初等小学用书、高等小学用书、中学堂用书、初等示范用书等，还有总理学务大臣指定的教科书等；另一类是各个出版社编译出版的各门类专著。这两类书当中有小部分是中国传统文化、传统农业的典籍，更多的是有关各门类西学的新书，包括国外农牧业养殖实用技术类书刊，介绍西方各国的政治、经济、文学等专论译著和专著，如《原富》《天演论》《新译西本一会纪事全编》《亚美利加洲通史》《华生包探案》等。图书是清末最重要的"开智"媒介，新书的大量推介，有助于官员增长知识、开阔视野。

此外，官报还经常刊载国外风土人情、各界知名科学家、政治家等人物的介绍文章。如《委内瑞拉小志》《圣彼得堡记》《刚果立国记》《汽机大发明家瓦特》《德国外交家秀瓦尼资传》《法外部大臣德加士传》等，不胜枚举。有时刊印国外著名景点插图，如《美国威斯康新大学全景》《法国上议院外观》《富士山初春之景》等，这对于提高清末各级政府官员的知识水平，颇有裨益。

三、正确评价《北洋官报》对促进清末官员现代化的历史作用

1.民报对官报评价不高

通过以上分析可以看出，《北洋官报》在使清末各级官员了解外部世界，不再故步自封方面发挥了一定的作用。不过，同时期的民办报纸对官报评价并不高。1911年7月《申报》发表时评称："东西各国未尝无官报，而其宗旨，或发布一党之政见，或保持对外之利权，其目光远，其手段高，非可率尔操觚者也。今我国亦有所谓官报者乎？有之，则惟借官报之力，以强迫销行于各属，而其目光则唯奉承京中一二长官，以为固位之计；其手段则唯挑剔民报一二字句，以遂其献媚之私。呜呼，如是而已。夫如是，与其名为《官报》，实贻报界羞，毋宁名之曰：'官言'，较为妥当也。"[1]中国新闻史学界拓荒者戈公振在《中国报学史》中这样评价官报："我国之有'官报'，在世界

[1] 徐载平，徐瑞芳. 清末四十年《申报》史料[Z].北京：新华出版社，1988.

上为最早，何以独不发达？其故盖西人之官报乃与民阅，而我国乃与官阅也。‘民可使由，不可使知’，为儒家执政之秘诀；阶级上智隔阂，不期然而养成。故‘官报’从政治上言之，固可收行政统一之效，但从文化上而言，可谓毫无影响，其最佳结果，亦不过视若掌故，如黄顾二氏之所为耳。进一步而言，官报之唯一目的，为遏止人民干预国政，遂造成人民间一种‘不时不知顺帝之则’之心理；于是中国之文化，不能不因此而入于黑暗状态矣。”[1]戈公振在民国时期先后在著名的民办报纸《时报》《申报》工作。民办报纸和报人对官报可谓“嗤之以鼻”，但细究之不难发现，大都是从政治角度评价“官报”。晚清腐败，政权摇摇欲坠，封建专制统治已成为中国近代化发展的阻力。因此，官方立场的官报对于维新派、改良派而言，更多地看到其钳制舆论，充当官府喉舌，排挤民办报纸的一面，自然唾弃官报。

2.《北洋官报》和民办报纸一样在一定程度上发挥了“开官智”的历史作用

对比新式官报与当时倡导维新、改良的民办报纸，比如梁启超的《新民丛报》，两者都有一个共同点，那就是非常重视介绍西方的各种新思想、新学说、新知识。康有为、梁启超等认为，自鸦片战争以来，“中国受辱数十年”，最大的原因就是蔽塞不通，一是上下不通，二是内外不通。由于“内外不通”，国内之事不能传于外，国外之事不能闻于内（梁启超：《论报馆有益于国事》）。“昧于外情，则坐井而以为天小，扪籥而以为驲圆；若是者，国必危。”（严复：《〈国闻报〉缘起》）维新派人士认为，国人“去塞求通”，最好的办法就是创办报刊。以报纸“起天下之废疾”，使上下沟通无阻，内外交流畅通，民众观念日日新，国家事业年年旺。这样说来，新式官报如《北洋官报》者，以“开民智”为要义，刊载新政、新知，对于开通读者思想来说，理当发挥一定作用。

现对1904年9月的《北洋官报》所刊载的有关国外内容做一分析。选择1904年9月《北洋官报》是因为中国经历了“庚子之变”后，至此时内外政局

[1] 戈公振. 中国报学史[M]. 北京：中国新闻出版社，1985：53.

相对“平稳”。1904年9月《北洋官报》保存相对完整，统计数字接近于真实准确。是月，《北洋官报》刊载各国新闻105条，各门科学知识69篇，各国概况5篇，科普插图2幅，外国名胜和事物插图3幅，国外图书广告273次。其中，《日俄战纪》是关于日俄战争的纪文或新闻，从日俄战争开始后不久开始连载，每期必有，显示了官报对这一国际战局的高度重视。在推销各类图书中，有许多关于国外新思想、新知识的译著，说明《北洋官报》对于外国情况方面关注新思想、新知识的传播。

《新民丛报》于1902年2月8日创刊，着力介绍西方资产阶级政治学说，在近代中国知识界曾产生过很大的影响。相对于这样一份以思想启蒙为专职的报纸来说，《北洋官报》作为清末封建政治体制内的官方喉舌，能刊载大量的外国新闻、知识和文化内容，重视对于西方文化、资料与信息的传播，实属难能可贵。

3.《北洋官报》与民办报纸“开官智”的最终目的有所不同

以《北洋官报》为代表的新式官报，既是清末“新政”的历史产物，又是官方对现代报刊的模仿和回应。自维新运动始，国人掀起了第一次办报热潮。一些新型知识分子通过报纸大力鼓吹和引介西方先进文化，对国人进行资产阶级思想启蒙，“变法”“维新”“立宪”等渐次成为清末社会舆论的主流。清政府从镇压、抗拒到被迫接受，终于宣布施行“新政”，进而宣布预备立宪，并创办官报，希图从立宪派和民办报纸那里夺回舆论大权。所以，《北洋官报》从创办之初就极力树立自己的威望，认为私家之报“识之义宏通，足以觉悟愚蒙者，诚亦不少。独其闲不无诡激失中之论，及或陷惑愚民使之莫知所守”[9]。故在官报创办者心目中，私家之报议论国政，无疑是“莠言乱政”“淆乱政体”，更是对皇权正统的公开挑衅。所以，《北洋官报》刊载的言论、新闻和各种新知识等，全部是在封建政治体制规范之内，不出格，即使是对西方先进文化的介绍和借鉴，最终目的也是维护封建专制，维护现有皇权统治秩序。

洋务大臣奕訢认为，大清官员学习西学是为了抵制西学侵蚀，维护纲常圣教，若选取不当，很可能会为洋人引诱而误入歧途[1]。参与清末“新政”的大臣荣庆甚至认为，“开官智”是为了抵制戊戌变法，官员要加强学习提高能力，“如此则不必擅议改章，矜言变法”[2]。

在清末社会变革局势下，共和论与君宪论并雄，革命派与立宪派对峙，面对社会舆论潮起潮落，清政府“开官智”或主动或被动之举，其局限性就在于并未从根本上认识到官智不开的原因恰恰在于统治阶层仍逆历史潮流而大力维护封建专制。然而，病急乱投医，步履维艰的清政府急于摆脱外侵内乱的困境，在学习和借鉴西方先进文明时不免急于求成，盲目冒进，囫囵吞枣，难免出现食而不化的现象。

相对而言，近代中国新型知识分子群体从19世纪末开始自发、自觉地通过报刊大力传播西方的政治制度、文化思想、自然科学。例如，从1896年创办的《时务报》通过政论大声疾呼学习西方，倡言变法维新，到1898年在海外创办《清议报》、1902年创办《新民丛报》，明确宣布大力宣传西方先进文化思想，将对国人进行反封建启蒙作为办报宗旨的康有为、梁启超等，采用“浸润”的宣传方式“开民智”“开绅智”“开官智”。从现有的研究资料来评价，这些民报所产生的社会影响较大，即便当时商业化程度较高的报纸如《大公报》在其办报宗旨中也明确表达，是为了“开风气，牖民智，挹彼欧西学术，启我同胞聪明”[3]。民办报纸或激进或温和地表达了打破封建专制势力禁锢、开启社会变革的愿望。在如此语境下，官报和民报可以说都是为了中华民族独立，反对列强侵略，富国强兵，振兴中华，对民众进行思想启蒙的目标是一致的。但在维护封建制度与批判封建制度的根本目的方面，却是不同的。

尽管《北洋官报》的版式、内容几经变革，但1906年后基本固定下来而很少变化。该报创办伊始，曾以《论说》《要件》等栏目形式，每期刊载一篇言论。然未及百期，言论就不再持续刊载。第1200期宣布从第1201期始再次

[1] 徐保安.清末开官智问题研究[D].济南：山东师范大学，2004.

[2] 朱寿鹏.光绪朝东华录：第4册[Z].北京：中华书局，2016:4042.

[3] 英敛之.大公报序[N].大公报，1902（6）.

改良，增添论说，隔天发一次《本局论撰》。持续到第1287期，很好的言论形式即不复存在。这些数量有限的言论都与“新政”密切相关，与西学相关的也为数不少。但从总体上看，《北洋官报》对于言论的重视并不够。言论是表达媒体观点与立场的重要形式。《北洋官报》少言论，后期则没有了言论，这从一个角度说明，《北洋官报》对于清末立宪背景下的中国如何借鉴西方政治体制、治国方略等的态度并不清晰明朗，也不会通过言论来批判或动摇现行封建统治制度。《北洋官报》是袁世凯利益集团的官方喉舌，这也说明清朝统治集团所实施的立宪并没有取得实质性进展的原因之所在，《北洋官报》在传播西学方面，重格致之学，轻思想之变；重智育，轻德育；注重向读者灌输西方社会政治学说和科学理论知识，借以提高国人的文化素质、官员的政治管理水平，而很少宣传西方社会的资产阶级世界观、人生观和价值观，更不会系统宣传西方民主、平等、自由等社会制度设计理念。就其主观意图来说，《北洋官报》所做的一系列宣传、启蒙工作，仍是为了维护清末封建统治基础，而客观上则对读者尤其是官员起到了现代化意义上的“开智”作用。

（白贵、都海虹，原载《河北学刊》2019年第1期）

时评应然功能及当代时评症结

——兼论三次“时评热”社会背景

摘要：文人论政是中国近代知识分子的优良传统，近代中国报刊的发展使时评成为文人论政的轻骑兵。纵观中国新闻史时评热多发生在社会转型期。当代时评热发生在由计划经济向市场经济转型的历史时期。新媒体的高度发展、新闻娱乐化的大背景导致了时评症结的出现。

关键词：时评热　公共领域　社会转型　时评症结

1998年11月《中国青年报》“冰点时评”专栏创办；2002年3月4日《南方都市报》在全国都市报中率先开办时评版；2002年下半年《南方周末》在头版新辟《方舟时评》专栏；以及2003年11月11日《新京报》的创刊便以评论版先声夺人等事件掀起了新一轮的“时评热”。新闻“时评热”在中国新闻史上不止一次出现。综观几次出现的背景虽然各有不同，但是处于社会的转型期是其共同特点。本次“时评热”出现的时代背景更加复杂，面对日益强化的市场化程度，媒体的时评在政治和商业领域中纵横捭阖。

一、三次“时评热”的界定

“时评”这一概念的发展在其核心内涵相对稳定的前提下，不同的历史阶段具体含义又略有不同。“时评是指以议论时事为主的评论，最初专指时事短评、新闻评论学术语、按评论内容划分的一种。”[1]邱沛篁等主编的《新闻传

[1] 甘惜分.新闻学大辞典[Z].郑州：河南人民出版社，1993：211.

播百科全书》中是这样界定的："以议论时事为主的新闻评论。也称'时事评论'。新闻评论史概念指出现于我国上世纪末本世纪初（指二十世纪初）报刊的时事短评。又称'时事短评'。"以上两种定义均在内容和形式方面给时评予以界定。内容是对时事的评论；形式是短评。笔者认为对时事的评论无可厚非但在形式上的限制值得商榷。无论是早期的政论文还是《南方周末》2007年创办的《大参考》，均是对时事的长篇宏论。笔者无意在此对时评做出新的界定，但是认为时评的关键在于对时事的议论并通过大众传媒传播达到文人论政的效果。时评是政论的延续，长短只是形式，不应该在形式上给予过多的限制。故本文研究的时评除时事短评外，亦包括早期的政论和时下的长篇宏论。

第一次：《时报》首创"时评"，各报纷纷效仿

1874年王韬在香港创办《循环日报》开"文人论政"之先河、开报界评论之先。时评的真正得名则来自1904年狄楚青在上海创办的《时报》中"时评"专栏。"时评"栏经常配合当天重大新闻发表议论篇幅短时效强一日数篇分版设置。主要由三位编辑分别撰写：陈景韩负责"时评（一）"主评国内大事；包天笑负责"时评（二）"主评各埠要闻；雷继兴负责"时评（三）"主评本埠新闻。如此紧密配合事实发表"时评"《时报》属首创。[1]

《时报》时评获得成功后，其他报纸纷纷仿效设置时评专栏。如《民报》设有"时评"专栏；《神州日报》先后设有"时事小言"、"半哭半笑"、"批评"专栏；《有所谓》报设有"短评"专栏。尽管专栏名称各异但均属于时评。辛亥革命时期大部分报纸设有时评专栏，每期都对新近发生的新闻和时局刊发时评进行评说，成为影响舆论的重要工具。由此引发我国新闻史上第一次"时评热"。

第二次："五四"重开风气《大公报》推向高潮

辛亥革命后新闻自由深入人心。新闻自由体制的确立使新闻事业迎来了

[1] 方汉奇.中国新闻事业通史（一卷）[M].北京：中国人民大学出版社，1996：768.

短暂的春天。但革命的成果不久即被袁世凯所窃取，限制新闻自由引发“癸丑报灾”使报界一时失声。袁世凯或收买报纸为其服务或封杀报纸。当时又有北京之《国闻日报》，天津之《民意报》，汉口之《震旦日报》《民国日报》，广州之《觉魂报》，开封之《民立报》，南昌之《新闻迅报》，福州之《民心报》《民事报》《民听报》《福建民报》，香港之《宝报》《新民报》等相继而起类皆据理执言公正雄健莫不首遭封禁之祸。[1]除此之外袁世凯还通过立法手段逐步建立起为其封建军阀独裁统治服务的新闻法律制度。

袁世凯死后北洋军阀分成各个派系统治中国对新闻自由的限制暂时收敛或故作开明。但军人当权、武人专政的社会状况未改变反而愈演愈烈新闻事业再也不可能像民初那样自由发展。北洋军阀等各派封建军阀待羽翼渐丰和护国声浪一过就在各自所辖的地区照袭清廷和袁世凯的故伎对报刊的出版言论自由横加限制和摧残。[2]据统计1916年至1919年“五四运动”前夕的四年中全国至少有29家报纸被封17名记者遭到暗杀或判刑。至1918年底全国报刊总数由289种下降到221种。[3]清末民初形成的“文人论政”的传统难以恢复。

新文化运动兴起给中国报刊政治思想评论带来了新的生机。五四运动开始重点一直在思想文化界，但后来与当时政治斗争相结合的文章也具有政论色彩。随着政治斗争的卷入，一批以评论为主的报刊创刊，评论时政成为当时报刊的主流。很多报刊都把“评论”放在报名中，如陈独秀、李大钊1918年12月22日在北京创办的《每周评论》。该报以“主张公理反对强权”为办刊宗旨，以此来评判国内外政治舞台上的重大事件。以时事述评为主的有“国外大事述评”“国内大事述评”“社论”“随感录”等栏目配合当时的形式发表意见，引人注目。后来出现的《湘江评论》《星期评论》《钱江评论》等都模仿其版式。

1926年9月1日新记公司接办《大公报》提出了“不党、不私、不卖、不

[1] 戈公振.中国报学史[M].上海：生活·读书·新知三联书店，1995：181.

[2] 方汉奇.中国新闻事业通史（一卷）[M].北京：中国人民大学出版社，1996：1062.

[3] 方汉奇，丁淦林，黄瑚，薛飞.中国新闻传播史[M].北京：中国人民大学出版社，2002：163.

忙”的办报方针，并以敢言而著称。这主要表现在两个方面：第一敢骂。1927年11月4日社评《呜呼领袖欲之罪恶》痛骂汪精卫的领袖欲，在1927年12月2日社评《蒋介石之人生观》中指责蒋介石的不学无术。第二，敢于提出自己的主张。1929年3月国民党第三次全国代表大会在南京召开，该报发表社评主张修改国民党党纲总章。这个建议成为孙科向大会提出的建议。[1]张季鸾所撰写的社评一时间倾倒无数读者。《大公报》的评论不但及时而且深刻一般都在重大新闻刊出的当日配合发表，即“看完报纸大样写社评”并请名家撰写“星期论文”分析透彻深入。

与《大公报》同一时期的著名报刊评论家邹韬奋创办的《生活》周刊其中“小言论”影响巨大。由史量才改革后的《申报》也加强了对政治时事的评论。是此新闻史上的第二次“时评热”发展到高潮。

第三次：世纪之交《中国青年报》《南方都市报》共同推进

在历史转型的当下，媒体通过自省和努力给时事评论带来更多的机会和空间。无论是《中国青年报》的“冰点时评”“青年话题”，还是《南方都市报》的时事评论版，我国新闻媒体再次刮起了一股强劲的“时评风”“一时有引爆第三次‘时评热’之谓”。[2]

各新闻媒体刊发广大时评人撰写的时评，或引导社会舆论或进行舆论监督，充分发挥了新闻媒体“人民之喉舌社会之公器”的作用。“中国与中国人正处于百余年未决的历史大转型努力之中……在这个转型中，这个国家的方向、所获得的进展、所遭遇的困顿、所影响的命运是我们评论所要关注的、积极表达的话题。这看似有些宏大拔高的命题其实正是中国现状下媒体的自觉。”[3]这是《南方都市报》评论部主任李文凯对南都时评的阐释。笔者认为这样的时评理念同样适用于当前中国所有主流媒体。

---

[1] 方汉奇.中国新闻事业通史（二卷）[M].北京：中国人民大学出版社，1996：476.

[2] 李文凯.热言时代[M].广州：南方日报出版社，2006.

[3] 李文凯.热言时代[M].广州：南方日报出版社，2006.

二、时评：社会转型期公共领域的主要担当

公共领域理论是法兰克福学派第二代的主要代表人物哈贝马斯在1961年撰写的专著《公共领域的结构转型》一书中明确提出并规范的。公共领域概念描述的是“一个介于私人领域与公共权力领域之间的中间地带，它是一个向所有公民开放、由对话组成的、旨在形成公共舆论、体现公共理性精神的、以大众传媒为主要运作工具的批判空间。‘有些时候，公共领域说到底就是公众舆论领域，它和公共权力机关直接相抗衡。’”[1]时评是构建公共领域的主要载体和工具。

纵观三次“时评热”，可看出均发生在社会转型时期。前两次时评热应该说是发生在由传统的封建社会向现代的民主社会发展的历史阶段。在这个阶段发生了一系列重要的历史事件戊戌变法、清末新政、辛亥革命、复辟帝制、二次革命等都是传统社会解构的重要环节。

戊戌时期中国社会的新变动主要体现于现代社会团体的风起云涌以及大众传媒的崛起。[2]社会团体和大众传媒又是组成公共领域的重要部分。大众媒介的发达，是近代社会变迁的重要动力和指标，而报纸便是大众传播媒介的重要形式之一。报纸的兴起改变了文化传播的形式，扩大了受众的空间分布和社会层面。并通过思想和政治主张的表达和公开并存打破了专制政权的话语霸权，促进了民众的政治自主意识和社会参与意识。

戊戌变法运动的领导人梁启超致力于办报纸、搞学会、兴学校。并在《时务报》上发表了一系列脍炙人口的文章。在变法的总题目下富有感染力地论证了“报馆有益于国事”“有助耳目喉舌之用”。他以那支常带情感的锐笔不仅提出了中国式的公共领域观念，而且还付诸实践——主持《时务报》的言论。1896年《时务报》的创办标志着规模虽然尚小但批判功能的公共领域初步形成。

作为公共领域的核心部分在1896—1898年这段时间里仅上海新创办的报

---

[1]［德］哈贝马斯.公共领域的结构转型[M].曹卫东译.上海：学林出版社，1999：2.

[2] 周积明，宋德金等.中国社会史论（上卷）[M].武汉：湖北教育出版社，2000：797.

纸就有数十种之多。这些报纸以《时务报》的成功为榜样多以政论作为自己的灵魂刊首刊有“本刊撰论”对社会变革和公共事务发表自己的看法。[1]这样大规模公开议论国事是过去从未有过的情形，这表明公共领域在维新运动中开始构建。1904年狄楚青在上海创办《时报》并辟“时评”专栏评论时政使公共领域进一步发展。

更具特色的是在19世纪末20世纪初的中国报纸、学会和学校，作为公共领域的基本元素常常形成某种“三位一体”的紧密结构：报纸背后有学会，学会背后有学校。这种情况并非中国公共领域的长时段特征，而只是清末初始阶段。

辛亥革命后学会或专业化或党派化，失去了清末公共领域的性质。而学校也逐渐按照现代建制学科化、专业化在整体上与政治脱钩。因此，民国以后在公共领域继续扮演公共角色的主要是报纸和杂志，尤其是其中的时评（包括政论）。

五四时期是中国公众舆论最强势的时期，分裂的北洋政治势力无法控制全局，各派都需要借助社会舆论的力量。作为公共领域的核心部分——报纸时评进一步发展。

第三次时评热发生在由计划经济向市场经济转型的时期。进入21世纪，随着改革开放不断深入和经济政治体制改革进一步开展。我国正经历着由计划经济社会向市场经济社会转型；由农业社会向工业社会和信息社会转型；由乡村社会向城镇社会转型；从半封闭社会向开放社会转型；从礼俗社会向法治社会转型的历史时期。在这一特定历史时期，我国社会发生的这些重要的结构性变革，促使经济、政治、文化、社会等各个领域都发生了深刻变化。社会转型时期由于公民意识的觉醒、政治民主程度的提高等原因，推动了我国公民的政治参与水平，使我国公民的政治参与热情逐步提高。他们通过多种形式和渠道有序地主动地参与政治表达意愿，促进了公民与政府的沟通，促进了我国政治民主化的进程。

[1] 马光仁.上海新闻史[M].上海：复旦大学出版社，1996：124—125.

美国20世纪40年代由大学教授组成的新闻自由委员会（哈钦斯委员会）提出：大众传播机构应担负沟通公共消息与意见的责任，要成为意见与批评的论坛。该委员会提出了新闻的社会责任理论，主张“任何人如果有重要的事情要说，他都应该得到一个可以表达的场合。如果媒介不承担提供这个场合的义务，就应有人来监督媒介使其尽到责任。”[1]实际上这已经成为媒体的一种基本制度和它所承认和承担的社会义务。媒体作为社会公器，作为有良知的知识分子表达社会关怀的平台作为达成社会生态平衡最有力的工具，它有责任为被边缘化的人群、为弱势群体、为沉默的大多数代言。

三、特殊社会背景下的当代时评症结

三次“时评热”虽然都处于社会的变革时期但又有根本性的不同。前两次同处于一个变革的大背景下，其间的中断只是由于当权者独裁专政而中断。是基于政治制度的根本变革、社会形态的转变、封建社会的崩溃等各种思潮的涌现。多种政治势力及主张并存：或维新变法走君主立宪制的道路，或受俄国十月革命的影响走社会主义道路。而当代的“时评热”则是基于在中国共产党的领导下在社会主义制度内的变革。社会政治形态稳定发展并取得显著成就。社会问题的出现主要是由于经济制度变革社会主义市场经济的发展而引发的方方面面的不适应。在一定意义上可以说前两次的社会背景是政治意义上的变革。当代社会的变革迄今为止主要是经济意义上的变革。第三次“时评热”社会背景的特殊性和复杂性也引出了当代时评的种种问题，影响了公共领域的构建效果。

1. 过分追求经济利益　部分“时评者”职业道德缺失

1979年财政部颁发《关于报社试行企业基金的管理办法》，明确报社是党的宣传事业单位在财务管理上实行企业管理的方法。此后“事业单位企业化管理”的经济管理体制在全国报业迅速推广并成为媒体从计划经济走向市场

[1]［美］沃纳·赛佛林，小詹姆斯·坦卡德.传播理论[M].郭镇之等译.北京：华夏出版社，2000：342.

运作的重要转折。在这样的背景下新闻机构不得不自谋生路、自主创收。综观国内外健全的市场经济下媒体的市场化经营是当然之举，媒体的经济利益和社会责任并行不悖。

竞争是市场经济的显著特征。进入20世纪90年代后期随着媒体之间新闻同源化现象日趋普遍，新闻竞争已进入“白热化”状态。新闻媒体何以提高自己的竞争力？仅仅报道新闻已经不足以满足受众的需要。新闻竞争已进入一个观点竞争的时代。导致国内媒体竞相设置时评版面引爆第三次“时评热”。

一批时评人相应出现，以致有人用“公民写作”来形容这种盛况。什么人才能成为时评家？这显然不应当是以某个职业为界限划分，而应当以是否掌握系统的认知工具为界限划分。[1]

我国目前阶段是社会主义市场经济初级阶段。市场经济以交易为基础，交易以诚信为前提，健全的市场经济更多地表现为信用关系。从某种意义上说，现代市场经济就是信用经济，以信为本无信不立。我国市场经济发展的初期，党中央明确提出了以经济建设为中心。而在市场运行过程中，一些人由于对市场经济曲解理解为以“金钱”为中心。金钱为中心导致社会中功利主义盛行、道德缺失。

在这样的环境中，一些“时评者”为了换取稿酬不择手段。时评的质量良莠不齐，一稿多投导致同一篇时评两三家报纸同时刊发的情况屡见不鲜。时评版面遍地开花但稿源不济，某些时评编辑不得不依赖写手否则难以下炊。时评版本来应是表达各种声音成为公民讨论问题的“公共领域”。而现实中时评版面关注范围狭窄内容趋同版面虽多却只是部分专业写手的园地。

当下一些“时评者”，有人把他们比喻为倚马可待的“快枪手”。一旦社会上有重大新闻事件出现，姑且不论他们的学识如何，即使对问题了解程度不深也敢随意指点江山。其实时评者不仅仅应该具备一定的学识，亦应该养成调查研究的好习惯，莫要居高临下空发议论。

---

[1] 李文凯.热言时代[M].广州：南方日报出版社，2006.

存在的种种问题不但需要媒体的自律，更需要一个良好的社会环境——完善的社会主义市场经济运行体制。诚信体系是完善市场经济体制的基本管理制度，是规范和整顿市场经济秩序的治本之策。把社会诚信体系建设好，规范信用秩序消除信用缺失，提升整个社会的信用度。

2. 新媒体发展未给“时评热”带来充足活力

随着电子信息技术的发展，人类正在步入信息化时代。信息工业正以其技术创造的快速方式使信息媒介从数量上呈倍数增长、信息内容上呈几何增长。信息形态和媒介系统都在发生前所未有的变化。

特别是随着以快捷、交互、对等传播为显著特征的国际互联网对当代人类社会信息传播的影响日益加剧。当今时代的信息传播形态较之此前的社会形态发生显著变革。信息传播的方式不再是单一的文字、音频、视频传播，网络媒体的优势不仅仅在于及时、迅速，关键还必须融多媒体于一身。

在第三次媒体“时评热”到来的时候，网络媒体纷纷设立评论栏目。如新浪网新闻频道中的评论栏目，汇集了各大传统媒体时评文章，并分主题设置。新浪网时评栏目无论从摘选的时评内容还是版面设置，都具有自己的独特特征，并领先于其他同类网站。

但是网络媒体的时评栏目仍然没有发挥自己的独特优势，基本上是处于粘贴复制的阶段，直接拷贝传统媒体的内容。网络媒体在固守传统的文字传播的同时，应该发挥其清晰的视频传播和音频传播，为媒体时评的发展注入新的活力。

3. 新闻娱乐化导致时评讲求趣味刺激，忽视理性思辨

新闻的娱乐化在评论领域出现了两种情况：娱乐时评的出现和新闻评论的娱乐化趋势。娱乐时评是以娱乐新闻和娱乐热点话题为评述对象，直接评论和判断当下发生的娱乐现象。所谓新闻评论的娱乐化，是指对新闻进行评论的时候忽视理性思辨过于夸大新闻中软性的部分，过于讲求趣味性、刺激性，甚至通过文字游戏的方式来吸引受众眼球。[1]

---

[1] 苏蕾.娱乐化将吞噬新闻评论的生命——兼论都市报时评发展误区[J].新闻知识,2007（1）.

笔者认为在全民娱乐的情况下评论关注娱乐是正常之举。但是新闻评论的娱乐化是否可行值得商榷。新闻的传播规律，即：真实性、准确性、权威性、可信性。新闻评论又要具备理性、建设性等特征。如果新闻的娱乐化很好地遵循这些传播规律，将有利于新闻事业的发展。但是这样的尺度很难掌控。部分媒体为了迎合受众和广告商的关爱，以致无视新闻的传播规律。

娱乐化的时评缺乏理性色彩，没有透彻的分析和思考。作者为了提高上稿率，没有足够的时间进行分析思考和查找资料，常常凭着一时的冲动甚至灵感下笔，故作惊人之语博得受众的眼球。评论在我国新闻传播史上之所以能够发挥重大作用，关键在于分析入理、透彻、明晰并通过思想“干预”社会。

哥伦比亚广播公司著名主持人丹·拉瑟认为，新闻娱乐倾向是比较危险的。他说：“我们已经变成好莱坞了，我们已经屈从于新闻的好莱坞化……我们将最好的时段给了闲言碎语和奇闻。”[1]同样我们需要的是针砭时弊的理性客观的时评。

（白贵、张杰，原载《浙江传媒学院学报》2008年第8期）

---

[1] [美] 迈克尔·埃默里埃德温·埃默里.美国新闻史[M].展江译.北京：新华出版社 2001：56.

浅析中国近现代回族报刊的编辑理念与读者意识

摘要：相对于社会主流报刊，回族报刊发行量相对较小，发行地区相对分散，内容相对单一和固定，办报人一般具有宗教背景或较深厚的民族情结，因而运用一般社会报刊理论，难以合理清晰地诠释和理解回族报刊的办刊理念和办刊行为。回族报刊的编辑理念不仅体现在创刊词、编辑评论里，还广泛存在于各种与读者相关的类型多样的栏目里，作为辅文它们发挥了不可替代的作用。重新发掘20世纪前半叶办刊环境同样复杂却顽强生存的回族报刊，尤其是解读当时报人的编辑理念和读者意识，对今天的民族类报刊的兴办无疑具有重要的借鉴意义。

关键词：回族报刊　编辑理念　读者意识

据马博忠先生统计，自1906年《正宗爱国报》创刊至新中国成立，回族（伊斯兰）报刊总计超过280种，平均每年至少有6种之多。如此数量庞大而又视域独特、相互关联的回族报刊，在20世纪的前半叶里四散全国各地，行销海外数国，最长者办刊跨时20年，他们怀着何等的办刊理念，又是如何彰显回族的族群优势，进而完成庞大的信息统筹和编辑任务的？他们又是如何加强自我审视，注意吸收多方智慧，及时调整并最终吸引和服务好地域分散、层次多样的读者受众的呢？相对于其他少数民族报刊，回族报人办刊具有两个天然优势，同样也是回族报刊的鲜明特点，一是回族报刊的语言、文字多为汉语。据马博忠先生统计[1]，中文报刊为249种，阿文期刊有4种（日伪报刊

[1] 马博忠.民国时期中国穆斯林报刊统计表[J].回族研究，2008（4）.

未统计在内)。二是回族的城市化程度较高，早期的回族报刊主要依托北京、天津和上海等大型城市，其次是一些穆斯林人口聚居相对较多的省会城市如广州、昆明、西安、南京、武汉、兰州等，同时一些中型知名城市也办有相当数量的报刊，如镇江、桂林、常德、宜宾、开封、泉州等，还有一些小型城市，如甘肃平凉、甘肃临夏、四川彭县、四川万县、河南郾城、河南新乡、云南沙甸、安徽阜阳等。回族报刊办刊地呈现与回族居住集中度高度吻合的特点，即总体上的广阔分散性，细部的聚合集中性，这也正体现了回族的良好的文化适应力、文化聚合力和文化传播力。作为少数民族刊物的优秀代表，回族报刊在整合编者、作者和读者资源方面，在实践汉文化土壤中的少数民族新文化运动方面有自己的独到之处。

毋庸置疑，报刊成功的关键之一，即有先进的办刊理念和合理的刊物定位，而其中的核心就是它能吸引到什么样的读者，以及它如何看待所面对的读者。重视读者、贴近读者、服务读者，体现在回族报刊的方方面面。

一、弘扬正道、唤醒族众——创刊词里的“编辑”理念

《醒回篇》作为早期回族报刊的杰出代表，其刊物内容和形式对接下来诞生的回族报刊产生了较大影响。1908年《醒回篇》的发刊序中写道：“同人且喜且惧，因于日京组织一清真教育会，谋内地之宗教改良及教育普及两事。又虑吾教人散处于廿一省之辽阔，焉得化身千万亿，执人人以告之耶！力有所不逮，势有所不能。弗获已，遂于课余寸晷，各摅厥臆，征集论丛。前承钦使杨星垣先生廉泉之赐，继荷内地诸同志佳艺之颁，终赖在会同人节苦集资，力谋印布，皆不外大声疾呼，以高其唤醒吾回之热度，此是篇发刊之不容以已也。”这里正表明了作为宗教有识之士兼报人的回族先进分子们，“课余寸晷”“各摅厥臆”“征集论丛”“节苦集资”“力谋印布”“大声疾呼”以“高其唤醒吾回之热度”。学子们虽远在日本，却心系全族、志挽中华，其气概和精神在当时的整个中国知识界都是领先的。

再如，1924年创刊的《明德月刊》，其发刊词中亦写道：“我们要在这个时间，促进人民高尚的道德、增加社会优美的风俗、收教育普及的效果，非

得有一种切近人生的报章，或前进的书籍去宣传他不可……这明德月刊的宗旨，就是昌明正道，以养成人民高尚的道德；针砭陋俗，以匡正社会不良的风俗。但这个事体很大，非得群策群力是不容易奏效的。我很盼望的各界诸君，不吝借鸿著，以有关世道的稿子相遗，不单独是本报极表欢迎，也是我们国民前途最大的幸福啊。”指出了报章要“切近人生”，要有“坚决的毅力”去“化民成俗”，要“昌明正道”，要“针砭陋俗”，要“匡正社会不良的风俗”，还要“群策群力”。

而1929年创刊的《云南清真铎报》，在其创刊词中说：“吾人居于穷乡僻壤，无良师益友之讲求，与浑浑噩噩之人民杂居混处，欲闻千古先正之妙谈玄论，于一室中，聆名人博挖心呕血，度天测地之奥言，言于尺幅内，东西不可以道里计，奇事不可以一二数。世态离奇，日甚一日，而吾人坐斗室中，上下千古，神游万里，闻奇事，听异言，与名下士相晤语，知识不为乡井所囿者，悉恃一纸报章，始能臻此。”阐述了报章对于开启回族民智、强化族群意识、提升民族素质至关重要。“总上诸端，需之甚急，为之不易。且报章既负为人导师之责，执此业者，当具有先觉之知识，庶有领导之效果。”阐述了回族报人应当将具有全面正确而先进的知识，又要有化育万众、一呼百应的领导气度。“沪上之学会月刊，天津之伊光月刊，奉天之醒世月刊以及各地之回教博士之鸿篇巨著，所当言者，几无不尽言之。”阐述了在《云南清真铎报》诞生之前，已存著名的回族报刊已经在播散知识、解疑释惑方面发挥了巨大作用。“清真铎报既为教义之宣传，具宣正道谈教育却恶习，正人心之主旨，无偏妄之陋习，作公道之批评，虽文字鄙陋，希望读者诸君，仍以正道之眼光批评引导之，则幸甚！”更是强调了其“宣正道”“谈教育”“却恶习”“正人心”的办刊宗旨，并对编辑方针做了规定，即“无偏妄之陋习”“作公道之批评”，最后提请广大读者“以正道之眼光批评引导”。

正如《天方学理月刊》1930年第三卷第三号上一篇署名“河北平博斋”的文章《伊斯兰之刊物与宗教》说道：“……近年以来，因受诬圣蔑教种种打击，一班有志之士，睹此千钧一发之危机，激于义愤，发于热诚，始行创办刊物，发扬教义，唤醒教胞，以谋生存。是举也，关系我教，何其大哉！吾望教胞，应将此刊物认为兴教之惟一利器。应将资助其需用，认为诸善事中之急须优先举办者。庶几乎一纸风行，万民崛起，宗教社会，立可大放光明矣。”这里，也说出了回族报刊的另外一项神圣使命，就是回击诬圣蔑教事件，传达正确的宗教精神，树立光明开放的宗教形象和族群形象。

二、引导、监督、表态、深化——编辑评论里的办刊理念

回族报人注意及时总结办刊中存在的问题，解答其中带有普遍性的疑问，充分自觉地发掘报刊的新闻评论功能，适时发表“谈话”和编配“后记”。“编辑室谈话”和“编辑后记”是回族报刊中较为普遍的代表编辑方观点的“栏目”。如《月华》从第一卷第三期起，开始在第一版目录下方重要位置刊登“编辑室谈话”“编余杂谈”“编者说”“写作卷首”，后来开辟为“月华论坛”“论坛”“社论”，个别刊期还在末版开辟“编者的话”“编后”“编后记”等。

以《月华》中最为常见的“编辑室谈话”为例，如第一卷第三期中写道：“对于回教民族的各种行为及观念，是基于习惯、风俗，抑或是教规？是很容易使人们混淆的事。而一般不明教理的人们，因为常常弄得混淆不清，——以为恶劣的习惯、风俗，就是教中的规律。——以致发生远于宗教的观念，这是很大的危机。像创刊期登载的伶仃君的‘贡献一点意见’，曾排斥重男轻女的‘习惯’，而很有许多人误认为这就是教规。究竟这种现象，是不是教规，我们现在无从断定。而且较甚于此的，更是很多。因此，我们很希望读者以辟驳这类误解的文字见示。”这段文字是对“重男轻女”等现象的表态，更深层次的是一种引导，把回族新文化运动进程中面临的种种矛盾和难题，纷纷呈诸报端，希请有识之士共同发表高见，促进刊物舆论引导功能的实现。此类文字一般为二三百字，长者可达千字左右，一般短小精悍，注重分析事实，并在此基础上加以引申与深发。其形式自由，手法灵活，可以另加标题，也可只署名“编辑室谈话”。在署名上，或无署名，或署名“编者”，或署名“振武”“梦扬”等作者实名。

再如《月华》第三卷第二十一期的“编辑室谈话”写道：“本月是至圣周

年冥纪纪念的月，各地穆士林照例都要举行纪念会。不过旧日举行的仪式，各处都差不多一致（呆板的）；现在因为生计和潮流的关系，大概变更旧日的仪式而举行的，一定不少，因此各地举行圣纪，便有可以纪录必要的。本社甚望各地教胞，把今年举行圣纪的实况，寄给我们，我们在最近的将来，或许出一个专号。”此类短章主要针对旧俗革新的实践，提出具体想法，刊物编辑希望介入此起彼伏的各种内容和样式的文化革新运动中去，他们希望通过报刊特有的传播优势，广泛收集信息，集中设置议题，促成专号专版的出版，如仅以《月华》为例，就出版有15种专版专号。从这些专刊、专号、专页，可以大致体悟出当时回族报刊编辑们的版面策划和运作水平以及作者、读者们的支持程度。

再如，第二卷第六期的“编辑室谈话”，写道：“青年专号，接到佳稿甚多，限于篇幅，未能尽量披露，致以为歉，从下期起，当陆续刊登。李廷弼君的‘西北问题’，准在下期续完，绝不再延，以慰读者雅望。下期有短篇小说‘开斋以后’，为六合常步舜君最近之杰作。”《月华》作为当时回族社会的知名刊物，吸引了大批仁人志士参与写稿，稿件堆积现象时有发生，此谈话着重向广大作者们解释这一现象。同时，积极理顺稿件关系，并不时向读者们交代近期稿件安排，进行佳作预告，展现了回族报刊积极的办刊状态。综上所述，此时期多数回族知名人士如马福祥、唐柯三、马邻翼、马鸿逵、王静斋、马松亭、王农村、白寿彝、庞士谦、赵振武、王梦扬、薛文波等人，积极于回族报刊事业，不断以各种方式支持刊物发展，他们既是宗教界和知识界的杰出代表，又是早期回族报人中的杰出代表，并经常为回族报刊撰写评论，这些评论都承担着引导、监督、表态、深化的职能。

三、纽带·桥梁·平台——读者服务栏目里的“读者”理念

回族受众因其“小聚居”的居住特点，而相对更具鲜明的族群意识和交流意识。而回族报刊普遍地非常重视读者栏目的开办和维护，使回族报刊成为回族新文化运动得以顺利开展的引擎和保障。据笔者考察，有近半数的近现代回族报刊开设有固定或短期的读者栏目，具体又可分为如下几类。

（一）通讯类栏目

1.读者来信类

主要名称是“本社信箱”“读者通讯”等，这类栏目主要是承接各地读者的来信，内容大致包括询问宗教或相关生活事宜、向报社载文提出异议、提供议题或稿件线索等。

如《清真周刊》第一卷第八号，设有“邮筒”栏目，刊登了“承德多级国民学校致本社函”，文中说道：“本报前登之论清真教今日宜开放门户及振兴清真教之基本办法二稿，系本报编辑丁子瑜及牢骚客二君对内之痛言，亦系改革吾教之针砭。如能仿办，何愁吾教之不振？近接承德多级国民学校来函，承德已经实行，可见有心人所见皆同，不独本报为然也。望全国吾教父老兄弟以承德作一模范，各秉天良，皆从教育实业着手，则吾教之兴，吾国之强，不难立待。今将原函登录于左，以供阅者。幸勿以无关紧要而忽之可耳。宏道附识。”如《伊理月刊》1946年第二期和第三期上都开设有“读者信箱”，第四、五期合刊上刊登有《读者信箱——陕西“六一一”教案控诉书》，第六、七期合刊上刊登有“读者园地”和“读者信箱”，第十三、十四期合刊上，登有“本社信箱”。

如1946年第二期的“读者信箱”中，说道：“编辑先生：我是一个无宗教信仰的人，但我对于各种宗教，均有研究的兴趣，看到了贵社发行的《伊理月刊》创刊号后，引起我对于回教研究的动机，一再的细读，内部虽对于回教教理具有深刻的理论，及我国回教现状与世界现势的警惕提示，令人感佩，且由是明了回教的伟大，然而因有许多专有名词不能明了，并对回教尚有几点很普通的疑问，时常浮映在我的脑海中，就是（1）回教的教义究竟是什么？（2）回教有何优点？能否拨冗赐予答复，俾使我对于回教得以进一步的认识与研究，不胜感盼专此即请。罗胜阶手启九月十五日。”该文刊发后,《伊理月刊》编辑在一周内迅速做出了回复，并表达了更多的期望，回信说道：“胜阶先生：接到了你的信，使我们十分兴奋，想不到刚出创刊号，就会引起了教外人士的深切注意与关怀，这里我除了将你提出的问题解答于后外，同时希望时时赐教，如有研究兴趣，或屈驾来社研究回教问题，并惠赐佳作以为本刊增光……介眉答于九月二十三日。”针对读者来信，当时的报人们大多积极回应，而且多将原函照登，并且紧随其后进行解答，充分重视读者来信，不论是教内人士还是教外人士。

2. 答读者函类

如《清真周刊》第一卷第六号，即有“邮筒”栏目，“本社致阅报诸君函”写道：“受阅本报诸君公鉴，启者，现届旧历年关，报界照例休息，本报亦停刊一次（即第七号），下期准于阳历二月十八号聚礼日出版，耑此敬颂。春安本社谨启。”报社对读者非常尊重，对于停刊日期和复刊时期都给予了明确的交代。

著名回族报刊《伊光》开设有较长时期的“答读者函”栏目，如1929年6月第二十二期，1929年8月第二十四期的“答读者问（二则）”，1929年12月第二十八期的“答读者问——唐奎元自绥远函问（原信件登录并答）”，1930年6月第三十四期的“答读者函——答张子文阿衡来书答李文阑阿衡来书答王连仲来书”，1931年1月第三十九期署名王静斋的“答读者函——为寻新月问题答读者”，1931年3月第四十一期署名常子口、常学三的“补白——对读者谈几句闲话”，1931年4月第四十二期的“答读者问——答济南盲人丁绍文答失名氏函问”及1933年6月第五十三期署名多舌生的“介绍‘欧模代’上几句话于读者”。

再如《月华周报》，开辟有“月华信箱”栏目，专门回答读者提问。如第二号（1947年8月29日）刊登马德民问“回教有多少人”。第三号（1947年9月5日）刊登王大新问“汤瓶标记是什么意思”“清真寺可随便参观吗”“月华登外教人稿件不”。

答疑解惑是回族报刊的重要职责，也是体现报人识见和水平的重要栏目。针对以上问题，报刊均给予了及时的答复，化解了读者的疑惑，赢得了读者的口碑。

（二）一般漫谈类栏目

如《回民月报》1932年11月第一卷第十一号署名编者的“向读者报告”。

如《震宗报月刊》，1937年5月第三卷第七期上刊有署名“黑颂扶”的“纪念题词——我对于震宗报与读者的希望”，1942年1月15日第七卷第一期署名“唐易尘”的“漫谈——本报第七卷开始要向读者谈的话”，1942年3月15日第七卷第二至三期合刊署名“唐易尘”的“漫谈——向读者预备告别的话”。再如《清真铎报（副刊）》1945年10月第二号署名“克定”的“对读者的希望”。这些文章多出于与读者交流感情需要，用一种平和的语调漫谈一些相对时效性要求不强的话题。

再如《月华》1938年11月25日第十卷第二十二至二十四期合刊刊登的《读者作者与编者》一文，说道：“广州陷落后，纸张来源骤感缺乏，迫得本刊不得不把三期合刊。以后，如纸的来源不能增多，恐怕本刊各期单独出版的情形一时不易恢复。编者希望本刊以后多向质的方面努力，或可稍弥篇幅减缩的缺憾。我们渴望知道广州及武汉不守后的教胞情形，我们尤其是惦念本刊的读者和作者。我们默念，当写此稿时，不知有多少朋友们在流亡的长途上跋涉，在炽灼的火网上骤驰。我们敬祝他们的平安，并渴望着有消息来。”文章感情真挚，不仅阐释了合刊原因，而且对于读者所处之水深火热情形也多有虑及，并且表达了细致的体贴和真挚的祝福。

（三）诚恳敬告类栏目

如《震宗报月刊》1931年第一卷第十一至十二期合刊中署名“记者”的“向阅者谈几句话”。如《伊光》1927年10月第二期中的“阅者鉴”，1932年4月第四十八期中的“敬告阅者两件痛快事”。如《云南清真铎报》1929年2月创刊号中署名“适卿”的“敬告读者诸君”。如《穆音》1933年8月第一卷第五号中署名“马之骥”的“敬告读者诸君之几句恳挚话”。如《人道》1934年8月第一卷第三期中的“告读者”。相对于一般漫谈类，这类栏目的时效性要强一些，针对的事实也更重大一些，这些事实往往令人不吐不快，编者遂发出诚恳的敬告。

再如《月华》，其第九卷第一期中的“编者与读者”，第十卷第四期中的“读者作者与编者”，第十卷第五期中的“读者作者与编者”，第十卷第二十二至二十四期合刊中的“读者作者与编者”。如其第九卷第一期中的“编者与读者”写道：“感赞主，第八卷《月华》随着人们所恐怖的1936年平安的度过来了！虽然人们对于第八卷《月华》都不是很满意。现在，第九卷又已开始与读者相见，当然，在我们这种环境之下，第九卷或者不会与第八卷有什么区别；可是同人却无时不在力谋改善之中，托靠主，若是材和财允许的话，今年也许使读者减少一点失望。这，一半固在同人的努力；一半也要仰仗亲爱的读者极力来维护，而后才有实现的可能。各地穆民的情况，自本刊注意刊登以后，已引起全国穆民之注意，到现在，国内的回教刊物，差不多都争着把调查各地穆民状况列成专栏。不过，近来却不像以前那么踊跃了！这懈松的现象，并不好。本刊自今年起，拟把调查的目标挪移一下，以引起大家的新兴趣。所谓新目标，便是打算每期登一座礼拜寺的情形，不论是怎样记载法，都极欢迎，尤其欢迎与文字同时惠寄所记载的礼拜寺照片，因为可以制版同时刊在封面上。这一点要请亲爱的读者特别注意与帮忙！”《月华》作为回族报刊中的主流大报，在办刊方面积极开阔，多能领风气之先，如文中提到，既然各个刊物都在做穆民调查栏目，这个栏目也就渐渐失去了生机，于是要重新开辟新的栏目，以激发读者兴趣。

（四）读后感类栏目

如《回民》第一卷第九期刊登了林载阳的《读〈回民月报〉有感》一文，第十一期和第十二期刊登了马之骥的《读〈和平的宗教〉以后》一文。第十二期还刊登了郭文奇的《读了米君〈为我教青年进一言〉后的几句拉杂话》一文。如《穆士林》1931年第三期上登载了长风的《读九月一日辽宁〈醒时报〉‘关于南京回教寺事’一文后》，1932年第八、九期上刊登的署名“衣步”的文章《读〈穆民〉月报‘婚丧专号’后》。如《穆民》1931年第一卷第十期上刊登有署名“香港姐妹团”的《阅第六期〈掌教阿洪之责任是什么〉感言》。如1937年《塔光》第四期上刊登有署名“功达”的《读〈我教青年应具的认识〉后之管见》。类似对于刊物已登文章的呼应，说明了回族报刊本身已经形成了内部的监督和评价机制，刊物内部或刊物之间，可以允许进行读后感阐发，好的文章应该是能激起读者思维，并进而促成实际行动和改变的文章。无疑，此类文章和栏目，为我们进一步丰富了平实开放的刊物舆论平台。

此外还有一些有关回族报刊编者和读者关系的探讨类文章，如《天方学理月刊》第六卷第三至四期合刊中署名“杨汉光”的《教刊编者和读者的责任是什么》一文。再如1934年《人道》第一卷第二期中的《编辑室的播音》，说道：“……我们凡是接到某种报章与杂志，总是先看一看题目与作者。不过同时读者就起了两种观念，作者与读者合与不合。编者就感到了这种普通病，不如先与诸位先生们商量一下。我们凡是接到任何的一件东西，总得先看好或者不好，再来批评他的价值。这才是一个真正的公理。不过我们要批评的对或不对，自己是一个什么立场，假设自己是一个真正的宗教信徒，那更得要小心去说别人的不是。一失足成了千古恨，这句话我们要牢牢记得。最后还有一点声明，本刊的作者，不是一些虎狼，并不是那些有护兵的大人先生们。若是自己要有什么不满意于某篇文字的时候，很可以当面去同作者一块儿研究。那才是一个真正的正人君子的态度。编者志。”此类文章作为初步探讨编者与读者之间关系的文章，今天的读者也可以略知当时的编辑在处理与作者、读者的关系过程中出现的疑问和困惑，可以说，此类问题在今天依然没有消失，此文所提出的倡议，也是值得今人借鉴的。

读者是一切编辑工作的出发点和归宿。一个回族刊物的成功与否，衡量的首要标准即是读者的参与和评价程度，而这背后往往隐含着刊物的编辑理念。作为编辑方来讲，从读者的实际状况和刊物的办刊宗旨两个基准点出发，达到二者价值的完美融合。作为20世纪上半叶的读者来说，他们把报刊作为主要的信息接收和发布平台，主动向报刊编辑询问各种疑惑，主动致函报刊交流情感，提供有价值的稿件线索，主动配合报刊开展的各种普查和调查，并且积极向报刊投稿，积极撰写评论和读后感，积极向报刊投递文艺作品，展现了回族读者的丰富生活内容和健康生活状态，也展现了编辑与读者双方的良性互动。

（白贵、金强，原载《回族研究》2015年第2期）

中国近现代回族报刊波动现象浅析

摘要：近现代回族报刊波动主要表现为，出版期数多寡不均、报刊创刊年份不平衡、出版地多有转移、出版间断、频繁停刊复刊、报刊多名或更名等。其因有二：时局不稳是导致报刊波动的外部原因；办刊经验欠缺，缺乏正规化运作管理，刊物间缺乏组织协调，难以形成合力和良性互动以及经费不足等是导致波动现象的内部原因。

关键词：近现代　回族报刊　波动现象　浅析

报刊包括报纸和期刊。报纸是指有固定名称、刊期、开本，以新闻报道为主要内容，每月至少出版一期的散页连续出版物。期刊是指有固定名称，用卷、期或年、月顺序编号，成册出版的连续出版物。

一、“回族报刊”之界说

清光绪末年，回族中一些首先觉悟的知识分子联络各地有识之士，倡导回族社会文化、提高民族自觉自强意识，在各地相继成立了数十个回族文化团体。伴随而来的是新式回族教育，一股兴学热潮在回族知识分子的倡导下兴起。在创办文化团体、广设学校的同时，以阐发伊斯兰教义，提倡新式教育，传播文化，沟通各地回族信息为主要内容的刊物如雨后春笋一般相继出现[1]。

[1] 喇海青，李存福.二十世纪初回族知识分子的文化觉醒[EB/OL]，中国伊斯兰在线网：http://www.islamcn.netsystem/ly/ly003/200510/32.html#.2005（10）.

关于第一份回族报刊究竟是《正宗爱国报》还是《醒回篇》，学术界一直存在争论，其实这一分歧的焦点离不开对“回族报刊”概念的界定与理解。目前，较有代表性的观点有“中国近现代回族报刊，是指从20世纪初至1949年10月以前在海内外包括香港地区出版的中国回族穆斯林的期刊和报纸，总数不下百种。[1]清末民初的回族报刊，包括两个类型：一是由回族人创办或主持的综合性报刊；二是回族人创办或主持的专门性报刊。前者面向全社会大众，但是由于创办人或主持者是回族，对于回族和回族社会的报道与相关文论的刊载比例，较之其他综合性报刊要多一些。后者则不同，它是专门针对回族及其宗教文化进行报道与研究的，其目的在于通过这种专门性的报道与研究，向本民族与全社会宣传回族的历史、文化及宗教信仰，以扩大回族文化对社会的影响，增进社会对回族的了解，同时引导和教育本民族的人民坚持信仰及本民族的风俗习质，适应社会需要，成为对当时社会的有用人才。[2]据此，笔者认为，回族报刊应有广义和狭义两类界定。

狭义的回族报刊仅指内容和形式具有鲜明回族特色的报刊。1908年由来自全国14个省，包括留学日本东京的36名回族学生发起成立的“留东清真教育会”创办了《醒回篇》，这是第一份实质意义上的回族报刊。此后，随着回族新文化运动的发展和伊斯兰教研究的深入，全国各地的回族有识之士先后兴办了百种以上“以阐发教义，提倡教育，沟通、传达各地回民消息为主”的伊斯兰文化传播和研究的刊物。本文所探讨的主要是狭义的回族报刊。

广义的回族报刊还包括回族人创办的其他社会报刊。1904年回族知识分子丁宝臣在北京创办《正宗爱国报》和其兄丁竹园于1907年在天津开办《竹园白话报》的办报实践，可谓开了中国回族人办报的先河，但因其办报内容没有明显的回族特色，故属于广义的回族报刊。1920年，马哀陆（回族）创办《南方日报》（又名《江南日报》，共出1年）于南京。1921年6月，童仁甫回族创办《三山日报》（至1937年停刊）于镇江。1923年，刘霏岚创办《评

---

[1] 李习文，刘天惠.中国近现代回族报刊发展述略[J].图书馆理论与实践，2000（5）.

[2] 张巨龄.清末民初的回族报刊和丁宝臣等五大报人[J].云梦学刊，2006（5）.

报》（后来因触及时事，于1934年更名为《平报》，至1937年停刊）于天津。1924年，刘髯公创办《新天津报》（至1937年停办）于天津。以上这些都属于回族人所创办的其他类型或称社会报刊，属于广义上的回族报刊。

回族近现代报刊，是中国近现代回族文化发展的珍贵历史长卷和百科全书。五四运动前后书报刊的兴起标志着中国新闻事业发展到了一个新的历史时期。于是，“借五四运动的澎湃发展之势，一个向世人宣传伊斯兰教教义、推进回民教育改革、联络各地民族感情、发扬回民国家意识的局面展开了”[1]。编辑出版回族书报刊，是这一时期回族进步人士和优秀知识分子的一项主要任务，受到整个时代文化环境的影响和推动，回族报刊也彰显出回族的文化生命力和民族自信心。在此过程中，回族报刊的产生和发展也经历了重重阻力，报刊的波动现象即是主要表现之一。

二、回族报刊波动现象的主要表现

报刊波动，即报刊的不稳定性。微观上，主要体现在某一报刊的刊名不稳定，刊期不稳定，开本不固定，栏目内容不稳定，采编及经营管理人员不固定以及出版地不固定等，宏观上主要体现在报刊的创刊年份不平均，频繁停复刊等。近现代回族报刊的波动现象尤为明显，主要体现在以下几个方面。

（一）报刊出版期数多寡不均

1. 只出版1期或2期

只出版1期的有《醒回篇》《广仓学演说报》《清真汇报》《灿烂》《北平回教临时难民救济会特刊》《广西回教》《流火》等。出版2期的有《明德报》《清真导报》《回声》《古尔邦》《回民大众》等。

2. 出版不定期

如《伊光》《回教青年》《伊斯兰妇女》《阿尔泰》《清真铎报副刊》《铎声》《清真导报》《明德月刊》《回民青年》《塔光》《伊斯兰》《穆音》等均为

[1] 雷晓静.中国近现代回族、伊斯兰教报刊的崛起[J].回族研究，1997（1）.

不定期报刊。

3. 出现一些出版期数较多和出版历时较长的报刊

期数较多的报刊，如《月华》418期,《伊光月报》128期,《昆仑报》108期,《禹贡》82期,《天方学理》75期,《清真铎报》72期,《晨熹》50期,《清真旬刊》50期。在期印数的统计还未达到精确的情况下，期数成了判断报刊影响力的主要依据。

历时较长的报刊主要有《清真铎报》历经20年,《月华》历经19年,《震宗报》历经16年,《清真旬刊》历经16年,《正道》历经15年。这些报刊一般都经历过中间的间断，甚至几办几停，但仍能坚持十数载实属不易。

以上三点，较为集中地体现了处于初步成长阶段的回族报刊出版发行的艰难的团队运作和动荡的外部环境。尽管环境如此艰难，其中也不乏生命力顽强、影响巨大者。在这些刊物中，影响最大、历时最长的当推以“启发西北回民知识”为宗旨，于1929年11月在北平创办的《月华》。该刊内容十分丰富，曾设“史乘”“经典”“回民教育”“教务”“文艺”“国内回民概况”等栏目，刊物发行十几个国家。此外,《中国回教学会月刊》《伊光》《云南清真铎报·清真铎报》《成师月刊·成师校刊》《突崛》等都是当时重要的刊物。

（二）报刊创刊年份不平衡

以1904年《正宗爱国报》至1949年《清真教刊》算起，45年间回族报刊年均出版新报刊2.95种。其中1900—1910年3种，1911—1920年7种，1921—1930年24种，1931—1940年为报刊高产期，共出版66种，年均出版新刊6.6种。1941—1949年26种。

其中，重点年份的新报刊出现数量，分别为1931年8种，1932年5种，1933年8种，1934年13种，1935年4种，1936年8种，1937年2种，1938年7种，1939年8种，1940年1种。其他出现新报刊数量比较多的年份有：1929年4种，1930年4种，1946年4种，1947年6种，1948年4种，1949年8种。

回族报刊的创刊经历了两次高峰，一次是在1934年前后；另一次是在1947年前后。新刊创刊数量的波动变化，一方面，反映了时代大环境下的媒介舆论的外部环境的松紧程度；另一方面，也折射出回族知识分子办刊力量的强弱走势。

（三）出版地多有转移

如《突崛》1934年5月创刊于南京，该刊物为月刊，由南京中央政治学校附设的蒙藏班蒙藏学校回族青年学生创办，穆建业、马俊荣、马裕恒、高文远等人相继担任该刊主编。抗日战争期间曾迁往庐山、芷江、重庆等地，刊物常因故无法按时出版。1945年在重庆停刊；《伊光》1927年9月创刊于天津，社址最初设在天津清真北大寺内，后因日本侵华战争爆发，该刊先后迁至武汉、河南郾城、重庆、甘肃武威、宁夏吴忠及银川等地刊行，至1939年2月停刊；《回教青年》1936年4月创刊于南京，该刊原名《回教青年月报》，社址设在南京健康路31号净觉寺，曾先后刊行16期。1938年初，因南京沦陷迁址兰州南滩街3号，在此出版《抗战特刊》，1946年迁回南京，次年停刊等。其他经历出版地转移的还有1931年创办于北平的《伊斯兰青年》，1934年创办于北平的《成师月刊》，1938年创办于湖北武昌的《回教大众》，1939年创办于重庆的《回民言论·中国回教救国协会会刊》，1945年创办于南京的《西北通讯》以及1947年创办于青海的《昆仑报》等。以上种种出版地转移主要是迫于时局，在第二办刊地的选择上的基本趋势是由北往南、自东向西战略转移。

（四）出版间断，频繁停刊复刊

出版间断常常与报刊出版地转移紧密相连，多数报刊因出版地转移而间断，如《清真铎报》1929年创办于云南昆明，1934年停刊，后几度停复刊，共出72期，出版地未转移，1949年终刊。《月华》1929年创刊于北平，1937年因抗战停刊，后多次停复刊，出版地经北京转至桂林，又转至重庆，1948年终刊。《伊斯兰青年》1931年创办于北平，出版2期后停刊，后几度停复刊，1936年12月终刊。《正道》1931年创办于北平，1934年10月停刊，1946年11月复刊，同年底又停刊。《中国回教学会会刊》《中国回教救国协会会刊·中国回教救国协会会报》1939年创办于重庆，1946年转移至南京出版南京版，

1958年转移至台湾出版台湾版。另有《人道》《天山》等报刊也出现频繁停复刊现象。停刊复刊现象，还与编创人员接替不顺、资金支持不足、作品内容管制等内部原因有关系。

（五）报刊多名或更名

综观130余种回族报刊，名称各异且无重名现象，其中“清真”“回教”“伊斯兰”为三大刊名核心词，分别为12种、19种和11种。更名现象如《南方日报》1920年创办于南京，又名《江南日报》。《震宗报》1927年创办于北京，又名《震宗月刊》。《西北》1933年创办于北平，又名《西北周报》。《成师月刊》1934年创办于北平，自第三卷后改名为《成师校刊》。《边铎》1934年创办于南京，后改名《天山》。《古兰日报》初名《文化周报》，1934年创办于南京，1936年改名为《古兰日报》。《回报》1936年创办于江苏镇江，又名《回民报》。《中国回教救国协会会刊》1939年创办于重庆，又名《中国回教协会会报》《中国回教》。《伊斯兰周报》初名《正道周报》，1941年创办于冀鲁边区，1946年复刊后改名为《伊斯兰周报》。报刊名称发生改动分两种情况：一种是主动更名；另一种是被动更名。更名主要是出于对刊物性质和办刊宗旨的考虑，较少涉及其他报刊等外部因素。这一现象说明回族报人在实践中不断调整办刊思路，总结办刊经验，能够顺应时代潮流，充分挖掘自身特色。

民国时期的回族刊物，虽然创刊的时间有先有后，地点较为分散，存世时间长短不一，内容设置千差万别，但大都不同程度地介绍了中外伊斯兰教历史及各地穆斯林民族概况，收集了不少濒于散失的伊斯兰教重要史料，发表了不少有关回族青年教育的文章，宣传了中外大事，宣扬了爱国与爱教的一致性，对一些反动军阀、御用文人的民族歧视和民族迫害行为进行了无情的揭露。一些回族报刊在当时全国的爱国主义宣传中，在中华民族全民族抗战的过程中都起到了不可磨灭的作用。这些刊物还为开展伊斯兰文化交流，培养回族学术文化骨干，振奋回族的民族精神等方面作出了巨大的贡献。

三、近现代回族报刊波动现象成因

综上所述，整个民国时期，回族报刊在整体上处于艰难发展阶段，但它还是全面地报道了整个回族社会的发展状况，表达了回族知识分子渴求进步的心声，也记录了回族大众及其知识分子的互动轨迹。在对以上报刊进行整体把握和对相关报刊媒介事件梳理的基础上，对造成回族报刊波动现象的成因进行探究，可以帮助我们厘清当时回族报人的办报得失，从中得出一些规律性认识。

（一）客观原因：时局动荡

《伊光》1927年9月创刊于天津，社址最初设在天津清真北大寺内，后因日本侵华战争爆发，该刊先后迁至武汉、河南郾城、重庆、甘肃武威、宁夏吴忠及银川等地刊行。《月华》1929年1月创刊于北平，1937年7月抗日战争爆发后被迫停刊，并随校迁往大西南后方。1938年4月5日在桂林复刊，1942年出至14卷12期，后因时局动荡和印刷条件限制停刊。1946年元旦在重庆复刊。1947年迁回北平继续出版，由旬刊改为月刊。《晨熹》1935年1月创刊于南京，抗日战争爆发后停办。1938年10月20日，日本占领广州之后，强据《塔光》社，冒名出版刊物，遭到唾弃，刊物遂受影响停刊。《回教青年》1936年4月创刊于南京，1938年初因南京沦陷迁址兰州，1946年迁回南京，次年停刊。《回教大众》1938年2月创刊于武汉，1938年末因武汉沦陷，迁至重庆刊印，1939年12月停刊。《清真铎报》1929年2月创刊于云南，出版近30期后，因编辑人员陆续离滇停刊。1940年日本侵华期间，云南回教救国协会会长马伯安将其复刊，但刊印3期就因稿件与印刷厂遭日本飞机轰炸再度停刊。1945年10月重新复刊，销行量迅速增加，至1948年时已达3000份。1949年9月，该刊在出版了38期后，因国民党云南政府“九·九”整肃而被迫停刊。在此期间，白寿彝、马坚、沙得珍、纳钟明、纳训等人曾先后担任过主编。

北洋军阀、国民党统治及日军侵华时期，回族报刊的发展时常面临严峻的挑战。有关书报刊出版的媒介事件占到这一时期主要事件的近半数。涉及回族的书报业媒介事件主要有以下6项：

1919年7月，济南发生“昌言报馆事件”，回民爱国领袖马云亭阿洪被政府当局杀害；

1931年7月，《新亚细亚》杂志因载文引发侮教案；

1932年9月，上海发生《南华文艺》侮教案；

1932年10月，上海发生北新书局侮教案；

1936年3月30日，北平《公民报》载文污蔑穆斯林妇女及伊斯兰教长，引发“北平教案”；

1947年9月，《北平新报》载文污蔑伊斯兰教，引发穆斯林群众的强烈抗议。

这些侮教事件的发生，一方面，反映出当时政局动荡，回族外部生存环境的恶劣程度。另一方面，也反映出回族人士为了消除外族误解，勇于表达本族的心声，革新自身形象而积极创办本民族正统报刊。回族书报媒体的产生和发展符合媒介发生、发展的客观规律，外媒引发的回族媒体事件，特别是“侮教案”，显示了当局对于宗教文化的宣传怀有蔑视情绪并加以严控。媒体的力量在时局的动荡中逐渐增强，报刊越来越受到重视，且逐渐成为对外宣传的重要武器和阵地。

（二）主观原因：经验与合力缺乏

1.经验不足，内部缺乏正规化管理

由于历史原因，部分传统回族人士怀有与主流汉文化分流乃至绝缘的想法，使自身无法享受、吸纳主流文化的精华，导致自身处于被边缘化的危险之中。有鉴于此，回族的先进分子提出改良经堂教育，主张中阿并授培养，既有阿拉伯文、波斯文和伊斯兰教各科知识，又具备扎实的汉文化修养的新型人才，开启民智，唤醒民众，提高科学文化素质等主张。为此，他们掀起了设学校、创社团、办报刊、搞研究和派留学生的热潮，在社会上产生了广泛的影响。著名汉族学者顾领刚先生热情称赞它是“近代中国回教徒第一次

自觉发动的文化运动”[1]。然而，此时整个中国报人的报刊编印发业务水平还不是很高，也没有经验可以借鉴，多是在实践中摸索，在失败中总结，回族报人更是如此。从当时社会报刊的办报经验中汲取营养，邀请社会报人中相对富有经验者参与，在办刊之前对回族办报人员进行办报技能培训和经营管理方面的指点，这些都是优秀回族报人积累起来的宝贵经验。但绝大多数回族报人在主客观条件不具备的情况下很难对所办报刊进行系统的正规化管理。

2. 缺乏协调，外部难以形成恒久合力

从上述对报刊出版地的统计可以看到，回族报刊的策源地非常广泛，涉及全国20多个省区市。从编者和作者队伍来看，人数数以百计，且具有相当大的分散性和随意性。多数回族报人是自发办报，且多是第一次办报，七八个人甚至三五个人支撑起一种刊物，具有一定的独立意识，形成力量分散、各自为政的自发局面。如1931年在北平就同时出现《伊斯兰青年》《北平伊斯兰》《正道》《励进》《伊斯兰学友会丛刊》和《醒民》等诸多刊物。刊物增多势必导致条块分割，再加上个别刊物中常因为编者、作者对教理的理解不同而出现分歧，甚至出现诸多有关教理的辩论，对于出版合力的形成大有损耗。如《边铎》1934年3月创刊于南宁，刊出6期后，因编辑部内部产生意见分歧而重新改组，刊物也于1934年10月15日更名为《天山》。《清真铎报》1929年2月创刊于云南，出版近30期后，因编辑人员陆续离滇而停刊。另如《月华》，“因‘文艺观摩会’发生分歧，第一批骨干作者逐步退出”[2]。“以成师1、2班学生为骨干的作者队伍，或出国，或分散他乡异地，稿件来源出现困难。[3]由于个别报人的自身原因，经常出现报刊理念调整，缺乏对报刊的长远规划，缺乏对内外风险的估计和应对措施，也是部分刊物迅速夭亡的重要原因。

从总体上来讲，没有全国性的回族书报刊管理组织进行全局性的部署和协调，回族报刊基本处于自生自灭的状态，也是不应忽视的重要原因。

---

[1] 顾颉刚.回教的文化运动[J].月华，1937（9）.

[2] 张巨龄.绿苑钩沉——巨岭回族史论选[M].北京：民族出版社，2001：141.

[3] 张巨龄.绿苑钩沉——巨岭回族史论选[M].北京：民族出版社，2001：142.

3. 经费不足

以《月华》为例，“1946年，马松亭阿洪在唐柯三先生等人的支持下，在十分困难的情况下，自筹资金，自任主编，使已脱离成达师范学校的《月华》复刊”[1]。“从1946年元月—1946年7月，出版了《月华》第十六卷共21期，由于经济特别困难，出版物均为粗糙纸”[2]。后因经费紧缺而改小版面，并换低档纸印刷。《回教月刊》1939年8月创刊于上海，该刊由上海牛肉庄、牛肉馆两个穆斯林肉食行业组织的“中国回教宣道所”主办，后因资金短缺改出双月刊，至1941年停刊。《伊斯兰学生杂志》1931年1月发行创刊号，先后出版5期，1936年8月因人力、财力缺乏而停刊。多数回族报刊的运作资金主要依靠部分回族爱心人士的慷慨资助，一旦由于某种原因失去了这种资助，报刊的出版也立即陷入困境。

针对上述阻碍回族报刊稳定发展的不利因素，回族报人们不屈不挠、积极探索，争取有利条件，打造出了一批生命力顽强、质量上乘、传播效果良好的优秀民族报刊，同时也为回族后人积累了宝贵的办刊经验。如打造书报刊的编印发的内部合力，依托社团组织，发挥团队优势，充分利用社会关系，机动灵活发行，各报刊间的作者互动、作品互通、地域间交流，等等。这些宝贵经验在一定程度上弥补了由于外部环境恶劣、内部办报经验不足、缺乏协调管理及办报经费紧张等诸多困难而带来的负面影响，使得回族报刊在总体上仍呈现出顽强的生命力和积极正面的宣传效果，并能够合理表达民族心声，为回族文化的巩固和传承，为中华民族凝聚力的增强做出了巨大贡献。

（白贵、金强，原载《回族研究》2008年第11期）

[1] 张巨岭.绿苑钩沉——巨岭回族史论选[M].北京：民族出版社，2001：142.
[2] 张巨岭.绿苑钩沉——巨岭回族史论选[M].北京：民族出版社，2001：143.

回族新文化运动与回族报刊之关系

摘要：回族报刊的创办和发展是整个回族文化运动的重要组成部分，与整个回族文化运动的形成和发展密不可分。通过新文化运动的历练，回族报人较好地完成了报道新闻、评论时事、传播文化、促进经济的基本任务。回族报刊借各种文化运动之东风，得以遍地开花，各司其职、各尽其能。回族报人或亲自担任文化运动的主要领导者，或进行幕后策划与支持，促成了各种文化信息的有效传递。他们积极地参与到文化变革与重建当中去，梳理民族历史、传播民族知识、铸造民族心理，促进团体、刊物间开展广泛的交流与合作、并协助解决教内事务促成合议与共识等。二者的关系是良性的互促互进。

关键词：回族报刊　回族新文化运动　互动关系

一、问题的提出

中国近现代史上的新文化运动是20世纪早期中国文化界中，由一群受过西方教育的激进的资产阶级、小资产阶级民主主义者发起的一次反对封建文化的思想启蒙运动。运动的代表人物是：陈独秀、李大钊、鲁迅、胡适、易白沙、吴虞、钱玄同等。运动的基本内容是：提倡民主反对封建专制和伦理道德，要求平等自由，个性解放，主张建立民主共和国；提倡科学，反对尊孔复古思想和偶像崇拜，反对迷信鬼神，要求以理性与科学判断一切；提倡新文学反对旧文学和文言文开展文学革命和白话文运动。新文化运动以1915年9月陈独秀在上海创办《青年》杂志（1916年9月起改名为《新青年》，1917年初迁到北京）为起点和中心阵地。在“五四”以后，全国各地的进步报刊如雨后春笋般脱颖而出。“五四”以前倡导新文化的刊物只有《新青年》《每周评论》和《新潮》等少数几种。“五四”后的一年里全国新出版的期刊猛增至400余种。新文化运动在大陆的影响一直及于1949年左右。

回族的新文化运动是回族知识分子鉴于国家的内忧外患和本民族的积弱积贫的现状为振兴国家、民族、宗教而在回族中掀起的一场以兴教育、求进步为主要内容的文化运动。它以1906年童琮在镇江“奋然率先为里之同教兴办小学”为先声。其后安铭、王浩然、马邻翼、马六舟分别在北京、湖南邵阳、黑龙江齐齐哈尔等地相继创办了一批回民学校初奠基础[1]。而后1908年以黄镇磐等为代表的回族留日进步知识分子团体——“留东清真教育会”创办《醒回篇》在日本东京吹响回族新文化运动的“宣传号角”。此后回族新文化运动开始以报刊为重要阵地与中国主流社会报刊相呼应，运动的形式和内容有了质的飞跃，并于20世纪30—40年代形成高潮，与全国范围内的新文化运动密切配合，最终成为整个中华民族新文化运动的重要组成部分。

20世纪上半叶的回族社会以阐发伊斯兰教义、提倡新式教育、关注社会现实问题、交流各种信息、报道时事为主要内容的回族报刊如雨后春笋般出现。

由于各种综合因素的考虑，回族报刊的内涵和外延依尺度的不同都存在一定的伸缩量，划分标准并不统一。

说到回族报刊，笔者认为它一般具有两种形态：一种是狭义的，它与“伊斯兰报刊”“穆斯林报刊”同义，其办报人与读者的主体部分都是以回族为中坚的穆斯林，内容主要是介绍伊斯兰教义，传播回族伊斯兰文化，报道伊斯兰世界动态，研究回族历史及现状，促进回族教育，推进文化交流。根本宗旨是启迪民智、团结回族、推动社会进步促进祖国繁荣；另一种是广义的，它或由回族人所办或者以回族为主要对象。它的内容和宗旨就更为宽泛。其与普通报刊的区别就在于它经常体现出回族视角和回族文化背景（见图1）。

[1] 哈正利，王国忠.浅析近代回族文化运动的成因[J].黑龙江民族丛刊，2001（2）.

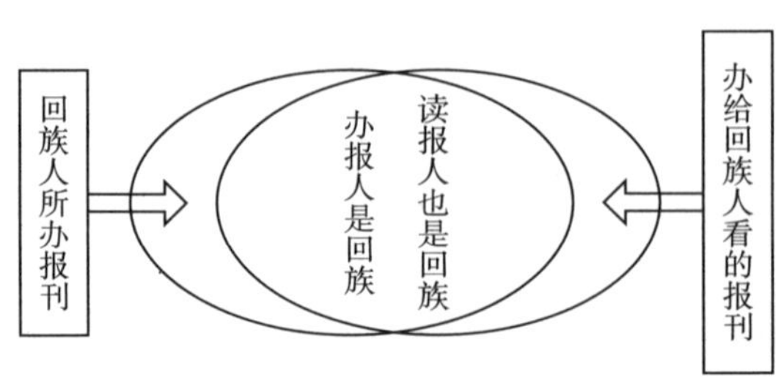

图1　回族报刊内涵外延简示图

就笔者的研究范围（中国近现代回族报刊）来说大部分属于办报人是回族，读报人也是回族，例如《月华》《昆仑》《清真铎报》……当然其中不排除少量其他民族的撰稿人和阅报者，但大部分的办报和读报人都是回族且为穆斯林，报刊内容较多涉及回族伊斯兰教，所以它的主体属于上图中所示的较大面积的，重叠部分属第一种形态。

未重叠的部分又可分为两种类型：回族人所办但不针对回族而是面向大众的一般性内容报刊，例如《正宗爱国报》办报人为丁宝臣（回族），但它的内容是广泛的是面向大众的。再如《醒时报》《南方日报》《新天津报》等属于第二种类型。另外一种情况是办报团体不属于回族伊斯兰教性质，报人也不单由回族人组成，例如《回光》《回教态势》《回光月刊》等由日伪政权操纵或影响的报刊，它的内容多涉及回族伊斯兰，主要是给回族群众看的。还有如汉族学者主办的大众学术类期刊，如《禹贡》其中个别期次开办有“回教专号”，其中文章绝大多数都为回族伊斯兰教内容。笔者也把此划进研究范围内。这是第三种类型。

据马博忠先生统计，自1906年《正宗爱国报》创办至新中国成立回族报刊（涵盖以上三种类型）总计达280多种，平均每年有6种之多。

回族有识之士通过报刊媒体来关注和解读国家和民族命运，自省自强。通过新文化运动的历练，回族报人较好地完成了报道新闻、评论时事、传播文化、发展经济进而保教救国的基本任务，也从中积累了珍贵的办报经验。回族文化运动则为回族报刊提供了广阔的活动背景和历史舞台。回族报刊为文化运动传递信息、贡献良策成为活动开展的重要引擎，同时回族报刊为回族经济建设所做出的努力及所取得的成效也间接支持了文化活动的开展。这种良好的互动关系成为回族报刊完善自身历史使命、实现自身价值的可靠保障。

二、回族新文化运动对回族报刊的影响

（一）报刊创办活动本身就是回族新文化运动的一部分，新文化运动催生了回族报刊

具体来说，回族报刊多由回族进步团体或个人创办，亦多作为新式教育的辅助教材，还成为留学生和国内宗教学校学生发表见解的重要园地，也直接介入并配合了学术研究和译经活动的开展。这些实际上是联系在一起的，创办报刊本身就是新文化活动的关键一环。康有为在其《上清帝第二书》中说："宜令直省要郡各开报馆州、县、乡、镇亦令续开日月进呈并备数十副本发各衙门公览……中国百弊皆由弊隔解弊之方莫良于是。"[1]新文化运动更使办报风气一时蔚然。1906年以"注重启迪回民"为宗旨的回族第一份白话报《正宗爱国报》由回族人士丁宝臣于北京创办。1907年留学日本的36名回族学生在东京发起成立了"留东清真教育会"，并于1908年创办了以"联络回教情谊提倡教育普及、宗教改良为本旨"的回族穆斯林第一份刊物——《醒回篇》，此刊物虽只出一期却吹响了中国回族觉醒的号角。该刊把民族、宗教与现实、教育联系起来，与国家联系起来，具有强烈的爱国主义精神，正适应了中国整体上的文化运动进程。该刊在"发刊序"中说道：

北尽黑龙西跨天山东南至海其间一大帝国昏蒙沉暗，佥曰"睡狮"……自十九世纪中叶以后，凡逆旅过客，秉烛夜游，辉光接天，吾人方酣眼，何殊聋聩……苟振衣起视，则见危楼飞阁，列天神仙子之居，而回顾同侪，多处于濯淖淤泥中，初不谓我境内之公园蹊径，经彼设施，独摈吾地主游踪，恐泣蕙路，殆不齿吾于人类焉。曾游沪上之有心人，莫不悼为含垢蒙耻

[1] 马洪林，何康乐.康有为文化千言[M].广州：花城出版社，2008：84.

也……呜呼！噫嘻！谁作孽耶？其天耶？抑人耶？奈何我皆醉而彼独醒也？

发刊序的第一段具体描述了鸦片战争后中国人民饱受列强侵略，进而丧权辱国、任人宰割，处于水深火热之中的痛苦与愤慨，字字发自肺腑、情真意切、感人至深。该刊进一步强调，中国各族人民休戚相关、血脉相连应、同舟共济、共赴国难。如保廷梁在《劝同人复兴教育之责任说》中说道：

甲午战败，庚子再创，外国人之入我国中者，未闻为我区别曰："某也满，某也汉，某也回，某也蒙"，而惟肆行杀戮，同归一尽。盖同国如同舟也，乘组员之种类，无论其为黄为白，至于舟坏覆没，则其被难一也。以是而言，种族虽殊，以同国之故，则一国之盛衰强弱，莫不直接同受其影响。

赵钟奇在其《中国回教之来历》一文中大声疾呼："乃欲唤起回教同人，当知回教与中国之关系，发奋兴起，实力担负中国国民之责任云尔。"王廷治在其《回教与武士道》中也说："愿我教青年子弟、志士仁人。作尔气奋尔力……上而报效国家下以授拯苍生。"黄镇磐在其《回教之文明》中提醒国人吸取教训，说道："吾中国，非素号称世界文明最古之国哉……若长此因循……又安知其后不与回教之文明同一绝响，久之而遂及于湮没也。"黄镇磐在其《宗教与教育之关系》一文中批评了有些穆斯林对于教育"漠然无动于衷"的态度，认为发展新式教育，提高国民素质，是当务之急，说道："有教育者昌，无教育者亡；旧教育者死，新教育者生。"该刊文辞严厉、思路缜密，对新式教育的方针、内容、方法以及如何筹款兴学等提出了一些具体实践主张，至今仍具参考价值[1]。

笔者认为《醒回篇》所提倡的民族团结和爱国主义的主张对孙中山的"民族主义"思想的发展产生了一定的影响。赵钟奇在其《论中国回教之国民教育》一文中明确提出了民族团结、同舟共济的主张，他说："中国今日之形势，四面皆敌，非协力同心，化除种族之界，化除宗教之界，化除疆域之界，合四百兆人之脑髓而为一大知识，合四百兆人之资产而为一大经济，合

---

[1] 马明良.简明伊斯兰史：下篇[EB/OL].（2009—09—16）[2010—01—02].http：//hgc40015.chinaw3.com/Itemshow.asp?m=112&d=449.

四百兆人之体力而为一大陆军，则分崩离析，在在有瓜剖豆分之患。”在一片“排满”“仇满”和“非我族类，其心必异”声中，这种以少数民族身份提倡民族大团结、共赴国难、同雪国耻、振兴国家的主张，显得十分难能可贵，充分体现了当时回族知识分子的博大胸怀和远见卓识。这一时期，同在日本的孙中山逐渐摆脱了笼统“排满”的思想，提倡民族平等和“五族共和”，进而对回族刮目相看，说道：“中国民族运动，非有回族之参加，难得最后之成功；打倒帝国主义之工作，非有回族之整个结合，亦势难完成也。”[1]可以认为，孙中山正是受到了这一主张的影响。由此可见，回族先进知识分子体察大义，心系祖国，以少数民族之身份缕析内外形势与民族关系更具说服力。这一时期，回族报人与新文化运动倡导者、宗教团体组织者的三种身份往往是合一的。从中也可以感受到回族报刊诞生的历史必然性和回族知识分子的思想先进性。

（二）新文化运动的开展推动了回族报刊的创办

《醒回篇》的创办拉开了回族文化觉醒运动的序幕，自此回族报刊在全国各地陆续出版发行。早期的回族报刊以北京、天津、上海等文化运动的中心城市为基地，如从1906年《正宗爱国报》开始至1924年兴办的28种报刊中，北京8种、天津8种、上海5种，三个城市兴办的刊物占到75%，这也印证了以上三地是新文化运动的发起城市和中心城市。而1925年至1934年所兴办的74种刊物办刊地点则趋于分散，其中北京17种、天津2种、上海9种，三地共28种，占全部刊物的约38%。这也印证此时的新文化运动已经在全国范围内蔓延开来。此时南京、广州、西安、昆明等地的回族报刊日渐兴起。1935年至1944年创办的85种报刊中北京仅2种、天津0种、上海5种、三地共7种，仅占全部刊物的8%，所占比重急剧降低。而此时期的其他城市如重庆9种、南京6种、西宁5种、西安5种，总数上完全超过了北京、天津、上海三地，说明此时的新文化运动已经向着西部城市挺进，因抗战需要，新文化运动的开展总

[1] 高冰冰，丁伟.近代中国与晚期的奥斯曼帝国之比较——以现代性的挑战及对其的回应为视角[J].天府新论，2004（6）.

体上受到了一定影响。1945年至1949年创办的52种报刊中北京9种、天津0种、上海3种，占全部的23%，比重有所回升。而此时的南京7种、兰州5种、广州4种、重庆3种，解放战争时期中心城市因为承受较多的政治压力办刊环境相对紧张，回族报刊继续呈现办刊分散状态。报刊创办的时间、数量及地域分布是回族新文化运动开展的晴雨表和温度计，反映的正是回族新文化运动的趋势和过程。从另一方面来说，也正是回族新文化运动的波浪起伏之势，才使得回族报刊的创办呈现五彩纷呈、遍地开花之态，报刊的合理波动和瞬间振荡现象直接受制于文化运动演进的大潮。

（三）新文化运动为报人们提供了丰富的实践内容，为锻炼报人提供了平台

回族新文化运动的内容和形式兴起背景与成败得失都主要通过回族报刊来记录、整理和传播。新文化运动为报刊的采写编提供了真实而广阔的阵地，也提供了迫切而丰富的内容。比如报刊中的专版、专号、专刊基本都是紧随运动形势的重点而开办的。以《月华》为例除创刊号外共开辟了15个专、特号，分别是：斋月专号、青年专号、妇女专号、古尔邦节专号、翻译古兰宣传特刊、成达师范学校第一班毕业专号、纪念马云亭先生专号、辩诬专号、回教与人生特号、北平西北公学校毕业专号、五周年纪念特大号、马自成大阿衡纪念专号、儿童专刊、卫教专号、十周年专号。

可以看出，专刊、特刊所关涉的内容价值相对重大，紧密联系国内、族内形势，以人为本，力避空谈，其中的辩诬专号、卫教专号等都直接集中反映回族文化的自我护卫，通过辩护与论战提升了回族群众的民族认同感和凝聚力。另外，对于回族报人来说也使其应对突发事件的分析报道能力得到了锻炼和增强。另外有关学校教育的有四期，关涉古兰经翻译的一期，都表明报刊已经融入译经与兴办教育等活动当中，并且开始严谨地分析已有成果和未来走向。此外，对于马云亭、马自成等回族文化运动的先驱者也有较多关注。一般刊期中多刊登“回教明星”的照片和介绍，以增进读者对回族文化运动先驱和骨干的进一步了解。以上专刊、特号的出版发行显示回族报人们

的编印发业务已经日臻成熟，稿件组织能力已得到增强，已经能够组织批量稿件，针对某一问题进行重点探讨且形成一定影响，如辩诬专号和卫教专号。

同时新文化运动风起云涌，报刊所受的即时连带影响也较为明显，如频繁停复刊、办刊地转移、办刊经费不济、办刊人员重组等都直接受制于新文化运动的大背景。报刊编印工作时常处于威胁和压力之下，如《清真铎报》的印刷纸质多有变化，如《回教论坛》《伊斯兰青年》等多用草纸排印，油墨质量亦不佳，视觉效果较差。如《穆民》《人道》《回教大众》《震宗报》《突崛》等刊物的封面都为彩色且多有颜色变化。再如《明德月刊》《突崛》《天方学理》等报名字体经常出现变化。亦有如《战时滇西回教月刊》为手写油印式、《云亭小学校刊》使用红格黑字手抄报式、《回教论坛》出现手写告示等。这些都说明了回族报人们考量自身条件适应形势变化，根据客观能力和实际需要进行办刊实践的不断调整，在不断刊的前提下力争将刊物做得更具阅读美感，而新文化运动正是贯穿始终的大背景。

三、回族报刊对回族新文化运动的影响

对回族新文化运动起直接作用的是报刊的文化、教育和宣传功能，起间接作用的是其经济功能。下面主要分析其在宣传、教育和文化上的作用和影响。

（一）回族报刊的新闻报道和舆论宣传活动直接深入了具体的新文化运动中

1. 通过新闻报道来直接参与新文化运动，深入具体的文化活动中并进而对教育教学起到促进作用

首先，直接采制新闻稿件报道文化运动的整体开展情况并反映细节。这些稿件关注自身发展，揭示自身存在问题，同时刊登公示公告、宣言以表达本民族的态度和心声。仅以《月华》为例，关涉这方面的稿件主要有：《伊斯兰学友会第一次大会纪事》（1929年第二期）；《北平成达师范学校第十三次周会记》（1929年第五期）；《河南固始被匪焚清真寺十四处》（1930年第十八

期）；《成达师范学校周会纪要》（1930年第十九期）；《成达师范学校举行休业式》（1930年第二十期）；《东寺清真寺全体乡老大会记》（1930年第二十二期）；《北平东北城十五郡举行圣会》（1930年第二十二期）；《北平海里凡学友会开筹备及成立两会》（1930年第二十三期）；《杭州乐社之侮蔑我教》（1930年第三十二期）；《伊斯兰学友会第三届全体会员大会记》（1930年第三十四期）；《天方学理月刊之纠纷》（1930年第三十四期）；《最近甘肃乱事》（1931年第四期）；《马福祥通电：为报告甘变真相》（1931年第二十六期）；《北平五团体为临潭事件致甘肃邵主席电》（1932年第十六至十八期合刊）；《甘肃临夏回教促进会改组宣言》（1932年第三十四期）；等等。

这些稿件基本上都是《月华》的记者和编辑自行采制的稿件，主要针对重要会议和一些教内案宗及时向广大读者介绍和说明情况，体现了较好的新闻敏感性和时效性。新闻报道是报纸的首要任务和功能，回族报刊很好地发挥了其报道回族社会时况、纪事重要活动的职能，甚至对一些重要的官方公告及民间言论、宣言等也全文刊发，使受众了解到新文化运动的细节与关键点。

其次，转载或直接报道国外重要新闻稿件，为国内新文化运动的开展提供借鉴。再以《月华》为例，这方面的稿件主要有：《阿富汗乱事的前前后后》（1930年第五期）；《土耳其革新后最近之社会情况》（1930年第二十三期）；《新土耳其见闻录摘要》（1930年第二十九期）；《关于土国内乱》（1931年第五期）；《土耳其的革新》（1931年第十九期）；《巴力士坦世界伊斯兰大会纪实》（1932年第五期）；《埃及人眼中的新土耳其》（1932年第十三期）；《土耳其对于菲力斯丁回教大会杂讯》（1932年第二十二至二十四期合刊）；《阿根廷阿拉伯人的国民会议与议案》（1932年第三十四期）；《近东回教各国时事述闻》（1933年第七期）；《中土修订友好条约》（1934年第十六期）；《科威特现状》（1942年第七至八期合刊）；等等。

这些稿件都是回族文化翻译运动的成果，部分来自海外回族留学生以通讯员身份的自主投稿，这些稿件由回族报刊刊出及时传递到普通回族读者手中，甚至传播到一般社会民众中，对于回族群众开阔视野、了解国外回教先进的变革状况、提升自身信仰和认识都起到了很好的推动作用。近代的中国与土耳其普遍被当时的世界舆论相提并论，鸦片战争之后中国被扣上与土耳其的“近东病夫”相搭档的“远东病夫”的绰号。“土耳其民族自古以来形成的尚武传统，使得它即便是在自己的军事技术已远远不如欧洲人的近代世界里，依然能屡败屡战地与列强进行殊死对抗，并最后打败了西方入侵者，取得了民族解放战争的胜利。”[1]在20世纪20年代就摘下了“近东病夫”的帽子，而在接下来的近20年中，国内有识之士尤其是回族知识分子通过多种方式介绍和学习土耳其的成功改革经验。

一些稿件如《中国与土耳其》（1932年第十四期）；《欧洲与回教世界》（1934年第二十五至二十七期合刊）；《荷兰与回教》（1935年第四期）；《阿拉伯文明与外国文化》（1938年第二十二至二十四期合刊）；《印度尼西亚与回教》（1946年第一至三期）；《汉直问题与英印政府》（1933年第十期）等直接报道海外回教的生存状况，从宏观角度把脉主要回教国家的宗教动态，并从世界范围内考虑中国回教所处的发展阶段和自身的文化特色，进而启发中国回族知识分子吸纳先进经验，加快自身文化运动的理论探讨和运动实践，使中国的回教在适应本土环境的同时尽量与世界接轨。

2. 通过评论时事与文化反思来协调文化行动，推进文化运动的开展

首先，或紧随新闻报道进行即时评论或选取恰当时机进行综合评论。如《月华》上刊载有以下文章：《对于晋城县回教同人电文之回响》（1930年第一期）；《天方学理月刊发生纠纷的感想》（1930年第三十四期）；《读傅先生驳唐大园居士感言》（1930年第三十五期）；《所希望于蒋主席及王曾善先生书》（1931年第三期）；《甘乱之联想》（1931年第六期）；《读了刘伯石先生的迎王大会欢迎词后》（1931年第七期）；《驳唐大园居士“上帝造万物为不通”之谬论》（1930年第三十二期、第三十三期）；《甘肃政变有感》（1931年第二十六期）；《八月事件途中素描》（1936年第十四期）；《迁墓事件感言》（1937年第十四期）；等等。

---

[1] 余振贵，杨怀中.月华[M].银川：宁夏人民出版社，2004：614.

评论时事是报刊的第二大功能。回族报刊通过“社论”“编者的话”等形式直接发挥自身的舆论监督和“意见领袖”功能，针对一些影响较大的典型事件利用媒体第一次展现了以回族自身为本位的全面理性且客观的分析，为受众厘清了思考的脉络及所应采取的态度和行动。如《月华》在1947年就发表有如下社论：六月号《月华回到北平来了》；八月号《穆民的度量》；九月号《中国回教文化学术事业》；十月号《回教与科学》；十一月号《对于回民国大代表的希望》；十二月号《回教世界展望》。

其次，总结评价与理性反思，又主要包括3个方面。

一是总结与反思回教文化，以《月华》为例，相关文章有：《伊斯兰古代文化》（1929年第四期）；《回教对于社会进化上的贡献》（1929年第六期）；《伊斯兰十四世纪时代之青年》（1930年第六期）；《阿拉伯人对文化上之贡献》（1930年第九期、第十期）；《伊斯兰教义与理想的政治制度》（1930年第十期）；《回教徒与政治》（1930年第十二期）；《伊斯兰与世界和平》（1930年第十四期）；《儒耶墨与我教在人生哲学上的比较观》（1931年第十二期）；《我们青年今后怎样努力回教文化》（1932年第五期）；《五年来之中国回教文化》（1934年第二十八至三十期合刊）；《回教的文化运动》（1937年第六至七期合刊）；《再谈“回教文化运动”》（1937年第八至九期合刊）；《回教文化研究之意义》（1939年第三十一至三十三期合刊）；《回教文化》（1940年第四至九期合刊）；《反侵略与回教文化》（1940年第十至十二期合刊）；等等。

这些文章力求从多角度、多层面阐述回族新文化运动的历史渊源、演进过程与现实努力，分析运动的外部环境和内部策略，深入新文化运动中的深层次问题如《反侵略与回教文化》《儒耶墨与我教在人生哲学上的比较观》《回教对于社会进化上的贡献》等都极有针对性。回族报刊利用自身平台针对“回教文化”这一中心议题广开言路、集思广益，这些有益探讨为文化运动的健康发展提供了良好的指引。

二是从更加宏观的角度关注回族与回教文化的生存状态，组织探讨关涉回族文化的诸多概念、范畴与相互关系，如《月华》上刊登的相关文章有：《回教革新与妇女运动》（1930年第十一期）；《回教徒与政治》（1930年第十二期）;《青年与宗教》（1930年第十四期）;《宗教与世界的关系》（1932年第十六至十八期合刊）;《回文铅字与回教文化》（1933年第二十七期）;《科学与伊斯兰》（1934年第十七期）;《宗教与大众》（1934年第十九至二十一期合刊）;《回民教育与社会环境》（1935年第十三期）;《回教与近代政治动向》（1935年第十六期）;《研究国故与回教》（1935年第二十五至二十七期）;《博爱与平等》（1935年第三十期）;《知识与侮教》（1936年第二十二期）;《回教与思想》（1936年第三十五期）;《回教与回纥》（1938年第一期）;《至圣与阿拉伯》（1938年第五期）;《纪念至圣与提倡圣训学》（1939年第十至十五期合刊）;《信仰与行为》（1939年第十七至二十二期合刊）;《月华十周年与回教世界》（1939年第三十一至三十三期合刊）;《回民与宪政》（1940年第一至三期合刊）;《回教世界与战争》（1940年第十九至二十一期合刊）;《宗教信仰与政治信仰》（1940年第二十二至二十七期合刊）;《发扬中国民族固有精神与阐扬回教伟大教训》（1940年第三十四至三十六期合刊）;《妇女与回教》（1941年第十三至十五期合刊）;《中国回教与世界回教》（1942年第十一至十二期合刊）;《伊斯兰与现代》（1947年六月号、七月号）;《回教与科学》（1947年十月号）；等等。

此类文章从更加深刻的层面谈到诸多与回族新文化运动密切相关的范畴与概念，诸如“宗教信仰与政治信仰”“回教与科学”“回教革新与妇女运动”“回民教育与社会环境”等。这些都是关涉回教新文化运动发展与文明进步的现实理论与原则问题，是必须特别加以重视的概念和命题，必须紧密结合现实并在新文化背景下加以阐释才是有生命力和指导意义的。这一时期随着整个国家的新文化运动轰轰烈烈地展开，回族知识界针对以上议题开展了各种大讨论，明确在华夏文化和伊斯兰文化的双重优秀文化背景和动力源泉下实现回教文化与文明更好更快发展的可行途径。

三是以教法为依据直接切入新的具体现实问题，如《月华》上刊登有如下相关文章:《西北问题》（1930年第二期、第三期、第五期、第七期）;《女子剪发的问题》（共3篇：1931年第十一期第一篇、第十三期第二篇、第十七期第三篇）;《关于女子剪发的一封问函》（1931年第十六期）;《女子剪发》（共2篇：1931年第二十三期）;《我影相的先后诱因》（1931年第十期）;《影相问题》(1931年第二十二期);《亲属承继问题》(1935年第六期);《观看舞蹈及听音乐的问题》(1935年第十六期、第十七期);《火葬问题》(1935年第十九至二十一期合刊);《丧葬问题》(1936年第三期);《丧葬问题辑证》(1936年第六期、第七期、第八期、第二十八期、第二十九期、第三十期、第三十三期);《节约运动与禁酒问题》(1939年第三十四至三十六期合刊);《节育问题》(1939年第三十四至三十六期合刊);《丧葬中的异端》(1941年第三十一至三十六期合刊);等等。

针对回族日常生活中遇到的疑惑和难题，报纸担负起了直面矛盾、解疑答惑、提供参考的重任，同时通过集中、大篇幅或连续地对个别问题的深入细致的讨论使得对诸如“女子剪发”“丧葬”“照相”“节育”等问题的解答日臻完善，为在回族新文化运动中的各项具体实践行动中把握原则和分寸提供了重要依据。

3. 振兴回教与保卫国家并重，这主要通过分析战争形势和直接行动呼告两个步骤来完成

首先，通过分析斗争形势贡献回族卫国良策，从思想意识方面强化回族的大局意识和国家观念，保持与全国抗日形势的统一步调，如《月华》中刊有如下文章:《日本的宗教利用政策》(1938年第八至十期合刊);《抗战期中回民团结的问题》(1938年第十一至十三期合刊);《二期抗战中吾人应注意之数点》(1938年第二十二至二十四期合刊);《中日战争与欧美各国》(1939年第七至九期合刊);《战时回教妇女应有的任务》(1939年第七至九期合刊);《反侵略运动与联络近东回教国家》(1939年第三十四至三十六期);《回民抗战一贯精神与今后的努力》(1940年第一至三期合刊);《抗战期中之回教同胞救济问题》(1940年第四至九期合刊);《七七三周年抗战建国纪念吾人应有的认识》(1940年第十九至二十一期合刊);《抗战三年共同坚守三点》(1940年第十九至二十一期合刊);《抗战八年间中国回胞之动态与将来之趋向》(1946年第一至三期合刊)等。

以上文章通过对战争形势的把握与分析，力求在最短的时间内向回族民众传达战场各方最新动向，并配合战势讨论诸如团结问题、救济问题、联络

近东回教国家等问题便于回族民众认清主要任务，分清敌我，如认清日本的宗教利用政策等，进而采取积极主动的姿态和措施支持抗战全面胜利。这些文章中的观点传达到参与抗战的回族民众中在一定程度上规避了抗战的盲目性和分散性。

其次，直接行动呼告发挥具体导引和协调作用，如《月华》上刊登有如下文章：《国难方殷教胞速起》（1931年第二十七期）；《国难期间伊斯兰人应有的呼声》（1932年第三期）；《二期抗战中回民应有之努力》（1939年第一至三期合刊）；《回族救国》（1932年第二十二至二十四期合刊）；《炮弹下的滋味》（1931年第三十二期）；《努力吧！中国回教青年》（1940年第一至三期合刊）；等等。

其中《国难方殷教胞速起》刊登于民国二十年（1931年）九月二十五日版，距“九·一八”事变仅一周，文中说“我们若是不麻木就应该打成一片团结起来共同作政府的后盾，前线上的先锋我死你继、你亡他进、万众一心、群策群力、二人一心其利断金、同心一言其臭如兰，我们都是将要赴前线的同生患难同胞……同胞们，利刃在你的脖颈上了，你还能有延迟的余地么”[1]？文章充分表现了回族人民反应迅速、不畏强敌的民族特点，义正词严地提议把回族民众的爱国心凝聚起来使之化成共赴国难的实际行动誓把侵略者驱出中华的坚强决心和勇气。抗战期间回族报刊与回族新文化运动的直接互动关系更为显著。同时一些文章还从宏观角度来看待护教救国运动，如：《谨守回教与爱护国家》（1930年第三期）；《真团结与真力量》（1938年第三期）；《回教文化运动与抗战建国》（1938年第七期）；《纪念至圣与捍卫国家》（1939年第十至十五期合刊）；《反侵略与回族文化》（1940年第十至十二期合刊）；等等。

这一时期回族知识分子对民族、国家、宗教的观念及相互关系判断准确、思路清晰。他们从历史经验和现实状况出发，从伊斯兰信仰的要求出发提出各种具体救国方案，如《谨守回教与爱护国家》《真团结与真力量》等这些文

[1] 余振贵，杨怀中.月华[M].银川：宁夏人民出版社，2004：614.

章积极而正面地传达了回教精神指引下的爱国主张。文章将新文化运动放到了整个回族发展史中去考察，指出回族的主流观念是以爱国主义为核心的对国家、民族、宗教统一发展的迫切要求。

（二）报刊的文化传播功能

报刊的文化传播功能默默地为回族新文化运动的开展培植了土壤，积攒了养分，进而为新文化的发展提供了源源不断的智力支持。

1. 传播回族文化知识，铸造回族文化心理

回族报刊主要通过关心本民族事务关注民族和宗教发展动态，为文化运动中的各种新老问题提供议事平台和解决方案，为传播知识、铸造民族心理而出力。其中既有宏观的回族文化的探讨，如《月华》上刊登有如下文章：《回教不振的根本认识》（1929年第三期）；《回教民族四个字的释话》（1929年第五期）；《回教青年的修养》（1929年第六期）；《回教对于社会进化上的贡献》（1929年第六期）；《爱国与爱教》（1930年第三期）；《贡献给青年一点伊斯兰的知识》（1930年第六期）；《我国回教之志士》（1930年第二十一期）；《保持中国固有道德》（1931年第十五期）；《回教与中国儒墨之比较观》（1931年第二十八期）；《中国回族的地位和本身应有的认识》（1932年第十至十二期合刊）；《兴教与建国》（1939年第十七至二十二期合刊）；《建设中国回教文化》（1940年第二十二至二十七期合刊）；等等。

这些文章主要探讨的是“回教文化”“回教民族”“回教地位”，旨在寻找回族特有的文化优势与文化自信，同时也关注回教文化与中国传统文化的融合与互进问题。另外还有细致地探讨回族和回教生活的文章，如《月华》上刊有：《说把斋的一切事情》（1930年第四期）；《吾教禁绝烟酒深合卫生》（1930年第九期）；《关于祖洛浑者月的些功课》（1930年第十三期）；《禁酒》（1932年第十五期）等。

对于禁绝烟酒问题的探讨一直是各时期回族报刊的重要内容。禁酒是回教的一个显著特征，回教刊物则助力了这一民族个性和文化品格的形成。此外，回教刊物亦有介绍回族优秀知识分子及悼念前辈的文章，如《月华》上

刊有：《悼吴事勤先生》（1931年第四期）；《纪念马云亭先生专号》（1932年第二十五至二十七期合刊）；《王浩然阿衡轶事》（1934年第十九至二十一期合刊、第三十一至三十三期合刊）；《马县长事略》（1936年第十八期）；《悼马有传君》（1936年第十八期）；《悼孙幼铭先生》（1939年第二十八至三十期合刊）；《悼金君允嘉》（1940年第十至十二期合刊）；等等。

2. 促进团体间、刊物间开展广泛的文化交流

如《月华》上刊有：伊斯兰学友会会刊：《第一号》（1930年第八期）；《新亚细亚社来函》（1931年第二十四期）；《本社覆印度阿合玛底亚教会的一封信》（1931年第二十六期）；《对于埃及回光月刊的评语》（1932年第三十三期）；《读回教刊物后发生的一种感想》（1931年第三十六期）；《对于宗教刊物我们应尽的义务》（1931年第三十三期）；《回教刊物之动向》（1938年第七期）；等等。

刊物间互通稿件、互做介绍、互相提示要目是回族刊物的优良传统。刊物间相互为对方开辟广告园地，如《月华》就开辟有"介绍刊物"专栏对《伊光月报》《穆光半月刊》《清真铎报》《天方学理》《震宗月报》《醒时月刊》《回教青年月报》《穆士林刊》等刊物作多期介绍。此外多种刊物经常刊登北京牛街清真书报社的书讯。各刊物间所形成的良好合作关系进一步加深了各自依托的社团之间的相互支持与帮助，并促成报道力量的整合与配合，形成议题设置和强势冲击。刊物间的良性互动以及深层次的团体对话与合作是回族新文化运动的显著特征，也是其宝贵经验所在。

3. 协调教内事务促进教内共识

如《月华》上刊有：《开放礼拜寺的门户》（1929年创刊号）；《教义研究：排班和抬手问题》（1930年第二十三期）；《教义研究：答分信问题》（1930年第三十四期）；《男女礼拜仪式不同》（教义研究：1931年第三十三期）；《警告国内热心教务之同胞》（1932年第六期）；《怎样维系兴教事业的生命》（1932年第三十三期）；《以代价请人为亡人念经的问题》（1935年第二十四期）；《站者那则脱鞋问题》（1935年第二十二期）；等等。

对宗教教义和具体行为细节的探讨，如礼拜的动作与方式、为亡人念经、葬礼脱鞋等，对于从学术角度探讨各种行为的依据消除阻碍宗教进步和发展

的细微分歧与矛盾统一识见、协调行动展现良好一致的民族形象起到了很好的指示和引领作用。

另外，回族报刊附带的广告功能对回族经济的发展起到了一定的推动作用，作为回族报刊版面的重要组成部分发挥了重要的回族企业形象展示和产品推介作用，同时亦展现了回族经济界与文化界的良好合作关系。

四、互动机制形成的启示

回族报刊一直体现着回族知识文化界沉稳庄重的思考方式和爱国爱教的理想信念，也体现了回族进步人士机敏果敢、敢作敢当的处世原则。通过对以上互动关系的梳理，不仅可以帮助我们全面评估当时的回族报刊所发生的实际影响，全面衡量当时回族社会在国际国内大背景中扮演的重要角色，更能够强化对当时少数民族媒体与少数民族文化运动互动的经验把握，深化对回族报刊与伊斯兰世界之间广泛联系的探究。另外，通过发掘回族报人及报刊爱国爱教、身肩大义的历史事实，可以增强回族群众的民族自豪感，激发回族群众建设中国特色社会主义的热情。

（白贵、金强，原载《江苏大学学报》（社会科学版）2010年第7期）

笔尖下的行走　刀刃上的舞蹈

——王占禹《总编辑手记》谈

近四十载的新闻生涯，长期的一线领导岗位工作经历，锐意创新的辛勤探索汗水，凝结成了这部有内涵的《总编辑手记》。该书分为《笔尖下的行走》《刀刃上的舞蹈》上下两册，分别收录了作者担任总编辑期间撰写的评报手记、新闻扶贫点评和办报日记。其中尤以2000年至2003年间广受全国新闻界关注的《长治日报》“舆论监督风暴”为侧重，以真实的笔触、诚挚的情感记述了作者亲历全程的难忘记忆和深切感受，向读者记述了“新闻背后的新闻”，反思了党报发展中的众多问题，具有强烈的吸引力和感染力。《刀刃上的舞蹈》较为系统地记录了王占禹带领《长治日报》走过的一段激浊扬清、披荆斩棘的舆论监督探索历程。在那些“自己仿佛行走在刀刃上”的日子里，王占禹报道了大量“带着露水带着刺”的好新闻，关民情，释国忧，办出了一张不仅有正气，更有锐气的党报。尤其《瞭望哨》《啄木鸟》两个栏目给违纪违法的人挂起“照丑镜”，给搞不正之风的人敲响“警世钟”，给不负责的人亮出“红灯”，提高了政府人员的办事效率，促进了地方发展，维护了社会稳定。同时《长治日报》及其子报《上党晚报》也受到读者空前欢迎。走出了一条党报搞舆论监督既让领导满意，又让群众叫好，帮忙不添乱的独特路子，也找到了一个很好的结合点。虽然长治的舆论监督是在吕日周的个人影响力之下推广开来的，具有一定特殊性，但王占禹在这个过程中的思考、经验以及他“铁肩担道义”的胆识、热情，作为“操盘手”的具体实施，——在长治、山西乃至全国都是有示范意义的，为新闻人留下了一笔宝贵的财富。

从这个意义上说，《刀刃上的舞蹈》是一个党的地方领导以机关报为阵地，以舆论监督为手段，励精图治实施改革的一个真实写照，是一个市委书记和一个党报总编辑美好合作的一段佳话，也将是山西新闻史上的一段重要记录。《刀刃上的舞蹈》集纪实性、思想性、实践性为一体。情感真实、笔触生动、具有一定的史料性和理性品格，凝结着作者对新闻改革的积极探索和深入思考。是一部有特色的作品，更是一部记录了一项舆论监督“实验”。

注：2005年10月28日，由文汇新民联合报业集团新闻研究所、文汇出版社和中共长治市委宣传部联合主办的王占禹《总编辑手记》研讨会在山西长治举行，来自上海等地40余名专家、学者参加了研讨。王占禹时任长治市委宣传部副部长、长治日报社社长，他从事新闻工作30多年，作品集《总编辑手记》分为《笔尖下的行走——老报人与创意时代》和《刀刃上的舞蹈——吕日周与长治日报》上、下两册。书中汇集了作者担任长治日报总编辑期间的评报手记、新闻扶贫点评和办报工作日记等，《采写编》2006年第1期发表了本人及另外两位专家的发言，此处摘录的是本人部分。

（白贵，原载《采写编》2006年第12期）

序《当代报纸副刊研究》

田建平先生主编并参与撰写的这本《当代报纸副刊研究》书稿出版在即，嘱我作序。我清楚这与其说是他想“叨光”于我的什么影响、声望，不如说是他出于对我的尊重，更重要的是基于我对他的了解。为文之道离不开为人——也确实如此，乍看外表，建平其人是个放在哪个环境中都不会被人特别注意，甚至是个容易被忽略的人。然而他做学问的扎实，治学的勤奋严谨，则是有很好口碑的。所以，在校内外他时常语惊四座，令人刮目。所言观点大多不同流俗，然而又常常发人深思。这大概就是我们学人所称道的学者品格吧！研究中，对于历史上的一段史实、一个掌故、一句名言、一个词语他非要弄清不可，哪怕花上十天半月乃至更长的时间。他好读书，也好提出问题，认定事理就持之不渝，看准的道就一直走到底。真还有些“吾爱吾师，但吾更爱真理”的劲头。因为这样的个性就有了他三年前的《元代出版史》的问世。因为他做过多年采编工作，所以对报纸副刊特别熟悉，而且一直有很多想法，就报纸的专副刊问题也专门多次与我进行过交流。当他萌发编著《当代报纸副刊研究》一书想法并征求我的意见时，我表示了肯定与支持。我把手中的《当代报纸副刊研究》书稿清样从头至尾翻阅了一遍，由衷感到欣喜。应该讲，这是一部具有一定新意，且在我国当代新闻学研究领域，特别是在副刊研究园地中具有开拓性的较为系统的学术研究著作。它无论是对于我国新闻学的研究（特别是对于副刊的研究），还是对于我国新闻学科的建设，可以说都具有一定的学术价值的。甚至从某种意义上讲，还填补了这一选题研究领域的空白。

近些年来，我国报纸纷纷改版、扩版，基于新的办报理念，报纸形态业已发生了一系列新的变化。所谓的“读图时代”“厚报时代”等称谓也都是对这种新变化的反映。当然，这其中也包括报纸副刊的一系列新变化。副刊从版面数量到具体内容、具体形式，均异于从前，正以大量丰富的版面呈现出五彩缤纷、令人目不暇接的新格局，处处洋溢出时代新气息、社会新变化及文化新生态。

值得指出的是，长期以来，人们普遍认为副刊是报纸新闻的“附属品”，是次要的，是用来作“点缀”的。现在看来，这种认识的片面性越来越明显了。其实，这种认识不仅不符合我国近代报纸副刊产生以来的历史，而且也更不符合当今我国报纸副刊的新面貌。这种认识在学术上造成的负面影响也是显而易见的，那就是长期以来大家一直重视对新闻的研究，相比之下，却大大地忽视了对副刊的研究，以至造成了学术研究上畸轻畸重的局面：新闻研究成果累累，无论是专著还是论文都是汗牛充栋，而副刊研究则门庭冷落，成果稀少。毫无疑问，副刊理应是报纸一个具有相对独立性的重要组成部分，它同新闻之间的关系也无所谓孰轻孰重，而是各有优势，价值共存。从我国近代以来的报业史（包括副刊史）上看，副刊是包括众多新闻人在内的许多著名文化人创造与表现的主要媒介领域，发表了大量文化艺术作品，反映了我国文化艺术的发展轨迹，促进了我国文化艺术事业的发展与繁荣，也很好地丰富了我国的新闻文化。因此副刊的历史和现实作用是功不可没的！

正如我们习惯上把广播、电视称为新闻媒体，而同时又不能阻隔其传播综艺、体育、经济、生活节目并割不断其与新闻千丝万缕的联系一样，对待报纸媒体正刊与副刊的关系，恐怕也应作如是观。面对当今报业空前残酷的市场竞争，当代报纸副刊已经必然地构成为当代报纸核心价值的一部分，成为整个报纸核心竞争力的要素之一。

可贵的是，《当代报纸副刊研究》在上述方面均作出了富有建设性的研究及创见。诸如：大副刊理念、副刊与新闻对等理念、副刊的传播理念、副刊的文化本位理念、西方文化对我国报纸副刊的影响、“四块说”（新闻、副刊、广告、资讯）乃至后现代主义副刊等理念与观点，均令人有耳目一新之感。全书体例的创设也非常严谨、合理，结构分明，形式和谐，自成一格。

尤为令人鼓舞的是，有六七位年轻女教师参加了本书的撰写，她们的才华学识、探索精神也都尽括书中。

在此我还想向学界呼吁，以此为契机，重视并加强对当代我国报纸副刊的研究，以使此项研究更深入、更丰富，成果也更多。

（白贵，2006年春于河北大学紫园）

《报纸副刊研究及其新媒介转型》序言

《当代报纸副刊研究》出版至今，已届12年。期间，我国副刊研究取得重要进展，此书与有功耶！事实俱在，无须赘言。此次出版增订版，易名为《报纸副刊研究及其新媒介转型》，一是弥补初版当年即告售罄之憾，一是反映作者新的研究成果。田建平教授1985年7月至2001年8月，从事报纸采编16年，从事副刊编辑亦十有六年，具有较为丰富的副刊编辑实践经验，因此自2001年8月走上高校新闻传播教学岗位之初，即不忘初心，针对当时报纸副刊研究薄弱的窘境，组织撰写了这部具有填补空白意义的专著。出版至今，依然不忘初心，继续对报纸副刊研究予以密切关注。特别是在近年来纸媒日衰的大势下，他更是难忘纸媒副刊昔日繁华的胜景，同时对副刊转型寄予了信心和美好的期望，认为副刊不仅不会消亡，反而会凭借新媒体的技术优势，展现出多元化的发展空间及其光明未来，为此，他提出了副刊由纸媒向新媒体的"转移"之说，提出了"新媒体副刊"与"数字媒体副刊"（数字副刊）两个新概念，此种见识颇具新意，令人欣慰、兴奋！不独为纸媒副刊赓续生命，抑且为新媒体副刊开辟学术理路，其精进之心，于是可见一端矣！

在我当院长之际田建平教授进入河北大学新闻传播学院从教，迄今已有整整17年，近年他已然进入了丰收期。当年我正是出于对他熟悉编辑、写作业务，且热爱学术，拥有"甘坐冷板凳"之沉潜精神的欣赏，而将他邀至河北大学。在此期间他先后出版了《元代出版史》《宋代出版史》两部断代史，还在晋察冀根据地新闻史研究、报纸副刊研究诸领域出版了专著，斩获颇多。《宋代出版史》上下两卷113万余言，历时8年终由人民出版社出版，未几即告售罄。其中过程与艰辛我深有了解，头发由黑变白，牙齿所剩无几。当年那个三十几岁的年轻人如今已经五十有五，脸上写满沧桑矣！他与我同在一个紫园小区居住。从我家窗前小路上，常常可以看见他往来于本部图书馆的执着身影，十年一日，寒暑皆然。方汉奇先生亲自给他写信表示祝贺，《宋代出版史》4月获得中国新闻史学会第四届“新闻传播学学会奖”——“方汉奇奖”唯一一个新闻史一等奖，这都充分证明了田建平教授的治学能力和成就。值此《报纸副刊研究及其新媒介转型》即将付梓之际，一时兴来写些感受表示祝贺，是为序。

（白贵，2018年7月10日于河北大学紫园）

全媒体语境下党报生存环境的深层解读

——评《党报生存环境研究》[1]

中国目前已经成为美国“文化冷战”策略的一个重要对象国，美国持续的文化渗透将对我国意识形态安全构成严重挑战。在文化冷战大背景下，大众传媒被赋予了实现或颠覆国家文化安全的重要使命。党报，作为我国媒体的排头兵，作为党的重要执政资源，兼具媒体属性和政治属性，在意识形态阵地的争夺中肩负重任。与此同时，信息技术的进步所带来的媒介生态变化，尤其是基于网络技术的新媒体、自媒体的不断涌现，分化了党报的一部分受众，在一定程度上削弱了党报的影响力和号召力，也增加了党报壮大主流意识形态的难度。在新的形势下，如何确保党报对主流意识形态文化阵地的领导，如何彰显党报的公信力，如何充分发挥党报的影响力，是我们必须直面的重要社会议题。作为我国重要的媒体之一，党报历来是学界关注的重点，相关成果蔚为大观。针对党报的研究，多是从其经营改革、内容创新的角度予以分析，对其生存环境的研究成果多为单篇论文。然而，深入分析党报生存环境至关重要，可以说是其他研究的基础——如果没有对生存环境的了解，一味探讨经营改革和内容创新，无异于空中楼阁。刘赞副教授的《党报生存环境研究》一书恰好填补了这项空白。该书回顾了我国党报产生以来各个阶段的生存环境，又对当前我国党报所处的社会环境及媒介环境进行了共时性解读，在此基础上提出了党报改善生存环境的着力点，有价值的创见颇多。综而观之，该书大概有如下几个特点：

[1] 刘赞《党报生存环境研究》，河北大学出版社2014年版。

一、研究角度独特，立足生态环境视角对党报生存环境进行扫描

刘赞副教授多年从事新闻学研究，攻读博士学位时更是师从党报研究专家王武录教授，对党报有深入的理解和认识。作为研究党报生存环境的一部专著，作者敏锐地感知到党报的生存离不开环境因素的制约，故而从生态环境视角入手开始研究，形成了新颖独特的选题特色。而这一选题基于这样一个基本判断：党报的生存是一个重大的现实命题，与媒介生态格局、党的执政效果、社会健康发展都有密切关系，甚至对整个中国社会格局都会产生重要影响。作者视角宏阔，对于党报生存环境的分析并没有局限在党报与国内其他种类媒体的竞争上，而是将视界扩展到全球，从传媒运用能力和舆论影响能力的角度，提出了党报的竞争对象应该包括国外诸多媒体，只有立足自身政治属性，依托我国日益上升的国际地位，在意识形态领域巧妙交锋，才能有效占领国际市场，改善我国党报的生存环境。与以往浅尝辄止的相关讨论相比，该书对此进行的论述详尽有力，观点条分缕析，难能可贵。此外，作者在书中明确提出了党报要顺应社会阶层分化的现实需要，重新进行读者定位，改革报道内容，以适应时代需要；还要创办子媒，以全面覆盖市场，延伸党报影响力。此类观点，对于党报研究的确具有推进之功。

二、研究视野宏阔，囊括党报生存环境的历时与共时议题

该书以党报生存环境为主题，结构严谨，行文流畅。著作开篇先回顾了新中国成立之前和成立后至改革开放前两个时段的党报生存环境，对党报生存环境进行了纵向的历史鸟瞰；进而分析党报生存环境对党报发展的重要意义，并着重从政治、经济、社会三方面探讨了当前党报生存环境对党报发展产生的影响，从现实的角度对党报生存环境进行了横向的现实阐述。继而在介绍国内党报概貌、运营经验、不同模式的前提下，分析了当前对党报生存可能产生竞争关系的三种媒体：国外媒体、电子媒体和市场化报纸，最后顺理成章地提出对策性建议——当前党报改善生存环境的两个着力点。全书行文思路清晰，逻辑结构整饬，既形成了严密的内在逻辑整体，又于不同方面提示出继续深入研究的议题，展示了作者宏阔的研究视野、良好的理论素养

和高超的研究能力。该书将有关党报生存环境的所有子议题全部收纳进来，形成合理完善的逻辑整体，得益于作者对于浩繁的文献资料的爬剔梳抉，披沙拣金。研究党报生存环境，对国家领导有关新闻工作的讲话，对中央、政府的各项相关决定、政策自然要了然于胸；对党报研究专家的研究成果，党报发展历史中的关键人物的论述也要了如指掌；对当前学界关于党报研究的各种角度也需要胸有编次。这些资料数量巨大、内容庞杂，作者在写作过程中精心拣择，挑选出最为可靠、最具有代表性和说服力的材料纳入论述过程，对于国外学者如小唐尼《美国人和他们的新闻》等著作的征引，极大地开拓了论述思路，收到了“他山之石，可以攻玉”的效果；对于邵华泽、李庄等人论述的征引，既有助于论述的逐步深入，又有助于读者深度了解党报近百年发展历程中遇到的问题和改革的历史，使读者对党报生存环境这一主题有了更清晰的认识。

三、“学”“术”并举，从理论和实践两个层面为党报改革献策

新媒体蓬勃发展背景下，党报的生存、发展不仅具有较强的学术研究价值，也具有极高的实践指导意义。在行文中，作者始终注意论点的阐明与现实实践的紧密联系，既关照了学术品味，又兼顾了实践价值。党报的生存与发展是当前社会发展中一个不可或缺的重要因素，无论是媒体行业的健康发展还是社会格局的完美构建，都离不开党报的信息发布和舆论宣传。作者不仅对党报赖以发展壮大的生存环境进行了严谨清晰的论述，还结合了大量典型案例予以深入分析，使专著具有了重要的理论参考价值和实践指导意义。总体来看，这部著作汇集了历史与当前学界与业界对于党报的众多论述，借鉴了中外媒体行业和传播学者对于媒体发展的诸多成果，形成了独特的研究视角。作者站在学术前沿，对丰富的材料进行了全面梳理，持论有据，论述清晰，结构完善，其分析过程展现出作者扎实宽厚的基础理论素养、对党报学术领域的熟谙以及严谨的学风和良好的学术研究素养，堪称关于党报生存环境研究的集大成之作。

（白贵，原载《采写编》2015年4月）

善策划方能出精品

——为杨秀国教授《新闻报道策划》一书而作[1]

“不谋万世者，不足谋一时；不谋全局者，不足谋一域”。

这里的核心，是一个“谋”字。

“谋”，就是谋划、设计，就是盘算、计划。用现在的流行语来说，就是策划。

心有所想，行有所动。策划，既包括设定目标，也包括为实现目标而采取的行动。策划，是由出主意、想点子一直到把主意和点子变成现实的完整的链条和系统，是由决策力、执行力构成的结合体。当然，这里的目标，是经过反复比较和权衡，是量力而行、切合实际的；这里的行动，是与众不同，充满创意的。因此，策划的过程，是一个既动脑又动手，既苦其心志，又劳其筋骨的过程。唯此，作为策划的成果，才能有亮点、有特色，才能令人耳目一新，也才能具有竞争力。

现代社会，是个竞争的社会。优胜劣汰，不进则退。要想在竞争中取胜，就必须学习策划，善于策划。就必须强化策划意识，既能“未雨绸缪”，抢先想在前面，又能手随心动，率先做在前面。不如此，就会处处被动，时时落伍，就会在竞争中败下阵来。

不管从事什么工作，干什么事情，都需要策划。新闻报道，尤其需要策划。在信息满天飞的当今时代，人们获得信息的渠道越来越多，也越来越便捷。网络、手机虽不能取代报纸、广播、电视等传统媒体，但在方便、快捷和互动上，却又占尽先机。对于传统媒体来说，既要取网络、手机之长，在与新媒介的融合上下功夫，又要独辟蹊径，在深度和观点上形成自己的特色，

[1] 杨秀国《新闻报道策划》，人民出版社2012年版。

保持自己的优势。而要做深度，做观点，就必须精于策划。

做深度、做观点为何要精于策划？因为新闻虽然是新近发生和正在发生的事实的报道，但事实不是铁板一块，而是分层次的。这个层次一般有三个，即是什么，为什么和如何。是什么，即发生了什么事情，这个事情的大致情况如何。在报道是什么这个层面也就是抓新闻的第一落点上，网络和手机更有优势。但在报道为什么即挖掘“新闻背后的新闻”上以及报道事物的发展态势、走向上，传统媒体显然更有优势。原因无他，传统媒体兵强马壮，资源丰厚，能够集中更多的智慧。所以，较之新媒体而言，传统媒体在抓新闻的第二、第三落点上更有优势。

正是在上述意义上，“精品是策划出来的”才能成为多数人的共识。

杨秀国教授的《新闻报道策划》，就是专门研究新闻报道策划的规律、方法和技巧的。换句话说，这本书是研究新闻报道如何才能变成精品的。

有一点需要申明：这里的策划，不是策划事实，因为事实是客观存在的事物，不能进行策划，否则就是造假。策划，应该是、也只能是对报道的策划。而报道策划，则涵盖了报道选题、报道角度、报道切入点、报道形式等多个方面。

新闻报道策划，缘起于20世纪90年代中期。十几年来，许多精妙的报道策划，立体、全面地展示了事物的全貌和精髓。许多重大会议、重大事件和典型人物的报道策划，彰显了策划的功效，扩大了媒体的影响力。尽管某些“炒作”在一定程度上败坏了策划的名声，但许多新闻精品的问世，也无可辩驳地说明了策划之不可或缺。目前，许多媒体设置了专司策划的部门和岗位，就是明证。杨秀国教授曾在媒体工作过数年。其间，经他策划的新闻报道，有的获得过省级好新闻一等奖，有的获得过“五个一”工程奖。因此，由他来著述的《新闻报道策划》，正如他已经出版发行的专著《新闻采访学通论》（人民出版社出版，获河北省社科优秀奖一等奖）一样，既有一定的理论性、学术性，更有较强的实用性和可操作性。本书中的许多论述，分析透彻、中肯；许多观点，新颖而独特。尤其是对新闻炒作的表现及动因分析以及对新闻报道策划评价指标的体系构建部分，更是富于建设性和启发性。

（白贵，原载《采写编》2014年第6期）

《求真集》序言

黄成俊先生的《求真集》出版在即，嘱我作序，颇感荣幸。

我与黄先生虽是多年的朋友，但其实黄先生是我的前辈，是我尊敬的人。之所以尊敬，不是因为他当过县委副书记、政协主席，而是因为在交往中感到他是个真诚的人，是个儒雅之士，是一位带有浓厚中国传统气息的知识分子。我相信：对今后阅读这本《求真集》的很多潜在读者而言，也同样会得到类似的印象。

作为一本普通的自选集，可贵的是书中处处体现出来的真实、真诚、真情。这些在《求真集》里随处可以发现。序言中他就开宗明义讲到他的追求："显真心，说真话，表真情。"正如他在给老同学李殿斌教授《感真集》写的一首诗中所言："暮年同谱真字曲，荷锄东篱菊同黄"。一个是《感真集》，一个是《求真集》，两位老友不约而同对"真"的追求，体现出他们的共同的思想和人格。巴金先生晚年曾著有《真话集》，收录了他80年代初的30篇随感。他沉痛地说过："人只有讲真话，才能够认真地活下去。"，"说真话并不容易，不说假话更加困难。""我所谓'讲真话'不过是'把心交给读者'，讲自己心里的话，讲自己相信的话，讲自己思考过的话。"又说："我的生命并未结束，我还要继续向前。现在我的脑子反而比以前清楚，对过去走过的路也看得比较明白。"阅读黄成俊先生的《求真集》，我思忖："文革"结束后，一批过来人都在做一件共同的事，那就是：说真话，讲实情，反思过去。譬如书中他收录了一篇回忆大学时代系党总支书记陈耕先生的文字，记述自己担任团支书时的一些激进和左的偏向，多亏陈耕书记对他的帮助和启发，使他变得成熟。勇于面对过去那个一度偏颇、令人惭愧的自己，——这点勇气是当今很多过来人没有的。

黄成俊先生的追求还体现在本书的其他方面，譬如“传记文学篇”恪守的14字原则：“有来历、有证据、不忌繁琐、不贬不饰”，这其实体现的也是一个“真”字。

《求真集》的另一个价值，是他的史学价值。即以关于回族学的文字而言，他撰写的许多考证、辨析、访谈、辑录文字，都有很高的学术价值。例如对黄镇磐的系列文字，都很好地补充了这一重要历史人物研究的缺憾，矫正了一些讹误。其他威县历史人物的考述也是如此，作者对地方志、族谱等旁搜博征，做足了功夫。此外，部分源出于《回族杰出人物》的回族人物研究，也均非泛泛而谈的介绍文字，或在史料收集、或在评价分析上，显示出很深的功力。譬如《唤醒回众 共图国强——读〈醒回篇〉》就是一篇很有见地的专论性文字，很多闪光的见地连我这个研究近现代回族报刊史的人也深受启发。在中国近现代史上，很多大家都非常重视少数民族史、宗教文化史等，像陈垣、陈寅恪、季羡林、白寿彝、顾颉刚等，但后来的史学家们似乎关注得少了很多，——除了治专门史的学者。个人以为，这也是史学界应当思考的一个现象。

《求真集》的第二部分是散文随笔，给人的感觉是真情的自然流露。对父母、家人、亲友的回忆中，不时流露出对影响自己的这些难忘的人的思念，以及对那个已经流逝的时代和生活方式的眷恋和怀想。从中可以看出、读出作者性格、人格中那些美好要素的渊源。

读完全书，我还产生了一种新的感悟：从黄先生身上，可以看到至少三种文化影响的痕迹：一是传统儒家文化的影响，二是中国回族伊斯兰文化的影响，三是新中国社会主义文化的影响，三种文化熏陶之下成长起来的学者型干部的成长史，本身就是值得关注的。

一部书常常可以成为一行足印：有的清晰，有的模糊；有的真实，有的虚幻；有的给人启迪，有的误人子弟；有的可以作为正史的补充，有的仅是对历史的涂抹篡改。黄先生的书应该属于前者。

无论什么样的书“都会有自己的命运”，我坚信这一点。

（白贵，2011年7月4日于河北大学紫园寓所）

力量与困境：现实语境下的媒介商业化（序言）

市场之于传媒，正如金融之于工业，离开了自由市场提供赖以生存的货币，作为第三产业的传媒行业无异于无源之水，无本之木。

但事实并非如此简单，当20世纪70年代末，初露端倪的市场经济打破中国传媒的旧有体制，为其僵化的肌体注入竞争与活力，让这个古老的文明之国再次在信息时代绽放其应有的光芒之时，也为探索路上的中国特色社会主义传媒体制带来了前所未有的困惑与迷茫。

就像以亚当·斯密为代表的自由市场力量和与以凯恩斯为代表的国家资本主义力量之争一样，困惑和迷茫的根源正来自市场失灵与公共服务提供的争论。市场并非万能，不能盈利的高品质新闻对市场压力下的商业传媒来说毫无吸引力，而传媒并非单纯的商事企业，在中国的具体语境下，它还承担着“喉舌”的重任。

如同任何一种市场经济带来的财富增值，无形之手带来了传媒业的勃勃生机，却也带来了资本的原罪。逐利本性下的资本步步紧逼，政党报刊时期曾经的凛然大义不再，取而代之的是粗制滥造的内容生产、无可寻踪的公共服务以及似曾相识的大众版面。

社会契约创造了合法国家的正当权利，与此类似，传媒握有的舆论权亦天然具有公权性质。著名的议程设置理论认为“传媒不能决定受众怎样想，但在决定受众想什么上却十分有效”，拟态环境学说也认为受众通过媒介的感知与影响认识着周围的世界，如此种种，无不证明着传媒对受众的巨大影响。反观失序商业化影响下的传媒，资本掣肘下的内容生产带来的是公共服务精神内涵的日渐缺失。

那么，对于传媒商业化问题研究的拓展与深化也就变得急迫起来。令人欣喜的是，眼前新脱稿的这本书，对媒介商业化环境下的内容生产进行了仔细的诠释与考量，使读者对当前媒介商业环境下的内容生产状况有了初步的体认与印象：翔实的案例，严密的逻辑，加上文字精心串联下形成的证据链将传媒商业化推向原罪的被告席。在平实严密的话语建构间，全书充盈着一丝低调的华丽。

总体来说，传媒经济的本质特征仍然表现在传媒产品之上，试图了解传媒商业化的发展状况，从媒介生产的内容本身入手分析无疑是一条捷径。商建辉博士具有经济学和新闻学双重学科背景，他从解析资源配置问题的经济学经典架构，即为谁生产、如何生产、生产什么出发探析媒介内容生产，融合媒介社会学的理论框架，在政府、受众、经济力量传统三维角度中引入传播政治经济学全新的观察视角，采用文献法、内容分析法以及深度访谈等多种方式细述了商业化环境下受到影响的传统媒介内容生产状况，并在基于一手资料掌握的基础上提出了初步问题解决方案，使研究既具理论意义又具现实价值。

同时，由于作者复合型的知识结构，书中对于政治学、新闻学、产业经济学等多学科概念上的条分缕析更让读者领略了学科交叉处的风景与魅力，可谓是本书达到的另一种效果。此外，值得指出的是，多学科的运用与探析也正是写作的难度所在。倘若说有所不足，在我看来，主要是对新媒体方面考量的缺失使得本书的论证似乎少了一点前沿性、前瞻性，毕竟新媒体出现即呈现出商业化特征并不代表没有研究新媒体商业化现状的意义。但瑕不掩瑜，开创性的思维与观照已为管窥传媒业界提供了新的角度与思考，而持续的观察与思考，有待每一代学人的继往开来、薪火相传的努力。

回到问题的原点，正如哈钦斯委员会在《一个自由而负责的新闻界》中阐述的那样：自由而负责的新闻界是否处在危险之中？我们的回答为：是的，商业化的脚步已经侵蚀着新闻独立与专业。那么内容生产的商业化究竟从何而来？

合上书的一刻，想起传播学大师罗杰斯的话语：任何涉入一条新的河流的人都想知道这里的水来自何方，它为什么这样流淌。

本书正是溯源传媒商业化的小溪。

是为序。

（白贵，为商建辉著作《媒介问题内容产制研究》所写序言，
中国传媒大学出版社2016年9月版）

巴基斯坦传媒研究的新起点（序言）

作为近邻，早在1951年5月21日中国和巴基斯坦两国就建立了正式的外交关系。中巴关系是目前中国对外关系中唯一级别最高的一对关系——全天候战略合作伙伴关系，这一关系已经成为国际双边外交关系中的典范。中巴关系的一个显著特点是，不随着两国领导人的更替而受影响，也基本不受两国国内政治局势的影响，同时两国关系也经受住了各种国际环境和形势变化的考验，可谓历久弥新。达到这种关系程度实属不易，也并非偶然。

在“一带一路”倡议和“中国文化走出去”的大背景下，中国的学界已着手从多方面开拓对外和涉外研究思路，在保持哲学社会科学研究本土化传统的前提下，适时增进研究的国际化水平，有助于进一步将中国学者推向世界，同时也让中国完整地了解世界。传统以西方为中心的文化交流、研究，正被多元化拓展所取代，尤其是第三世界国家、“一带一路”沿线国家，受到了越来越多的正当关注。在习近平主席提出的“五个相通”中，民心相通是重要一环，人文社科工作者，尤其是应当思考如何从文化和传媒的角度入手，去研究和加强中外更加可能的文化接近、沟通，实现更好的文化对接。

传媒行业是社会各机构和元素的“神经元”的集结体，在社会生活中发挥的作用越来越大，与此同时，传媒的发展日新月异，新技术、新观念不断涌现，媒体全球化正处在进行时。因此友好国家间加强国际合作，加强国际传媒领域形势的共同研判，协调与外交策略相关的行动，已成为必然要求。

加强国际传媒合作，必然要求加强传媒历史的梳理、传媒理论的对接和传媒实务的研判。要熟悉周边国家乃至亚太地区、“一带一路”沿线地区的传媒地图，了解国际传媒的传播态势与特点。可惜的是，以往我们的视线主要集中于西方发达国家，对周边一些发展中国家的传媒反倒不甚了了。

20世纪以来，传媒在巴基斯坦的政治和社会生活中发挥了极其重要的作用，巴基斯坦大众传媒发展也有着自己独特的历史脉络和发展条件，并形成了鲜明的风格特点。一方面，从基因上深受英国媒体管理体制的影响，包括语言上的影响；另一方面，历史传承上又与印度存在着诸多的联系，存在着合与分的状态；再一方面，从根本的文化传统和体系支撑上，又具有伊斯兰的特色。拥有1.8亿民众的巴基斯坦，同时拥有着数量可观的各级各类媒体，它们所承担的任务和使命，所拥有的技术与资源，所面临的困难和挑战，都需要学者们加以分析和研判，这方面中国学者可以且应该有所贡献。

眼前的这本著作，是一本介绍巴基斯坦传媒情况的新作，作者熟悉传媒研究，有着较好的英语能力，对巴基斯坦媒体界进行了一段时间的持续关注和实地考察，并充分利用了河北大学新闻传播学科已有的教学和科研条件，我的几名巴基斯坦硕博留学生也提供了良好的人脉资源。可以说此书是一部具有国际视野和专业精神的国别媒体研究专著。该著作有史脉梳理，有分类媒体的不同发展特征概括以及所遇问题的专门论述，也有结合当下的新媒体和网络环境进行的建设性探讨，还包括了影视、广告等具有传媒产业性质的发展建议。此外还涉及了巴基斯坦传媒教育的介绍，这些信息和研究成果对于接下来进一步开展两国传媒教育合作提供了有价值的参考。

河北大学伊斯兰国家社会发展研究中心成立于2014年10月，金强研究员是我中心的重要成员，他所承担的中国传媒大学亚洲传媒研究中心的国别研究课题——“巴基斯坦大众传媒研究”始自2013年底，2014年5月对巴基斯坦的媒体考察和学术资源搜集，奠定了本研究的基础。全书的撰写是其在美国太平洋大学传播系做访问学者期间完成的，充分利用了美国的网络便利条件。本书的出版，相信在已有成果的基础上，会将对巴基斯坦的传媒研究提高到新水平。此外，由于一些客观条件的限制和研究者个人的学力所限，课题完成的深度还有待提升，一些专业和棘手问题，倘若能够与巴基斯坦方面传媒研究专家积极合作，当能出现更令人瞩目的突破。不能否认，这些因素确与课题当初的资金条件有关。在河北大学伊斯兰国家社会发展研究中心成立以后的今天，继续加大研究投入的条件也就更为充分了，期待看到后续更为令人鼓舞的成果产生。

同时，我也相信，巴基斯坦的传媒研究，有了中国学者的加入，会呈现出更加多彩的姿态，也会结出更丰硕的果实。

谨序。

（白贵，为金强著作《巴基斯坦大众传媒研究》所写序言，中国传媒大学出版社2017年8月版）

《报纸编辑精品导读》前言

报纸“编辑”之选，不同于类书编辑，倒类似于文学选本，是体现一定眼光和观念的。

一部好的《报纸编辑精品导读》，还应该体现出时代的特色，真切地折射出中国报纸编辑改革进步的历程。

编纂这本《报纸编辑精品导读》，是一项比较艰巨的工程。

首先，当代编辑的范围十分广阔，即以报学而言，编辑作为中心环节贯穿于新闻策划、选择稿件、修改稿件、稿件配置、制作标题，一直到版面设计和校对签发的全部过程。整个编辑流程，工序繁多、历时较长且环环相扣，每个环节都需要编辑认真仔细地对待，稍有差池，即成遗憾。

其次，编辑工作的对象内容庞杂，即从现在的媒介形式来看，有传统的报刊、广播、电视，也有现代的网络，“四”足鼎立，各不相同，而尤其是在媒体融合的大趋势下，编辑更加需要具备采编合一的能力，以及能够自如运用各类媒体的能力。再如，从新闻报道的体裁来看，从媒体的轻骑兵——消息、评论，到媒体的重炮手——特写、通讯等各种文体，样样也都离不开编辑。一方面，需要编辑与时俱进，灵活对待；另一方面，则需要编辑经验丰富，胸有成竹。从编辑实践上看，后一点尤为重要。但是，编辑学毕竟是新兴的学科，从历史跨度来说，即使从建国算起，也仅有半个多世纪。因此，能够为后人提供借鉴的资料可以说是少之又少。然而，更为困难的是由于编辑工作本身幕后工作的“隐身”特点，所以常常是只见其成果，不见其主人；甚至连他们的编辑过程，都很少留下记录的文字。这些都是本书在编辑过程中所遇到的实实在在的困难。但是，有困难才有动力，也正是因为编辑工作还有待进一步挖掘，其潜力还很大，才凸显出编辑本书的意义和价值。本书的编辑过程，充满了艰辛，但也充满了乐趣。我们沿着历史的轨迹“沿波讨源”，在每一波、每一朵浪花中都发现并体味着编辑们的智慧、方法、技巧，获得有益的启迪。我们不断见证着众多编辑呕心沥血的结晶，同时也有幸聆听他们的心得、感悟和教诲。最令人感动的是，我们一次次感受、领略着他们优秀作品的魅力，而那一个个汉字，恰如跳跃在历史这个五线谱上的音符，带给我们一次次的震撼与感动。

在编撰过程中，为使高校讲授新闻编辑课程的教师和高校新闻专业的学生以及广大新闻编辑、记者，爱好新闻编辑工作的朋友，能够对编辑工作的实际操作过程有所了解，同时也为广大从事新闻编辑工作的媒介工作者提供同行之间可以相互借鉴学习的经验，本书按照新闻编辑工作的对象，分为消息、评论通讯、系列报道、摄影、标题、版面等几个方面，分别选取了若干篇代表作品，大多数是历届中国新闻奖获奖作品，可以说，在国内，基本代表了我国新闻编辑的最高水平，是学习的范本。我们首先对这些作品进行了评析，其次是立足于编辑的角度，切实分析这些好的新闻作品产生的背景，编辑为此进行了哪些创新工作，以及编辑在工作中积累了怎样的宝贵经验等，希望这些能够对读者朋友们有所帮助。

本书的写作得到了很多报纸编辑朋友的热心帮助，在此，我们全体编写人员向他们表示衷心的感谢！同时，我们也感谢河北大学图书馆为本书的写作提供资料！

（本文为白贵主编的《报纸编辑精品导读》一书前言，
人民日报出版社2011年5月版）

中国发展传播学研究的一项新成果

韩利红的《主流媒体与政治系统伴随关系实证研究——以〈人民日报〉“厂长负责制”报道（1978—1988）为例》一书近日由河北教育出版社出版。此著以《人民日报》对中国当代企业领导制度改革的较为系统和深入报道为研究对象，具体探讨了发展传播学理论与中国实践相结合的途径和方式，为中国发展传播学研究提供了一个成功的范例。

“发展传播学”起源于西方学术界，其要旨是研究发展中国家如何利用传播手段，促进国家的经济、政治和文化变革，推动社会的现代化发展，探讨大众传媒在社会发展过程中所发挥的作用。在中国，这一领域一般性、原则性的研究比较多，针对中国现实问题、具体深入的实证性研究还比较少。因此，眼下迫切需要进行扎根于本土的、微观的实证性研究，积累本土政策实践的经验性知识，总结大众媒体辅助和影响中国公共政策形成的特点与规律，建立反映中国政策现象和过程的知识体系。只有在掌握丰富的本土研究和源于中国政策经验的知识积累后，才有可能形成具有理论意义的概念与分析框架，为中国发展传播学提供实践论证和理论建树。

从发展传播学的视角看，此著具有较强的新闻学价值和学术研究意义。从1978年肇始的中国当代改革开放的新时期，人们的思想观念日新月异，改革的浪潮波澜壮阔，经济、政治、社会、文化都显得朝气蓬勃，留下了许多值得回忆的历史片段。这一时期轰轰烈烈的社会变革在当代中国新闻史上留下了浓墨重彩的一笔。其中，1978—1988年《人民日报》关于“厂长负责制”报道，则是这一时段具有典型意义的企业改革实践和新闻传播事件。而且，从中国发展传播学视角看，这一题目内含更为重要的研究价值。在当代中国政治、经济、文化和社会发展各个领域，能够作为发展传播学研究案例的问题中，以“厂长负责制”为核心的工业企业管理体制改革是一个较为经典的题目，无论从“厂长负责制”这一工业企业领导制度改革的重要性程度来看，还是从《人民日报》对这一问题关注和报道的时间之长、持续之久、密度之大，以及最终达到的目标和所产生的社会影响来看，都是一个很好的发展传播学研究题目。

综合来看，韩利红的这部专著具有这样几个特点：一是在文献梳理上有草创之功。作者从十余年的《人民日报》中搜集到最基础的原始资料，对《人民日报》追踪和参与“厂长负责制”实行过程作了全面、深入和条理清晰的分析研究，填补了新闻媒体助推这一国企管理体制改革研究的空白，它不仅是一项中国当代经济史、中国当代新闻传播史的研究成果，还为后续的相关研究提供了较为完整和翔实的资料，具有相当高的新闻史料价值。

二是在中国发展传播学个案研究上有贡献。作者运用创新扩散理论分析了“厂长负责制”经由创新者邓小平倡导之后，经过《人民日报》十年多的传播实践，使之走过了从认知阶段、说服阶段、决策阶段、实施阶段到确认阶段的完整发展过程，为中国发展传播学研究提供了一个较为成功的案例，为丰富中国发展传播学的理论和实践作出了自己的努力。

三是对新闻传播学中的伴随关系理论做了有益探索。作者由系统论原理出发，提出发展中国家的新闻媒体与主导国家经济、社会、文化发展的政治系统是一种伴随关系，是国家政治系统中的一个特殊的组成部分，国家政治系统对社会各阶层发挥引导和影响作用，很大一部分工作是通过新闻网络这一伴随系统来展开的。但伴随系统之间的关系是一种双向互动关系，这就需要全面和辩证地把握新闻媒体的双向传播职能，使其同时成为党和人民的“耳目喉舌”。

当然，该书也有一些稍显遗憾之处，比如由于写作结构的原因，历史发展的纵向线索较为清晰，“史论结合”的论述有时显得不够平衡，相应地降低了一部分内容的理论性。但瑕不掩瑜，该书的选题颇具学术价值，资料丰富翔实，特点鲜明突出，体现出很好的开创性。此书的出版使我们高兴地看到，中国发展传播学研究大有可为。

（白贵，原载《河北学刊》2016年第1期）

道义·文章·情怀

——《河大走出的传媒人》前言

90年与30年。

2011年是河北大学值得纪念的一个特殊年份。1921年，与南方的上海震旦学院遥相呼应，在天津由耶稣会士兴办了“天津工商大学”，（教会内部称为天津圣心学院），——这便是河北大学的前身。1981年，在河北大学中文系，经过谢国捷、吴庚振先生等的长期谋划筹备，创建了新闻专业。

先来披露两组数字：其一，河北大学从建校到如今90年的历程，已经培养出20余万毕业生，学生遍及海内外的各行各业。其二，新闻传播学院从1981年建专业到如今已经30年，培养出各类毕业生近8000人，遍布全国各地媒体及各行各业。这，是两组非同寻常的数字。

两组数字背后，该有多少奋斗的身影、多少激情的故事？要一一记述，纵有生花妙笔，也是不可能的。《河大走出的传媒人》，记述的仅仅是30年来，工作、生活在传媒行业的极少一部分优秀学子的奋斗身影和激情故事。

本书所收录的部分校友的文章以及记述他们的文字，形象、生动地记录了他们在传媒一线拼搏奋斗、“铁肩担道义、妙手著文章”的不凡历程；揭示了他们崇尚正义、追求真理、甘于为新闻传播事业鼓与呼的精神境界；表现了他们牢记母校嘱托，志在为母校增光添彩的赤子情怀；读着这些从校友心底里流淌出来的文字，不仅为他们的事迹所感动，更为河北大学培养出这样优秀的人才而自豪。

当一名范长江、邹韬奋式的记者或编辑，曾是无数年轻人的梦想。从河大各个院系特别是中文、新闻传播学院（专业、系）走出的传媒人，是实现了自己梦想的幸运儿。但是，当上了传媒人，并不意味着就已然是一名有责任担当、有人文情怀的优秀传媒人。这之间，还有很大的距离，还需要长时间的磨砺。当年，范长江只身采访报道“中国的西北角”，缘于他下决心研究一两个关乎中国前途命运大问题的道义责任感；邹韬奋办《生活周刊》，同样是为了唤起民众，燃起民族复兴之希望。正是这远大的抱负和强烈的道义责任感，激励、促使着他们秉笔直书，编写出了一篇篇振聋发聩、字字珠玑的锦绣文章，从而在中国新闻史上留下了自己坚实的脚印。由此看来，“道义”是“文章”之基、之根、之源。没有道义担当，是不可能写出有思想、有见识、有灵魂的好文章来的。

从本书所收录的部分校友的文章来看，虽不敢说可与范长江、邹韬奋比肩，但毋庸置疑的是，他们在新闻传播的道路上，悉心探究，付出了艰辛的劳动，获得了很大的成功。他们没有辜负母校的栽培，无愧于“传媒人”的称号。他们像“手把红旗旗不湿”的弄潮儿，始终站在时代前头，以敏锐的政治眼光与新闻敏感，以深厚的人文关怀，撰写、编发出了一篇篇精品报道，出版了一部部优秀图书，为社会、为人民奉献了丰富的精神食粮。尽管这些校友只是全部校友的一小部分，但“窥一斑而见全豹”，亦可见出我校广大毕业生的不凡业绩和良好精神风貌。

尤其令我感动的，是各位入选校友那些发自肺腑的期盼和叮咛。那些话语凝结了他们风雨新闻路上的感受、见识，还有崎岖传媒报道中的宝贵经验、感悟，虽是对师弟师妹们的忠告和建言，但也是对新闻学院乃至河北大学今后办学的嘉言良策，值得我们倾听、深思。

我校的新闻传播学院，已经走过了30个年头。如今，教师队伍已从起步时的不足10人，增加到近80人；每年的毕业生人数，也从起初的30人左右，增加到近600人（含新闻传播学一级学科的研究生和工商学院新闻传播类本科生）。特别是2010年，我院成功获得国家首批新闻与传播、出版两个专业学位硕士授权点，2011年3月获得新闻传播一级学科博士授予权，可以说，河北大学新闻传播学院在全国新闻传播教育领域，创造了新的辉煌。这意味着，河北大学新闻传播学院的实力进一步增强，影响力大大提升，将有能力和可能为国家培养出更多更优秀的毕业生。

入选本书的许多优秀学子，情不自禁地在文章中表达了他们对母校的怀念和感激之情，拳拳之心，令人为之动容。知恩感恩，是人性之本，亦是力量之源。我们真诚希望广大毕业生进一步加强与母校的联系，关心母校的建设与发展，为母校出谋划策。有条件有机会的时候，能够“常回家看看”，看看老师，看看当年学习生活过的教室、宿舍、餐厅，与学弟学妹们聊一聊自己的奋斗历程与酸甜苦辣。这，既是校友的愿望，也是母校的期待。

谨序。

（本文为白贵主编的《河大走出的传媒人》一书序言，

人民日报出版社2011年8月版）

评论人才越多越好（代序）

河北大学坐落在保定市，这些年我一直关注保定媒体，《保定晚报》是一份在全国晚报界很有影响的报纸，曾组织过“保定‘油条哥’”“寻找思雨父母 握住生命之手”等在省内外引起很大轰动的新闻报道。该报“保定时评”栏目刊发的很多评论作品质量都不错，许良晨同志也经常在这个栏目刊发作品。在完成繁忙编采任务的同时，良晨同志还利用业余时间完成了这本近20万字的《新闻评论100例实战点评》，他对新闻事业的热爱、对新闻学术的执着值得称道。

评论人才是稀缺资源。“现在选几位好编辑不难，可是要想挖到一两位优秀的评论人才，真的是太难了。”这是一句挂在媒体老总们嘴边的话。每到毕业季，总会有很多社长、台长、总编辑同我打招呼，希望我能帮他们举荐一些新闻人才，尤其是擅长写新闻评论的人才，尽管这些年我们加大了新闻评论人才的培养力度，毕业生中也涌现出一些很有潜质的评论人才，可是失望的媒体老总还是不少，因为新闻评论人才稀缺的现状短期难以缓解。那么，新闻评论就那么难写吗？

写评论入门不难。从文体上说，新闻评论就是一种议论文，具备一定文化水平的人都可以写，只要论点、论据、论证过程等议论文要素齐备，文章结构完整，有明确的主题，遣词造句没有语病和逻辑错误就可以了。新闻评论与普通议论文的差别，主要在于新闻评论的选题要紧紧把握时政脉搏，选取读者非常关注的社会焦点、热点、难点话题，这就要求作者需要具备较高的政策理论水平、较广的思想纬度、敏锐的洞察力和较强的文字驾驭能力，具备了这些功底，就可以试着写一写新闻评论了。

新闻评论具有很强的实践性。学习新闻评论是一个渐进的过程，除了掌握必要的评论理论和写作方法，还需要多写多练，加强实战。这就像学游泳，你在岸上学了很多游泳理论、掌握了动作要领，可是如果不下水，你永远也学不会；反倒是在水边长大的孩子，虽然没人教他理论和动作要领，可是他整天在水里扑腾，很多人游得也不错。所以如果想学写评论，就要敢于“下水”，多写多练，日久天长定会有所收获。

评论写好不容易。一篇优秀的新闻评论作品，不仅要有正确鲜明的观点和充足的论据，有科学的论证方法和严密的证论过程，还要站在历史的坐标点，依靠具有穿透力的目光和科学理性的思维，让作品闪耀出思想的火花。从感性认识到理性思维需要一个漫长的过程，有些人读了一些书、写出了一些作品，以为已经到了理性层次，可实际上他还只是停留在“知性”层面。20世纪80年代，我国著名理论家王元化就知性层面专门做过论述《论知性的分析方法》。思维层次要想由知性上升到理性高度，要想写出有独特见解、与众不同的优秀评论作品，还需要不懈地努力，不断提高认识问题、分析问题、解决问题的能力，培养独特的思想方法。

新媒体时代人人都是媒体人。在当前的新媒体时代，每个人都是记者；微博、微信等信息平台，也给每个有见解、有责任感的公民提供了评论的机会，面对每天发生的新闻事件、接触到的各种信息，你都可以把自己的感受和想法写出来，写出来说不定就是一篇像样的评论。“有心栽花花不开，无心插柳柳成荫。”或许一篇妙手偶得的评论文章，就让你走上了新闻写作之路，多了一条成才的途径。

愿更多的优秀评论人才脱颖而出。

（白贵，为许良辰先生著作《新闻评论100例实战点评》所写序言，河北大学出版社2014年8月版）

浅析中国近现代回族报刊中的广告

回族素以善于经商著称，尤其在餐饮、鲜货、制革、皮货、香料、医药、珠宝、贩运等行业中具有优势。“回族中原有的商业资本拥有者、某些华侨商人、地主、中小官吏及极少数经济地位上升的中小商人、小手工业者，少数人采用独资，大多数人用集资的方式，将其积累的资金投资创办近代工商业，故而产生了近代回族资本主义工商业”[1]。回族人在品牌创立及产供销等方面形成了一些独特的经营理念和做法，运用回族报刊传播品牌，推销商品，即是其一。

民国时期，回族广告行业已经形成为一种产业，已经初步具备现代广告的各种特征。按媒体种类可分为：招贴广告、报刊广告、户外广告、广播广告等。其中报刊广告和招贴广告最为常见。

一、对于近现代回族报刊中广告的考察

由于近现代回族报刊数量众多，笔者考察了所能见到的约70种实物报刊。基本覆盖了1906年至1949年之间所创刊、发行的代表性报刊。并不是所有的近现代回族报刊都刊登有广告，如《古尔邦》《回教大众》《成达学生会月刊》等则无广告刊登。

早期的回族报刊广告多带有报社启事性质，主要是说明刊物的运作状况，尤其是资金使用状况和报刊发行情况，如1908年创刊的《醒回篇》其开篇的“本社广告”中说，“此次初版布送各省，必不敷赠，如内地有需阅此篇或拟

---

[1] 答振益.民国时期回族商业概论[J]. 中南民族学院学报，1998（1）.

印送者，请汇齐若干部，每部只出纸价费，共大洋一角，由日本邮局汇寄留东清真教育会事务所本社，汇齐至二百部即代印刷一次，由邮寄上可也。凡银钱要件务祈挂号邮寄最妥”。该刊另外两则，一则是说明如何支持《醒回篇》，另一则是对本期稿件的自谦及继续征稿。以上三则，虽名为广告，实则更类似于启事，已不属商业广告。

二、近现代回族报刊广告的类型及内容分析

笔者依回族报刊广告中所刊发的实际内容，将其大致分为四种类型，即书刊类、日用商品类、服务类和其他类。

（一）书刊类广告

这类广告在回族报刊中较为常见，多为相关刊物互作的书刊广告，也有自我宣传、预告出版信息的，或者征集订户及免费赠阅等信息。这类广告一般篇幅不长，文字精练、言约意丰。

具体来说，大致分为以下三种。

1. 针对回教书报刊的广告

这也是回教出版物间的内部广告。如刊登于《边铎》上的《人道月刊》广告，“欲明了世界回教消息：快订阅异军突起——唯一新闻化的‘人道月刊’，全年十二期大洋六角，另售每册大洋五角，总发行所——上海蒲柏路三八〇号”。该广告语突出了《人道月刊》的两大特色，一是刊登世界回教消息。二是刊物侧重新闻性。另如《晨熹》上刊登的北平牛街清真书报社的《天方历表》广告，广告语也别具特色，“穆民家家不可缺少的东西是什么？无疑的，是‘天方历表’了。天方历表上，不但告诉我们一年间的‘主历’日期，而且还有每月应作的功课和说明。总而言之，一年里穆民应作的一切的一切，没有不详载在它上的。本社为应各方穆民的需要，每年出版。工精、价廉、纸美、事详，实在是完善的历表啊！”广告语主要突出了商品的实际用途，用语讲究且略带赞叹，修辞点缀，读来倍觉亲切。

亦有简单介绍书目和定价的，如《回民大众》中刊登月华文化服务社回

教典籍书27种，每一种只标明定价，如“伊斯兰教六角；阿文教典课本六角；中国回教史研究五角”等。早期目录式的书刊广告，既展示了伊斯兰文化书籍的最新出版动态，又勾勒了一条民国时期中国回族文化的出版史脉。

在刊发书讯、介绍刊物方面，《伊斯兰》第三期第8页刊登了《月华》第7卷第1期目录，同时标明了《月华》的价格、邮资及出版发行单位和地点，以方便广大读者前去购买；其第四期封二刊发了中国回教书局的经书以及代售各大书局的启事，方便教友们研究回教教理。《月华》在登载清真书报社的广告时这样说道，“诸君！欲明白伊斯兰之真谛乎？请到北平牛街书报社！本社搜集西方典籍中文译本二百多种，备有详细目录，函索即寄不取分文”；这样的例子不胜枚举。

2. 针对非回教的一般性刊物的广告

此类广告主要刊登在与一般社会性刊物级别相当、地缘接近或者当地回胞比较感兴趣的回族报刊上。刊登的社会报刊主要有文学类杂志、地区性报纸、专业类报刊或以特定人群为受众的报刊等。谨以《晨熹》为例，据不完全统计，其刊登有一般性社会报刊广告40余种：文艺类如《文艺战线》《咪咪集杂志》；学术类如《禹贡》（半月刊）、《安大季刊》《福建教育》《教与学月刊》《现代评坛》《日本评论》；政治性刊物如《民间意识》《大路周刊》《国际周报》《边事研究》《康藏前锋》《时论旬刊》《内政消息》《西北问题》《西北向导》《争存》《中国社会》《周行》；地区性刊物如《新蒙古》《绥远西北日报》《北平新报》《宁夏民国日报》《绥远民国日报》《皖北民教月刊》《新青海》《浙江合作》；专业类报刊如《无线电》《国术》《经济旬刊》《上海物价月报》《图书展望月刊》《铁路杂志》《新建设》（半月刊）、《海事月刊》；特定人群报刊如《妇女旬刊》《军事汇刊》《民族杂志》《现代青年》。《边铎》，主要刊登有《农村复兴委员会会报》《新亚细亚月刊》《大道月刊》《开发西北》《东方快报》《中国日报》《外交月报》《现代青年》《中国经济》等一般社会报刊。再如《天山》也刊登有较多一般社会报刊广告，如《正论》《妇女旬刊》《互励月刊》《汉口市商会商业月刊》《建国月刊》《进展月刊》《文化批判》《警灯月刊》《镇江三山日报》《民众教育季刊》《拓荒》《偶语》（半月刊）、《前途杂志》《时代公论》《世界文学》《外交评论》《文化批判》《西北春秋》《西北评论》《西北问题季刊》《新中华》《行政院农村复兴委员会会报》《中国革命》《珞珈月刊》等。据笔者统计，与《晨熹》《边铎》《天山》三大期刊保持广告业务联系的一般社会报刊有近百种。

另外，基于良好的同行关系，一些进步的社会类报刊利用回族报刊来进一步吸引回族受众、开拓回族受众市场，延伸了自己的服务范围。如1936年第2卷第7期《晨熹》上刊登的《北平实报》，广告语写道，“《北平实报》为中国小报中之翘楚，风行国内，现达十万份，兹为应答社会之需要，更为宣传回教之真谛，特请唐易尘先生担任该报一切回教稿件，计于每‘主麻日’刊登回教教义，每星期三刊登回教问答，现已刊登数期，请阅者直向该馆订阅可也”。

总之，良好合作关系的形成，有利于回族报刊进一步巩固自己在整个报刊界的地位。

3. 介绍外文回教刊物

这类广告的数量较少，多存在于日伪兴办的《回光》及像《月华》这种较大规模的刊物中。如《回光》上“惠赠书目”中，刊登了“ThemuslimvolⅢNo.12为在住新嘉坡回教徒所办之报，每号二三十页，悉系英文隔月发行一次”，“DARULISLAMvol7No.1为印度马都那斯之回教同志阿以阿布打尔那满刹西布氏所发行之印度文月刊杂志，我社同人因不晓印度文，不明内容为如何，但为今日在沪之印度回教徒绍介之”等。《月华》上刊登的名为《Al-Huda》周刊的广告，广告语写道，“这是星加坡Singapore出版的一种阿拉伯文的周刊，内容特别偏重在介绍各地穆士林的消息，教亲们想知道西方穆民的状况，可以订一份看！报价——全年大洋七元，地址——Us，HajiImneSingapore”。

（二）日用商品类广告

日用商品包括食品、药品、化妆品、日用百货、皮革、电器、家具等，因贴近生活，故其广告备受关注，影响力大。

如《正宗爱国报》上刊登有“美容药料花颜水”的广告，运用女士头像、图画等形式美化版面。广告词写道：“容貌酸陋者，实属不稀，此又人生之最大遗憾。兹有日本皮肤科专门大医小岛先生，多年研究，自出心裁，发明一种良药，精制而成美容药水，名曰花颜水。仅以数滴滴入洗脸水中，该盆内之水即逢药水而变色如乳，其馨馥郁触鼻，虽鲜花如玫瑰与荷花亦退之步，且合卫生。善治皮肤所发小疮如面皱、雀斑、粉刺、酒刺、汗疹、顽癣、烟气、红点、晦色、油光瘰疬等诸种讨厌之物。凡老幼男女皆可使用此花颜水，均得转丑成美。花颜水特色，最能完全皮肤乃成色艳，使姿容备极光耀，足称最上妙品，请试一瓶以证本药房之言之不谬”。该则广告颇具文采，鼓动力很强。《伊斯兰》上刊登设在开封鼓楼街路北“大中华”家具店的广告，“专售中西家具，式样新鲜，优适舒坦，坚固耐用，定价低廉”。再如《晨熹》刊登的山东泰安仁德粉厂的“泰山牌”面粉广告：“质地细腻，生熟洁白，滋料丰富，定价低廉”。1937年第三期的《中国回教青年学会会报》所登之“白敬宇眼药”，广告语写道，“白敬宇，在眼药中所以能独树一帜，并世无敌者。因其明目之功，非常甚速。无论何种眼病，均不难于最短期内治疗痊愈。且其药质精粹，杀菌明目之功殊伟，点用后不麻不痛，凉爽，舒适，而绝无损害眼球之弊。药效迅速，价格低廉，尤为特色。”

相当数量的回族报刊民国时期准许全国发行，进而可以吸引到普通商家。

（三）服务类广告

服务业涉及群众生活的方方面面，包括医院医生介绍、保险、投资、银行、各种优惠信息、交通运输、旅社、澡堂、补牙、刻章、照相、印刷、茶社演出信息等。这类型的广告并不是在所有回族报刊中都有刊登，而是较集中出现在如《晨熹》《昆仑》《清真周刊》《伊斯兰》《禹贡》等。这些刊物办刊水平相对较高、在回族群众中有较大影响，且多植根于商业经济相对活跃、城市化水平相对较高的城市中。

饮食方面。回族刊物最大限度地满足回族民众的饮食信息需求。如《伊斯兰》刊载的清真明德食品商店的广告：“精制各种糕点、面包、板鸭、桶鸡，手术优美，质料清洁，如蒙惠顾，不胜欢迎之至。地址：郑州德化街。”该刊还针对回回好饮茶的特点，对河南的清真茶庄做了介绍：“清真开封瑞林春茶庄，专采办浙闽各地名茶，改良熏制合乎宗教且益卫生，倘蒙赐顾，无任欢迎”。《回光》上刊登有名为“金陵春”的清真饭店的广告：“清真教门，中西大菜，金陵春，上海福建路北海路角八〇四号，电话中央七五四二号。”其中把“清真教门”四字居于最上方醒目位置加粗。《伊理月刊》1946年第2期中将武汉回教商店做了一个统计，分门别类介绍了回族的商店以及地点，最大限度地方便了回族群众。《清真周刊》上刊有“介绍定刻图章”的广告：“师古斋精镌秦汉玉石图章，物美价廉，如有定刻者，请致函北京牛街输入胡同三十九号可也。介绍人马宏道陈申芝同启。”

《昆仑》上刊登的店主孙叔明的名为“青海葆真美术照相镶牙补眼馆”的广告，写道“美术照相，五彩写真，日光放大，精益求精，代客冲洗，特别价廉，出片迅速，卡纸又新，镶牙补眼，与众不同，治牙取牙，决勿痛疼，代售材料，齿科俱全，照相材料，卡片药料，歌林唱机，秦腔唱片，歌林唱针，二簧唱片，柯达出品，镜箱软片，名目繁多，上载不清，诸君惠顾，不胜欢迎”，该广告语全用四字，似说似唱，庄重典雅，体现出了回族商人灵活的头脑和严谨的经商思路。《正宗爱国报》上刊载有“文明茶园”的演出信息，“十二月初三日特请名角准演，头等名角瑞德宝，超等名角俞振庭……”。《晨熹》中刊登有“丁三汽车公司”的广告：“有新式轿车运货卡车喜事汽车出租！诸君如欲租用，请打电话三一〇六八！随叫随到，取价克己。并经理亚细亚牌汽油机器油零批发。开设南京城内十庙口。”

这类广告服务种类众多，体现了回族人灵活的头脑和积极置身主流社会、服务民众的生存理念。

（四）其他类广告

笔者将难以归类的广告统归于其他类，包括声明广告、寻物广告、招生广告、招聘广告等。这些广告在某类报刊中出现较为集中，因其特殊的实用性和公益性，因此是一种不可或缺的广告。

这些广告的宗旨是服务回族大众，个别带有公益性质。回族报刊在引导回族民众遵从商业道德，从事正当经济行为甚至在启迪民智方面，都发挥着至关重要的舆论作用。

三、近现代回族报刊广告的角色与功能

（一）为本民族工商业提供产品展示平台，振兴民族工商业

回回民族以经商为主要谋生手段，它不但通过口碑等人际传播方式来确立重要字号的地位，而且其饮食和医药等领域日益依仗广告宣传，这一时期的名医、名厨广告信息纷纷见诸报端，深得各界欢迎。如《晨熹》上刊登的“绍介良医，丁珍亭先生，悬壶于南京大中桥祥瑞里”。再如《伊斯兰》上刊登的开封的清真“瑞林春茶庄”广告，“本号专采办浙闽各地名茶，改良熏制，合乎宗教，且益卫生，倘蒙赐顾，无任欢迎。本号主人启地址东岳学校街四十四号”。

（二）加强刊物间的联系，相互提示要目，增进刊物间凝聚力

书刊要目提示在近现代回族报刊中较为普遍。一些回族报刊中只刊登有书刊要目提示，而没有其他广告内容，突出显示了其纯粹的文化个性和理想追求。《月华》第2卷第34期刊登的“北平伊斯兰月刊”的“预告”，“不日出版之穆民喉舌。本刊有十二大特色：一是宣扬正教。二是耳林译经；三是消息灵敏。四是阐扬奥义。五是提倡教育。六是发挥教光。七是倡办实业。八是穆民喉舌。九是褒扬善举。十是振兴生计。十一是力贬颓风。十二是欢迎投稿一欢迎索阅。该广告不仅提示了“北平伊斯兰月刊”的特色，且总结了优秀的回族报刊所要担当的重任，优秀的刊物加强联系有利于形成充满正气的宣传平台和阵地。由于回族报刊办刊地点相对分散，早期回族报人非常注重刊物交流和相互学习。同时注意加强与邮局、书局的联系，使得刊物间的交流与沟通较为顺畅。

四、近现代回族报刊广告的特点

（一）广告醒目，特色突出

回族报人在办报初期即将详细的广告价目表登载于版面显著位置，并有详细的广告刊例。如《月华》第2期第3版的“本刊广告章程”中写道：“一、本刊广告运用艺术的原理做成活动的版式插排各栏文字之中，用促阅者之注目；二、广告费不分等级地位概按面积计算如左表；三、图画纸板价目另议；四、广告一律先期收费，其等半年者得分两次缴付；五、特别广告不能拘定尺寸期数者仍请来社面订。”《伊斯兰》第一期的“广告刊例”中写道：“特等，前后封面，每方寸洋二角；优等，正文前后，每方寸洋一角五分；普通，地位不定，每方寸洋一角；长期者七折，彩色者面议。”可见，该刊已经用灵活的方式来招徕广告，对于广告刊位和价格有清楚的规定，且推出优惠策略。即使暂时没有广告投放，同样坚持不懈地广泛征集，甚至还出现了初期暂时免费登广告的做法。如《回光》在“启事”中说：“本杂志销行世界，凡各处公司店铺，如有广告，寄来必登，发出以后，能酌量资助本杂志者固甚感激，倘贸易不佳者本杂志亦可取义务性质，暂不收费，以尽对人类互助之真精神”，采取了灵活收费或免费的方式。就广告刊登位置来讲，多数广告被设置在单独区域里如封面、封二、封底等，依刊物开本，有专版、半版及特定尺寸之别。

总体来说，回族报刊中的广告作为报刊的辅助内容，多数不安排于显眼的位置，商业色彩亦不浓厚。

（二）内容丰富，力求新颖

回族报人用有限的表现形式表达着丰富多彩的内容，并不断变换，力求新颖。如在广告的边框配图、字号大小、字体类型等方面下大功夫，排版横竖交叉，力求广告醒目，且富于动感，在正文中出现的广告也不显喧宾夺主，常有锦上添花之效。

如《晨熹》在介绍中医世传外科名医“笃信氏”的广告中，刊出了他的肖像照，既方便辨认，又使读者从名医气质上感受出其医道为人。《天山》中关于《国民日报》的介绍，运用了边框和线条，增强了动态视觉效果。《伊斯兰》中在介绍“清真五福号”时，将“清真”二字外围配以图案装饰，而“五福号”三字又被加上扇幅状加粗黑框，庄重大方，突出了广告主的商号品牌。多数回族报刊广告采用加边框式，重点突出，字体多样，且多为竖排，在涉及名称、字号及重要信息的部分进行字号放大、加粗，或配以特殊图案以增强表现效果。

（三）语言鲜活，简洁明了

回族报刊中的广告用语，较一般社会报刊来说更具特色。即除熟练使用文言、白话来表现外，还涉及阿拉伯语、波斯语、英语、日语等，尤其是阿拉伯语，成为回族报刊的一个最为显著的语言标志，也体现了回族语言的多源化和丰富性。《晨熹》旬刊第1卷第3号上，使用了一连串的问句，把一些对于回族民众来说必知必会的常识性的重大问题一一列举，中间配以醒目的大字广告语，“喂！你想知道这些事吗？请读：《世界回教史略》”！《晨熹》第2卷第6期，对于《绥远农村周刊》的推介语写道，“本刊优点：议题正确、方法新颖、文字浅显、定价低廉，是开发西北的生力军，复兴农村的结晶品，改良生产的指南针，唤醒民族的敲门砖”。回族报刊广告多保持着朴素、大方、庄重、简洁的风格。

（四）形式多样，富于变化

同一个报刊上刊登的同一家广告主的广告，随着时间的推移，版面设计和广告内容多有所改进。如“北平清真书报社”在《晨熹》1935年1月25日创刊号和2月5日第二号刊登的“清真书报社出版”的广告，除基本内容不变外，外观更加考究，加上整体广告外边框和内部重要文字边框，加标点符号以引起注意：“看！回教书籍”，表达效果更加突出。如，1936年1月15日的《晨熹》第2卷1月号中的广告样式作了进一步调整，同样是占据整版，却改变上卷列印重点书目的做法，而是加强对广告主“北平清真书报社”的宣传，并推出了商标式的幡号——“中国回教书籍的总汇”。从1936年9月15日《晨熹》第2卷9月号起，北平牛街清真书报社因销售规模进一步扩大而开始推行代售制度，在全国设立代售点。在新的广告语中，加入了对北平清真书报社的简要介绍与评价，“本社为中国推行回教教义唯一之书社，自清季末叶创办以来，至今已有三十余年的历史，历年印行回教各种典籍，汉译书籍二百余种，阿文经典五十余种，行销全国，各地称便”。

个别回族报刊还注重广告形式的翻新，推出隐性广告。例如，1946年《伊理月刊》第3期上刊登的主编兼社长张兆理的“谢医启示”，用以“介绍跌打专科国医饶明蓁先生”。

通过对近现代回族报刊广告的浅析，我们可以窥见当时回族商号的品牌建设，同时对当时的经济发展状况，政府经济政策等有直接或者间接的了解。在新闻传播手段相对简单的近现代，回族报纸杂志中的广告对于回族商业思想的传播及商业信息的传递起到了至关重要的作用，甚至对主流社会的工商业都有一定的拉动效果。回族报刊中的广告以独特的内容和形式服务着广大回族群众。这些广告既有利于经济的发展，又有利于文化的传播。

（白贵、闪晓宇，原载《中国少数民族地区信息传播与社会发展论丛》2010年10月）

抗日御辱的新闻出版史

晋察冀抗日根据地在艰苦卓绝的战争环境及物资极度匮乏的条件下，出版了大量的报纸、图书与杂志。其中《晋察冀日报》《晋察冀画报》以及第一部《毛泽东选集》的出版历程尤具代表性。

晋察冀抗日根据地的新闻出版业，创造了世界出版史上的“奇迹”。晋察冀抗日根据地的新闻出版业从内容、文本、语言表现到装帧形式，均体现了鲜明的抗战主题及新民主主义文化建设的特色。因此，晋察冀抗日根据地新闻出版史作为该根据地史的重要内容，对其进行全面、系统、客观的专门研究，既具有重要的历史意义、现实意义，也具有重要的学术意义。该书体现了中国抗日根据地新闻出版专史研究的新成就，也将进一步带动其他根据地新闻出版史的研究，从而为中国的抗战新闻出版史乃至中国现代新闻出版史的研究做出新的贡献。

该书对晋察冀抗日根据地新闻出版史作了系统研究，较之以前比较分散的研究，更加注重了整体研究，体现了研究的系统性和关联性。其中，部分研究具有开创性：首次对晋察冀抗日根据地的出版思想和版权思想进行了深入研究；对晋察冀抗日根据地的出版物印刷技术及其改进做了专门研究；首次对晋察冀抗日根据地的报纸传播效果进行了全面的研究；首次对晋察冀抗日根据地的书写、阅读经验做了开创性研究。

导言《仰看恒岳共峥嵘——以诗证史：论“游击出版”》为全书之纲，旗帜鲜明地论述了晋察冀抗日根据地新闻出版业的主要特征——“游击出版”。所谓“游击出版”，就是在游击战争的状态和环境中进行的报纸、书籍、期刊以及其他出版物的出版行为，也就是“一手拿枪，一手拿笔”打游击战的出版行为。“游击出版”是一种特殊的出版方式，这种出版方式是按照游击战的战争规律进行的，出版亦即战斗，非战斗无以保障出版。游击出版是一种需要付出远远超乎正常出版资源多得多的出版方式，是一种超越物质条件限制的出版，一种以宝贵的生命做牺牲代价的出版，一种信仰、意志和精神高于一切、勇猛无畏的出版。

肖白先生在回忆文章《忆人民新闻家邓拓》中认为，1940年11月7日《抗敌报》改版为《晋察冀日报》，邓拓“游击办报”的思想也逐步成熟起来。他对邓拓“游击办报”的思想做了十分精辟的分析与概括：“邓拓的‘游击办报’思想，是在血与火的斗争中形成的，它是反映在报社编辑、通讯采访、出版印刷、电务、发行、后勤等方面工作中的，也是反映在报社思想建设、组织建设和干部培养等方面的。”

第一章至第十章，分别从不同的角度和方面论述了晋察冀抗日根据地新闻出版的历史发展和历史特征。无论是对晋察冀抗日根据地主要报纸、主要书籍、主要期刊、主要编辑人物还是对晋察冀抗日根据地的出版思想、版权思想、传播效果、印刷发行等方面的论述，都力求在史实准确的基础上有新的突破。《余论》部分以严谨的思维及优美、细腻的文笔展现了晋察冀根据地的阅读、书写经验，开辟了我国新闻出版史研究的新领域。《附录》部分也较为全面、系统地呈现了根据地新闻出版业的成果，具有目录学价值。微观史料与细节史料的开发与利用。书中对第一手史料及以往被忽视的史料充分予以利用，展现了根据地新闻出版史的原生态，还原了历史鲜活、生动、细致的一面。

（白贵，为田建平、张金凤著作《晋察冀抗日根据地新闻出版史研究》所写的书评，人民出版社2010年6月版。书评原载《中国图书商报》2012年2月14日）

广告镜像中的社会文化景观透视

——《媒介呈现、生产与文化透析研究——民国〈申报〉征婚广告镜像》评述

摘要：《媒介呈现、生产与文化透析研究——民国〈申报〉征婚广告镜像》一书研究了民国时期《申报》上征婚广告发展的表征，探究征婚广告镜像中的上海都市文化。作者张艳综合运用了广告学、传播学、社会学与历史学等多种学科的理论视角进行研究，这种多视角的研究思路在一定程度上丰富了广告史的研究维度。

关键词：《申报》 征婚广告 媒介

以往，广告史学者在研究广告史时，多是从传播学与广告学的视角出发，对报刊等媒体中的广告作品进行整理、分析与评议。《媒介呈现、生产与文化透析研究——民国〈申报〉征婚广告镜像》一书的作者张艳则不满足于将研究视角仅仅局限在广告史方面，她借鉴了社会文化史的研究视角，挖掘了一类比较特殊的广告——征婚广告。该书研究了民国时期《申报》上征婚广告发展的表征，探究征婚广告镜像中的上海都市文化。作者综合运用了广告学、传播学、社会学与历史学等多种学科的理论视角进行研究，这种多视角的研究思路在一定程度上丰富了广告史的研究维度。

张艳认为，征婚广告的刊载者主要是个人，是一种特殊的广告形态。这种广告形态本身承载了社会发展的诸多信息，蕴含丰富的史料价值。在《媒介呈现、生产与文化透析研究——民国〈申报〉征婚广告镜像》一书中，作者的研究主题主要包括：《申报》征婚广告的发展历程，《申报》征婚广告媒

介呈现的历史嬗变与影响因素，《申报》征婚广告生产者的自我形塑与异性想象，以及征婚广告镜像中的上海都市文化透析。以往，关于《申报》征婚广告的研究主要集中在历史学领域，研究者多是将征婚广告作为一种历史现象去研究，主要考证当时的征婚广告与大众择偶方式的历史沿革，对征婚广告所反映的社会问题及其与所刊载媒体的关联分析等内容少有涉及。因此，张艳对《申报》征婚广告文本的研究触及了前人所未触及的方面。

为了对《申报》征婚广告进行系统化、整体化的研究，作者综合运用了内容分析、比较研究以及个案分析等方法，将研究对象置于历史环境中考察，以史带论地展开研究。作者对1912年至1949年间《申报》上的征婚广告进行了全样本统计，共发现2624则征婚广告[1]。她将这些样本录入数据库进行定量与定性分析的同时，加入与同时期《大公报》《世界日报》等报刊上样本的横向比较，还分析了当时的一些文集、传记、小说、电影等作品中的征婚案例，解读社会大众对征婚的既定印象与想象。作者在研究方法上的综合运用，也使该书丰富有趣。

一、每一个征婚广告都是社会的全息元

本书中，作者借鉴了社会文化史的研究视角。社会文化史属于“多元一体化”的广义史学，强调“使一切成为历史”的研究目标，确立了“以重建社会结构变迁及其过程中的普通人及其生活的历史”的研究方向，其研究不是伟人的历史而是所有人生活的历史，不是停滞的图表的历史而是进化的、变革的历史，更是人与自然、人与社会的历史[2]。

以往历史研究更注重“宏观”，容易忽略对社会生活中最基本细胞的实证研究。全息理论认为，世界一切事物都是一个全息的有机整体，同时也是宇宙的全息元，一切事物乃至宇宙都具有四维立体全息性，即同一个体的部分

[1] 张艳.媒介呈现、生产与文化透析研究——民国《申报》征婚广告镜像[M].上海：商务印书馆，2017.

[2] 忻平.从上海发现历史——现代化进程中的上海人及其社会生活（1927—1937）[M].上海：上海人民出版社，1996.

与整体之间、同一层次的事物之间、不同层次与系统的事物之间、事物的开端与结果、事物发展的大过程与小过程、时间与空间，都存在相互全息的关系[1]。社会生活中的每一个基本细胞都可以看作一个全息元，从人与生活这些最基本的社会细胞入手去解构历史、再现历史，可以赋予史学新的生命。在历史长河中每一个全息元都浓缩着一个时代与社会的部分或全部信息与密码，“一滴水可以见大海”，对社会生活中全息元的实证研究足以窥见不同时代与社会的风貌。从作者采集的这些样本中我们可以看到，《申报》上的征婚广告就如同一个个全息元，从中可以折射出民国时期人们的婚姻观、择偶观以及价值观，还可以探视那个时期的征婚者群像、婚姻生活、家庭关系认知以及社会文化变迁。

二、大众媒体的社会化功能呈现

民国时期，各大报纸上刊登私密性的个人信息很是常见，征婚广告也属于其中一种。报纸将个人的情感诉求与私人生活公开传播，为我们呈现了一个时代的婚姻文化。如作者所述，征婚广告在中国近代的出现虽然是受革命思想的深刻影响，但是其兴盛与发展主要依托于民国时期报业的繁荣。近代，上海大众媒介的发展一直在全国独占鳌头，大众媒介的社会化功能在民国时期的上海体现得尤为突出。民国时期，上海新型都市文化呈现的三个特征是：商业化、多元化与大众化[2]。商业化与现代化的发展让都市居民产生文化消费需求。大众传媒在传递丰富信息的同时，也潜移默化地建构人们的价值观与行为取向，引导人们按照不断更新的价值观与生活观去思考、去行动，从而习得适应上海社会环境的生活经验。

“大众传媒是历史的舞台，它本身也是历史中的重要角色。”[3]把大众媒体放在历史脉络中考察，不仅可以透视社会的变化，也可以展现特定历史时期

[1] 王存臻，严春友.宇宙全息统一论[M].济南：山东人民出版社，1988.

[2] 忻平.从上海发现历史——现代化进程中的上海人及其社会生活（1927—1937）[M].上海：上海人民出版社，1996.

[3] 吕新雨.大众传媒与上海认同[M].上海：上海书店出版社，2012.

个体的媒介呈现、个体形象与社会角色。从作者搜集的样本中可以看到，征婚广告语在不知不觉中建构了人们对社会性别角色和行为规范的认同：男性往往处于社会主导地位，他们按照自己的意愿为女性设定社会角色，同时也营造了女性对男性的依附关系认同。《申报》征婚广告所呈现的这种性别认同具有显著的时代特征，也体现了大众传媒的社会化功能。

以往关于民国时期的报业研究多专注于报业自身以及报纸内容所呈现的群体形象、社会或地域文化等问题，如果以更宏观的视角，把大众媒体放在历史脉络中考察，可以更清晰地看到民国时期大众媒介所承载的社会功能及其社会化作用的体现。

三、转型社会多元文化的历史景观

近代上海是多元文化并存的，主要体现在人口多元、货币多元、教育多元、宗教多元，以及由此带来的风俗多元、语言多元、报刊多元与娱乐方式多元等方面。在这样多元化的历史场域，社会上形成了传统与现代、中国与西方、精英与俗世相互交融的文化景观。作者所考察的《申报》上的征婚广告正是这种多元文化交融的实践场所。

民国时期的上海处于急遽变化的社会转型期。转型期意味着其现代化的发育并未成熟，社会化的渠道仍受窒碍，新的社会机制与社会秩序尚不健全，复杂的社会还带有较深的传统印痕，这种历史语境中的征婚广告也必然是复杂多元的。

正如作者在书中所述，新文化运动时期虽然人们提出了“男女社交公开”的口号，但当时的社交并未完全公开；新文化运动虽然大力倡导婚姻自主、恋爱自由，但现实社会的婚姻组建又并非完全自主，仍然存在家长制的安排；法律上虽然以一夫一妻为法理原则，但社会上娶妾、兼祧并娶、姘居与重婚等现象仍然常见。在这种新旧文化交融之中的《申报》征婚广告，映射出更为复杂多元的社会镜像，主要表现为话语主体的复杂多元、征婚动机的多样需求、话语风格的差异体现以及新旧交融的价值观等多个方面。从作者所采集的民国时期38年间的征婚广告样本中可以看到，征婚者涉及官家闺秀、富商之女、洋行总经理、留学归国知识分子、高级官员以及使女等多层次人群。这些人既有公开征妾也有征求同居伴侣的，既有征求新智识女性也有征求旧式小脚女子的，话语表述中既有要求未婚处女的也有提出孀弃不拘的。广告话语既呈现上海的国际化环境又体现浓郁的本土地域特征，既有新观念倡导又有旧道德要求，既有家国政治的思想体现又有陌生人社会中的“交相利”关系。这种复杂多元正是近代上海城市复杂性的一个反映，《申报》征婚广告再现了转型社会上海都市多元文化的历史景观。

人类社会与话语及话语主体形成一种镜像关系，这种镜像关系造就了人类科学研究的多重选择[1]。正如道格拉斯·凯尔纳所言：“所有广告都是社会的文本，是对所处时期所显现的重要发展做出的回应。”[2]广告是社会生活的透视镜，作者所搜集的《申报》上的征婚广告就如同一面镜子，反映和描绘了民国时期人们社会生活状态、择偶观念以及那个时期特殊的婚姻实践，也呈现了上海都市社会文化的景观镜像，同时映射了民国时期大众媒介联结公共领域与私人领域的中介作用及其社会化功能实践。1912年到1949年间《申报》征婚广告传播形态的变化、广告生产者自我形塑的逻辑转向及其异性想象与诉求嬗变，以及广告叙事方式的变化等，也是民国时期中国社会价值观念与社会文化变迁的缩影。

（白贵，原载《出版广角》2018年第1期）

[1] 陈汝东.论话语研究的现状与趋势[J].浙江大学学报（人文社会科学版），2008（11）.

[2] 道格拉斯·凯尔纳.媒介文化——介于现代与后现代之间的文化研究、认同性与政治[M].北京：商务印书馆，2004.

民国时期回族报刊社会对话活动的基本模式

——以《月华》为例

摘要：民国时期回族报刊社会对话活动，是指回族以自身信仰及文化传统为出发点，以本民族的现实发展为旨归，所开展的面向全社会（包括回族自身）的思想表达与交流，是回族知识界运用报刊这一媒介形式从自发到自觉发出的积淀已久的声音。本文以《月华》为代表的民国回族报刊社会对话活动为线索，较为系统地梳理了主要的对话模式。

关键词：回族报刊　月华　对话　模式

从传播学的视角来看，所谓“对话”是指两个（或以上的）人或者团体以语言为媒介进行的交流、沟通、协商、谈判。它可以使参与者产生变化，是一种传播行为。对话活动在民族与宗教发展过程中必不可少，各民族、各宗教通过对话活动达到适应社会、传播自身文化的目的。宗教之间，宗教内部，民族之间，民族内部不同层次不同主题的对话贯穿于人类社会发展的过程当中。模式的价值就在于它对现实问题具有一定的指导意义，在文明对话、文化对话活动全球化的今天，这些“模式”或“准模式”仍对我们有着重要的启发作用。

中国报刊事业起步于19世纪初的宗教报刊，最早的华文报刊就是由外国传教士创办的。相比之下，回族创办报刊的起步较晚，1906年回族爱国知识分子丁宝臣在北京创办了综合性报纸《正宗爱国报》。1908年36名回族青年学生成立的“留东清真教育会”在东京创办了《醒回篇》。用“改良宗教，普及教育”的名义鼓吹资产阶级民主革命的思想。这是中国回族第一次以创办报刊的方式表达对伊斯兰教在中国命运的关切，也开始了回族新文化运动中知识分子的对话活动。《月华》由成达师范学校创刊于1929年，发行数量最多时达到上万册，发行范围覆盖了大陆所有省份，甚至到达了西亚、东南亚、欧洲、非洲、美洲。从时间跨度来看，《月华》历时20载。《月华》跨越大半个民国时期，是当时最具有代表性也最具影响力的媒体。

大体看来，以《月华》为代表的报刊媒体体现出的模式主要有以下几类。

一、应激模式

在遇到侮教等关系民族与国家利益的突发事件后，回族报刊，一般会针对这些事件采取一种应激性对话。本文称之为应激模式，它贯穿《月华》创办过程的始终。

侮教事件并非民国时期的新生事物，一些侮辱回教的故事口头流传甚久，只不过传播不广，影响力小。纸媒兴起以来，民间流传的侮辱回族的传说被一些刊物刊载出来，特别是戴季陶主编的《新亚细亚》杂志、时任铁道部长曾仲鸣主编的《南华文艺》、上海《北新书局》、商务印书馆出版的初中《本国地理》教科书等有着重要社会影响的出版物，也相继出现严重侮教言论。这引起了广大回族群众的不满与抗议。回族媒体随即对这些突发事件做出应激反应，对侮教事件的解决做出了极大的贡献。

《月华》在应对侮教事件时，采取了两条对话的线索：一是与肇事的出版单位、负责人进行对话。二是进行自省，分析侮教事件频发的原因和探寻如何消除这类事件的方法。这两类对话是相互结合的，在外因与内因上同时下功夫。对于侮教事件的应激模式的对话，其重要价值并不仅仅在于其解决了多少起侮教事件，而在于它唤起了回族人对于侮教事件如何发生与如何避免的思考。这就是应激模式当中的自我反省。

商务印书馆教科书事件发生以后，《月华》第二卷第二期由韩宏魁撰写了《侮辱回教文字的由来》一文。他列举了这几年来几起重大的教案，如天津教案、北平教案、东方杂志教案等，并提出“这样重大的事件，我们不可轻轻的忽略过去，应该搜求来由，谋一种消灭来源的办法才对。”随后，他对这类文字的来由归纳为三点：一是“中国回教最容易惹人疑惑的地方，就是华文的回教书籍少，不用说教外人没有了解教义的机会，就是回教人除了读阿文书籍外找不出若干种华文的关于回教的书籍……甚至最紧要的经典《可兰经》，至现在还没有一本完善的华文译本出世。”二是“因教育的不发达，知识落后，各种人才，极为缺乏，抵御外侮的能力微弱，监督教外人批评我教的能力自然也小。”以上两点是作者首先在回族自身找到的原因，是要通过自身的努力来解决的。三是来自外部的“有些嫉回教振兴者在那里弄鬼，这种嫉妒心理的表现，恐怕也是辱教文字的一个由来吧。”作者针对前两点提出解决方案“第一第二两项与免除辱教文字之再出现上有绝大关系。我教胞若为正本清源计，莫如急早广为培植人才，多结合团体，著述华文的回教书籍，尽量宣扬我教的教旨。教外人明了回教的真义，洞悉回教的情形。则辱教的文字大约总不致屡出现于吾人的眼前了。”[1]

这篇文章可以说是《月华》思考侮教事件频发原因的第一文，也是引发良策大讨论的问路之石。在经历了《南华文艺》与北新书局教案的刺痛之后，《月华》人逐渐将眼光放远，将侮教事件与回族经济、文化落后的现实联系到一起，对这类事件进行再审视，随后发表了许多颇有见地的文章。这些文章不是说给别人听的，而是自我对话，是对回族自身的启发。

马学仁《从南华文艺的侮教说到我们应干的工作》与韩宏魁的认识相似，认为“我们要避免外来的侮毁，也要以整理内部着手；整理自己，也就是御防外侮之良策。”[2]1936年再次发生的商务印书馆《简明世界史》侮教案，南北回教团体积极与该馆联系，函请其修改错误内容，最终得到了解决。事后，《月华》主办人赵振武撰文《侮教事件之再论》，说“关于刊物上登载侮教文字，本刊基于谋求民族团结之论点，于六七年来，曾再三为文以促醒国人，……吾人于该馆之复函中，已深知国人对团结国内各民族，比较从前，

[1] 韩宏魁. 侮辱回教文字的由来[J]. 月华，第二卷第二期。

[2] 马学仁. 从南华文艺的侮教说到我们应干的工作[J]. 月华，第四卷第二八、二九、三十期（辩诬专号）。

已有极大之觉悟。”由此观之，《月华》及当时其他回族刊物本着民族团结精神来解决教案问题的方略已经初见成效。对于此次事件，赵振武就出版相关伊斯兰内容的审核问题提出建议。他认为，出版有错误之书籍，并非全然出版社的错误，而是著书者的责任，但出版社负有失察之责。“该馆对于教胞要求之‘改正部分请就近向上海中国回教学会请求审核’。‘以后有关于回教文字可请由上海中国回教学会代为审查’诸项，既已完全接受，殊值得吾人为国家前途庆！”“营书店业之同胞，既已深明大义，接受教胞之请求，允将有关回教文字之书稿先期送由中国回教学会代为审核，吾人预祝从此国内民族携起手来实行团结，此为极可庆幸之事。至于各地之杂志报纸，在今日以前，亦会不断的发生侮教事件，吾人愿南北各回教团体，依照此次要求书店业公会之办法，分别函告各地新闻纸业公会或记者公会，本体念时艰，共挽国难之义，妥慎审核稿件，勿令以前之不幸事件，再重演于今后。”[1]

赵振武以商务印书馆与中国回教学会达成的审核意向为基础，号召全国各地回族团体与当地新闻出版机构建立审核关系，将侮教事件解决在未发生之前。考虑到审核权力是否被接受的问题，赵振武说：“此项请求，原为预防无谓之纠纷，是属于友谊的，非权力义务之谓。”赵振武是《月华》的主编，他的言论代表着《月华》对于此事的态度。

马天慈在《怎样避免教案》一文中发表了自己对于侮教频发的独到见解。他认为“每次的侮教案，其原因还是要归在我们自身上。”回教的故步自封是原因之一。它会引起人们的好奇心理，外人看着我教这种不外传的情形，不免发生好奇心，胡乱杜撰。我们要想避免这种误会，必先努力地宣传。其二，侮教文字发现以后，应用冷静的头脑思考，不要把所有关于回教字样的文章都看作侮教。否则会使教外人士对伊斯兰抱有一种惧怕心理，谁都不敢问津，这样对宣传不利。[2]

在侮教问题上的自省是回族社会心理成长过程的重要组成部分。回族学

---

[1] 赵振武. 侮教事件之再论[J].《月华》第八卷第三期.

[2] 马天慈. 怎样避免教案[J].《月华》第八卷第十六期.

者通过自省积极从自身找原因，求得与社会相适应，这是难能可贵的，是回族思想界的重大进步。

二、自描模式

自描模式，就是以自我介绍式的文章，对回族的生活、信仰等方方面面的知识通过对话的形式表现出来，以期勾勒回族的正面形象。

回族学者已经意识到社会上很多对于回族的误解，源于回族对于自身的正面描述不够。不了解才造成臆想与猜测，因此浅显而正面的传播是排除臆想的最好办法。

前面在谈侮教事件时提到韩宏魁撰写的《侮辱回教文字的由来》总结的三点原因当中的第一点就是“华文的回教书籍少”。

自描的具体形式有：演讲、阿拉伯文书籍的译介。

本文中特别要介绍的是四篇演讲稿：1931年马善亭《对于宗教的观察》，1931年马淳夷在保定基督教青年会演讲《回教之意义》，1933年马松亭在埃及开罗演讲《中国回教的现状》，1936年《马松亭在电台讲演稿》。这四篇语言平实的演讲展现了回族的信仰、现状、思想和历史的概貌，内容深入浅出。

1931年马善亭应邀到北平慕贞学校演讲。马善亭因为与外国传教士丁炜良、李佳白有交往，所以既了解基督教又受到一些基督教人士的尊敬。慕贞学校是一所基督教会学校，而马善亭是以阿訇的身份赴该校演讲。他准备的题目是《对于宗教的观察》。演讲首先提到了在科学时代，人们将宗教等同于迷信的现状。他认为这是由于人们未曾研究宗教，是不知宗教真谛的人。他在演讲中从五个方面论述了伊斯兰教积极治世哲学。第一，是宗教的起源，即为了教人类循天道真理，以发展原来心性，治理世界，而稳固人类裨益社会。第二，宗教的功用：无证据之恶念，法律不能处罚之；法律可裁判人身，而不能限制人心；法律仅治其表，而不能达其里。宗教是行为与意念兼重，民若信仰宗教，其念必正，其思无邪，断不能起恶意。第三，人类需求宗教。宗教能领导人类完成其功用，是人生的要素之一。第四，宗教的嬗变。自亚当以来，亚伯拉罕、摩西、耶稣、穆罕默德的宗教一脉相承。第五，回教与耶教的关系。回教与耶教，非仇敌，而且是一个来源，亲爱的手足，其宗旨大致相同。所差者，真一与三一之别耳。演讲完毕后，学生起立表示，马先生透彻地讲解了宗教的功用及人类的需求，令他们耳目一新。由此可见马善亭演讲起到了很好的宣传效果。随后，该校主任号召同学向马善亭发问。问题很是尖锐，其中包括不食猪肉、多妻、穆圣持经持剑等常因之而发生教案的问题，马善亭都一一做出正确的解答。[1]

1931年，马淳夷受邀赴保定基督教青年会讲演，题目是《回教之意义》。马淳夷所面对是与其同样热心宗教，有着虔诚信仰的听众，只不过他们之间的信仰不同。面对这样的听众，粗略的讲述是不够的，因而第一点他从回教的本名是伊斯兰说起；第二点，伊斯兰的字面意义是和平；第三点，伊斯兰的基本教义是认识真宰；第四点，伊斯兰的基本宗教行为。马淳夷的演讲内容丰富，意义深刻。演说完毕，该会许君手执铁铮译的《可兰经》致答词，说“回教道理吾人一向不甚明白，只知所谓讲卫生，重团体诸美点。今日得马先生一番讲演，才知道回教有这样高深的意义。闻所未闻，实觉快慰，此后盼望诸位对于回教道理加以研究。”[2]

1933年，马松亭旅埃及期间，应正道会黑祖尔会长的邀请演讲，介绍中国回教的现状。马松亭从伊斯兰教传入中国说起，简述了回族在中国的历史繁衍、社会贡献以及在伊斯兰文化传播方面的成就。接着，马松亭将中国回教的现状介绍给了埃及朋友。以演讲的形式将中国回教较为系统地介绍给伊斯兰世界，这还是第一次。

1936年，马松亭在电台演讲，以一种新的形式将回族的声音传递出去。在开场词中，马松亭说，回教之传入中国曾有千多年，教民普遍于全国，与各教人士杂居，因为遵守教法的关系，饮食习惯的不同，以致引起社会人士许多怀疑，而生种种误会。况且因为种种关系，回教对外向来没有宣传的机会。今天就此机会先将回教的基本信仰介绍给大家一个概念。

---

[1] 马善亭. 对于宗教的观察[J]. 月华，第三卷第十六期.

[2] 马淳夷. 回教之意义[J]. 月华，第三卷第十四期.

这四次演讲，从不同的侧重点出发，对回族和伊斯兰进行了粗线条描绘，但它们为回族进行正面的宣传发挥了极大的作用。

《月华》等回族报刊正是通过这种交流将伊斯兰文化重新引入并呈现在中国社会面前。《古兰译解》是《月华》的一个重要栏目，也是近现代中国《古兰》译介运动的一部分。《月华》的《古兰译解》采用原文、译文、讲解三部分的结构，译文选摘自王静斋《汉译古兰经》，讲解部分译自埃及爱资哈尔大学智巴礼教授的《古兰经注》。从四卷一期始为《古兰译解》，七卷第一期后改为《古兰诠注》，十卷八至十合期又改为《古兰译解》。参加《古兰译解》的成员共计42人，组成以成达师范学生为主体的翻译团队。

《月华》刊载的有关于穆圣的译著有：马宏毅的《布哈里圣训实录精华》《圣谕选译》《穆圣的家庭生活》，庞士谦的《穆圣》，彭林的《圣训概况》，张秉铎的《穆罕默德》，马金鹏的《至圣的一生》，赵振武的《至圣穆罕默德的生平》，王曾善的《至圣穆罕默德传》等。在这些文章里，穆圣是一个有家庭、有感情、有血有肉的活生生的人，还原了人的本质。

教义与教法是伊斯兰重要的组成部分，是穆斯林实践信仰的准则，是判断事情可为与不可为的准绳。近现代科技进步导致新生事物频现。面对这些新现象，争论在所难免，《月华》也曾成为教法讨论的阵地，但很多讨论无果而终，为此，复刊词中特别提到要消弭以前的争论，应以教义与教法为依据。这一类的译著有金殿桂译的《穆士塔格》，周仲仁的《关于月的译述》，马汉夷的《翻译古兰经之理论及实例》，韩宏魁的《乃斯海》，马毓贵的《求知十箴》，马玉龙的《争辩明答要录》《用什么法子把古兰的教训传播到不识阿拉伯文的人群里》《转述古兰之意义为外国文》，马坚的《认主学大纲》《伊斯兰的互助》，纳忠的《古兰经的编制及写法》《伊斯兰的丧葬制度》《伊斯兰的婚姻制度》，谢松涛的《伊斯兰婚姻法大纲》，马浩澄的《伊斯兰继承法大纲》等。当时有关伊斯兰历史文献知识可谓是一片荒芜。因而，系统地引进伊斯兰历史著作对于回族及其他各族穆斯林来说是至关重要的事情。第一卷载有赵斌的《伊斯兰古代文化》一文，以后陆续刊载了李廷弼译自《大英百科全书》的《阿拉伯人对文化之贡献》，马金鹏译《波斯西洛索比王朝与十叶教》

《伊麻目爱卜哈尼弗传》，丁正熙的《波斯诗人的回教哲学》，庞士谦的《伊斯兰宗教史》《伊斯兰教法史》《那德尔汗小史》，海维谅的《拉迪尔时代的阿富汗》《印度回教之演进》，马忠山的《回教古代王朝史略》《东方学者与伊斯兰》《欧洲与回教世界》，纳忠的《十字军战争中之回教人与西方人》《回教领土的开拓及其对文明进化之影响》《回教的贡献》《穆圣归真前后的回教世界》和《回教史》等。这些伊斯兰史学著作或文章使人们对伊斯兰历史形成正确的认识。

另外，还有一批阐释伊斯兰和平、平等、自由、科学、正义等内涵的文章。如《伊斯兰教义与理想的政治制度》《伊斯兰与世界和平》《和平宗教伊斯兰之面面观》《伊斯兰的光荣》《决断和规则》《反耶运动之估价及其他》《流血于非安拉之道》《驳约瑟的故事》《科学与伊斯兰》《宗教与大众》《回教的敬爱主义》《伊斯兰的自由观》《伊斯兰的平等观》《古兰经的格式与文学影响》《回教宗教观及历史观》等。

三、比较模式、辩驳模式

比较模式、辩驳模式是紧密联系的两种模式，即宗教比较、辩论批驳，是回族与佛、儒、道、耶等宗教进行对话时所采用的模式。这一类的文章不是很多，但却是当时回族学者比较宗教学的启蒙认识，值得研究。

比较模式在宗教对话活动中最常见。如佛教月刊《海潮音》刊登的太虚法师在华西大学发表的演讲《中国需耶教与欧美需佛教》，民国三十七年《金陵神学志》第二十四卷第一期发表的《释迦与耶稣的生平》，《醒回篇》中，日本陆军士官卒业的王廷治撰文《回教与武士道》等都是这类文章。

在各宗教以本位对话的同时，还有一种对话的声音，即万教一理，理同形异。这也是比较模式的一个特例。《五教合参》是民国时期万国道德会印发的一份宗教刊物，由徐瑞增提供的《宗教精华录》改名重版印制。书中集录了回、佛、儒、道、基五教经典中语句，并以王善人的语言佐证。他认为，五教虽有不同，但相同的道终会使三界合一而至大同。他的这种思想是被当时很多人接受的，可见他的这种对话立场不可忽视。

《月华》关于宗教比较的文章很多，如丁正熙的《回教与中国儒墨之比较观》《返朴归真》，杨培生的《伊斯兰教义与中华民族和中庸之道》，王国华的《儒耶墨与我教在人生哲学上的比较观》，马福祥的《保持中国固有道德》《性命问题——回儒有没有区别呢？》等。这些可以说是中国回族学者的宗教比较学的滥觞。

民国时期，基督教是回族宗教对话的主要对象。当时，基督教宣教力度非常强大，当时的基督教会甚至将宣传材料印成阿拉伯文或小经（小儿锦）文字在西北回族聚居地区散发。

基督教针对回族的宣教工作做得非常深入，他们甚至有专门的机构与刊物，研究伊斯兰教在中国传播的特点，并根据研究成果采取相应的措施。《月华》第九卷第十一期《穆斯林世界中关于中国回教论文译目》对此有详细的说明。"《穆斯林世界》（MoslemWorld）为基督教徒所办之刊物。其中关于中国回教论文甚多，除将原文目录登载《禹贡》第七卷第四期回教专号外，今特将原文目录译出，付刊《月华》。一方面，可见基督教徒研究回教之努力；另一方面，可见研究之方向和范围。对于我们的宗教事业和宗教学术事业，似亦不无可资参考之处。

目录如下：《满洲之伊斯兰》《一九一六年的北京回教徒会议》《今日中国之伊斯兰》《中国之伊斯兰》《对于穆斯林的三种特殊经典（中国人礼拜的规则）》《一本中国穆斯林的祈祷书》《汉文及阿汉文伊斯兰书籍分类目录》《儒教之渗入及其权力》《中国伊斯兰之现状》（马松亭演讲）、《教门真源》（天津穆斯林论文）、《为中国穆斯林而作的基督教文字》《四川的穆斯林》《甘肃之伊斯兰》《中国伊斯兰之视察》《在中国穆斯林中宣传福音的方法》《九世纪时两个回教旅行家关于中国之记载》《中国穆斯林之现代运动》《中国伊斯兰之组织》《中国之穆斯林妇女》《为中国穆斯林而作的文字》《中国伊斯兰之由来》《甘肃中的骚动》《中国穆斯林心理与福音》《云南的穆斯林》《中国穆斯林之印刷品》《中国之古兰经》《中国穆斯林中精神的收获》《关于回教教义之一种研究》《中国之第四宗教》《甘肃之穆斯林》《甘肃穆斯林学校应用的祈祷书》《中国的古代可兰经》《麦加朝觐及中国之朝觐者》《今日中国之穆斯林》

《甘肃新疆边境之回汉》《一个中国穆斯林的意见》《宁夏穆斯林访问记》等。[1]目录所载文章发行日期从1916年至1936年，计20年的时间，内容以中国西北为主，并包括平、津、川、云、辽等地的研究，以及有针对性地对于信仰伊斯兰教的回族群众宣扬基督教活动的策略研究，可见基督教对于中国回族的宣教工作是旷日持久的。这份目录清楚地说明了基督教有计划向回族社会进行渗透的历史情形。

回族知识界在这种情况之下运用媒体进行对话是一种防卫的举措。因而在对话活动中多采用了辩驳的模式。《月华》辩驳类的文章有些为回族学者所著，也有些译自阿拉伯著作。如马瑞图译《争辨明答要录》、马金鹏译《反耶运动之估价及其他》、马坚译《驳约瑟的故事》、万里译《读马太以后》等。其他回族报刊中的文章还有：马湘的《回耶和平观的比较观》《回耶主义不同之要点》，山国庆的《论耶稣降世遵行"哈奈飞"法之荒谬的一封信》《耶稣教对伊斯兰的居心》，穆吉瑞的《回耶谈话一瞥》，马玉龙的《十字架与救赎》，马坚译《伊斯兰与基督教》，蘅枫的《耶稣教的批语和回教徒之觉悟》，少斋的《基督教真来面目的事实》，以少芝的《真主独一非三位一体》《穆圣的宗教废止其他一切宗教》，吴事勤的《回耶谈话一角》，刘传候的《由基督教徒的信条说到他们的圣经》《读〈由基督教徒的信条说到他们的圣经〉后》《回耶辨真——欺祖》，之随的《穆罕默德与耶稣》，铁广志的《回教与各教之比较》《回耶辨真序》等。

辩驳模式是回族报刊在复杂的社会环境中逐步确立起来的，回族报刊同时也在这种模式的对话活动中得到了锻炼。

结语

近现代中国，报刊是新兴的媒体，它以复制性强，成本相对低廉等优势快速在我国发展。民国时期，报刊已经成为社会声音的传声筒。回族报刊是回族参与社会对话活动的文本显示。回族最初以报刊形式进行对话是自发行

[1] 禹贡[J]. 第七卷第四期回教专号（由世纪阅报馆李润波馆长提供）.

为，是民主浪潮的精神条件与机器印刷的物质条件相碰撞的产物。随着回族办报活动的日益频繁，以报刊形式进行社会对话活动也从自发阶段进入了自觉阶段。这一变化是由办报活动强大的传播效果与社会影响力促成的。然而，回族报刊的创办者与参与者们并未意识到他们所进行的是一场史无前例的大规模的全方位对话，他们更未意识到，在他们所创办的报刊当中，隐含着多种对话模式。这些对话模式，在未知中被运用着，自我发展并逐渐成熟。对话的内容在对话的时代起到了重要的作用，而对话模式具有长期价值，它对以后的对话活动起到指导作用。

（白贵、刘洪流，原载《中国穆斯林》2010年第5期）

广播电视

电视新闻评论员的角色定位分析

2003年5月1日，随着中央电视台新闻频道的开播，中国大陆荧屏上首次出现了“本台评论员”的身影，但从一段时间的传播效果来看，“新闻评论员”的设立，仅在形式上为央视确立了相对完整和纯粹的评论节目样态，而其自身作为具有公信力和权威性的“意见领袖”形象还远未在受众心目中树立起来。本文将主要围绕角色定位，对我国电视新闻评论员的发展和完善进行探讨。

“角色定位”简单一点讲，就是要搞清楚“我是谁？我能干什么？我不能干什么？”这些带有根本性的问题。在现代生活中，能否进行科学而准确的角色定位，对任何社会人来说都是至关重要的。而对于电视新闻评论员来说，如果不能精确地认识自己在整个行业中所处的职业坐标和应该承担的社会职能，那么就极有可能陷入虽“在场”却“缺席”，虽“发言”却“失语”的尴尬境地。由此看来，寻找到评论员在新闻传播领域的本位意义重大。有关电视新闻评论员的职业角色定位可以从以下两个维度加以审视。

横向比照定位

当我们将“评论员”“主持人”和“记者”放在同一传播语境下进行横向比照的时候，就会发现三个名称所蕴含的语义完全不同，这就预示了他们所呈现的角色面貌也必定是迥然相异的。但在实际操作中，上述三者之间却常常出现角色的错位和游移。新闻评论员与评论节目主持人之间本质上是存在根本差别的。评论员通常具备相对独立和完全的话语姿态，他的主要任务是对新闻事实进行解读性分析、价值判断或者是形势预测，事实本身仅仅作为其评论的触发点而存在，而评论节目的主持人更多的还是起到组织和串联节目的作用，在展现、介绍新闻事实的过程中，将媒介意图、专家评议和观众视点有机地融为一体，至于中间穿插的主持人言论，则多为编辑部集体倾向的表露。在新闻频道的《央视论坛》中，董倩的角色与新闻评论员们是无法相提并论的，任何的“越位传播”都将有损于节目的整体架构。同时，从理论上来看，新闻报道和新闻评论所采用的传播评议是不尽相同的：报道注重事实的陈述，评论则注重思想的表达。因此，持有何种语言便可以看作划分记者和评论员的最显著标志。换言之，当某一新闻事件或社会现象出现时，记者是以“见证实录”和“原景再现”为第一职业要务的，而评论员则是以发表见解和主张，表达意见信息和整体评判为神圣天职的。可以说，一位优秀的新闻评论员在传播实践中，是能够通过“立言”的方式成为所在媒体灵魂的塑造者和媒体旗帜的引领者的。

不仅要善于“直接立言”，电视新闻评论员还必须成为能够“迂回表态”的“提问者”，这也是当前错综复杂、瞬息万变的社会现实对评论员身份的新要求。香港凤凰卫视的著名评论员曹景行先生在谈及《时事开讲》节目的成功经验时，曾对这个“附加定位”十分认同，他认为：“我不可能什么都讲，也不能解答什么”，但“我能够提出问题，比答案重要，因为新闻明天会怎样谁也不知道”。但值得注意的是，这里所说的“提问”与一般记者和主持人的提问不在一个层面上。因为在面对新闻事件和新闻人物的时候，记者和主持人在某种程度上是和受众一样的“未知者”和“欲知者”，他要代表受众问出“心中之疑”，以便探求到事实的真相。而评论员往往并非真正意义上的“有疑而问”，他只是力图通过“设问”为受众尽可能多地提供理解信息的脉络和角度，从而帮助他们获得相对完整的资讯。对于评论员来说，他发问的潜在目的主要有三个：一是提请注意。二是增加视点。三是引发思考。评论员有责任有义务去营造更加开放和自由的“信息环境”，在充分展现个人思想的同时，逐渐启发、培养受众成为能够独立思考的“意见领袖”。

在以上的分析中，我们已经能够清晰地标注出电视新闻评论员作为“立言者”和“提问者”的职业定位。但在具体的传播活动中，电视新闻评论员的群体内部还存在重要的“纵向差异定位”，它从根本上控制和左右了评论员话语的成立方式和作用力度。

纵向差异定位

评论员的这种定位实际上是评论本身内在层次性的一种外显。众所周知，媒体评论历来是层次分明的。以报刊为例，编辑部在为不同新闻题材配发言论的时候，通常会依据其重要性的大小，安排规格错落、分量适当、体裁相宜的评论形式，其言论发生主体也分别由编辑部、专栏作家和普通读者来担当。实践表明，评论的这种梯队排列和多元设置，不仅确保了媒体有能力在重大问题上旗帜鲜明地干预舆论、引导舆论，同时也有助于它在一般性问题上广开言路，为受众创造一个可以相互交流和碰撞各自观点的“公共空间”。至于电视新闻评论，分层显然也是必要的，但电视的特性，包括栏目化、语言化等都决定了它的层次感只能由具有“差异定位”的评论员来体现，而不能沿用纸质媒介“随题选体”的做法。

目前，央视新闻频道推出的“本台评论员”基本上类似于本报评论员，其发表言论的规格也大体相当于报纸评论员文章。就权威性而言，“本台评论员”实质上是媒体意图的代言人，他的观点和态度尽管会渗透有个人思考的痕迹，但由于行政和体制的双重规范，“本台评论员”身上会不可避免地带有浓重的意识形态色彩。

除此之外，当今的电视荧屏上还活跃着一批具有不同专业背景和其他媒体从业经历的特约评论员。他们中有大学或科研机构的专家、学者，也有正在或曾经服务于纸质媒介、负责一些言论专栏的主笔。但正因为这种“特约性质”的非隶属关系，使得他们在就某些特别的话题展开评说的时候，拥有更接近学院式的建设性言论氛围和比“本台评论员”相对宽松的言论权限。一般情况下，“特约评论员”的“立言”和“提问”凸显的是一种较为独立的做派和不偏不倚的事实立场。但由于电视的“声画合一”性和广泛的普及性，坐到台前的“特约评论员”个人，几乎无一例外地要在更大程度上承担起“言责自负”的社会风险和政治风险。在这次央视对伊拉克战争的直播中，某些“特约评论员”的表现就引发了受众的不满，不过也恰恰是因为这些，我们才感到电视新闻评论多义并存的魅力所在。

以上我们谈到的这两类新闻评论员共同构成了电视评论的传播主体，但我国目前还存在一类行走于体制边缘，为商业电视台效力的“自由评论员”，例如香港凤凰卫视的资深时政评论员阮次山、曹景行、何亮亮等。凤凰台的“自由评论员”尽管也供职于电视媒体之内，有的甚至还担任着一些高层管理职务，但由于媒介性质和运行机制的不同，他们的话题顾忌和“本台评论员”相比明显要少很多。同时，他们的个性特征非常鲜明，言论风格和语言表现也大都独树一帜。

总之，上述三种电视新闻评论员尽管定位不同，表现形态各异，但却都是我国现行传播制度的产物，共同担负着运用言论武器干预、影响社会生活，满足不同层次受众对异质性观点需求的重要职能。从目前的传播现实来看，建立和充实一支定位准确、结构合理的电视专业评论员队伍势在必行，这不仅有利于提高电视评论水平，优化媒介生态，同时也会在某种程度上进一步推动我国的社会民主进程向前发展。

（白贵、王艳，原载《声屏世界》2004年第1期）

法治类电视节目媒体利益与媒体责任关系刍议

摘要：法治类电视节目应该肩负起传播法律知识、对我国法治进程进行舆论监督、扶困救弱等社会责任。但是，目前很多电视法治节目为了寻求高收视率，获得经济利益，往往过多地追求报道案件的故事性、曲折性、悬疑性，致使出现媒体伦理道德缺失、电视暴力等现象，这对社会尤其是青少年造成了不良影响。其实法治类电视节目媒体利益与媒体责任之间关系并不是简单对立的，传媒人应当以辩证的观点分析两者对立统一的关系，并寻找解决两者对立的途径，以使二者达到最大限度的共赢。

关键词：法治类电视节目　媒体利益　媒体责任

一、法治类电视节目现状分析

目前，经国家广电总局批准开办的电视法治频道共有9套，全国广播电视法治栏目超过200个，节目形态日益多样，社会影响越来越大，覆盖全国的法治类电视节目播出格局已初步形成。根据中国广播电视学会调查，法治类电视节目在观众经常收看的电视节目类型中高居前列，仅次于新闻节目，据CSM数据，其播出量在专题节目中占10.3%，收视率比重占专题类节目收视率的19%[1]。

荧屏上法治类节目之所以会出现繁荣的现象，主要是因为全国上下这类

[1] 谢耘耕，周聘芬.法制频道——喧嚣后的沉寂[EB/OL].http：//www.oursee.com/yew/jiem/2007727/384298473.html.

节目的收视率普遍很高。《今日说法》创办多年，至今仍是白天收视占有率第一，观众满意度第一的栏目。央视二套的《经济与法》，央视新闻频道的《法治在线》两栏目创办以来也大受观众青睐。据央视索福瑞公司统计，一般观众对法治栏目的满意度都非常高，88.6%的受访者表示喜欢法治节目。业内专家认为，荧屏风云战已悄然从“民生新闻时代”走向“法治节目时代”。

法治节目为何如此受欢迎？有关专家介绍：法治类节目以其对社会矛盾的直接关注，对涉及人与人、人与集团，特别是弱势个体或群体与强势力量之间的权益差异和争夺的案例叙述，对广大公民的权利、义务以及社会安全、公正的广泛探求，受到了电视观众超乎寻常的期待和欢迎。值得注意的还有，很多受众喜欢看法治类电视节目不仅仅是要了解更多的法律知识，更大程度上是寻求刺激，喜欢报道中扑朔迷离的案情，以及警方剥茧抽丝的侦破过程。

正是因为法治类电视节目报道领域的特殊性，使得它具有很高的收视率，从而收到了很好的经济效益和社会影响力。而在利益的驱使下，法治类报道本身就成为一把“双刃剑”，报道得好，有助于警诫世人、扬善惩恶；报道得不好，会扰乱人心、破坏稳定甚至误导犯罪。

二、法治类电视节目的媒体利益

媒体利益主要表现为经济利益。2004年全国广播电视总收入达765亿元[1]，2005年为888.76亿元，同比增长7.77%[2]。电视节目是公共产品，与其他产品不同，消费者对产品并不具有独占性。比如一块面包，如果我消费了它，意味着我拥有并吃掉了它，其他人不可能再同我共享这个产品。电视节目则不同，当我消费它时，我不可能阻隔他人对这一产品的消费，每一个人都可以看电视。解决生产者生产费用的办法无外乎三个：一是设立版税，拒绝搭便车，每一个播放者交纳费用。二是广告收入。三是直接向消费者索要对价，直接的体现就是机顶盒的安装让观众享受到个性化服务的同时，还要他们像购买

[1] 蒋茂凝.我国传媒产业法律规制的调整与完善[J].湘潭大学学报（哲学社会科学版），2005，29（4）.

[2] 张黎明.广电总局“抱怨”收入少[N].北京晨报，2006（3）.

商品一样购买节目。

在中国，公共电视仍旧是主流，付费电视的普及有待时日，版税缴纳状况差强人意。广告收入，也就成了最主要的收入来源。2006年全国广电系统广告收入458.63亿元，占全国广电总收入的51.6%[1]。在传媒市场中，生产者同消费者的价值交换的中介主要依靠的是广告，观众如果想看到电视节目，代价是收看不同时段插播的广告。那么如何保证观众能够收看这些广告，是电视媒体关注的焦点，因为这涉及生存与发展。而收看广告的前提，则是收看这一时段的电视产品——节目。

电视节目要让观众能够看进去，就必须在制作过程中充分迎合观众的需求。衡量电视消费者需求方向的标准，目前最为权威的便是收视率。收视率成了电视传媒市场的指挥棒。

法治类电视节目是某个媒体单位的一个分支，是一个市场实体的构成板块之一。它要承担这个实体分担给它的成本。一旦这个分支或者板块入不敷出，不能吸引更多的注意力、失去了观众，也就失去了存在的基础。所以对于任何节目包括法治类电视节目来说，能吸引多少广告额度，是价值衡量的主要标尺。

三、法治类电视节目的社会责任

（一）法治类电视节目应承担的社会责任

1.传播法律知识

国家通过法治类电视节目宣传法律的内容和精神，教育社会成员遵纪守法。在这方面，电视法治节目具有导向作用和造势功能，能够广泛、快速、全面和深入地动员社会，形成“运动”之势，它通过权威的信息发布、具体的解释、明确的导向和号召，鼓动起社会各界的关心、热情和参与的积极性，形成一种巨大的冲击力，在短期内造成较大的声势，并将这些信息尽可能深

[1] 张黎明.广电总局：广告收入占广电总收入半壁江山[EB/OL].http：//news.163.com/06/0330/10/2DF3K3240001124J.html.

入地传播到社会各个阶层和角落。

2. 舆论监督责任

电视法治节目对立法过程、司法程序等的报道，尤其是对法治运作实况的报道，不仅是满足公众知情权的重要渠道，而且能够直接起到舆论监督的作用。舆论监督本身未必能够约束司法活动的每一个环节，也不可能追查到每一个不当的司法行为，但由此形成的舆论压力反映了民众的一种期待和需要。正是因为许多曝光都能产生较大的反响，在追踪报道的作用下往往也能得到差强人意的结果，客观上也确实推动了司法机关工作的改善或改革，因此，公众对法治类电视节目才抱有强烈的兴趣和关心。由此也不可避免地可能出现公众舆论借助媒体影响干预司法，甚至可能以监督的名义干扰司法的情况。

3. 扶弱救困的责任

法治类电视节目承载着惩恶扬善的社会责任，目前在我国法律援助类节目广泛存在：包括各类由电视台主办的法律咨询、法律服务热线、法律信息网等，通过发挥电视媒体的特有功能，向受众提供法律服务的方式，参与具体纠纷的处理过程，普及法律知识。这种形式适应社会大量的法律援助的实际需求，具有很强的生长性和可塑性。例如，中央电视台《生活》栏目的“法律帮助热线”，以为百姓服务为宗旨，选取观众日常生活中发生的纠纷，通过随行律师的法律援助，生动直观地向受众展示其中的法律规则和程序，并直接进行调解，解决纠纷。其特点是在纠纷解决过程中，演示法律的动态运作，倡导协商调解等多元化的纠纷解决机制，《今日说法》还通过网站建立了寻亲热线，扩大为公众服务的范围。

（二）法治类电视节目社会责任的缺失

1. 麻木不仁，唯恐天下不乱

涉案报道的看点就在于它的曲折性，非常规性和现场的紧迫性。抓拍“第一现场”是每个法制记者的追求。当他们得知哪里着火了，哪里发生交通事故，哪里有人跳楼，哪里有人溺水时，会以最快的速度赶到现场，渴望拍到惊心动魄的场面。但是当发现现场情形没有预期想象的那种“卖点”的时候，有的记者不免会流露出一种失望。2006年10月30日，衡水老白干酒厂发生了大火。大火燃烧了6个多小时，并且伴有3次爆炸，但是由于消防官兵措施得当，最终没有人员伤亡。很多大老远来抢新闻的记者表示不满，其中有个别的记者居然说：“嗨，原来是一般事故呀，真没劲。”甚至还有人说，“这么大的火为什么没有死人，还让我白跑了100多公里”（作者本人亲自采访经历）。

2. 画面崇拜，缺乏悲天悯人的情怀

在我国大陆涉案报道大多是在案件审结之后，媒体再做追忆性的报道。把这个时过境迁的“故事”讲给受众。为了把故事讲得更完美更生动，采访受害人及其家属似乎是不可越过的一个环节。很多情况下，整个报道都是以受害人或者其家属的回忆为主线展开的。更有甚者，由于对画面的崇拜，为了还原案件的整个侦破过程，营造所谓的“现场感”，一些媒体采用“真实再现”的手法，动用大量的警力、物力。2005年8月某家省级媒体的一档法治栏目播出了一个10集的公安题材系列片，全部采用“真实再现”的手法。其中有一集当中有这样一个情节：一个年轻的女孩被人强奸杀害后扔在一座大桥下，警方查出尸源后，让受害人的父亲前去辨认尸体。为了还原这一情节，据这期节目的编辑讲，当时他们是在当初发现尸体的位置放上了一堆杂物，一双女人的鞋子，然后用席子盖住杂物，只把那双鞋子露出来，以此来冒充席子下面就是死者。为了达到所谓的“真实”，摄制组不顾受害人亲人的哀恸，在案件发生几个月后，在他们刚刚要走出悲痛的阴影时，又一次拨开了他们的伤口。摄制组把受害人的父亲叫到了现场，让他掀开席子，泪流满面地指认说死者就是自己的女儿。

在任何犯罪事件中，受害人及其亲属是最无辜的，不法分子的犯罪行为已经给他们带来难以弥补的伤害，事情过去以后，他们还要遭受新闻媒介及其报道的再次伤害。其实这期节目的编辑并不是不知道这样做有悖于新闻工作者的职业道德、社会责任，有悖于自己的良心，但是迫于种种压力，一味地追求画面的视觉冲击力使他们做出了这样的举动。

早些年在美国就有人担心对画面的需求会导致许多制片人忘记新闻伦理。

美国专栏作家理查德·里夫斯曾撰文指出，新一代电视记者“并不认为自己是记者或制片人，而是‘摄制电影者’，他们对文字没什么情趣，而对戏剧化的效果兴趣浓厚”[1]。还有些记者认为如果变得过于道德、有社会责任，就无法做出深刻、泼辣的新闻作品，他们会由于害怕伤害他们的感情或做错事，而不再锲而不舍地探寻真理。在报道热点问题，备受社会关注的案件时，面对白热化的竞争，为了报道出自己的特色，记者们不得不将他们的伦理规范丢到一边。

青少年是法治节目的主要收视人群之一，法治类节目过多渲染违法犯罪过程的画面与描述，易于让那些心理尚不成熟，模仿能力很强的孩子产生犯罪的冲动。2006年9月初，河北电视台《警方报道》栏目曾播出过这样一期节目，保定一个名叫小超的13岁孩子由于家境不如同学富裕，总感到有些自卑，一天同学买了一辆新自行车，并且对他说：“喂，你也该换新车子了吧，看都旧成什么样了？”就是这句话，刺伤了小超的自尊心，他要报复。于是，放学回家后，他总是把自己关在屋子里磨刀、磨锥子，然后对着镜子练习刺杀要害部位。并且绘制了作案方位图，多次进行踩点寻找下手的地点。8月23日就在小超生日的前一天，在上学的途中，他把那个同学骗到路边的厕所里，连续向他身上捅了8刀，然后仓皇逃跑了，但是很快小超又到公安局投案自首了。当记者问他为什么要杀人时，他的回答是：“我想做老大，我觉得暴力就是权威。”记者问他怎么会有这样的想法，他说：“我喜欢看法治节目，尤其是破案的，我最喜欢看《红蜘蛛》。”小超还告诉记者，他磨刀、练习、绘图、踩点，这些都是跟电视上学的。在整期节目中，让人最难以忘记的是小超的这句话，记者问他为什么那么快就自首时，他说：“我看电视，我作案的时候还有一天不到14岁，不能判任何的刑，最多少管3年就行了。”听了小超的这席话，我想所有的法治节目从业人员都不禁会问自己，“我们所报道的节目究竟给孩子们带来了什么”？

据北京市中级人民法院统计，海淀区法院少年法庭随机调查的100名在押

---

[1] John Leo.Image-Based Truthas Reality：No Apology Necessary，orIsIt? [J].The Orlando Sentinel，1993（3）.

未成年犯中，犯抢劫罪的占71%，经常看暴力内容的音像制品并受其影响的占75%（2006年河北省少管所内部资料）。

四、造成法治类电视节目媒体利益和媒体责任对立的原因分析

法治类电视节目之所以会出现利益与责任的对立，其原因从根本上说是市场竞争以及媒体的双重身份造成了新闻与道德、社会责任的两难境地。

新闻媒体介于商业和专业之间的双重角色，在一定程度上造成了新闻从业人员的伦理失范。正如施拉姆所言："新闻事业是一种双重性格的事业。站在为公众提供普及教育的立场来说，大众传播是一个学校，但是，站在为投资者赚钱的目的而言，大众传播媒介是一个企业。任何传播媒介的负责人，受这种双重性格的影响，一方面要，尽校长之职；另一方面，要尽经理之职，这两种职务有很多时候是互相矛盾的。"[1]

作为一种商业，在市场经济制度中，媒体人是利益追逐者。发行量，收视率、广告商和利润主导了一切，再加上新闻媒介之间的激烈竞争，多数新闻机构是以"独家新闻""头条新闻"作为评估记者表现的标准。具备专业素养而又尽责的新闻记者，需要使出浑身解数以挖掘应该公布但却被保密的消息，使得公众可以充分掌握消息以参与社会发展，进而为公共利益服务，这是健康社会中新闻媒体应尽之责。但是相反，一个未能恪尽职守，行为不当的记者，却可能因挖掘独家新闻而获得升迁的机会，并且使该报社销售量、电视收视率直线上升。

法治报道中道德、社会责任滑坡，可以用经济学中的博弈理论来解释其中的原因。

假设现有两家相互竞争的媒体A和B，在报道中如果不择手段、拼命挖掘犯罪细节，媒体将要面临的道德、社会责任谴责评价所带来的不利结果为-10，而因此所能获得的经济利益为100；相反，如果媒体恪守职业道德、社

---

[1] 展江.怎样解读美国新闻事业[EB/OL].http：//www.pubpot.com/html/lunwen/wenxuelunwen/20070308/12918_2.html.

会责任，得到的正面道德、社会责任评价为+10，但由此得到的经济效益却为0。从表1的模式可以显示媒体的选择过程[1]。

表1　媒体选择过程的模式

博弈论模式	B媒体不择手段报道相关新闻	B媒体恪守职业道德、社会责任，谨慎报道相关消息
A媒体不择手段报道相关新闻	A：-10+100=90	A：-10+100=90
	B：-10+100=90	B：+10+0=10
A媒体恪守职业道德、社会责任，谨慎报道相关消息	A：+10+0=10	A：+10+0=10
	B：-10+100=90	B：+10+0=10

从表1我们可以看出，如果两个媒体都恪守职业道德、社会责任，得到正面的道德、社会责任评价，这当然是最好的结果；但是，由于双方是处于竞争的位置，彼此之间并不知道对方选用的是哪种方式，如果一方恪守职业道德、社会责任，而另一方却不择手段，那么前者就必须承受不利的经济后果。因此，在这种形势下，两家媒体都不会选择产生不利经济后果的方式。可见，在商业竞争机制下，媒体为了追求最大经济利益罔顾职业道德、社会责任，也就不难理解了。

五、如何处理法治类媒体利益与媒体责任这对矛盾

（一）建立权威的道德评价机构

目前世界各国都制定了新闻从业人员职业道德标准，还有些国家专门针对犯罪报道、突发案件报道制定了相关的报道准则，成立了对新闻从业者的行为进行道德评价的组织。所谓道德评价就是对每一阶段新闻从业者的新闻职业道德状况进行分析和评价，鼓励和褒奖那些符合新闻从业者职业道德标准的行为，批评和责罚那些违反标准的行为。

在伦敦市著名的舰队街边上的一条小巷子里，与媒体老大路透社比邻而居的是一个名为“新闻申诉委员会（PressComplaintsCommission）”的独立机

[1] 陈桂兰.新闻职业道德、社会责任案例评析[M].北京：高等教育出版社，2001：91.

构。谓其“独立”，一独立于政府，二独立于新闻媒体，三没有法定职能。这是一个很有英国特色的非政府机构，它在英国新闻业扮演着一个独特角色。

这个委员会的前身，是成立于20世纪中叶的一个新闻业的自律组织——“新闻理事会（PressCouncil）”。新闻理事会的宗旨是保持高水准的新闻职业道德和促进新闻自由。但是，在20世纪80年代，少数报刊从业人员行为不检点，违背新闻职业道德，严重损害了新闻媒体在社会上的声誉。有国会议员据此质疑，该理事会还能否有效发挥行业自律作用？一些议员进而提出，为维护公众利益，应通过专门立法来保护公民的隐私权和辩护权，并要求成立一个具有法定地位的新闻委员会来执行相关的强制性法规。鉴于这种情况，英国政府指定了一个专门委员会调查和研究有关问题。1990年6月，这个委员会发表报告建议，建立一个新的新闻申诉委员会，取代原来的新闻理事会，并给这个新机构18个月的时间来证明，看它“作为一个非法定的自律性组织，能否有效地开展工作”。对于英国新闻界来说，这是自行解决自身问题的最后机会。因为上述报告还提出，如果新机构不能发挥应有作用，政府应设立一个法定部门，专门处理对报刊的投诉。担心这样一个法定部门的设立，可能对新闻界构成过多的干预，英国媒体迅速做出反应，以罕见的办事效率和合作精神，于1991年初组建了一个由10名非媒体人士和7名媒体人士组成的独立的新闻申诉委员会。一个由全国报刊总编辑组成的委员会向其提供了一份规范记者和编辑行为的准则。所有报纸杂志的发行人和总编辑一致承诺，遵守行业行为准则，为新闻申诉委员会的活动提供经费。

新闻申诉委员会的主要任务是处理社会公众因新闻媒体不公正待遇而提起的申诉。任何个人或组织认为某一报道侵害了自己的权益时，都可以向这个委员会投诉。该委员会接到投诉后，必须迅速开展调查，就被投诉者是否违反上述行为准则做出仲裁。如果错在媒体一方，将要求媒体做出公开道歉。据该委员会接待我们访问的工作人员介绍，目前他们每年要处理约3000宗投诉。在去年处理的投诉案例中，90%最终裁定是记者或编辑违反了行业行为准则[1]。

目前，美国、日本、新加坡、韩国等国都设有新闻伦理道德评价制约机构。

（二）加强政府对媒体的管理

1. 明确政府在媒介管制中的地位

西方传播学界对于政府机构在媒介管制中的地位问题主要有两种理论：市场经济论和社会价值论。

市场经济论者认为，自由市场经济中，传播媒介的本质是经济实体，媒介的价值取向主要受市场规律的调节，政府部门在其中仅扮演消极、被动的角色，一般不干涉媒介的播出内容，但可以通过运用市场经济杠杆的调节作用来调控媒体。然而为了保护所谓“充分的言论自由”，政府几乎丧失了对大众传媒的监控职能。

社会价值论者认为，为维护社会秩序的稳定和公共利益，政府应当担任主动、积极的角色，行使对传播媒介的控制和调节；若政府对传播媒介放任自流，会导致各种不良信息以“自由”的名义合法出现在报刊或者电视节目中，产生不良社会后果。

目前，暴力、淫秽等不良信息在媒介中“自由出没”的当代，越来越多的人开始认识到政府对媒介传播内容监控的重要性。但是，究竟如何在保障媒体能够获得较高的经济效益与尽可能维护社会公众利益的两极间寻找到合适的平衡点，两派学者并没有达成一致。

2. 广电总局和司法部门应该适当加强对法治类电视节目的监管

对于政府在媒介管制中的地位这个问题，在我国，相信大多数人都会支持社会价值论者的观点。要想遏制法治类电视节目中道德伦理缺失，重“市场”，轻“立场”的问题，仅靠道德评价机构和从业人员自我觉悟的提高是远远不够的，还须适时通过行政手段对其进行约束。其实，近几年来，我国广电总局已经出台了一些制约法治类电视节目的条例条款。

---

[1] 杜跃进.英国媒体的他律与自律[EB/OL].http：//cj008.blog.hexun.com/177509_d.html.

2004年5月，广电总局要求全国所有电视台在观众收视最为集中的黄金时段，不得播放渲染凶杀暴力的涉案题材影视剧，而代之以适合青少年观看的优秀影视剧。

2006年11月17日，广电总局发文要求加强和改进广播电视法治宣传工作，正确把握舆论导向，积极创新工作思路，开创广播电视法治宣传工作新局面。积极创新工作思路，坚持普及法律知识，树立法治观念，弘扬法治精神，为全面建设小康社会，构建社会主义和谐社会营造良好的法治环境和舆论氛围。

2007年初，国家广电总局指出：不能再以“红、黄、灰”三色（红色：血腥；黄色：色情；灰色：病态心理）片面追求收视率。目前各地法制类节目中的“三色”内容过多，或者详细披露刑侦人员侦破手段，对社会造成了负面影响。该节目后来被迫“关门打烊”。广电总局此次规定了11种禁止或限制类行为，包括：要严格控制绑架、纵火等严重危害公共安全的案件和刑事案件的报道；不得过细披露政法机关的办案细节、侦破手段等；不得对犯罪行为、作案手段、犯罪心理做过细描写与分析等。

目前，如何切实有效地落实这些规定要求成为关键。如果这些规定能够真正落实到实际工作中，相信对法治类电视节目中存在的一些道德伦理问题是个有效的制约。

法治类电视节目的社会责任与媒体利益之间的关系值得进一步探讨，如何从制度上、法律上以及新闻从业人员自身的思想意识上构建起一套完整的新闻伦理道德及社会责任体系，还需要新闻从业人员和新闻理论界专家进一步摸索、规范。从目前情况看，要想对重视媒体利益忽视社会效益的法治节目进行遏制，除了必要的制约机制以外，提升从业人员自身的新闻伦理道德、社会责任意识也是很重要的。正如贝尔西（AndrewBelsey）所言：“新闻商业诉求非道德性的跨国企业力量，新闻伦理以永恒的德行力量生存下去。”[1]

（白贵、王舒荧，原载《河北大学学报》（哲学社会科学版）2007年第12期）

---

[1] Matthew Kieran.媒体伦理[M].张培伦，郑佳瑜译.台北：台北县永和市韦伯文化出版社，2002：16.

《新闻调查·风雪年关》人文视角浅析

摘要：《新闻调查·风雪年关》以关爱、悲悯为基调，以普通人物命运为关注点，以灾害的发生发展、抗灾救灾为主线，用具体人物故事和细节真实传达新闻过程，在电视灾害新闻的报道中充分体现了人文关怀和时代精神。对当今传媒具有一定启示意义。

关键词：《新闻调查·风雪年关》 灾害新闻 人文关怀

2008年1月下旬，一场历史罕见的冰雪席卷了几乎整个中国南部地区，给交通、电力等方面带来沉重的打击。此时此刻，正值全国一年一度的人口大迁徙——春运，一场影响全国民生的冰雪灾害就这样在年关将近时刻发生了。灾害发生后，《新闻调查》2月5日播出了特别节目《风雪年关》，以深度报道形式揭示了雪灾的成因，展现了雪灾从发生到肆虐再到基本被克服的全过程。仅就它对中国电视灾害新闻报道的意义和启迪来说，就有诸多可资借鉴之处。本文试就《风雪年关》中的人文关怀做一番探讨。

“人文关怀”可以追溯到西方文艺复兴时期，其后从西方传入了东方，虽然其形态已经是几经变迁，核心精神却保持了稳定，那就是对人的尊严和生命的敬畏！灾害新闻之所以吸引人，是因为人有本能的悲悯情怀，灾害新闻报道中的人文关怀正是人这种本性的要求和显现，具体来说，就是要在报道中体现对受难者的困境以及精神状态的关心、同情与怜悯。《风雪年关》以关爱、悲悯为感情基调，以普通人物命运为中心素材，以灾害发生发展、抗灾救灾为主线，以具体情节、细节和场面为切入点，通过片头渲染，背景音乐衬托，解说词叙述，静、动态画面和特技综合运用，将人文关怀酣畅淋漓地展现了出来。

《风雪年关》的片头为情感氛围的营造起了重要作用。这期节目除了使用《新闻调查》固有片头以外，还制作了本期独立片头。新片头长达1分15秒，风雪中普通人物的动态画面和静态画面交替显现，配以低沉、凝重的背景音乐，再加以特技的使用，成功营造出一种悲悯氛围。以一个儿童在风雪中吃盒饭的静态画面为例，孩子嘴里吃着面条，一半露在嘴外，摄影师捕捉到了孩子的眼神，那双注视照相机的眼睛直逼每一个能看到这幅画面的人的心灵。动态画面则大多选用人们在火车站的群体画面：涌动的人流、攒动的人头，使观众真切地感受到冰雪灾害中的焦躁感。片头背景音乐节奏凝重、情感悲怆，正和画面基调以及受灾人群的心理吻合。音乐又分为三个小节，前两个小节同一旋律重复出现，第三个小节则在重复的基础上加以变奏，将情绪渲染到高潮。

片头奠定了《风雪年关》的感情基调，它的编排又使得这一情感在节目中反复强调。《新闻调查》每期节目分成4个小节，4个小节之间用固有片头的高潮部分分隔。在这期《风雪年关》中，新片头取代了旧片头作为分节，强化了悲悯、关爱的情感。《风雪年关》还以同样的艺术手法制作了新片尾，和片头相互呼应，使节目情感得以升华，也使观众的心灵再次得到洗礼。

此外，在本期节目中，解说词的叙述和各个小节背景音乐的运用，同样是形成整体审美氛围的基本元素。

《风雪年关》要对雪灾进行立体展现，首先要选择报道主体，而中国大陆灾害报道中普遍存在主体错位问题。方汉奇先生曾经总结中国灾害报道常用的4种模式：不报式；把悲歌唱成壮歌、赞歌式；负面新闻正面报道式；整个事件结束以后再作详略不等的总结报道式。陈一先生则把中国灾害新闻的报道模式概括为:“低度灾害叙述+高度救灾叙述+积极救灾效果”[1]。如果不能突破以往的报道模式，人文关怀就只能是一句空话。

[1] 陈一.中国当代灾害新闻报道中的“断点失当”研究[EB/OL].http://www.shu1000.com/thesis-156/3Ec61B8E/.

《风雪年关》难能可贵地突破了既往的灾害报道模式，将灾害本身作为报道主体。节目共分4个小节，为分析方便，笔者把它们分别命名为《冰雪降临》《雪灾肆虐》《共渡难关》《回家》，在4个小节中，雪灾是连接其他一切因素的核心。

《风雪年关》也用了大量镜头铺陈抗灾救灾以及全国人民的支援，《共渡难关》这一小节主要反映的是这些内容。但是，《风雪年关》中的救灾、支援建立在前两节《冰雪来临》《雪灾肆虐》基础之上。这样，救灾不再是单向度的壮举，而是有了现实针对性，是雪灾的必然延伸。只有把报道主体转向了灾害自身，才能为报道普通受难者建立坚实的平台，人文关怀才会有落脚点。同时，雪灾和抗灾形成强烈的对照，节目也因增加了审美张力而更有看头。

在此基础上，《风雪年关》将报道重心转向了雪灾中普通人物的命运，其中既有集体遭遇，也有个人情怀的展露。小人物成了节目的主角，这对中国灾害新闻报道是很有启发意义的。

《风雪年关》对政府官员、政府行为的处理也彰显出平民视角。节目中涉及国家主席、总理以及电力、交通、公安、民航、气象和地方行政官员二十几人，他们构成了抗灾救灾的指挥核心，对于他们的工作是不能不报道的，然而，如果把应尽的义务当成政绩、功德来宣传，势必会喧宾夺主，效果很可能适得其反。其实，从雪灾发生的那一刻起，所有被牵连其中的人都是灾害的当事者，他们虽然处在不同的位置上，却面对一个共同的主题——雪灾。从这一角度来看，政府、官员的救灾和普通人的抗灾自救以及公众之间的互相救助本质上是平等同一的，只要采用平民视角将最真实的一面反映出来，他们会自然融入整个报道之中，成为节目人文关怀的有机组成部分。下面以《风雪年关》对3位高官的报道为例作简要阐释。

温家宝总理：1月26日，湖南电力职工罗长明、罗海文、周景华在抢修电力铁塔时不幸遇难。1月29日，温家宝总理看望3位烈士的家属时满含热泪地对家属说："都是人民的好儿子"，并向烈士家属深深地鞠躬。此时，一国总理是作为普通吊唁者出现的。

广州市市长张广宁：广州火车站是这次抗击冰雪灾害的主要阵地之一，

广州市市长张广宁一直工作在火车站。作为前线指挥，一定要采取诸多具体措施，节目却没有请他谈工作安排，只是如实用镜头记录了他的活动。在这里，张广宁已经由一个高高在上的市长转变为普通的救灾者。

对铁道部副部长的处理更有戏剧性。他身穿军大衣，挂着对讲机，夜间在广州火车站指挥旅客上车。除了这一镜头，没有直接采访他的内容。车站的灯光不足以让摄像机清晰记录下他的面容，如果不是打出字幕，谁会想到他居然是中国的政府高官！

《风雪年关》对政府高官的处理基本上做到了平民化视角，他们和普通人一样是“普通”的抗灾者，“都是人民的好儿子。”[1]关于政府宏观措施，《风雪年关》多是通过朴实的解说或是当事高官的讲述交代。民政部的救灾措施是通过民政部副部长的讲述，再加上简短的解说补充交代的；发改委的措施则是通过价格司司长周望军讲述的。这样处理，一来将政府措施落到了实处，二来将政府行为由“天上”移到了“人间”。

《风雪年关》之所以充满浓郁的人文关怀，是和节目讲述一系列感人故事，展现一系列动人细节与场面分不开的。

先说情节。《共渡难关》这一小节安排了3个情节，分别是腾讯网站短信平台互助；湖南电力职工遗体送别以及广州市民绿丝带行动。其中，“烈士遗体告别”最震撼人心：周景华妻子的伤痛欲绝，温家宝总理的深深鞠躬，还有街头两旁肃立的交警、出租车司机、市民、学生形象组接在一起。民众对烈士的缅怀，对生命的敬畏，对灾难不屈地抗争，均在这一情节中爆发流溢。节目最令人慰藉的情节当属《回家》这一小节中展现的“火车上的婚礼”。冰雪天气给人们的行程制造着种种意外，重庆万州两个年轻人的婚礼在火车上举行。《风雪年关》的解说词这样写道：“冰雪纷飞的2008年初，留在这趟列车上的乘客们心里最深刻的记忆，或许就是这火车上的婚礼。”[2]这同样给观

[1] 新闻调查·风雪年关[EB/OL]. http//www.cctv.com/video/xinwhendiaocha/2008/02/xinwendiaocha_300_20080205_1.shtml.

[2] 新闻调查·风雪年关[EB/OL]. http//www.cctv.com/video/xinwhendiaocha/2008/02/xinwendiaocha_300_20080205_1.shtml.

众留下了深刻的记忆。

细节在节目中比比皆是。有两个镜头相互对照呼应，感人至深。一个是：伴随着列车启动的铃声，一个青年满脸喜悦，一手拎着蛇皮袋（大概是行李），急速摆动另一只手臂，扭动着身子在列车站台小跑。另一个是：列车启动，车门缓缓关闭，一个少女拉着滑轮行李箱，拎着手提袋，还背个背包，没赶上火车，一下子倒在站台上。两位铁路警察赶来，把小姑娘拽向安全线外，隐约还能听到有人说“坐下一趟吧”。小姑娘却始终瘫坐在站台上，镜头给了她的背影足够长的时间，一左一右还有两个守候的铁路警察。上述两个细节前后组接，对于京广线恢复通车后给回家的人带来截然不同的悲喜命运，节目制作者对灾难当事人的同情、悲悯之情不言而喻。

《新闻调查》特别节目《风雪年关》对中国电视灾害新闻报道乃至所有媒体灾害报道的启发，不仅仅局限于人文关怀。但是，当下电视灾害新闻报道中，人文关怀理念的缺失和技巧的笨拙却是亟待补课。

（白贵、邸敬存，原载《当代传播》2008年5月）

电视栏目淘汰制：现实意义与问题

摘要：电视栏目淘汰制直接将竞争机制、竞争观念引入，激发了电视节目资源被压抑的活力，是对社会主义市场经济体制的回应，对电视经济属性的适应与强化，是促使电视资源从粗放型向集约型转变的高效手段，还是电视媒介打造自身品牌的一种激励手段和机制。有许多电视台并未对实行这种机制所要求的环境、条件进行深入思考和严密论证，在推行过程中暴露出问题。

关键词：电视栏目　淘汰制　末位淘汰制　生存状态　竞争机制

近年来，自湖南电视台实行电视栏目节目末位淘汰制之后，全国大大小小的电视台都纷纷仿效。2002年2月29日，中央电视台在一次重要会议上正式宣布2002年三大改革措施，其中之一就是要实行收视率末位淘汰制。《朋友》《半边天周末版》遭遇“末位淘汰”，重新改版恢复播出后，《中央电视台栏目警示及淘汰条例》正式出台。新条例适用于在中央电视台开播一年以上的所有栏目，以频道为考核单位。央视每季度进行一次警示，一年内被警示三次的栏目，即被淘汰，被淘汰栏目不允许再恢复播出，被淘汰栏目的所在部门，一年内该频道不能增加新栏目。该栏目的制片人在两年内不得以制片人身份开办新栏目。中央电视台的痛下杀手，激起业界的反响，引发了对栏目淘汰制新的关注与思考。

如今，以中央电视台、湖南电视台为代表的许多电视台所采用的是“栏目末位淘汰制”，这一制度正被作为与“栏目淘汰制”意义对等的概念而理解并加以实行。其实，栏目末位淘汰制只是栏目淘汰制的一种表现形式，二者虽同质但内涵大小却是不同的。这种机制所体现的是“优胜劣汰，适者生存”的生态竞争法则，其核心内容就是让所有参与者通过某种形式的检验而见出高下，从而存优汰劣。末位淘汰制目的指向应是对节目制作者的激励，“激励之所以有效，原因就在于人们在事关自己切身利益的时候，会对事情的成败分外关注，而趋利避害的本能会使面对危机的压力转变为动力”[1]。这种机制形成对电视节目质量的强迫性提升，进而促进电视台或频道整体竞争力的提高。实际上，栏目淘汰制就是市场竞争机制在电视领域中的直接表达。

面对尚待改善的外部环境，许多电视台纷纷实行“增量改革”的思路，着眼于未来的生存与发展，对内部机制进行改革，优化内部环境，以应对外部环境中激烈竞争所形成的压力。对制播分离、制片人制的探索无不是电视内部资源优化配置、机制调整理顺的表现。在这种思路下，对于电视节目的质量的重视也已经超越了传统的精心制作的含义，而逐渐具有了经营的理念。2002年，中央电视台拥有《焦点访谈》等知名栏目的新闻评论部，获得了中国质量认证中心（CQC）颁发的ISO 9001：2000质量管理体系证书[2]。作为电视节目质量管理体系的一项重要的内容创新，栏目淘汰制同样也是将市场竞争机制向电视核心部分的引入，以达到内部资源优化配置，形成对电视旧体制、旧观念更猛烈的冲击力。栏目淘汰制的真正实行是电视系统改革的一个组成部分，是以诸如用人制度、财务制度、分配制度的改革为条件的，又对这一系列制度形成冲击，其中最深层次的是对旧有观念的冲击。

一、栏目淘汰制实施的现实意义

电视栏目淘汰制的实行和中国电视改革的现实是一种精神上的契合，具体来说，这种新的质量管理机制探索的现实性和必要性表现在以下几个方面。

---

[1] 傅永刚.如何激励员工[M].大连：大连理工大学出版社，2000：89.

[2] 本报记者.消息[J].国际广告，2003（2）.

（一）电视栏目淘汰制是对社会主义市场经济体制的回应，对电视经济属性的适应与强化

竞争机制是市场经济的精髓。栏目淘汰制直接将竞争机制、竞争观念引入，激发了在旧的体制框架、旧的观念下电视节目资源被压抑的活力。长期以来，中国电视的政治属性一直被置于最突出的地位，其产业属性一直处于受压抑状态。电视管理者观念的转变，有赖于对电视经济属性认识的逐步深化，电视栏目淘汰制加速了这种认识深化的步伐，形成对旧有观念的强烈冲击，使电视经济属性在电视人观念层次得以强化，并使其经营意识得以增强。电视台被推向市场之后，电视经营者不得不开始在成本和收益的权衡中思维。这种思维也必然渗透在电视节目质量管理之中。一方面，栏目淘汰制减少了管理的层次，降低了管理的成本；另一方面，对那种片面追求经济效益，一味以节目迎合受众低级趣味的庸俗化倾向，可以通过把握栏目淘汰的标准，进行导向、调控，从而实现节目的经济效益与社会效益的平衡。科学地利用栏目淘汰制，能够使电视节目生产在努力降低成本的同时，避免以牺牲节目质量、社会效益为代价，因而降低了市场化容易带来的负作用。

（二）电视资源的稀缺性决定了资源的利用必须实现从粗放型向集约型转变，栏目淘汰制正是促使这种转变的高效手段

电视节目生产是高投入、高消耗的生产，而如今中国的电视台仍扮演着节目主要生产者的角色，其所拥有的人力、物力、财力其实都是有限的。长期以来，中国电视节目生产走的是一条外延式的路子，成本意识淡漠，造成电视存量资源利用效率的低下。今天，“传播资源的市场化配置，逐步达到专业化分工、集约化生产和市场经营等理念已不容怀疑”[1]。节目淘汰制的实行可以对电视资源的组织利用方式进行强势性的选择，改变以往只讲数量不计质量的生产方式，提高电视资源的利用效率。

今天，电视的生态环境已不再优越，生存、发展的竞争呈现多层次化，

[1] 时统宇.频道专业化与体制创新[J].电视研究，2001（6）.

电视与报刊、广播、网络众多媒体之间，各电视台之间，频道与频道之间竞争不断加剧，尤其中国加入WTO后，境外电视媒体对中国市场的逼近使竞争态势更加严峻。竞争的核心就在于节目栏目质量和生产效益。电视节目最终要通过频道传达到受众市场，黄升民在《中国电视媒介的数字化生存》中提出，数字电视技术使电视频道资源一下子从“稀缺”变为“富裕”。然而，这种“富裕”是相对的，由于电视节目产品涉及意识形态领域，具有特殊性，各国都不同程度地对频道的使用权进行控制，因而不能以技术上的可行性完全替代现实的可能性。对于迅速增长的受众需求市场而言，频道仍属于稀缺资源。况且，电视台对频道的使用要付出相当的成本，对于单个频道而言，其容量也是有限的。随着电视节目制作社会化的步伐加快、电视台自制节目能力的提高，电视节目产品从量上业已过剩。电视节目淘汰制联结起受众市场和电视节目资源，过滤掉不适应受众市场的、质量不达标的节目产品，释放出一部分频道空间优质的节目成长，使电视节目资源、电视受众市场、电视频道资源实现优化整合。在频道专业化的今天，“栏目是频道的基础构件，优秀栏目更是频道的支柱”[1]。构成频道的节目质量如何，将直接决定频道在激烈的竞争中的生存状态。通过栏目淘汰制，电视市场的淘汰内化为电视台内部、频道内部的淘汰。

今天，受众的注意力作为一种稀缺宝贵的资源，成为媒体激烈追逐的对象。“在信息量爆炸的时代，对于媒体来说，受众的注意力作为一种资源，它是潜在的，无形的，要使这种资源变成为我所用的现实的财富，必须进行人为的开发。”“随着广播电视内部与外部竞争日益加剧，就全国与某一地区而言，这种注意力的竞争已经十分明显，并将愈益加剧”[2]。在信息时代，注意力资源是恒缺的，喻国明认为真正能够为媒体赚取大量资金的最终产品是由报道和节目吸纳到的受众的注意力……[3]对这种注意力资源的吸纳与占有具有强

[1] 叶家铮.从城市观众需求看频道改革的走向[J].南方电视学刊，2000（2）.

[2] 胡妙德.解析广播电视节目策划[J].中国广播电视学刊，2001（12）.

[3] 喻国明.试论受众注意力资源的获得与维系——关于传播营销的策略分析[A].跨世纪中国城市电视发展与展望[C].北京：中国广播电视出版社.2000：101.

烈的排他性，也就是说，面对眼花缭乱的电视节目，受众在同一时间只能选择其一。这时，电视节目相对“富裕”。电视栏目淘汰制强制淘汰掉一批吸纳能力弱的节目，使优秀节目得以凸显出来，观众的收视质量得以提高。借助这种优化的节目资源能量，电视媒体实现着对受众注意力资源深层次的开发。

（三）电视栏目淘汰制是对电视媒介之市场经营风险的一种分解机制

自国家对电视台的财政拨款“断奶”之后，电视的市场化生存便面临竞争的压力。电视节目的质量管理水平决定了电视整体竞争实力，作为节目质量管理的一个重要内容，栏目淘汰制使电视台或者频道的经营风险分解到栏目上，各栏目为了避免被淘汰的命运，纷纷增强自身素质，增强抵御风险能力，经由电视台或频道的整合，电视台或频道的直接市场经营风险便在很大程度上得以消减。

（四）栏目淘汰制是电视媒介打造自身品牌的一种激励手段和机制

现在，国内许多电视台都将节目质量作为自己的立台之本，实施精品战略，是因为在激烈的竞争中电视人已体味出品牌的价值。做媒介不是一次性的，它要通过连续性的生产来获得回报，在可持续当中赢得效益。做媒介实际上就是做品牌，要建立和维持受众的忠诚度包括行为忠诚度和情感忠诚度。栏目淘汰制逼迫节目经营走可持续性发展之路，而建立品牌则是节目创办、稳固、壮大的持续的营养基。栏目淘汰制为品牌栏目的培育和成长拓展了空间，也引导栏目形成对品牌不懈追求的观念。

二、电视栏目淘汰制实施过程中的几个问题

在现行的电视栏目质量管理体制、节目运行机制向理想化转变过程中，电视栏目淘汰制起到了催化剂的作用。这种创新的思维源于现代企业管理，是对现代企业管理中竞争机制的借鉴、改造和应用。但是，现阶段中国电视业距离真正意义的企业相去甚远，所以即使是淘汰制这样的企业管理的普通方法，在实际的操作中也要付出相当的成本。可以说，在中国电视体制变革

的今天，节目淘汰制在提升电视节目的品质、加速资源的流动方面作用的发挥，和现阶段中国电视生产力是基本适应的。但是，这种适应并非具有终极意义。湖南电视台、中央电视台的成功，其标杆的意义造成全国大大小小的电视台纷纷推行电视节目末位淘汰制，但遗憾的是其中有许多电视台并未对实行这种机制所要求的环境、条件进行深入思考和严密论证，在推行过程中暴露出诸多的问题。所以，对于电视栏目淘汰制要有一个清醒的认识，对它的具体实施形式要有一个恰当的定位。电视节目的质量并非一淘汰即灵，电视栏目淘汰制有自身的局限性，操作极易发生变形。

（一）对电视栏目末位淘汰制的科学性的质疑

许多电视人将电视节目末位淘汰制与节目淘汰制等量齐观，这是值得商榷的。电视栏目淘汰制作为一种激励机制，是对电视资源利用效率的一种追求手段。美国经济学家阿瑟·奥肯说："对效率的追求不可避免地产生出各种不平等，因此，在平等与效率之间，社会面临着一种选择。"[1]这种机制无疑会在短期内加剧栏目之间的竞争程度，然而这种由竞争所形成的压力机制容易形成对手段的偏好，对目的的遮蔽。一旦手段目的化，不平等就会出现，这正是末位淘汰制的弱点。这种不平等表现为，不管通过怎样的质量评价体系，即使电视节目质量不错，只要处于末位，也要被淘汰，这种末位淘汰制实际上是一种没有稳定规则的游戏。相比较而言，淘汰制的另一种方式标准线淘汰制更合理。标准线淘汰是指参加竞争的成员按照事先制定的淘汰标准，对处于标准线以下的成员进行淘汰的方式。虽然竞争都会有优劣高下，但并非一定要有栏目被淘汰出局。硬性规定出被淘汰的比例显然有失公平。济南电视台实行的就是标准线淘汰，建立收视率、专家评价、播出节目抽检、经济效益评价为主的节目评价体系，对不达标的节目才实行淘汰。

相对于成熟的现代企业而言，中国电视面对市场的成长期很短，管理水平也不高，在这种情况下，借助末位淘汰制这种强势管理方式，对提高效率，

[1] 梁小民.经济学是什么[M].北京：北京大学出版社，2001：111.

增长竞争意识会起到一定作用。然而，这种过渡性的管理方式有用而非最佳，是一把“双刃剑”，过分强调其作用会造成一系列负面的反应。因此，这种管理方式已经逐渐被西方知名企业淘汰。人力资源是电视的宝贵核心资源，这种资源的开发需要相对宽松的环境。如果电视从业者人人自危，这种不稳定的心态会影响个人潜力的发挥，还容易造成栏目之间的恶性竞争，难以形成稳定连续的文化环境，使短期投机行为增加。人才的过分频繁流动无疑会造成思路的不能连续，影响栏目的质量，削弱电视或频道整体竞争力。

况且，电视作为文化产业的特性应当受到重视，精神产品品牌与物质产品品牌的培育存在不可比性。同为精神产品，其品牌培育过程也存在不平衡性，如新闻与娱乐，审美与消遣，就属不同类别，对这些规律应加以深入探讨，区别对待。

（二）评价体系不完备，有失公平公正原则

科学的节目质量评价体系的确立，是电视栏目淘汰制实行的前提。但是，目前不少电视台的质量评价体系随意性大，缺乏科学性，偏离公平、公正的原则。

自中国电视在市场化、产业化进程中引入市场竞争机制以来，收视率成为电视市场的通用“货币”，也成为电视节目质量评价的重要指标，湖南电视台对各频道节目实行末位淘汰制，就是根据央视调整咨询中心提供的数据，对所有频道的节目实行收视率排位，排在最后两位的自动淘汰出局[1]。“目前，在节目评价操作中，已有相当多的省级上星台引入了收视率指标。一些电视台兼有精确量化的节目评价体系，有些电视台的体系尚未定型，但是在引入收视率指标方面却是一致的，且收视率指标所占份量大都较重”[2]。

在生存与发展两大主题下，各电视台对节目收视率的追求、分析、应用，目的不外乎是强化自身在电视节目市场竞争实力，增加与广告商家对话的筹

[1] 鞠侃彬.改革中国电视[M].北京：工商出版社，2002：88.

[2] 刘燕南.电视传播中收视率的分析应用、现状、问题与原因[J].央视——索福瑞媒介研究，2002（1）.

码。“但是，如果我们过分夸大收视率的作用，以为收视率是衡量电视节目质量的唯一标准，就会在理论上产生误导，在实践中产生盲目。”[1]电视节目质量评价的科学性、公正性直接决定电视媒体质量管理的水平，当然也决定了作为节目质量管理体系子系统的电视栏目淘汰制的效果。一些电视台在市场压力下为强化竞争机制，以收视率为标准，进行了一些简易的奖惩操作，包括栏目的改版、淘汰，显得简单、粗暴。在建立节目质量评价体系中，收视率的作用决不可泛化。收视率只是部分地反映节目的市场份额。单纯的收视率分析“不能说明节目的品质，也不能判断节目的好坏”[2]，当然也不能作为淘汰一个栏目的充分理由。造成栏目收视率低的原因是很多的，比如，测量方法局限、操作技术不规范造成的收视数据误差，或者因为频道增加，竞争性节目出现，整体上对观众造成分流，也成为节目收视率下降的原因。另外，电视栏目也有自身的生命周期，也要经历培育期、成长期、成熟期和衰退期4个阶段，处于培育期和衰退期的电视栏目即使是名牌栏目收视率也会下降，不能据此便认为节目质量有问题。节目因此而遭淘汰，自然也是有欠公允的。2000年9月，中国广播电视学会受众年会专题研究了节目评价工作的现状及发展。会议最终建立起一个由“收视率、满意度、专家评议和节目的投资效益比”4项指标构成的节目质量评价模式。这种模式的运用有相当的灵活性，各台可根据自身的实际情况来规定各个指标的运用及权重，最终确立适合自己台情的评价体系。这种节目质量评价模式基本上体现了对节目收视质量、收视数量、经营质量综合观照，使电视栏目淘汰制的实行有了一个基本的参照。目前，实行节目淘汰制的各电视台在操作中对几项指标不同程度地加以运用，只有中央电视台和极少数地方台采用了全部项指标，大多数只运用了收视率、满意度和专家评议项指标，或仅采用了其中某项指标。浙江电视台教科频道的节目考核就是把每周专家评价结果和一周的收视率结合，实行奖惩，连续次排名在末位的栏目制片人被淘汰[3]。随着电视的发展进步，更多更准确的因

[1] 许耕源.收视率不是衡量节目质量的唯一标准[J].新闻战线，2001（5）.

[2] 刘燕南.收视率分析若干问题浅探[J].中国广播电视学刊，1998（6）.

[3] 夏陈安.电视专业频道节目设置策划和传播效果追求[J].中国广播电视学刊，2001（7）.

素进入评价体系。中央电视台把原来的节目评价体系中的4项指标综合成一项指标即综合趋势指标，在此基础上又引入了忠实观众的比例、节目的吸引力指标、广告运作指标3项新指标，电视栏目淘汰制在新的评价体系中实施起来更具科学性。

（三）栏目淘汰制在现行体制、观念中的困惑

中国电视改革走的是一条从内垄断向外市场化的路子，这就决定了电视台内部的改革每一步都要遇到外部环境的挑战、内部环境的掣肘。每一步的成功所付出的成本都是巨大的。虽然制播分离、制片人制、节目制作社会化都在积极探索之中，与成熟完善尚有不小的距离。在这种情形下，电视栏目淘汰制作用的发挥就受到了牵制。就制片人制而言，有一些电视台尤其是省级以下的电视台，其运作并不规范，责权利不明确，制片人的能力、创造性得不到充分的发挥。并且，电视台内部的制片人制还是不能摆脱电视台“自产自播”的模式，使栏目淘汰制无法拥有广阔的选择空间。制播分离、节目制作社会化虽然对电视市场的形成都有作用，但是众多的制作单位实际上处于“小作坊”的生产阶段，制约了精品节目创作机制的建立，电视市场处于极不完备状态，致使电视栏目淘汰制的资源对象层次较低，无法实现和市场经济高层次的对话。

（四）电视栏目淘汰制的非制度化困扰

一个栏目的淘汰抑或留用，在节目质量评价体系标准之外，还存在许多人为因素。国外电视媒体对电视市场化运作持有成熟的理念，对市场的变动保持高度的敏感。中国电视管理者的经营理念还未达到成熟的程度。许多栏目的创立前期投入不足，或者不肯为此付出成本。中国目前的电视栏目、节目，不是从需求中产生的，许多栏目拍脑袋上马，带有个人喜好的色彩，缺乏对市场的调查分析研究，更缺乏对竞争对手的了解，致使许多栏目创立伊始就定位不准确，或者内部栏目之间相互“撞车”，或者以自己的弱势挑战竞争者的强势，最后造成栏目的被淘汰，造成资源的极大浪费。这样，提高节

目质量的观念和经营节目质量的观念还有相当的差距。缺乏经营意识还会造成一个定位准确质量不错的节目由于宣传、策划等市场化运作的不足，被淹没在众多的节目之中，得不到应有的市场评价而惨遭淘汰。

在频道专业化趋势日渐明朗的今天，电视媒介内容的竞争已经逐步由节目竞争、栏目竞争过渡到频道竞争。对于栏目结构自身规律的认识深刻，电视节目竞争力的整合越来越受到重视。对节目整体质量的孜孜追求，使节目资源系统优化，扩展了节目淘汰制的内容，许多质量不错的节目因为不符合总栏目专业频道的定位，影响到系统整体而遭淘汰。最初的《东方时空》当中包含《金曲榜》这样一个子栏目，曾经创造的辉煌说明了它的优秀，“但是由于它和以‘电视新闻杂志’而著名的《东方时空》这个总栏目难有交集，最终被从中取消……”[1] 2001年11月，《东方时空》之所以淘汰《直通现场》这个子栏目，是着眼于整体质量。当时，《直通现场》定位尴尬，如做舆论监督和批评报道比不过《焦点访谈》；如定位在对新闻事件普通报道上又像超长新闻。为体现系统优化原则，提升节目整体竞争力，频道质量应该成为电视台质量评价体系的一级评价体系。一个频道被淘汰了，那么这个频道的栏目自然被淘汰。可是现在对频道质量的评价体系的重视还远远不够，这势必会影响到栏目整体的调配、组合效率，限制栏目淘汰制的系统功效。

电视栏目淘汰制并非一个简单的措施、手段问题。它所折射的是整个中国电视制度的变迁。总的说来，电视栏目淘汰制是基本适应中国电视改革的现实现状的，但其内在的规定性还需要实践和理论的继续探究。任何一种制度性举措都不可能一蹴而就，而总要经历特定实践的检验，使自身不断臻于完善。发现问题，积极变革，是当今中国电视人走向市场、完成蜕变的必然过程。

（白贵、苏文杰，原载《河北大学学报》（哲学社会科学版）2003年第6期）

[1] 李建增.创新为先内涵是金——中央电视台新版《东方时空》探索[J].新闻战线，2002（7）.

国内电视台触网现状扫描

摘要：近几年来各级电视台都纷纷建设了自己的网站，以期能在新兴的因特网市场上分得一杯羹。然而我们在新年伊始对这些电视台网站进行一次扫描式的回顾和总结时却发现这阵热潮过后的网站现状着实令人担忧。总体上这些网站都是一哄而上但却多而不精；电视网播也在困难中前行；随着广播电视集团的成立，在网上整合新闻资源也成了电视台网站发展的新趋势；而作为准ICP的电视台网站其信息仍然匮乏且滞后，与国内外同类网站相比仍然有很大的一段距离。

关键词：电视台　网站　网播　ICP

截至2004年1月，笔者在搜狐网站（wwww.sohu.com）上可以找到的国内电视台网站共237家，基本上由市级以上电视台创办。而中国大陆市级以上电视台约有360多家，也就是说中国大陆约有66%的市级以上电视台拥有了自己的网站。而根据相关条例这些网站都具有自己采集和发布新闻的权利。那么这些网站的现状到底怎么样呢?

一、总体：一哄而上　多而不精

为了在网络这块新的蛋糕上抢取先机，国内各省、市甚至县级电视台在这几年里都纷纷靠向了网络，申请了大量的顶级域名，也初步建立起了自己的网站。然而随着这股电视上网潮的渐渐退去，我们却发现了许多留在沙滩上已经慢慢死去的站点。当初在政策的鼓励下一哄而上的电视台网站在几年优胜劣汰的网络竞争后变得门可罗雀。这其中当然也和电视台本身对网站建设的重视程度有直接关系，但是，视频信息上网存在的技术难题、人力资源问题都是不可回避的客观原因。

大部分的电视台网站都属于该台的技术部门分管，因此网站的初创人员大都没有多少传媒经验，在草草地设计完成网站初步模型后没有专业的新闻采集编辑人员便成了电视台网站的一大难题。另外，电视节目转换成文本的技术难度比起印刷媒体要难很多，因此，在内容提供上电视台网站也始终无法与各类门户网站相比拟。

综观这些已经上网的电视台网站，除了少数几家国内传媒巨头的网站（如cctv.com）以外，大部分网站的网页还很粗糙、栏目缺乏逻辑性、内容上则是大杂烩。比如云南卫视的官方网站（http：//www.yntv.com.cn），笔者于2004年1月7日打开该网站的主页，迎面而来的是电视连续剧《倚天屠龙记》的相关介绍和宣传而不是新闻信息。在栏目设置上有《经济生活》《旅游民族》《体育娱乐》等15个栏目。从已有的栏目设置上我们可以看到《卫视》《经济生活》《旅游民族》《体育娱乐》《影视频道》《公共频道》这几个栏目是云南电视台各个频道的名称，打开链接大都是对栏目的简单介绍。接下来的《电视预告》和《主持风采》与广播电视报电子版大同小异。《频道简介》《频道栏目》和《频道主持人》的链接就更简单了。剩下的《广告在线》是转载其他网站的一些广告方面的资讯，只有两条是1月5日更新的，其他都是去年的。而《广告价目》和《联系方式》则只是简单的节目表和联系方式，没有任何互动内容。最后一个《互动地带》栏目和其他栏目不存在任何逻辑关联，其内容也都是去年8月的信息。在该网页上我们还看到一些主打栏目的内容全部是去年8月到10月的节目，并且在点开这些具体的节目链接后只能看到这些节目的简介和一句“将在某月某日播出”的话。而类似的栏目设置在各级电视台网站上非常普遍。

二、电视网播：在困难中前行

所谓网播（web casting）可以理解为以计算机网络为传输通道，通过多媒体计算机获取贮存在网站上的视频和音频信号的过程，简单地说就是电视信号在网络上的传播方式。网播包括两种情况：一种是网上直播。一种是网上点播。网上直播即在节目播出时通过网络收看的方式；网上点播即在任意的时间里根据需要有选择收看存贮在网站上的电视节目的方式。

1999年逐渐启动以来，各地电视台网站对于网播都进行了有益的尝试。大家都认识到视频资源是电视台网站的一把利剑，这把剑的锋利程度直接关系到电视台网站相对于其他传统媒体在网络上的生存机会。因此，即使像哈尔滨电视台网站这样的“死站”，也还在努力进行着网播的尝试。

在网播方面做得比较好的是央视国际网站，在该网站的“视听在线”栏目上用户可以点播当天重要新闻、综合节目，一周内的《新闻联播》《午间新闻》和《晚间新闻》《焦点访谈》，还有近几期的《实话实说》。另外，央视国际加大了视频节目的直播时间，每天对中央电视台新闻频道的24档新闻节目和中央电视台四套的所有节目进行24小时网上同步直播，同时还将逐步增加中央电视台播出的其他重要节目的直播量，如《中国证券》《体坛快讯》《体育新闻》等等。

网播虽然是最能发挥电视优势的网上传播方式，但是由于带宽的限制目前在因特网上看到的电视节目画面质量非常差，一段连续的图像和声音通常只能维持几秒钟时间。难怪因特网被比喻为“一根通进家庭的小管子，显然因为还不够粗而远远满足不了人们的信息‘用水量’”。

三、频道资源整合：一时难成气候

20世纪末至21世纪初国内各个省市的广播电视传媒进行了一场大规模的集团化改革。从湖南广播电视集团最早的试水到中国广播电视集团这个中国传媒巨头的诞生，广播电视业在整合传媒资源的道路上迈进了一个崭新的时代。而自2003年元月以来几大电视台网站的陆续改版也似乎在昭示着一场网络整合频道资源的革命已经到来。

在央视国际网站（www.cctv.com）的首页我们看到了这样的变化：在首页的横眉处增加了中央一套到十二套和新闻频道的链接外加所有频道的精品栏目链接包括《新闻联播》《焦点访谈》《东方时空》《动画城》《艺术人生》《正大综艺》《幸运52》《足球之夜》《挑战主持人》等等22个节目。可以看出央视国际网站已经走出了“本台简介”的初级阶段向内容提供的ICP逐渐靠拢了。这些链接更深层的意义在于广电集团本身已经具备了将频道和节目资源在网络进行整合的能力，其内部体制也已基本理顺从各个频道之间的矛盾关系中渐渐走向了利益趋同。

无独有偶，浙江电视台网站的全面改版更是说明了这些问题。原来的CZTV.com只是浙江卫视的电子简介版，与浙江电视台的其他频道网站各自为政，网站内容也很简单。然而改版以后域名虽然没变，但是却变成了浙江广播电视集团的网站，浙江卫视网站则变成了它的二级网页，与其他电视频道和各个电台频道并列于该网站。虽然在打开这些链接后用户看到的还不免都是一些简介，各个二级网页的风格也不是很统一，然而很明显让我们感觉到的是浙江广电集团在整合这些网络频道资源上的用心。似乎从这个网站上我们已经可以依稀看到一个跨媒体集团的航母雏形。

深圳电视台网站、河北电视台网站等一系列网站都在进行着这样的改革。我们有理由相信各个电视台网站一边在摸着石头过河，一边已经看到了河对岸美丽的风景。

四、准ICP：信息的匮乏与滞后

在“内容为王”的网络时代，即使是曾经的传媒巨头在触网后也不免手足无措。而国内大多数的电视台网站在试图成为一名网络内容提供商（ICP）的同时，还都在扮演着电视台广告宣传员的双重角色。因此，这些网站总是在梦想与现实间徘徊，最后只能勉强称之为“准ICP”。

除了少数像央视国际这样的电视台网站在内容提供上走在了网络媒体的前列之外，国内大多数电视台网站所发布的信息都非常有限，在新闻报道上也相对滞后。2003年9月4日笔者打开湖南卫视网站（www.hunantv.com），在其《最新讯息》栏目上我们可以看到4条9月4日的新闻分别是《〈娱乐无极限〉金鹰DV征集令》《金鹰节新增两项大奖》《金鹰节舞台主体搭建完成》和《金鹰开幕式值得期待》，此外再没有其他国内国际的新闻信息。2004年1月7日笔者再次打开该网站，虽然《最新信息》上的7条信息都是近几天的新闻，然而都转载自《北京晨报》《北京青年报》《长沙晚报》等，而且都是关于电视剧《还珠格格3》的信息，没有国内外要闻。

当然造成这种现状的原因是多方面的，很重要的一点是电视节目的播出带在转换成电子文本的过程中存在许多技术难题。电视语言与网络新闻语言差别又比较大，如果没有一定费用雇请专业的网络新闻编辑人员就无法快速消化电视媒体本身的新闻资源。而如果只是一味地转载其他网站的新闻信息，那么这些信息的时效性就无疑都要滞后于其他网络媒体了。

五、对比：与外国电视网站和国内电子报刊相去甚远

中国电视传媒虽然已经意识到因特网带来的威胁并试图在因特网上抢占一个位置，但和中国目前相对成熟的电子报刊相比、和外国传媒相比，显然还相去甚远，特别是在信息提供方面几乎无法望其项背。

比如CNN的网站（www.cnn.com），其首页上1/4为头条新闻的报道，包括图片、文字、完整事件报道的链接（fullstory）和相关背景资料链接。网页其他部分全部是新闻信息，有moretopstories、worldbusiness、stockquotes、sportsnews、healthnews等15个新闻栏目，其中有不少还是视频新闻。而在国内数一数二的电视台网站——央视国际的首页上我们能看到的新闻信息只占了整个网页的近1/6，而要看视频新闻也只能先点击《视听在线》栏目链接才能看到。这说明，国内电视台网站还处于生硬地将电视台新闻及节目搬上网络的初级阶段，要达到国外电视台网站的水平还有很长一段距离。

同时国内电视台网站与国内电子报刊的差距也还很大。笔者在2004年1月7日打开河北电视台网站，在其首页上能看到5条当天的新闻，分别为《2004年民航春运客流将超过1000万人次》《美希望美、英和利比亚三方会谈磋商核问题》《鲍威尔说库尔德仍将是伊拉克的一部分》《鲍威尔称朝鲜声明鼓舞人心美代表团抵达访问》《关心百姓衣食行政府工程暖人心》。而同样是省级媒体的河北日报社网站的首页上我们却看到11条本省新闻、4条国内新闻和3条国际新闻。

因此，虽然各大电视台都开始了自己的网上行，然而要想成为有影响力的门户网站确实还有很长的路要走。

（白贵、陈曦、孙瑛，原载《河北大学成人教育学院学报》2004年第3期）

抗战时期广播的伦理冲突及战时规制

摘要：从社会发展时空的概念，广播可界定为民国时期的“新媒介”形态，它的出现打破了以往信息获取的壁垒。在广播的社会化进程中，相伴而来的伦理冲突也日渐凸显。特别在抗战时期，广播的伦理规范与社会责任问题持续引发争议。利用包括广播在内的媒介实现战略与舆论思想上的胜利，成为社会的普遍呼声。受众的“新媒介”批判，促使广播通过自律、他律强化了伦理规范，并出台了监管层面的法规，共同使得抗战广播在改善不良内容、抵制低俗娱乐、进行战前思想动员与战时信息传递、普及战区大众教育等方面，均有不同程度的改善。抗战广播的伦理规制强化了国民对国家与民族的认知，是民国“新媒介”社会化进程中伦理变迁轨迹的重要组成部分。媒介、社会与人的互动，不断规制影响着新媒介的伦理与责任走向，以及媒介伦理思想发展的进程。

关键词：抗战广播　新媒介　媒介伦理　战时规制　媒介社会化

1923年1月，美国人奥斯邦在上海开办了“大陆报——中国无线电公司广播电台”，成为我国境内的第一家广播电台。北洋政府积极发展广播事业，1926年哈尔滨广播电台正式成立，随后1927年天津、北京的广播电台也开始了播音。之后，国民政府以及中国共产党都十分重视创办与经营无线电广播电台。

在媒介的产生与发展过程中，一方面，是信息传播的载体与平台，是技术发展与变革的集中体现；另一方面，又不断丰富着社会文化形态与意义空间。随着媒介社会化进程的推进，它将更深入地影响社会发展，如信息传递、人际互动交往、社会治理运行等。特别是新媒介的出现，对社会产生的影响在短时间内更为明显，可能会塑造一种新的社会价值标准与伦理道德体系。同样，随着广播的发展，其社会化进程不断加快，与之而来的媒介伦理问题也频频发生。特别是1931年“九一八”事变后，战时环境下的广播伦理问题与规制引发了民国社会的广泛关注。从媒介社会化视角考察抗战时期的广播伦理问题及规制，是对民国媒介生态环境的另一种全新认知。

一、乱象丛生：大众的广播伦理批判

（一）广播诞生之初的伦理困境

民国时期文盲率极高，相比于传统报刊的传播模式，广播大大降低了信息获取门槛，丰富了信息的直观生动性，提升了传播效力。作为民国社会的新媒介，广播不但加速了信息的传递，还丰富了民众生活，改变着社会交往模式，成为当时受人追捧的“宠儿”。

广播事业开创初期，一方面，社会各界赞誉肯定广播带来的新贡献；另一方面，由于广播伦理引发的社会问题也同样受到了各界的指责。简单来说，政府与社会对于广播的教育功能、统一思想功能、信息传递功能期许满满，但现实中由于资本的作用与内外矛盾等因素，广播所发挥的作用与人们的期待相去甚远，也偏离了初衷。广播不但在积极作用方面没有取得过多的成就，反而影响了整个社会的风气，十分危险。制造假新闻，节目粗制滥造，内容淫秽且低俗、缺乏社会教育意识等伦理问题层出不穷。吴侍中谈到“有几个播音者，实在缺乏道德。于播送节目时间，往往加入几张粗俗而肉麻的唱片，与不堪入耳的污秽言辞，或者肆意谩骂。还有几个播音者，时常唤街头卖艺之流，来唱一曲小调，歌一段情词，算是播送特别节目。”[1]黄盛村认为，与其广播民众所乐闻者不如广播其所必需者：“以迎合民众之心理，而广播其所喜好者，此种方针为害於民众实非浅也。观目下沪上各种广播电台，均以迎

[1] 吴侍中. 广播无线电播音者与收音者应有之道德[J]. 无线电问答会刊，1932（19）.

合民众之心理为务，而广播低级之音乐与卑劣之对答，有害无益，尤应请当局者注意及之，而加以纠正，使民众得收听高上有益之广播。"[1]而双十播音社也用区别于其他"靡靡之音"电台的方式来突出本电台的社会责任意识，"诸君子，以为此是何种播音呼，不是特别苏滩，必以为时新申曲，不是越调粤讴，必为最新舶来之歌舞名曲，岂知完全出于不可思议之举。比所谓苏滩申曲，越调粤讴，以及歌舞名曲，故足以愉悦性情，为公余消遣解闷之资。而本社所播送者，乃以有益民众，宣扬国粹为原则，欲研究于游息之间，获裨益于声乐之外……本社同仁，自愧无状，本人应服务社会之精神，宣扬国学，演讲青年职业界应有之知识与技能，及提倡家庭兼青年男女之高尚修养与娱乐，用敢广播于空间。"[2]叶圣陶、鲁迅、茅盾等当时的社会公众人物对广播也提出了严厉的批评，认为广播是为剥削阶级服务的武器，反对广播的低级趣味，提倡正确利用现代广播"团结大众""传授知识""报告消息"，以发展其正面价值。

（二）净化环境：抗战广播的不良内容

然而从1931年"九一八"事变开始，随着日本侵略野心的昭然若揭，国内大众对于广播伦理的注意力开始转移，一方面，继续批判广播的"泛娱乐化"倾向，抵制低俗节目；另一方面，更加注重无线电广播的思想动员与舆论引导作用。特别是在"七七"事变后，战时广播伦理与社会责任问题被社会各界广泛关注，统一各类媒体，摒弃不良内容，形成舆论战线，团结各方力量积极抗战成为首要任务。

随着国内外矛盾日益加剧，国际间的广播宣传战愈演愈烈，如果不能好好利用广播加以引导与宣传，中国更加会成为一盘散沙。然而当时的广播界依旧娱乐成风，到处是陈词滥调、靡靡之音，形成一种不良的社会风气，民众对此十分不满。"为商战而利用播音，电波音所生产的，当然是类于迎合那种小市民，站在卖主的立场，那种低级为广告而生存的职业团——如话剧，

[1] 黄盛村. 广播无线电之使命[J]. 无线电杂志，1934（1）.

[2] 双十文化社播音宣言[J]. 双十播音讲义，1933（1）.

弹词，歌唱，申曲……这些长时的或短时的职业团，为生活而艺术，才去每天走上七个或八个电台，跟牛马一般的工作着，嘶喊着，尽着他们的全力来播送，我们大众之前的，红楼梦，济公活佛，三笑，特别快车，活捉……这一幅活生生的为人生而艺术的怪现象，已撕破了她的衣服，赤裸裸地暴露在我们面前。而所剩余的必然结果，就是中国市民的文化水平降低，以及中国大众堕落麻醉的深渊。"[1]广播已经沦落为商业战与娱乐的工具，每日粗制滥造的小调杂曲，声声不息。电台为投其所好，吸引更多的听众，赚取广告费而不择手段，丝毫不去考虑此类行为会产生什么样的社会效果。《音圈小讯》称："曼娜已脱离中国无线电剧社，脱离原因据说该社老板觉得她所播之话剧，不能迎合社会上低级趣味的听众，因此连带动摇广告生命线，故将其辞退。"[2]又如"每当黄昏时候，这里一簇那里一簇的包围着从内地来到上海混饭吃的乡曲姑娘，听他们唱各色各样的小调子，你的这些调子大多是下流而淫秽。"[3]由此可见，当时广播环境乌烟瘴气，节目粗制滥造，多为迎合低级趣味的淫词秽曲，而这些内容极大地影响着社会大众，营造出颓废不堪的气象。特别是在面对外敌侵略的时候，这样的节目内容使得广播的社会责任与战时思想动员作用大打折扣，产生不良的社会影响。

对此问题，民国社会不少人提出了自己的见解，有人支持摒弃全部娱乐，发挥广播的教育作用，而多数人支持逐步改良，寓教于乐，提倡高级的广播娱乐。

《益世报》刊文称："我们需要知道，无线电并不是只为娱乐而设，我们需要借助无线电的力量，提高我们的文化，灌输各种常识，团结全国人民精神，联络各地感情。此外再加上一部分的娱乐节目，以免有干燥乏味的癖病。……更希望各种娱乐如昆曲、国剧、音乐、杂技、大鼓、单弦等均加以改良，并择其合适于鼓励人民爱国心与道德观念的游艺，加以广播，而提高

[1] 现阶段所需要的播音[J]. 音苑，1934（7）.

[2] 白狼. 音圈小讯[J]. 沪声，1936（5）.

[3] 竹铭. 无线电播音与社会改革[J]. 音苑，1934（3）.

人民娱乐的程度，使娱乐高级化。”[1]徐卓呆先生认为，“首先应该从播音台管理入手，因为这些电台都有登记备案，召集相关负责人和播音员由教育行政机构给其开会传达要义。要表明广播电台的良好发展对于国家与社会的重要性；告诉他们不良材料的危害与影响；教会他们如何甄别有害内容，播音时如何避免不良内容；要明确一旦出现问题，播音台要负全部责任；其次，要将旧游艺进行淘汰与创新，编写新的游艺材料。”[2]二人观点不谋而合，摒除全部的广播娱乐不太现实，缺乏娱乐会使得广播枯燥乏味，不利于传播。但长期低级、媚俗的娱乐会败坏社会风气，影响民众思想。可行的途径只有严格把控游艺娱乐的质量，激励民间艺人不断创新，使娱乐高雅健康化。

二、强化管理：政府的战时广播伦理规制

民国社会就对战时广播的重要性具有清晰的认知，陈立夫将广播称为“第四条战线”。在内忧外患的处境下，较早就有学者意识到中国广播管理权的问题，“中国政府处于两姑之间，左右为难，无线电台只在今日，已成为军事商业之利器，如任外人设立电台，把持管理，则平日货价之起落，汇率之高下，其以尽操于外人之手；一旦战事发生，则凡关军事之秘密，一不明白宣布与敌人之前，更不劳其间谍之侦探矣。”[3]王承樟论述战时广播电台的重要作用时称国际广播战为“潜性战争”，他讲道：“殊不知无线电播音，在战争的宣传上是非常重要的：如消息之传播，国际间及民众间之宣传，对敌国军民之忠告，以及干扰敌方无线电台之反宣传，其对于宣传的力量是何等的重大。无线电在战争上具有如此的重要性，故各国在这火药气味四溢全球的今日，都致力于建设更强大的无线电台，除用于商业上和军事上之通讯外，更利用无线电广播，来宣扬自已破坏他人，无形中便成了一种潜性战争。”[4]

20世纪30年代后，国内外矛盾日益加剧，国际间的广播宣传战愈演愈烈，

[1] 郭荣. 本市无线电[N]. 益世报，1936-2-13.

[2] 徐卓呆. 无线电播音[M].北京：商务印书馆，1937：13.

[3] 楚狂. 中国无线电台应收回自办[J]. 民大政治学会月刊，1925（3）.

[4] 王承樟. 无线电在战争中的重要性[J]. 战时记者，1939（5）.

同时日本的侵华意图越发明显，而国内的阶级斗争矛盾尖锐。就在这种内忧外患的局势下，国内广播却整日沉浸在靡靡之音与低俗娱乐中，对于国民思想意志毫无裨益，严重影响了社会风气。战时特殊时期中，如若广播无法满足对外国际宣传与对内鼓舞民众抗敌士气的话，那么后果将不堪设想。鉴于此种状况，当局者意识到应当加强广播管理力度，着重对广播节目编排、广播不良内容、社会教育职责与战时广播新闻等内容推出具体的伦理规范措施。

（一）国统区的战时广播规制

自广播诞生起，中国政府便十分重视对无线电广播的经营与管理。1924年8月，北洋政府交通部公布《装用广播无线电接收机暂行规则》，允许民间装设收音机，这是中国历史上第一个无线电广播的法令。自此之后，国民政府加大了对全国的广播电台管控力度，出台了一系列政令法规约束与规制广播伦理问题。面对国内广播节目内容粗制滥造、淫秽低俗的问题，当局十分重视，出台相关条例，取缔与改造不合规的广播电台。如上海等地开始整顿广播荒谬节目，“对于民族前途，养成颓废风气，影响非小，殊堪痛恨，本局有虑于此，认为非取缔不足以振颓风而遏潜祸，故慎重斟酌之下，采取迅速处置……无线电播音他国视为教育利器，本市为全国文化中心，不予纠正，后患必多，应是取缔荒谬播音节目一举，市政局已具有坚毅决心。”[1]又如颁发政令，告诫各广播电台务必遵循，“乃近查市内各无线电播音台，播音材料，类多弹词歌曲每于言声调之间，含有污秽伤风之意，殊足影响社会风化。兹为防微杜渐起见，合行令另仰电台遵照，此后关于播音材料，务应郑重选择，俾免流弊，而维风纪为要。此令。”[2]足见，当局对于广播内容低俗污秽的问题十分重视，下大力度整治广播节目，摒除不良内容，提倡发挥广播的社会教育职能，净化社会环境，以求形成战时的舆论与思想统一。

1937年4月，交通部颁布实施了《指导播送节目办法》，着重对广播内容做了严格规范。例如“播送节目之内容未经审查核准，擅自播放，而有下列

[1] 广播荒谬节目：社会局即将取缔[J]. 实用无线电杂志，1935（3）.
[2] 教育局关于广播之训令[J]. 无线电问答汇刊，1932（19）.

各项情形之一者，予以停播一日至七日之处分。破坏民族固有道德侮辱国人共同敬仰之先哲或时贤；鬼神妖异荒诞不经之故事；词句不但粗鄙及诲淫诲盗；违禁物品或违禁出版品之广告；危害身心之药物或场所之广告；违反民族平等之旨引起国际恶感。”[1]对于那些屡教不改之电台，当局毫不留情，予以取缔处罚，如“有数处电台，屡不遵照办理，分情节轻重，酌予处罚，以儆效尤，而重宣传为荷……查自各省市广播电台转播中央台节目后，两个月以来，据本处侦察组报告，每日收听上海各民营电台所播娱乐节目，内容词句，其情调颇多迎合低级趣味，冶荡颓靡，其影响社会风俗人至巨，尤不合于蒋委员长所提倡新生活运动之精神，亟宜详密取缔，以振民志，而维习俗，从该组报告内关于各省节目由为淫靡鄙陋者，列表一纸，随函送达。”[2]国民政府密切关注广播动态，为了确保战时广播质量与信息传递，当局下令要求地方与民营电台每日必须转播中央台的部分节目，并设立了侦查组监听各广播台播送内容，及时发现问题予以处置。同时规定中央台与国际频道定期和国外电台互动转播，采用多国、多民族语言进行播报。一方面，及时报道国内战争实况，发扬战斗精神，争取国际援助；另一方面，转播远东盟军广播，播送新闻、时评、乐剧等以助士气。法规条例的出台在很大程度上规范了广播伦理，控制了广播内容低俗污秽的势头，对于战时舆论与思想的统一起到了积极的作用。

（二）寓“教育”于广播，从观念上筑牢伦理之基

1935年5月，教育部和国民党中央党部商定，制定了利用中央广播电台播送教育节目，并于1936年7月设立了教育部“播音教育委员会”，出版了《播音教育月刊》，其内容“以讲稿为主体，此外还载有关于国内外播音教育消息和播音教育的法令。”同时国民党对各大城市的广播内容进行了严格的筛查与规范，设立了针对不同人群的教育节目，普及各类知识技能。这项广播教育活动是对以往知识学习方式的改变，通过建立“空中课堂”实现了对不同阶

[1] 民营广播电台违背指导播送节目办法之处分简则[J]. 广播周报，1937（135）.

[2] 整顿与取缔[J]. 广播周报，1936（93）.

层与人群的知识传授，给不识字的普通老百姓提供了学习的机会。同时通过广播教育，传输思想，强化国家与民族意识，激发民众的家国情怀，共同抵御外来侵略。

1937年第五届中央常务委员会第三十九次会议上通过了《广播教育实施办法》，该办法确立了四项原则：广播事业应以改革习俗振作人心，以及统一思想语言为主要旨趣；广播事业应确定为国营事业，由中央及省市政府经营之；广播事业应使成为教育事业之一单位，其取材标准，以教育之需要为依据；广播人员应受专业训练。[1]四项原则从政府管理层面将广播事业纳入国家宣传与教育中，利用广播统一思想，强化爱国意识，推行国家普及教育，并对从业者的素养提出了更高的要求。这从根本上将广播事业推向了新的高度，提升了广播的质量要求，强化其社会功能属性。《广播教育实施办法》还对广播事业发展与管理提出了具体要求：电台创办方面，禁止私人设立广播电台，之前设立的私营电台，如果其影响力较大，需要登记备案，接受政府监督。同时，外国人禁止在中国境内创办电台。在播音内容方面，要对广播播音材料进行审查，将材料分为准播、禁播与改编三类，未经审核的稿件不得播送；在人员管理方面，主管部门要对广播从业者进行信息统计，备案在册；在播音语言方面，要求使用国语，外语禁止使用（除特殊情况）。同时，中央对广播人员开设培训班，从思想、技术、语言、管理等方面进行培训，以提升广播从业者的整体素养。以上实施办法从各个方面对广播的经营、管理、审查等方面进行约束与管控，加强广播的规范性与统一性，从而为国家政治、经济、教育服务。

广播的重要管控方面在于内容，对社会产生影响的也是播音内容，因此《广播教育实施办法》特意对播音使用的材料做出了规范如下："根据文化事业计划纲要所定之原则，一面应将既有之材料选择介绍，一面应将理想之材料编纂提供。关于新闻广播，除国内外重要新闻外，对于各该地方之改进事业，如筑路、造林、卫生、消防，以及农工商各项消息亦应播送；关于演讲

[1] 广播教育实施办法[J]. 广播周报，1937（134）.

题材，以切合人民生活之改进及国家建设之需要为目标；关于广播节目，应就各项广播材料针对人民之生活为有系统之编排。”[1]政府对广播内容的选取采取文化当先、改善人民生活当先的原则。在抗战时期加大对民众的文化与思想上的教育，唤醒国民意识，激发抗战斗志，同时要求播音材料应为民众提供生活上的帮助、文化上的熏陶、思想上的统一与升华。

（三）红色广播的战时管理条例

中国共产党领导的红色广播事业虽然起步较晚，但在新闻史研究中依旧是特别重要的一个阶段。自从“七七”事变后，中共中央为了更好地团结群众与宣传抗日民族统一战线，开始筹划建立自己的广播电台。经过多方努力，1940年春天，中共中央成立了广播委员会，周恩来担任委员会主任，同年12月30日，延安新华广播电台正式播音，这是共产党第一座广播电台，标志着红色广播事业拉开序幕。

1941年5月25日，为了适应战时宣传服务的需要，中共中央宣传部发表的《中共中央宣传部关于电台广播的指示》明确了中共广播的作用，广播要服务于政治、经济、教育、军事等，用事实宣传根据地的实际情况。短短一句话却表明了中国共产党明晰广播的重要作用，遵循广播客观、真实规律。同时，为了适应广播传播特性，指示中要求：“广播材料应力求短小精彩，生动具体，切忌长篇大论，令人生厌的空谈”。“广播均应采取短小的电讯形式，每节平常以三百至五百字为适当，至多不得超过一千字，当地负责的讲演与论文，如有特别重要意义的，应摘要广播，至多亦不得越过一千字。”[2]从这一项规定中可以看出，中国共产党十分注重细节，广播不同于报纸，如果是长篇大论、不着重点，首先难以使听众留下印象，其次容易让听众产生厌烦。特别是在抗战期间，短小简练的电讯恰恰容易告知听众重点，提高传播的有效性。在广播纵向管理与对外宣传方面，中共也进行了明确的规定，“一切对外宣传

[1] 广播教育实施办法[J]. 广播周报，1937（134）.

[2] 中央人民广播电台研究室. 解放区广播历史资料选编[M]. 北京：中国广播电视出版社，1986：186.

均应服从党的政策与中央决定，各中央局、中央分局、省委、区党委负责同志的公开发言，尤应严格遵守此原则。”“各地方报纸下的通讯社，应成为对外宣传的重要机关。并设立广播委员会专门负责广播材料的审查编辑，并由宣传部指定一位政治上坚强的领导人，并经常检查其工作。”[1]规定表明了中共加强对广播的行政管理，明确隶属管理，对广播材料加以审查编辑，确保信息的真实性与及时性。同时根据战时需要，中共还创办了日语广播，主要是宣传世界反法西斯战争和中国人民抗日战争的胜利，揭露日本侵略者的残酷罪行，介绍日本反战同盟活动，鼓舞日本士兵反战、厌战情绪，瓦解敌人斗志等。中共中央对广播电台的管理措施，不光规范了广播内容形式，同时还团结了各方力量，维护了抗日民族统一战线。

综上所述，无论是国民政府还是中共领导的抗日武装力量都密切关注广播事业的发展，在战时特殊时期，对广播泛娱乐化、内容淫秽低俗、缺乏社会责任意识等伦理问题加强了管控，出台了一系列的法规条令，阻止靡靡之音扰乱社会风气。同时也对广播的具体管理、播音方式与操作细节方面提出了明确规定，提高了战时广播内容质量与传播效果。更为重要的是在战时遏制了社会不良风气，通过广播鼓舞大众抗战斗志，激发爱国情怀，共同抵御外来侵略。

三、战时广播行业的伦理自律

随着1937年以后日本开始全面侵华，一方面，广播继续为民众传递国内外新闻与推行社会教育；另一方面，还肩负起对外宣传与对民众思想、精神之鼓舞使命。在这期间，广播的伦理问题依旧会引起各界的批判，但值得注意的是广播行业开始步入正轨，行业自律与规章逐步发挥了作用。广播经过十几年的探索发展，在借鉴与对比中加深对国内外广播的研究，社会对广播事业的特性、功能等认知更加清晰，这也更加有利于整个行业的良性发展，

[1] 中央人民广播电台研究室. 解放区广播历史资料选编[M]. 北京：中国广播电视出版社，1986：186.

有利于自我规范。

抗战时期，中国的广播行业展现出积极的抗战态度，全力投入服务抗战事业，行业伦理自律不断完善。1937年，为了团结群众抗战，集中力量做好宣传与动员工作，上海市各界抗敌后援会宣传委员会拟订《战时广播电台统一宣传办法》。该办法明确规定了战时广播管理、播音内容与规章，是一次广播行业内部的自发实践。《战时广播电台统一宣传办法》规定了战时广播电台节目设置，主要以这八类为主："一是时事报告（取材申、新、时事、大公、时事午刊、新闻夜、大公晚、申晚）；二是劝募救国公债；三是劝募慰劳物品及其他征集事项；四是各类战事指导；五是外国语言演讲及时事杂评；六是抗战歌曲演唱；七是名人演讲；八是游艺劝募或宣传。"[1]从节目类型中我们可以发现，以往占绝大多数的广播娱乐节目被剔除，所有节目的设置均围绕抗战与募捐，这是一个很明显的变化。同时，上海各界在丁守业、徐卓呆等人的建议下，联合广播界同人成立了中国无线电播音协会，致力于推进播音事业，以辅助社会教育之实施，及改良材料，务期增加听众之知识，矫正国民之陋习，振作民族之精神。茅盾先生对此也大为赞赏，他认为广播界进入了战时状态，风花雪月情调的开篇没有了，平日里的评剧、大鼓、蹦蹦戏也不播送了，代替为抗日救亡歌曲与防空防毒演讲，电台还会将当日的新闻用半文半白的形式播送，一改往日之娱乐气氛。《战时广播电台统一宣传办法》还对节目进行了具体的规范，例如"时事报告节目可以自由播送，但是必须要在规定的报纸范围内取材，不得无故删减新闻原意。劝募救国公债节目由宣传委员会统一撰写稿件，各广播台宣读，每三日更新一次。该办法从根本上消除了广播泛娱乐色彩，将各广播台统一起来，凝聚力量搞宣传，为抗战救国做服务。"[2]

到了20世纪40年代以后，中国广播界对播音业务上的一些具体问题进行了反思，逐步确立起广播业务操作过程中的细节与规范。广播从业人员对于

[1] 上海市档案馆. 旧中国的上海广播事业[M].北京：档案出版社，1985.

[2] 茅盾. 对时事播音的一点意见[J]. 救亡日报，1937（8）.

广播新闻的编辑问题提出了规范，认为新闻具有真实感，要让受众如亲临现场般地感受新闻事件，这样才能使战事新闻发挥到最大化效果。广播新闻常常会被新闻稿所拘束，不容易体现新闻的真实感，只有提升广播新闻稿的编辑水平，方可实现。一是给性质分类，大体上不外乎国内和国际两大类，如果是对国内播音，我们对于国内新闻自然可以分得较为详细，政治、军事、经济等等。二是重新组织，将列举式改为综合叙述式。三是删去琐碎不重要的新闻和语句。四是把发电地点，通讯社以及日期编入新闻本身之内，来源相同的新闻可以合并时，则以上发电地点等三项不必重复。五是关于地点及日期，应以此地此时为标准，例如通信机构所供给之新闻原稿为华盛顿3日电，昨日此时，应改为据华盛顿的电报，2日那天华盛顿。六是第一次遇到人名地名，都应该说出全名，即使是很有名的，也应该如此。[1]以上这些广播新闻业务细节方面的改变，逐步提升了广播新闻区别于报刊新闻的特性，增强了新闻的真实感与感染力，也让听众更容易明白其内容，这也极大地提升了战事新闻的传播力，再现了战场的真实情况。

同时，抗战时期广播工作者表现出的责任意识与爱国敬业精神更是可歌可泣，彰显出媒体人高尚的职业道德素养。史料记载："历年来各电台为国家为社会均竭诚服务，聊尽国民天职……国军因战略而西撤，同业等虽远离祖国怀抱，而仍忠贞坚持发扬正义，不为敌伪利用，不怯强暴威胁，以国家至上民族为重，不惜牺牲一切，因之各电台负责人时遭敌宪兵队及伪警务处抓拘。"[2]又如"在重庆'五·三''五·四'大轰炸的时期，重庆所有的民众几乎完全躲在防空洞里，那时重庆上空的炸弹如雨点般降下，重要的建设几乎全部夷为平地，但中央广播电台的工作同志仍旧稳坐在号称广播大厦里面的麦克风前，执行他们神圣的职务，并不曾因为敌寇的疲劳轰炸，而有一分钟一秒钟懈怠职守的情形。中央电台工作同志，这种威武不屈的精神，在中国广播史上实在是值得称道的。"[3]

---

[1] 广播新闻的编辑和报告[J]. 广播周报，1946（3）.

[2] 张元贤. 民营广播电台于抗战期间之经过情形：广播词[J]. 胜利无线电，1946（4）.

[3] 澹台灭暗. 国人应共同维护广播幼苗[J]. 广播评论，1948.

随着社会化进程的加快与国际环境的变化而不断进步，在大众的监督与“批判”下，广播的伦理思想发生了诸多改变。最初抵制广播泛娱乐化与三俗，而后推行大众广播教育，提升国民文化素养；面对外国侵略，中国广播界同仇敌忾，团结一致，摒除不良娱乐，充当对外宣传与振奋国民之宣传武器，为民众提供服务；广播行业从新闻业务出发，规范广播新闻的稿件、内容、播音方式与形式，大大提升了广播新闻的真实感与传播率，这在一定程度上也强化了抗战广播的感染力。各界对无线电广播发展议题的批判与讨论，推动了广播媒介伦理思想的发展，逐步形成了抗战广播的伦理与责任框架。

（白贵、康智，原载《现代传播》（中国传媒大学学报）2019年第11期）

央视《抗震救灾众志成城》直播中的“电话连线”

摘要：让人始料不及的CCTV四川汶川地震现场直播报道，创造了电视突发事件直播报道史上的许多纪录，速度、长度、信息量、传播方式、报道角度等方面均不乏可圈可点之处。尤其在极其困难的传播条件下，央视创造性地运用“电话连线”报道方式，使“无奈之选”变成了“明智之选”，使非常普通的报道方式“电话连线”显示出一系列独特新颖的特色，取得了出奇制胜的效果。

关键词：汶川地震　直播报道　电话连线

北京时间2008年5月12日14时28分，四川发生8.0级地震。14：42，央视新闻频道整个采编系统开始运作。当时首先要做的工作就是，制片人和编辑通过各种途径核实此次大地震的真实性，他们给四川电视台及在成都采访的各个记者打电话，但电话完全打不通。14：58，建立联系，确定消息属实。32分钟后的15点，正好赶上央视整点新闻时段，央视在头条播发此次汶川大地震的口播新闻，只不过当时播的还是最初测量出的汶川发生了7.6级大地震。15：10，四川方面的电话开始接通，央视最先连线重庆台记者，10分钟后，15：20，央视新闻频道彻底调整正常节目，开始了这次没有任何事先准备、不知道何时结束的《抗震救灾，众志成城》的特别直播。

电视直播的最基本任务，就是展示现场、采访当事人。可灾后初期，十几个严重灾区不仅断水、断电、断路，就连移动通信也中断了。人进不去，记者无法亲临现场；电话打不通，就连直播中最后的底线——做电话连线都无法进行。然而，中央电视台新闻频道在四川地震发生后20分钟就改变了正常节目播出，开始了“突发事件”特别直播报道。电话打不通，就发短信，一条又一条，渴望、期待着受灾地偶尔冒出的信号能让正在灾区做奥运火炬传递报道的同事和地方台的兄弟收到“呼唤”。结果真的收到了几个珍贵的回音，12日15点10分，有关灾情的第一条电话连线采访在新闻频道播出……这第一条电话连线成了这次特别直播的第一线。在直播初期的许多电话连线有的是记者在街边的公用电话亭打的，有的是用卫星车上唯一一部卫星电话打的。

在电视直播过程中，新闻主播常通过电话与异地现场记者以及相关人士进行现场连线，这种单纯利用音频向电视观众传播相关信息的新闻报道样式，我们称之为“电话连线”。“电话连线”的报道方式有其特殊的传播特征，并成为多数直播报道的不二之选。

1. 便捷、高效

运用“电话连线”的报道方式，便捷是主要原因，它的时效性是任何采访手段都无可比拟的。它能将远距离的新闻现场情况以最快时间呈现在听众面前，特别是突发性事件报道，追踪式、进行时报道更是淋漓尽致地体现了这一优势，在操作上的便捷性刚好满足了电视新闻媒体对于突发性事件报道的需求。

2. 灵活、直观

“电话连线”报道多数为事件性报道，一事一发，直接切入直播室，语句短促简洁、叙事明了。有些“电话连线”报道是询问式的，往往听众对某一问题有疑惑，或是记者意识到某些事需要告知听众时，就请有关部门负责人作连线解答。这类报道一般一问一答，单刀直入，而且针对性、直观性强。

3. 语言表述的传播优势

“电话连线”报道完全是由人物语言构成，人物对事物的情感，现场事物对人物的情绪感染，都能够在“电话连线”报道中得到较为直观的体现。语言交流这种人际传播方式提供了一个平等交流的平台，传播的内容更易使人接受。

4. 成本低廉

一般情况下，“电话连线”对于资金、设备的要求较低，一部电话、一位连线记者就可以实现。只要当地的电信网络能够保证正常的通话质量，“电话连线”就可以顺利进行下去。而就人力成本而言，“电话连线”完全可以利用各大通讯社的记者网络发回独家报道。对于电视媒体来说，“电话连线”低成本传播是相当具有诱惑力的。

但是在这次抗震救灾的直播当中“电话连线”不仅实现了它本身所具有的传播特性，还当仁不让地担纲了此次直播的重头戏；不仅报道了第一手的震区消息，也通过对各个领域的电话连线组合成了一个多角度立体式的直播空间。

无奈之选与明智之选

作为“媒体”意义的电视，其传播特性在于声画合一、传播迅速、覆盖面广。因此电视更适于报道具体的、可视的、动态的、进行中的、事件性的事实。由于电视直播是源于新闻发生现场的即刻报道，零时差、零距离地把记者看到的、知道的同步传达给观众，在最大限度上满足受众对于“现场感”的需求，有效地实现了当今新闻的传播理念：NNN（now new snow）——现在的新闻现在播。因此，作为一种报道样式，电视直播最符合电视的传播特性。

“电话连线”的报道方式，并非真正意义上的体现了电视媒体的传播特性，也并非电视直播最完美的选择。电视与广播的最大区别在于其重要传播媒介——影像的介入。影像的介入并不是媒介方式的简单叠加，而是声音与影像的高度整合。整合后的信息传达，除了同样可以利用有声语言符号系统和影像外，还可以通过形体语言、表情语言等各种符号系统立体地、交融性地传播信息，实现了对事件的整体再现。而“电话连线”实际上是放弃了“声画合一”——电视媒体这一最大的传播特性，就其传播效果而言，与利用卫星直播技术的“视频直播”所产生的强势传播效果是无法比拟的。在客观条件不允许，无法实现视频现场直播的情况下，用“电话连线”所进行的这种“弱势直播”样式是无奈之选，但事实证明也是明智之选。

“电话连线”成为直播的主线

出人意料的直播条件的限制，使“电话连线”成为这次直播的主线。通过连线了解灾区的人员伤亡、破坏程度，通过连线报道最感人、最真实的救援行动。据不完全统计，截至14日18时，直播节目共连线前方记者、部队官兵、各方面负责人180多次，滚动播出消息460多篇。“电话连线”在直播中这么大比重的运用，而且运用得恰到好处，可谓是无奈之选后做的最大的努力，也是电视人专业精神的最突出表现。

在13日的直播中，仅21点40分到22点这短短的二十分钟间，就连线6次，其中不仅有活跃在各个现场的记者，还有各方面的负责人。直播当中通过连线的方式把第一手的资料不加编辑地直播出来，大大增强了信息的时效性，也实现了新闻的传播理念——现在的新闻现在播，显示了语言符号传播在视觉传播时代的有效突围。“电话连线”虽然失去了画面的视觉冲击力，但是其信息传播的完整性并未受到明显影响。黄匡宇教授在20世纪80年代统计了2500条电视新闻后发现，新闻中所有的画面被关掉以后几乎全部都能听懂，只有一条听不懂，但是这一条是没有有声语言而是打字幕的，相反关掉声音而只看画面，没有一条能完全看懂。这也说明在信息传达方面，单纯的“声音”完全可以满足其要求。重大新闻事件的信息量是决定其新闻价值的关键因素，也正是由于“电话连线”在传播信息上的完整性，使得这次抗震救灾直播通过“电话连线”报道的普遍运用得到完美的表现。

在“电话连线”的报道过程中，为了提升报道的感染力，先进电视技术的运用大大拓展了表现方式。现场直播头两天，因为各方面原因前方没有回传画面，新闻频道制作并运用了大量的地图、动画、字版、图版等直观形式，累计几千幅各式各样的图板，配合“电话连线”形象展示了救灾部队的推进和灾区的情况。值得称道的是，在直播中首次使用的国家测绘局专家带至中央电视台演播室的立体的三维地图，形象地说明了道路塌方、山体滑坡、路途艰险，直观地解释了救灾工作推进的难度，增强了“电话连线”给予声音感受之后的视觉刺激，达到了较为理想的传播效果。

多点连线成为直播的推动力

在抗震救灾的直播过程中，有对救灾一线记者的连线，对部队官兵的连线，对交通运输部门的连线，对民航总局和机场的连线，对卫生部门和医疗队的连线，对电信部门的连线，更有对灾区政府应急部门的连线。通过这样多角度的连线，构建起一种立体式的全景把握，使直播在“电话连线”中不断向更广的领域、更深的层次推行。

以最快的速度报道新闻是新闻工作者的使命。新闻媒体竞争的一个主要内容就是抢时效。谁能第一时间抢先发出消息，谁就赢得先机，赢得主动。因而，在激烈的新闻竞争中，在任何地点、任何环境、任何时间都能连线上的电话报道应运而生。在第一场现场直播中，除了播发准确地震消息外，还第一时间报道了胡锦涛总书记关于全力救灾的重要指示，报道了温家宝总理已经动身飞往四川地震灾区的动态消息；现场直播报道了中国地震局的首场新闻发布会，还连线了各地方电视台的记者，连线了第一时间赶到中国地震局的记者等，报道了民政局的救援物资调配情况、重庆机场的备降情况、成渝高速公路免费放行、解放军紧急启动应急预案应对震情以及在地震中的自救知识等，中央电视台新闻频道的独家权威消息使当天很多门户网站上的消息都标有“经过中央电视台报道”“经过中央电视台核实”等字样，真正抢占了这次事件的第一话语权。

第一话语权的掌握并不能完成直播的推进，而“电话连线”的多点多角度运用，成为直播不断推进的驱动力。通过“电话连线”得知了一路记者从成都火速赶往汶川县灾区，直观地报道了灾难的程度；通过在中国地震局采访的记者李伟代与演播室主持人海霞连线直播，报道了中国地震局发言人批驳北京当晚有余震的谣传；通过连线得知正在北京南苑机场的记者冀惠彦报道的关于准备起飞的专机和救援组的组成情况；通过连线成都军区记者站的记者，及时了解了军队救灾的进展；以及各方的救援力量及时赶往灾区等重要信息。此次直播在“电话连线”中不断显示出多点透视、层层递进的态势，不断更新、不断深入的各方信息，使“电话连线”名副其实地成为直播的推动力。

当然多点连线的完成离不开多家媒体的合作与联动。在直播报道中，中央电视台新闻中心大力拓展稿源系统，为确保报道的时效性和权威性，全面联合各地方电视台的记者，既有各省级电视台的记者，也有地市级绵阳、雅安等重灾区的记者，中央电视台新闻频道与四川14家电视台保持着热线联系。电视节目是一种需要协作的工作，尤其是在这样一个特殊的时刻，汇聚多方力量形成合力，才能做出及时、准确、全面、客观的电视新闻。

“电话连线”促成直播的理性回归

大灾面前，谣言是最有市场的时候，它更多表现出人们对于灾难的恐慌，表现出人们在寻找一个宣泄愤怒与绝望的途径。但“电话连线”发回的真实而直观的报道，在带来真相的同时，也使整个直播的氛围回归到理性的轨道。

这次直播的反应速度比以往类似事件的报道快了许多。整个直播节目中不断地采用“电话连线”的方式发回前方最真实的声音，用武警、解放军通信线路甚至是QQ发回前方的最新图像，报道中宣传性的东西少了，真实的、人性的声音与画面多了。直播中很少听到豪言壮语，听到更多的是客观准确的灾情报道、现场家属们悲怆的哭声、搜救人员搜救时焦急的喊声。

“电话连线”富于活力的报道，满足了观众对灾区信息公开透明的需求，同时也得到了国内外媒体的一致肯定。2008年5月14日的新加坡《联合早报》发表《社会没有出现恐慌，灾情信息透明及时》的文章，说：“中国各路媒体在灾情发生后几乎不停顿地发布最新伤亡数字和救灾消息，介绍防灾知识。中央电视台也以全天直播的形式报道灾情、传达高层指挥救灾的举措。”2008年5月13日的《人民日报》发表《人民时评：灾难中凝聚沉着的力量》说：“这场‘全国直播’的震情随着电波和网络迅速传送，不仅没有扩散恐慌，反而抚平了公众的不安，凝聚起坚定沉着宁静的力量。”美国《国际先驱论坛报》报道说，中国对地震的反应不同寻常地公开。中央电视台不间断地滚动播出灾情和救灾努力，这在中国还是非常少见的。智利《民族报》、古巴《先锋报》、玻利维亚《日报》、乌拉圭《国家报》、哥伦比亚《观察家报》等纷纷发表文章，认为，中央电视台第一时间公布都江堰和成都等受灾地区的图像，并播发胡锦涛主席呼吁全力抢救伤亡群众和温家宝总理第一时间赶赴灾区的新闻，及时公开信息，值得赞赏。“电话连线”的迅速反应成为这次直播获得众多好评的基础。

中央电视台及时推出的演播室抗震救灾直播节目，是突发事件直播中规模超前、持续时间超前、影响力超前的节目，它也表明国家大台直播经验的成熟。地震、直播，生活仍在继续，又都似乎有了些不同。地震改变了人们的生活方式，使人悲伤但警醒；直播改变了电视节目设置的格局，使人感动而振奋。而直播中的“电话连线”什么也没有改变，只是一如既往地发挥它的优势，但却真正成为一大亮点。

（白贵、付佳静，原载《洛阳师范学院学报》2008年第8期）

知识分子走入电视

——电视与知识分子的双赢之举

摘要：电视与知识分子联姻已成为当前电视节目中的一道独特风景并在学界引起争论。电视与知识分子优势互补、各取所需：电视向知识分子借脑，可以增强电视节目深度，提高电视文化品位；知识分子向电视借势，电视成为知识分子履行社会责任的重要平台。

关键词：知识分子　电视　双赢

知识分子走入荧屏是当前电视深度栏目和重头节目中的普遍现象，如在中央电视台《央视论坛》《百家讲坛》《读书时间》《文化视点》等知名栏目以及伊拉克战争报道、抗击非典报道等重大节目中，知识分子是不可或缺的参与人物，甚至有些知识分子通过荧幕成为观众耳熟能详的名人。电视与知识分子的联姻，派生出了“电视知识分子”这一群体。

“电视知识分子”这一概念是法国已故社会学家布尔迪厄提出来的，它主要是指经常出现在电视上，同时又是非电视从业人员的专家，他们作为特邀专家或嘉宾解答电视观众的问题或就一些社会热点问题发表自己的见解。电视与知识分子联姻是电视与知识分子的共同需求，是一种双赢之举。

一、电视向知识分子“借脑”，是增强电视节目深度、提高电视文化品位的要求

电视作为大众传媒，赢得大众是电视生存的基础。追求高收视率成为衡

量电视台办台质量的重要指标。由此，在节目制作上，电视极力遵守大数法则，即观念为大多数人接受、题材为大多数人认同、模式为大多数人熟悉、风格为大多数人喜欢，表现出明显的趋众化特征。无限制地追求大数法则，使电视变得简单、浅显和平面。人们在电视面前变得思维懒惰、不思进取。同时，电视文化这一继印刷文化之后的又一种新型文化形态具有更多消费文化、娱乐文化的特征。电视文化受商业化法则左右和控制，在文化价值取向上的趋众和媚俗尤为突出。由于以娱乐和消费为主要特征，今天的电视文化在很大程度上放弃了应有的理性追求和人文关怀，各种娱乐节目、选秀节目泛滥成灾，各类电视大赛遍地开花，言情、游戏、搞笑、博彩等内容大量移植到各类节目当中，文化深度被取消、文化中心被颠覆、文化意义被消解，电视文化呈现出一派典型的后现代文化景观。知识分子走上荧屏是社会要求的必然，也是电视自身发展的必然。

1. 知识分子走入荧屏，能够增加电视节目深度，使电视节目避免流于浅俗

以学术为主要衡量标准，经过严格程序选择出来的知识分子拥有雄厚而精湛的专业知识，电视向知识分子“借脑”，借助知识分子渊博的学识和强大的创新能力可以提升自己的品位，顺利完成由浅俗向深刻的转变。

知识分子以思考社会、探寻规律为己任，是理性与智慧的象征。知识分子参与到节目中来，使电视信息多而知识贫乏的状况得到改变。特别是在谈话类、评论类、分析类节目中，知识分子为观众传播知识、讲述道理、解疑释惑，使观众在看电视的过程中在知识上有所获益。同时，知识分子的参与使节目由感性向理性提升，将问题提升到一个理性的高度进行剖析，不仅停留在是什么的层面，同时深入探寻其原因、背景，并利用其掌握的专业知识对问题的前景及解决办法提出自己的见解。这是不具备精湛的特定专业知识的电视从业人员所达不到的。中央电视台的一些名牌栏目如《焦点访谈》《央视论坛》等如果没有相关专业、学科的知识分子出场，要想出彩是很不容易的。知识分子增强了电视的知识性和权威性，使媒体公信力得到提高，对电视的发展起着非常重要的作用。

2. 知识分子走入荧屏，能够提升电视文化品位，更好地发挥电视的引导功能

在我国，电视不是纯商业的盈利机构，它同时承载着传承文明、启迪民智的社会功能。知识分子介入电视，可以是严肃文化、精英文化与大众文化在新的框架内进行联姻，从而提高电视文化品位，进而提高观众品位。如中央电视台科教频道的《百家论坛》，它不排斥主流文化和大众文化的意志、趣味，其宗旨是追求“教育品格、科学品格、文化品位”，努力提高人民群众的科学文化水平和思想认识水平”，节目内容涉及自然科学、社会科学、人文科学，追求学术创新、鼓励思想个性、强调雅俗共赏。

另外，电视知识分子利用电视发表自己的见解和思想，影响观众，是对后现代电视文化的一种反拨、匡正，同时也是对社会文化的一种积极引导。

二、知识分子向电视“借势”，电视成为知识分子履行社会责任的重要平台

1. 知识分子群体本身具有强烈的社会责任感

自古以来，我国知识分子具有忧国忧民意识和强烈的社会责任感，从“先天下之忧而忧，后天下之乐而乐”的范仲淹到现代为唤醒民智而呐喊的鲁迅，几千年来不乏其人。“修身齐家治国平天下”“达则兼济天下，穷则独善其身”是几千年来我国知识分子遵循的信条。

当前，我国知识分子已经分野，一是知识分子的参与方式在20世纪90年代发生了很大变化。20世纪80年代以及以前知识分子较多通过从政直接参与改造社会，或给决策层献计献策。20世纪90年代以后，知识分子开始转向文化参与，这个转变更符合知识分子本身的功能和价值。二是知识分子群体本身也在分化，知识分子的生存状态、自我定位、扮演的角色也有了一些区别。主要划分为两类，一类是纯学者；另一类从事知识传播，为社会发展提供新思想、新见解，影响公众，这类知识分子与媒体联系紧密，充分利用大众传媒的功能来传播自己的理想与理念。

2. 社会需要知识分子发出自己的声音

我国正处于社会转型期，各种社会问题层出不穷，需要知识分子为大家解疑释惑。我国总体上还没有完成向现代化的转型，知识分子还肩负着价值判断和理想建设的权责，知识分子不能完全放心地作浇灌“后现代花朵”的园丁，仍需要承担其“麦田守望者”的角色。

3. 电视以其强大的传播攻势，为知识分子履行社会职责提供了重要平台

布尔迪厄作为一个“介入型知识分子”曾这样说过：从左拉到萨特，新闻界一直就是知识分子思想表达的通道，是知识分子革命和战斗的前沿。如果在任何一次知识分子的讨论中，新闻界起不到扩音器和讲坛的作用，那么事情就不会顺利。

现代传媒特别是电视以其强大的传播攻势，在影响人们的观念方面发挥着非常重要的作用。电视内容已涉及社会政治、经济、文化等社会生活的方方面面，传播范围覆盖了各个阶层、各个年龄段的社会大众。电视为知识分子提供了一个平台，一个履行社会职责的平台。

在谈及现代传播媒体——电视在知识分子传播思想过程中的作用时，剧作家张宏森曾写道：“鲁迅先生的一生，都致力于揭示中华民族的国民性，它的《呐喊》《彷徨》多么希望给当时麻木的心灵敲响重锤；然而，尽管如此，《呐喊》也罢，《彷徨》也罢，当时的总印数也不足几千册。如果鲁迅先生生逢今世呢？他有力的呐喊声定然不会放过这个一夜之间传遍各个角落的现代传播媒体。现在，手段和媒体正摆放在我们面前，从物质条件上说我们比鲁迅先生优越了许多。优越的条件呼唤的不仅是文化守灵人，它更在呼唤慷慨高歌的文化开拓者。所有真正意义上的文化人都应该重视并重新评估现代科技手段和现代传播媒体在实现文化思想中所发挥的力量。这种力量也会重新构建出当代中国大文化的崭新模型。”[1]

香港岭南大学学者许子东谈到自己参与大众传媒的感受时这样说：学者参与大众传媒的传播是推动社会前进的一种方式，通过电视传媒，可以迅速

[1] 张宏森. 中国电视剧给我们带来了什么[J]. 新华文摘，1995（10）.

地将自己的研究与社会批判结合起来，借助电视将思想和见解跟大家分享，也可以达到忧国忧民的目的……我同时也从节目中，从观众的即刻的反应中获得新的信息和信心，更多更好地接触社会和民情，这反过来又有助于我的专业研究，因此说，学者上电视做节目，是将来传媒的发展方向。

同时，电视媒介作为一个话语场域，其实是当代社会权力较量的一面镜子，一个角斗场，知识分子应当积极利用这个场域，在商业过于主宰社会的时代里，知识分子更应当借助电视这一强势媒体来担当起社会批评家的责任。

三、结论

电视与知识分子的联姻是一种双赢之举。电视应该在弘扬知识分子话语方面自觉提供适宜的空间，积极向知识分子“借脑”，以增强节目深度，提高文化品位，更好地发挥引导舆论和传承文明的作用。同时知识分子要善于向电视“借势”，要善于利用电视传播这一影响最大的公共空间，将学术话语变为大众话语，将自己的专业知识与社会发展联系起来，更好地担当起“麦田守望者”的角色。另外，知识分子在参与电视媒介的同时要恪守“自由之思想，独立之人格”的学人操守，不要被电视媒体所同化。

参考文献

1. 柯泽．电视文化的理性批判 [J]. 中国广播电视学刊，2001（7）.

2. 郭五林．教授走进电视直播间的学理思考 [J]. 当代传播，2003（6）.

3. 阿正．对话——文化嬗变与中国命运 [M]. 北京：西苑出版社，2002.

（白贵、高春梅，原载《社会科学论坛》2006年期3期，有删节）

一个学者型领导的电视路

何振虎和我是河北大学中文系七七级的同班同学，而且两个人还是同一个小组，他是我的顶头上司——小组长。这个十几人的小组出了几位领导、几位教授、杂志主编、作家，其他同学大多也都在比较重要的岗位上。30多年过去了，当初20多岁的年轻人，变成了年近花甲或者是年过花甲的人。已经并正在陆续地退出历史舞台。但是作为同学，彼此的相知、相识，彼此的那份情意犹如当初一样。

振虎的这本书，准确说是他多年来写下的一些与职业相关的文字，在朋友和同事的建议下结成了一个集子，书名就叫《守望与突围》。出版前，他把书稿发给我，希望我能写个序，我想这是一份无法推托的信任，他大概觉得我是和他在性格、价值观方面都比较接近的人，既是过从甚密的老同学，另外，我九十年代再次回到河北大学之后，在业务上彼此之间的联系就一直非常密切。在专业领域，我们有太多共同的话题，常常出席很多共同的场合，譬如评奖、立项、会议等各种交往、交流都比较多。所以多年来我对他的想法、他的工作、他的为人，可以说是比较了解的。论文集看过之后生出很多的感触。毫不夸张地说，这是一位学者型领导写出的文字，这些文字有力地证明，作者集多种角色于一身：新闻的采编者、改革的参与者、广电的领导者、媒体变革的思考者、历史变迁的见证者。八十年代初，他先从河北电视记者干起，其后是编辑、组长、新闻部主任、新闻中心主任、副台长、副巡视员、副局长，始终没有远离业务。特殊的身份、经历决定了其特殊的视野。

本书中包含一部分他作为领导的讲话，但是在讲话当中，我们很少看到官话、套话、八股文字，更多看到的是他对这个行业的深刻了解，准确的把握，高屋建瓴式的见解。他的社会责任感、忧患意识、危机意识，基于传统的价值观、开阔的眼界和富于包容性的胸襟，都成为一位专业领导难得的重要素养。他对广电影视行业的分析，常常不只是站在河北的角度，更是从全国的整体上来把握态势的。他提出的意见、建议都不脱离河北的实际。有些多年前讲的重要观点和预测，直到今天看来也感觉正合其时。在河北广电系统，大家首先是把他当作一位专家在说话，其次才是领导。因为从话到理，从实际到理论都普遍为同行们认可、尊敬。他发表在《声屏经纬》和其他刊物上的论文多有较高的学术含量和很强的指导性。

从业30多年，他十分熟悉这个行业，对人，从国家广电总局、央视、省局、台到各地局台领导层，甚至不少记者编辑，他大都熟识；对各台栏目、节目他如数家珍；对河北生产的优秀广电影视作品，了如指掌。尤其难能可贵的是，他始终保持着对文学、对学术的兴趣。前者有助于他对社会、对生活的激情与新鲜感的保持，后者有助于他能超越经验的层面审视问题。这部集子，不但是他个人业务、思想轨迹的记录，而且也是整个河北广播影视业发展的真实记录。从20世纪80年代直到21世纪第二个十年的今天，这不是30多年河北广电事业的一个独特写照吗？何振虎，是一个不多见的有理想、有追求、有文化底蕴的专业化的领导。客观地说，这对于河北的广播电视业来说也是一种幸运。我个人就多次在会上听到他发表的关于河北广播影视发展的真知灼见。书名中有两个关键词，一个是“守望”，另一个是“突围”。这里透露出他对河北媒体的理解和期待。所谓“守望”，应该是媒体的基本使命，而在媒体竞争空前白热化的今天，媒体必须有“突围”的意识，否则会被大浪淘沙。从一个学者的角度来看，他写的很多文字，我感到非常具有学术气息，有思考深度，符合河北实际和中国实际。他不喜欢让下属提前准备讲话稿，一般都是亲自动笔。说的不是自己的观察感受，就是自己领悟出的道理。收在这个集子里的，有几组不同的文字，内容、风格各有不同，但都是一样平实、要言不烦。“微言快语”一辑中，《赫鲁晓夫的逻辑》《书生意气与流氓义气》思想锋芒不同寻常；《匹夫见辱拔剑而起？》酣畅淋漓而耐人寻味。《翻书随想》《会海百态》讲的都是常人、常情、常理真话；《无耻即是勇？》词锋犀利，一语中的。《人，为什么直立行走》《追逐及续篇》体现出的是一种杂文的风范，层层剥笋，语言犀利，闪烁着思想的光芒。他写的“银屏乱谭”这一组影评，更多是一种平视的评说，体现出与众不同的品位，这些电影观感中他每每都能谈出自己独到的见解，让人感到他是在以一个评论家说话，而不是作为一个领导在说话，让人爱听、爱看。

（白贵，为何振虎著作《守望与突围》所写序言，
河北教育出版社2014年8月版）

民国时期国民政府广播管理的传播发展观及其逻辑

——一种基于伦理视角的历史考察

摘要：作为民国时期的新媒介代表，广播的价值与功用得到了社会的普遍认可。然而，随着广播事业的快速发展，许多民营电台过分追求商业利益，缺乏社会责任观念，以致播送低俗娱乐节目，靡靡之音严重影响社会风气和民众思想。为了更好地利用广播凝聚力量，整合社会，国民政府对无线电的接收与经营权，广播节目设置与内容编排，以及战时广播伦理和职能等方面出台了一系列的条令法规，促使广播业由最初的自由散乱朝着规范化、有序化发展。管理与规制的背后是民国社会对媒介社会化的深刻反思，通过广播帮助大众全面认识所处的时代环境，改善生活、解决冲突、达成共识，推动知识、技术、思想、文化的沟通交流，最终旨在实现人与社会的契合，这成为广播发展的内在逻辑。

关键词：广播法规　媒介伦理　公共利益　发展传播学　媒介社会化

一、广播规制的时代背景：新技术带来的便利与困扰

自1923年中国广播事业开始以后，社会各界对广播给予了厚望，并且不断探索如何正确利用广播来达到社会发展的目的。从公民生活而言，作为一种新兴媒介，广播的出现对社会发展与大众生活产生了深远影响，新媒介的

出现，不单单在传播内容与形式上发生了变化，同时也因其自身区别于以往“旧媒介”的属性而逐步影响社会认知与行为。“媒介即讯息”，麦克卢汉将媒介纳入信息当中，肯定了媒介本身对社会产生的影响。之后，尼尔·波兹曼把媒介环境学定义为媒介作为环境的学科，此处的媒介也具有更加丰富的含义。新媒介的产生改变了信息传播的形式与内容，其本身也会对受众接收信息的感知产生影响，改变社会原有的组织与行为模式。新媒介的产生不完全是“颠覆”改变旧媒介的所有，在某种程度上其实是一种渐进性的发展与延伸。广播的出现拓展了人的听觉感官，弥补了纸质媒介的时间与空间限制，降低了信息获取的门槛，这对于民国高文盲率的社会而言，可谓最有效的传播媒介。

从社会发展而言，新的媒介形态催生了新的社会交往模式，强化了媒介对民国社会整体环境的影响；同时，反观社会对新媒介的责任担当、道德评判也有了新的要求，并在发展中逐渐达成了共识。媒介在进行传播活动时，要对传播内容与形式有着清晰的认知，什么应该传播？什么应该禁止？该以何种形式传播？这都需要有明确的执行标准，其中媒介的社会责任就是标准中最为根本的准则。在社会化进程中，大众传播媒介应该肩负起把关职责，选择适宜的内容进行传播，通过传播改善与解决社会问题，从而有利于国家的发展。媒介应时刻以社会责任为根本，弘扬社会良好风气、促进社会进步，在传播中注重道德伦理，激发大众奋发精神、增强人民信心。社会要从管理与理念上规范媒介传播行为，强化媒介的社会责任观，推动媒介服务于社会进步。

民国时期，在商业利益的驱使下，许多民营广播电台追名逐利，低俗娱乐节目、虚假信息大行其道，本应作为大众传播媒介所具备的准则与职责常常被抛之脑后，媒介的社会教育职能也大打折扣，这严重扰乱了社会正常秩序，败坏社会风气。潘公展批判道：“我们在路上跑的时候，两旁商店的收音机有时还会送出《毛毛雨》《妹妹我爱你》等声音来，总之在收音者方面大多数以享受低级的娱乐为其购备收音机的目标，在播音者方面就当然投其所好，竞以低级歌曲供给大众。”[1]广播在发展中暴露出的媒介问题很快受到了社会大众的批判与质疑，进而推动国民政府在广播管理方面出台了一系列的法规条令，完善了广播在经营管理、题材选择、节目编排、内外宣传、战时职责等方面的规范制度。

二、维电政，保主权：国民政府的无线电管理条令

广播诞生短短数年，发展速度十分惊人，延至国民政府时期，全国广播电台数量激增，民营电台与外国人创办的电台占比很大，且良莠不齐，这给广播管理层面带来了巨大的挑战，首当其冲便是无线电的主权与电信安全。

其实，早在广播诞生之初，北洋政府就曾对电信安全进行过管控，国民政府在此基础上继续强化了无线电广播的设立与管制。被誉为“中国无线电之父”的曹仲渊在《东方杂志》呼吁中国政府要重视本国无线电事业，尽早设立相关管理条令，应牢牢将电信主权握于自己手中，维护国家安全。他说：“然正以吾国无此项法律及条例可以遵守，上海方面在此三年之中，居然有多数无线电话之播送站及收话机，而作此生涯经营此事业者，又皆属欧美人民。”[2]随着广播电台的数量增多，管理失序与隐患也随之加重，北洋政府开始以行政手段干预无线电事业，以捍卫国家安全与电信主权。

作为当时舆论风向标的《申报》刊载文章，呼吁民众遵守《电信条例》，严肃对待私设电信发射器之行为。“此项情事，明显违反《电信条例》之规定，损害主权，妨碍电政，关系殊为重大……对于《电信条例》之规定容有未知，致违禁例，应请转饬所属广为晓谕，迅予禁止，以维电政，以保主权，以消隐患。”[3]1924年8月，北洋政府交通部正式颁布《装用广播无线电接收机暂行规则》，这是中国历史上第一个无线电广播的法令。规定要求在中国境内不得私自安装无线电接收机，如有需求，无论何人、何种国籍都要经由交通

[1] 潘公展. 市教育局举办播音之意义[J].无线电杂志，1933（3）.

[2] 曹仲渊. 三年来上海无线电话之情形[J].东方杂志，1924（18）.

[3] 上海档案馆. 北洋政府交通部为取缔开洛广播电台事致上海护军使咨稿[J].旧中国上海广播事业[M]，北京：中国广播电视出版社，1985：45.

部审核通过后，方可安装使用。这一举措无疑将无线电装设权力归于国有，强化了国家电信安全。1926年，东北无线电长途电话监督处颁布《广播无线电条例》，规定“居住在东三省的民众若想听广播节目必须按规定安装使用无线电收听器……装设无线电收听器、附属品、零件等，不论中外商行，都必须运输销售，并且绝对遵守东北无线电长途电话监督处所规定的运销收听器规则；”[1]此条例虽只限于奉系军阀统治的东三省范围，并不是一个全国性的法律，但这也是民国早期对无线电广播管理的重要体现，展现出中国积极捍卫电信主权的态度。

延续此前的无线电管理举措，国民政府允许民间装设收音机设备，但需登记注册。为进一步加强管理，1930年7月，国民政府颁布了《装设广播无线电收音机登记暂行办法》，规定“凡欲装设广播无线电收音机者，无论其系购置或自行配置零件而成者，均应向交通部或交通部国际电信局或交通部所指定之登记处登记，填具装用广播无线电收音机登记申请书，领取登记后方准使用。”[2]值得注意的是该条例首次对隐私权与军事安全作出了规定，在广播发展初期，电信讯号混乱，无线电接收器常常会收到私人频道或军队通传信息，其中包含有个人隐私或军事秘密，因此，规定要求“装户如自其收音机接得任何无线电信，除广播无线电外，皆因保守秘密。”1932年11月，政府出台《民营广播无线电台暂行取缔规则》进一步强化了电信安全措施。规定“凡请领广播电台许可证时，需将下列各项由负责代表人详细填呈：一、公司或团体之名称，组织地址及主管人之姓名；二、设立广播电台之目的；三、广播电台之名称，组织及概算；四、无线电话发射机之电力地址及详细工程计划；五、播音室之地址。”[3]这将有助于明确广播电台的办台目的，对于电台情况的详细报备也会有助于约束电台之不良行为，便于事后追责。

---

[1] 辽宁省档案馆编. 奉系军阀档案史料汇编6[M]，南京：江苏古籍出版社，香港：香港地平线出版社，1990：350-351.

[2] 徐百齐. 中华民国法规大全第四册[M]. 北京：商务印书馆，1936：4640.

[3] 王云五. 中华民国现行法规[M]. 北京：商务印书馆，1937：636.

三、立规则、重质量：国民政府的广播职能规范

战争，终究是国家与民族不愿遇到的境遇，战争带来的苦难与牺牲对于近代的中国而言，已经是雪上加霜。民国时期，百废待兴的中国刚刚有了些许起色，却又遭日本帝国主义的侵略，1931年“九一八”事变爆发，日本侵占我国东三省，侵华野心昭然若揭。伴随着国难的加深，社会普遍认识到随着内外矛盾的日益加剧，国际间的广播宣传战越演越烈，如果我们再不能合理地利用好广播优势，发挥其在抗战宣传与舆论引导等方面的作用，那中国终将成为一盘散沙，任人宰割。国民政府十分注重宣传舆论工作，并将广播列为“第四条战线”，通过各大广播电台，形成舆论统一战线，团结各方力量积极抗日。针对当时国内不少广播电台为一己私利罔顾社会利益，播送低俗娱乐之节目，淫秽色情之歌曲大行其道，电台社会教育职责缺位等现象，国民政府从多个层面强化了对广播的管理与规制。

（一）明确广播职责，规范播音内容

针对广播节目内容与职责方面的规定早在1933年的《民营广播无线电台暂行取缔规则》里就有体现，“广播电台之业务以下列为限：一、公益演讲；二、新闻报告（必要时交通部得制止之）；三、音乐歌曲及其他节目；四、商业报告（不得逾每日广播时间2/10）。”以及“广播电台不得触犯下列之任何一项：一、扰乱和妨碍国有海陆空及公共通信电台之业务；二、不服从交通部所派检察员之指导与监督；三、播送不真确之消息或新闻；四、与任何一电台叫通有类如通报情事；五、传递私人消息；六、播送危害治安或有伤风化之一切言论消息歌曲文词；七、扰乱其他广播电台直播音。”[1]条例规定了广播电台节目的内容范围，明确了广播之于社会的职能界限，规范了广播与商业间的关系，广播不能仅以商业盈利为主要目的，更要服务于社会。同时还对广播节目内容进行了规范，对虚假新闻报道、低俗节目等内容有针对性地制定了法规，这就有利于净化广播环境，提升广播的社会价值。

---

[1] 王云五. 中华民国现行法规[M]. 北京：商务印书馆，1937：636.

随后颁布的《指导全国广播电台播送节目办法》（以下简称《指导办法》）进一步对广播电台节目的编排与播放流程做出了详细规定。《指导办法》要求各广播电台须提前将节目种类、播送时间、预告节目表等提交中央执行委员会广播事业指导委员会进行审核，通过后方可施行；“各广播电台逐日播送每种节目之标题（如演讲某事，奏唱某歌某曲）及担任人员姓名，应先编排节目内容预报表，送至中央执行委员会广播事业指导委员会审阅，如有更改之必要者，得通知改正之。各广播电台预定节目，如不得已临时变更，增加或停缺，应不逾每日节目1/5限度。”[1]各广播电台应预留时间，按交通部规定转播中央广播电台之播音；该办法在广播电台节目编排与播送方面加大了广播事业指导委员会的监管职权，要求各广播电台的节目编排情况提前上交广播事业指导委员会进行审核，这样可以大大降低节目的粗制滥造，提升广播节目的整体水平。

《指导办法》对广播的播音内容提出了要求，整体强化了战时广播的教育职能，摒除淫秽荒诞之低俗节目，做好抗日舆论宣传工作。“一是播音节目之成分，关于教育演讲及新闻报告方面，公营广播电台应占多数，民营广播电台亦不得少于20%，但以转播中央广播事业管理处所属各电台之节目为限，其娱乐及广告节目至多不得超过80%。二是各广播电台除娱乐节目外，对于教育演讲及新闻报告节目应以国语播送为原则，暂时兼用当地方言者，应另加教授国语节目。三是各广播电台不得播送有关禁例或偏激之言论、诲淫诲盗迷信荒诞之故事及歌曲唱词。”[2]同时管理部门还制定了播音节目内容审查标准，“各广播电台节日其演说歌曲唱词广告等，如有下列各项情形之者，应予修正或全部禁止。一、违反本党主义者；二、危害本国安全者；三、妨害社会治安者；四、违反善良风俗者；五、侮辱他人或先哲者；六、宣传迷信者；七、词句猥亵者；八、违禁物品或违禁出版品之广告；九、危害身心之药物或场所之广告；十、其他违背政府法令者。”[3]审查标准详细规定了何种

[1] 指导全国广播电台播送节目办法[J].广播周报，1937（132）.

[2] 指导全国广播电台播送节目办法[J].广播周报，1937（132）.

[3] 播音节目内容审查标准[J].广播周报，1937（135）.

内容不得播出，这将极大减少广播节目中的不良信息，打击低俗娱乐之风，营造良好的播音环境。

（二）提升广播宣传，强化战时舆论引导

范本中曾说："无论什么宣传事业，如果仅对自己国民发生作用，则其效果实等于教育；如是与国际有关系的资料，则虽同为一篇宣传文字，一旦移到广播机前面，则关系就很重大了，甚至一两个字不谨慎，就可以引起世界各国的反感。"[1]足见在广播宣传中，须谨慎对待各个细节，否则极易产生与初衷背道而驰之结果。为了做好国际宣传与凝聚国内抗日力量，提升抗战精神与指示之传达效力，1936年，国民党中央执行委员会下达指令，要求"交通部所辖之各广播电台，均应转播中央广播电台播发之中央纪念周及重要新闻两项节目，其时间由本处规定之。兹为平时提高社会常识，或非常时宣传中央意志，齐一民众观念起见。"[2]作为当时国内规模与影响力最大的中央广播电台是中国的官方宣传机构，其节目类型齐全，编排质量高，较之于其他广播电台而言，播音内容偏重宣传性与教育性。硬性规定转播中央电台之节目，在一定程度上可以更好地传递主流价值思想，统一舆论宣传，更有利于团结抗战力量，发挥广播舆论引导之作用。

同时，为了进一步落实转播指令，广播监管部门对不合规的广播电台进行了查处与取缔，将指令落到了实处。"查自各省市广播电台转播中央台节目后，两个月以来，据本处侦察组报告，每日收听上海各民营电台所播娱乐节目，内容词句，其情调颇多迎合低级趣味，冶荡颓靡，其影响社会风俗至巨……亟宜详密取缔，以振民志，而维习俗。"[3]国民政府密切关注国际动态，为了提升广播的对外宣传与鼓舞士气之效果，下令让中央电台与国际广播频道定期与国外电台进行互动转播，并采用多国、多民族语言进行播报。一方

[1] 范本中. 广播事业在文化上之地位[J].无线电，1937，4（3）.

[2] 国民党中央执行委员会请转函行政院通令饬各地公私电台转播中央电台节目文[J].广播周报，1936（82）.

[3] 整顿与取缔：关于各电台转播中央台节目及本处取缔全国各台不良节目：本处致交通部函四通[J].广播周报，1936（93）.

面，及时报道国内战争实况，发扬战斗精神，争取国际援助；另一方面，转播远东盟军广播，播送新闻、时评、音乐剧等节目以助士气。这些举措都对战时舆论与思想的统一起到了积极的作用。

（三）建立“空中课堂”，大力推行社会教育

民国时期的中国始终将教育视为核心的工作，唯有国民接受良好的教育，国家才有富强的希望。在普及教育与传播知识方面，社会普遍将希望寄托于大众传播媒介，通过报刊、书籍、广播、纪录片等媒介，传播富有教育意义之内容，这种方式要比兴办学校快速得多，覆盖面积更广。

1937年，国民政府通过了《广播教育实施办法》，该办法确立了四项原则，从政府管理层面将广播事业纳入国家教育体系中，利用广播统一思想，强化国民意识，推行社会教育，并对广播从业者的媒介素养提出了更高的要求。“广播事业应以改革习俗振作人心，以及统一思想语言为主要旨趣；广播事业应确定为国营事业，由中央及省市政府经营之；广播事业应使成为教育事业之一单位，其取材标准，以教育之需要为依据；广播人员应受专业训练。”[1]这从根本上把广播事业推向了新的发展高度，进一步提升了广播教育与宣传效能，强化其社会公益属性。

更进一步研究，为服务社会教育，强化广播管理，《广播教育实施办法》对广播电台的经营权、内容审查、从业人员管理、播音语言等方面提出了具体要求：如电台创办方面，禁止私人设立广播电台，之前设立的民营电台需要登记备案，接受政府监督，禁止外国人在中国境内创办电台；播音内容方面，要对播音材料进行审查，将材料分为准播、禁播与改编三类，未经审核的稿件不得播送；人员管理方面，主管部门要对广播从业者进行信息统计，备案在册；语言方面，要求播音员使用国语，禁止使用外语（除特殊情况）。政府将对广播从业人员开设培训班，从思想、技术、语言、管理等方面进行培训，以提升广播从业者的整体媒介素养。同时，财政出资在学校与民众教

[1] 第五届中央常务委员会第三十九次会议广播教育实施办法[J].广播周报，1937（134）.

育馆装设收音机，扩大广播传播范围，确保各省市、自治区与乡镇都建有广播电台。《广播教育实施办法》特意对广播的播音材料做出了规范，如下："根据文化事业计划纲要所定之原则，一面应将既有之材料选择介绍，一面应将理想之材料编纂提供。关于新闻广播，除国内外重要新闻外，对于各地方之改进事业，如筑路造林卫生消防以及农工商各项消息亦应播送。关于演讲题材，以切合人民生活之改进及国家建设之需要为目标。关于广播节目，应就各项广播材料针对人民之生活为有系统之编排。"[1]国民政府对播音内容的选用采取文化当先、教育当先的原则，播音材料应为民众提供生活上的帮助、文化上的熏陶以及思想上的统一与升华。

（四）学习与改良并举：国外广播管理经验的借鉴

20世纪初，广播作为一项重大的发明出现在世界舞台之上，1920年11月美国KDKA广播电台正式诞生，标志着世界广播事业拉开了序幕。不久之后，1923年中国的第一家广播电台也应运而生，广播逐步开始引起新一次传播革命浪潮。相比于欧美强国而言，中国的广播事业发展相对滞后，在管理与运营方面均有一定的不足。伴随着世界广播事业的发展，国内报纸杂志不断刊登国外无线电广播经营与管理的相关介绍文章，他国的管理经验直接或间接地影响着中国广播事业的走向。开眼看世界，国民政府在借鉴国外广播管理经营的同时不断改良，以求适应中国社会之需要。横向对比来看，世界各国的广播发展面临的问题有着相似性，国民政府在制定相关广播管理条令之前，学习与借鉴了欧美等国的管理模式，顺应世界革新浪潮，不断规制广播朝着有序、健康的方向发展。

就世界广播事业而言，美国的广播管理举措具有代表性，并对民国时期的中国广播事业产生了不小的影响。美国社会认为广播绝对不是完全的自由化发展，要以服务社会与大众生活为宗旨，其传播行为应具备社会公益属性。"天空是一种公共传媒，它的使用必须是为了公共福祉的需要。只有在公共福

[1] 第五届中央常务委员会第三十九次会议广播教育实施办法[J].广播周报，1937（134）.

祉存在的情况下，电台频道的使用才具有正当理由。广播领域中考量的支配因素，将总是在于受众是大量的乃至数以百万计，节目是面向全国发送的。在广播公司和听众之间的冲突中，不存在适当的界限，而且我也不准备说谁就比谁优先。他们的利益是相互的，因为谁离开了谁也不能存在。”[1]美国较早就成立了专门的广播管理机构，针对不同时期的不同问题进行管理与规制，相关的广播管理细则十分详细。例如，为了突出广播的客观与公正性，规范广播节目内容，增强其威信力，美国播音协会规定“新闻广播节目所选定的新闻，电台经管人，编辑人和播音员不得擅加渲染。假如新闻节目是资助的，广告者亦不得渲染之。”[2]对于商业性质的广播电台，美国政府更加注重管理，从电台设立资质、节目内容编排以及播送的广告，都有着明确的规范细则。《美国的播音法规与言论自由》介绍到为了规范广播电台的广告行为，美国规定电台播送的广告均具备合法条件，属于合法贸易；广告中禁止含义攻击社会组织、谎报价格、谩骂鼓吹等内容；禁止“任何荒谬或过分夸张的广告；违法的药品（如堕胎违法的药品（如堕胎药等）；刺激性的液体（酒及啤酒的广告不在禁止之例）；算命和星象等迷信广告；不忠实的保证职业学校；婚姻介绍所等的广告。”[3]细致的规范条例大大管控了广播的不良内容，有效地净化了播音环境。

同一时期的英国、德国、苏联、日本等国也在广播管理方面出台了一系列举措。例如英国广播注重公共事业，在其相关法规中明确了广播的公共服务属性。英国广播公司（BBC）于1922年成立，属典型的公营媒体公司，其宗旨是提高公众的艺术欣赏能力与上进心，因此在广播节目设置上注重教育、艺术与知识性。苏联于1933年1月设立无线电话及无线电广播委员会，下设三部“无线电化部，其工作为广播电台之新建，收音机制造及无线电化事业的推动；中央播送部，其工作为计划中央广播节目，并接受政府的命令进行全

[1] ErwinG.Krasnow and Jack N.Goodman，“The‘PublicInter-est’Standard：The Search for the Holy Grail”，Fed.Comm.L.J，1998：605.

[2] 美国的播音法规与言论自由[J].大声无线电半月刊，1947（3）.

[3] 美国的播音法规与言论自由[J].大声无线电半月刊，1947（3）.

国性质的宣传工作；地方广播部，其工作为联络各地所设无线电化及无线电广播委员会的工作，训练广播人才，组织全国的地方的广播网。”[1]意大利的广播事业由政府授权于意大利广播总会进行管理，而其播送节目的内容检查则由监察委员会负责，该会由意大利政治、艺术、文学及科学界的主要人物组成。广播中的广告播送时间不得超过总节目时长的百分之十；广告内容不得违反政治措施和损害节目的艺术性。

世界广播事业发展浪潮中，各国在广播经营权、节目内容编排、广播社会职能、广告播送等方面有着相似的管理举措，国民政府在借鉴国外管理经验的同时，结合中国国情，在广播教育、舆论宣传、战时思想引导等方面出台了相应的法规条例，明确了广播的社会责任，促使广播发挥更加积极的正向能量。国民政府的广播管理从实际出发，是思考与探索媒介社会化的重要体现。

四、国民政府广播规制的伦理意义及其传播发展观

无线电广播对于中国社会的巨大效用不言而喻，在政治、经济、文化、教育、军事、民生领域发挥了积极的建设作用，是民国时期整合社会与推动国家发展的一大利器。而历史的发展也告诉我们，缺乏系统管理与规制的传播媒介同样会对社会产生严重的破坏效果，民国时期低俗娱乐、淫词小曲、缺乏教育意识的广播内容也证实了这一点。广播的发展过程中需要得到强有力的管控与约束，以求降低社会负面影响，规避媒介伦理问题，提升广播之于社会的正向能力。而在管理与规制的背后是民国社会伦理道德观念的深刻影响，这也赋予了媒介德性层面的新要求，体现出一定的传播发展观与逻辑。国民政府的管理措施明确了广播的社会责任应优先于其媒介自由的权利，并寻求通过广播帮助人们全面认识所处的时代环境，解决冲突、达成共识，获取必要的知识和技能，利用传播媒介推动社会发展，凝聚国家力量，实现人与社会的完美契合。

---

[1] 欧洲无线电广播事业之概观[J].无线电，1936，3（6）.

（一）公共利益为上：广播管理的伦理观念

伦理道德是社会控制诸多形式中，一种十分具有影响力的控制形式，尤其对看重实践而不擅于哲学反思的媒介来说，伦理道德变得尤为重要。从广播发展角度而言，民国时期对于广播失序的管理与规制有着一定的延续性，在广播的媒介属性、职能与责任，广播之于社会的价值和作用方面有着统一的社会认知，而这种认知思想的形成，深受五四运动影响。整体而言，民国时期的广播管理与规制体现出遵从公共利益为上的伦理道德观念。

五四运动对传统伦理道德进行了革新，用与时代要求相一致的新的道德观念，替代原有伦理思想体系在社会生活中的影响，即破除旧道德，树立新道德。民国时期特殊的国内外环境，致使救亡图存成为社会的主要目标，正是在这样的环境影响下，新道德的树立充满了公众利益色彩。五四时期，在道德的本质和作用问题上，一个普遍的共识是：真正的道德是追求自我发展与社会完善的体现，以维护公共利益为特征。也就是说，社会对于道德的评判标准是以实现公共利益为原则，而不只是局限于个人的自我实现。社会不仅从一个个体、一个民族，而且从整个群体的角度来关心利益的实现。五四运动推崇的真正道德，既不是成为他人附庸的“奴隶道德”，也不是以自我为中心的“极端利己主义”的个体道德，而是将主体置于社会之中，为社会尽义务、为他人谋利益的集体主义道德。

公众利益为上的道德观念要求个人应以集体利益为重，在集体发展中实现自我与社会的双重完善。因为道德评价的最终根据在于行为的效果，那些有利于人们共同希望的效果行为，被看作为善的、正确的；而那些效果行为有碍于目标实现，与希望对立的，则被谴责与禁止，被视为不道德的。换言之，公共利益为上的道德观念中，维护及有利于公共利益的行为效果为善的，损害与阻碍公共利益实现的就是不道德的。而在民国时期，当时所盛行的新闻自由主义、媒介自由主义，由于对“自由”的偏差认知，倡导一种“自由是我的权利，外界无法干涉”的理念，这也导致了广播自由泛滥，以个体私利为出发点，缺乏社会责任的传播行为。其实，合乎道德的媒介是自由的，但自由的媒介并非都是合乎道德的。康德认为积极的自由需要以追求道德目的为基准，自由终将指向道德律令，媒介自由的践行最终要以道德规则为目标，实现人们普遍能够接受的目的至善。媒介可以崇尚传媒自由，但决不允许滥用自由而危害社会道德，社会非限制媒介自由权利，而是规制那些不以社会道德律令为基准的传媒自由。由此，国民政府对于广播失范行为的管控，正是基于公众利益为上的道德原则展开的。

五四时期的公共利益为上，追求个体与社会完善的道德观念影响深远，也成为国民政府管理社会、维护秩序的一项重要衡量指标。纵观整个民国时期，最先开始管控广播的北洋政府并未阻碍其正常发展，积极建设公办电台，培养专业广播人员，一方面，满足了国家宣传之需要；另一方面，也丰富了民众信息获取的渠道，提供了学习、娱乐的空间。国民政府时期，广播事业空前发展，无论电台数量还是无线电发射功率都十分可观，但媒介伦理乱象也较为突出。“有许多电台所播的节目，完全迎合低级的趣味。广播电台本来是一种良好的教育工具，而在前几年在上海，几乎是要变做破坏教育的一件东西了。”[1]面对此种境况，政府强化了对广播电台的行政管理，从电台设立、人员管理、题材选择、内容编排、节目报备等方面作出了详细规定；同时加强了社会主流思想的宣传，发挥广播在民众教育领域的独特优势，进一步明确广播之于社会的作用与价值。

（二）人与社会的契合与统一：广播规制的发展逻辑

广播无线电作为20世纪初的伟大发明，在信息技术领域实现了里程碑式的革新，对社会发展作出杰出的贡献。从发展传播学视角反观国民政府采取的广播管理措施，其所体现出的正是探索传播媒介如何能够推动社会各项事业发展，如何提升社会大众在思想、伦理道德、文化等方面的认知水平，如何实现人与社会的契合统一。

广播的价值不单单是其自身所具备的种种区别于以往媒介的特性，同时

[1] 胡道静.上海广播电台的发展[J].播音二周刊，1937（24）.

媒介的自身发展与传播也会对社会产生影响，在发展中促进媒介发挥正面且积极的作用成为社会普遍关注的问题，也是发展传播学研究的重要问题。发展传播学追求人与社会的现代化，利用媒介通过自上而下的传播模式推动知识、技术、思想、文化的沟通交流，使大众能够获取与接受先进的思想理念，改善生活方式；能够让社会采纳先进的生产方式，提升物质生活水平。此后理论进一步深化，把传播看作一个参与者之间信息共享与交流的过程，通过双向传播（纵向与横向传播）达到社会信息、知识、文化、技术等的交流互通，从而促进社会发展。“传播媒介不仅传播信息，提供娱乐，更重要的是促进人的现代化，使人接受先进的思想，采纳现代生活方式，从而提高其经济、政治、文化水平和能力；同时，传播媒介本身具有经济功能，媒介的发展与传播可以促进社会经济的发展、政治文明的进步和社会文化的提升。”[1]民国时期的中国内忧外患，整个社会都在谋求变革，无论从器物还是礼制与思想上，努力寻找一条适合中国的发展之路。而强大的传播媒介一方面，能够丰富与改善民众生活，刺激经济、文化的发展；另一方面，可以在社会发展中上传下达，沟通有无，及时获取与了解民意，准确广泛地传播执政者的主张，调动全社会力量为之奋斗。在抗战时期，广播对内可以传递统一思想，引导舆论，对外可以报道真实战况，宣扬中国主张，赢得国际援助。就此而言，广播对于信息传递、民众生活、社会发展、国际交往大有裨益。“发展推动者和受益者通过对话和互动，确定发展问题所在，进而寻找解决策略构成了真正的发展传播干预的基础。”[2]国民政府之于广播的管理和规制恰恰直接或间接地构成了此种发展传播干预。

回顾历史，国民政府针对当时国情国策，从维护国民党统治出发，兼顾公共利益，对广播行业进行了整顿与规制，根本上强化了广播管理，筑牢了主流思想价值观，发挥了广播在各个领域的积极作用，推动广播朝着健康、有序的方向发展。同时，一系列的规制措施促使广播在推动知识、技术、思

[1] 罗自文. 从发展传播学的视角看民生与影像的对接[J].中国广播电视学刊，2010（11）.
[2] 韩鸿. 发展传播学近三十余年的学术流变与理论转型[J].国际新闻界，2014（7）.

想、文化的沟通交流，改善生活，提升政治、经济、文化水平方面起到了积极作用，推动了人与社会的完善追求。民国时期的广播管理融入了民国社会伦理道德观念，是20世纪初世界新媒介革新浪潮的重要体现，也是探索媒介社会化进程的关键一步，管理理念上体现出的沿革与创新，与世界先进国家的广播管理模式形成了良好的学习借鉴与社会观照。

（康智、白贵，原载《新闻春秋》2020年第6期）

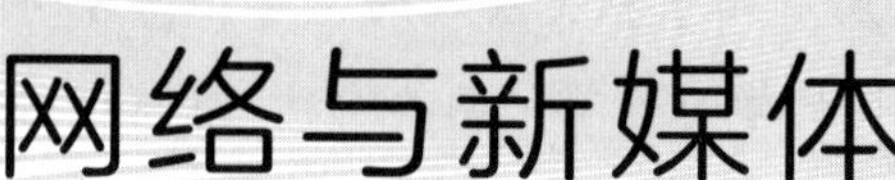

网络与新媒体

博客新闻评论的特征及功能研究

摘要： 依靠多媒体传播的优势，博客新闻评论展示出与以往任何一种新闻评论都有所不同的特征，如自主性、交互性、公共性、时效性和真实性。博客新闻评论继承和突破了传统新闻评论，并将新闻评论推向了一个新的发展阶段；将网络中的人气及信息资源重新整合，构建出新的网络舆论场。博客新闻评论的健康发展有赖于相关法规的完善、博客网站的积极引导，以及博客们对传统新闻评论的学习借鉴，网络自律意识和社会责任意识的增强。

关键词： 博客新闻　评论博客新闻　评论舆论环境

博客浪潮在中国风起云涌。据中国互联网协会发布的《2006年中国博客调查报告》显示，2002年以来，博客规模每年都以2至3倍的速度快速增长，目前的规模较2002年增长了30多倍；2005年，博客在中国实现了突破性增长；至2006年8月底，中国博客作者已达到1748.5万人，这意味着博客已走上大众化发展的道路，其力量越发强大。

随着社会发展和技术进步，正如同电视新闻评论和网络新闻评论一出现给人们带来的惊喜，博客新闻评论正在以迅猛的发展态势攫取着人们的目光。

博客新闻评论是指借助博客传播平台发表的具有新闻性的评论文章。它是实现博客“思想交流与共享”的重要手段。博客新闻评论可分为主题评论和博客访问评论两种，前者是以独立成篇的形式存在，后者需要依附于前者而存在。本文重点分析的是博客新闻评论的主题评论。

博客新闻评论有三种发布方式：以专栏为主要形式的集群式发布，突出公共交流场所特征的BBS论坛发布，注重自我整合的个人博客空间发布。以第一种方式发布，一般要靠网站编辑来完成；以第二种方式发布，可以经博客写作者选择“是否公开”后由网站特定功能自动完成；最后一种发布方式，是最为基本并常见的，它决定着个人博客的整体内容与形态。博客新闻评论的三种发布方式是并存的，在功能和效用上互为补充。

一、博客新闻评论的基本特征分析

博客新闻评论突破了传统媒介的束缚，在互联网空间里如鱼得水，迅速壮大。它将网络中的人气及信息资源重新整合，为人们塑造出新的舆论视野。博客传播的特定优势，造就了博客新闻评论与传统新闻评论及网络评论皆有所不同的性质和特点。它有如下几个基本特征：自主性，交互性，公共性，时效性，真实性。

1. 自主性

个人言论的自在表达、评论话题的自由选择、博客思想的自我整合，是博客新闻评论表现出的自主性的三个层面。

博客是一种自由开放的新媒体，是一种与以往任何媒介都有所不同的新的传播形态，是对大众传播方式的一种变革。博客用文字、图片、链接等方式，建构了一个完全以自我为中心的独立媒体平台。在这个平台上，博客主几乎握有百分之百的信息及评论发布权，个人言论以博客方式实现了相对完整的自由表达。“在博客上每个人都是文化的制作者和参与者，书写和表达的自由让这种文化烙上了非中心化的印痕，日志式的书写方式让它在内容上更接近了个性自由的抒发。因此自由是博客最大的乐趣，也是博客之魂”[1]。没有把关人的层层过滤和选择，完全由写作者本人来选择喜欢的新闻话题进行评论，博客之所以受到公众的喜爱和追捧，很大程度上正缘于此。意见表达的高度自主性，使得博客新闻评论无须顾虑传统出版中的编辑喜好或媒体选题取向，实现了话题的自由选择，评论论题因此而丰富多彩。

博客中国网站的时评专栏在2006年12月19日零时至20日零时，推荐至专

[1] 李明.博客文化价值观分析[J].新闻界，2006（4）.

栏首页的评论文章共有47篇，其中既有如《扩大内需：体制方面要有大动作》《犯罪率不是“限制低素质人口进城”的借口》等涉及国家或地方政府相关法规政策的文章，又有如《我们的图腾应该改成野猪吗？》《网民成为“人物”，如何面对？》等公众热议的话题；既有如《女博士生行贿案中的制度文化差异》等紧扣新闻事件、由点及面的新闻时评，又有如《谁来给大学生扫厕所的机会？》等与公共利益紧密相关的民生论题。其选题的广泛性可见一斑。

博客新闻评论的自主性，不但体现在言论的自由发布过程中，还体现在博客思想的自我整合上。正如博客中国网站创始人兼博客研究者方兴东所言，“混在博客，几乎没人能抵挡成为主角的魅力。每个博客都有自己的主角，其他人可以进入评论，但不能发表新主题”。博客带给人们的，完全是“我的地盘我做主”的新鲜的写作体验。无论是博客的命名、博客页面的外观风格、多媒体链接方式，还是所选择记录的事件、发布的新闻、发表的评论，都由博客创建者个人决定。无论任何时间、任何地点、任何场合，只要有条件进入个人博客，就可以随意地更新内容。

从形式上看，在每一个博客管理区内，都会提供类似“栏目分类”这样的个性化设置选项，人们可以通过栏目自我定义，使自己的博客评论归类收纳。从内容上看，博客新闻评论不同于一般的博客生活记录，它使人们通过持续梳理，对个体思想进行不间断的系统整合。新闻评论要有鲜明的针对性，做到有的放矢。一篇引人关注的博客新闻评论，同样要做到这一点。博客作者通过对社会热点的关注以及针砭时弊、理性思辨，达到了参与社会生活、终身学习的目的。

2. 交互性

在网络论坛人们传递的信息中，包含着大量的硬新闻和传统意义上的新闻，但更多的是对于新闻的评论，是参与者对于新闻的反馈，人们来这里读的新闻中，最重要的部分是他人对于新闻的反馈与评论，以及他们自己对于这些反馈与评论的反馈与评论。正是这些反馈与评论，构成了互动媒体的特征[1]。可见，以反馈与评论为主体内容的交互性是网络传播的最基本特征。当博客出现后，这种反馈与评论出现了新的动向。在行为互动或内容交互方面，博客新闻评论或许不及从前的网络论坛评论那般喧嚣热闹，但是自有其独特的表现。

博客新闻评论的交互性体现在四个层面。

其一，传受互动：主题论争。在网络传播中，传者与受者对传播或接受的内容都有充分的自主选择权，并且二者之间随时有可能发生角色的相互转换。博客新闻评论中的传受角色转换体现得更为鲜明。某一讨论话题一旦引起受者的高度关注，传受互动就会发展为鲜明的主题论争。

其二，雁过留声：访客反馈。对某一博客的评论文章发表阅读感受或是不同观点，如前所述，可以采用主题论争的方式，回到自己的博客中另起评论“炉灶”，也可以选择使用博客页面的“发表评论”或“给我留言”功能，与作者交流。

其三，志同“博”合：三五成“圈”。在博客网站中，存在许多由个体博客组成的虚拟社群，一般被称为“博客圈”(或“博客群”)。每个博客圈都是由若干个博客用户基于共同关注的主题或爱好，搭建起来的交流互动、展示自我的平台，成员数量从几个到上万个不等。在新浪博客中，共有时事资讯、财富金融、教育人文、网友地带、时尚生活、影视娱乐等17个类别的博客圈，每个“大圈”又被分成若干个中等的博客圈类别；每一个中等类别中，再细分出若干个博客圈。每个博客圈的定位侧重点都有所不同。

其四，无限关联：友情链接。友情链接是博客的基本功能之一。可以通过后台管理设置，把自己经常浏览的博客链接置于博客首页，这样既方便个人访问，又是博客间相互推广的一种有效方式。

事实上，博客的友情链接功能和虚拟的博客圈，都为交互性的稳定度提供了基础。通过与其他博客的友情链接，博客传播“由一到多”“自点而面”，

[1] 孙坚华.新媒体·新新闻随想录[EB/OL].http：//www.zjol.com.cn/node2/node26108/node30205/node56687/userobject7ai24119.html，1999-10-07.

评论信息的互动与反馈速度大大加快。

个体博客与博客网站之间也存在多种交流互动。博客网站会采用首页推荐、加为精品、列入排行榜等方式与个人博客互动。在有的博客网站上，个人博客的页面还会被网站自动配给多个最新更新的他人博客链接，如MSN空间，新浪博客，搜狐博客等都有这种功能。这些都为博客在互动中从评论到反馈再到评论提供了人际化基础。

2006年5月17日重新改版上线的博客中国（专栏）有这样一段说明："作为为广大的博客思想者提供服务的平台，本次的改版中，特别增加了服务与功能区，充分展示博客中国的历史积淀，同时提供了多条专栏作家之间、专栏作家与读者之间充分交互的通道。如新开通博客专栏论坛，集专栏版务，申请主持人，热点话题讨论等多功能于一身，给大家以充分的交流空间。"可见，保证博客的交互性是博客网站的重要服务内容之一。

3. 公共性

博客新闻评论的公共性体现在两个方面，一是搭建进入公共领域的平台。二是实现完整的民意记录。

博客作为拥有信息自主发布权的话语平台，其媒体力量显而易见。博客中的新闻评论对公共政策、社会热点事件的关注度最高，以其个性化的色彩，实现了参与制造公共话语的目标。而博客文本与公众及社会议题的关联度越大，其传播就会越广泛，影响力也会越大。这种平台，改变了完全由传统新闻媒体主导舆论监督的局面，甚至转而使新闻媒体也同样成为被公众监督的对象。

博客是一场浩大的历史性写作，博客新闻评论更是对一个时代的完整的民意记录。博客的交互性与关联度使民意保持流动，而博客新闻评论的有感而发、表情达意，塑造了其公共性的基本特征。当前，住房、医疗、教育、社保、再就业等民生问题备受关注，它与广大人民群众的切身利益紧密相关，也是党和政府工作的重中之重。群众性历来是新闻评论的性质之一，它在博客新闻评论中得到了最为充分的体现。广大博客写作者作为社会公众的"发言代表"，围绕民生话题，在博客平台上畅所欲言。最为典型的例子莫过于

“两会博客”。2007年3月的全国两会召开期间，“两会博客”更加成熟，由过去以人大代表、政协委员、媒体工作者为主的精英博客，发展为真正由公众参与的全民博客。从各博客网站开通的两会博客专题中可以看到，博客作者对建设社会主义新农村、教育、医疗、住房等方面提出了许多有针对性、可操作性都很强的意见和建议，反映了大量关乎国计民生的社会问题。可以说，“两会博客”是博客新闻评论真正迈入公共领域的集中展示。

4. 时效性

时效性是新闻传播的原则之一，对于新闻评论来说，时效性同样重要。在一个恰到好处的时机发出评论第一声，能够起到引领舆论的作用。博客新闻评论借助网络的便利优势，其时效性较之传统新闻评论，又有更进一步的发展。

博客新闻评论的论题取材广泛，其中一个重要来源是传统媒体的新闻报道。正如美国一位资深新闻人所说，“我们过去认为，新闻发表以后就完事了，但是现在，这意味着新闻才刚刚开始”。对专业媒体而言，一则评论价值较高的新闻报道在报纸、电视、广播电台、新闻门户网站刊播后，很快就会引起博客们的关注并成为其评论素材。在报界有“看完大样写评论”一说，在博客界，则是“读完新闻写评论”。

新华博客专门开设了“博客快评”专栏，用于专门发布对某一共同话题在48小时内做出的评论。但需要注意的是，目前能够充分利用博客这一时效特征写作新闻评论的人，还不是很多。毕竟，博客不是我们生活的全部内容，在没有惊心动魄或至关紧要的重大事件发生的情况下，人们很难有随时随新闻动态而更新博客评论的积极性。

有时，一篇博客新闻评论本身就会传达新的信息，引起公众对某一现象的共同关注。从这个意义上说，此类评论“制造”了新闻，是与新闻同步落地的。2007年1月，众多媒体关于“故宫里的星巴克”的讨论，就是源自中央电视台一名主持人的个人博客中的评论。

5. 真实性

博客新闻评论的写作群体无外乎以两种方式存在于网络世界：匿名或实

名。而这两种存在方式，都为真实地表达作者观点、传递事实信息创造了条件。

博客在中国普及之初，几乎没有人用真实姓名注册，大家都是按过去的“论坛经验”，为自己注册一个“博名”。有部分研究者对博客的这种匿名化生存持质疑的态度，担心匿名使人无所顾忌，因而导致虚假信息泛滥。这种基于“人性复杂”的推断不无道理，也在一定程度上得到过验证。但是，也应看到，在匿名的“掩护”之下，人们的心理呈现更加开放的状态，表达欲望更加强烈，进而会更加勇于真实地表白自己的观点和见解。如果从这个角度权衡，匿名恰恰为博客新闻评论的繁荣提供了一种可能。同时，由于博客是以思想连续累积的形态存在，用来隐匿实名的“博名”，就是作者们在博客世界生存、交际的身份象征，如以互联网发展为评论关注点的“顺风”，以“狗日报”博客夺得大奖的“猛小蛇”，以独自出版制作《读库》系列而赢得读者的“老六”，等等。绝大多数人会像维护实名一样，去维护“博名”的网络声誉，并因此对自己的言论负责。

2006年起，博客在中国有了新的发展，开始从最初的完全匿名向部分实名转变。

出现实名博客主要有三个方面的原因：一是博客网站邀请专家、学者或某一特定人群（如新闻工作者），以实名方式开设博客，并将这种实名博客中的新闻评论加以筛选整合，作为对热点新闻事件的独家反馈，用以弥补网站缺乏自采新闻的不足。二是博客的传播功能逐渐为人们所认可，一部分“草根”群体主动以实名示人，将博客视为人际沟通的渠道之一。三是貌似匿名的实名，即博客中出现的虽然只是网名，但由于博客文章日积月累地真实再现了个人生活、表明了个人观点，在相应的人际圈内，其真实姓名和身份已广为人知。这些个人背景公开的实名博客，在公众心目中树立了相对稳定的形象，而这一类的稳定博客越多，其评论文章对现实环境还原的真实度也就越高。

博客新闻评论的真实性还在于，作者通过在文章中真实地传递观点或信息，使拟态环境与现实环境达到最大限度的重合。

李普曼在其“拟态环境”理论中指出，随着人类社会的进步，我们每天接收到的信息越来越多，而且大多数与我们的生活并没有直接的关系，而我们就是根据这些信息形成对于这个世界的看法。与过去相比，我们的这些看法并不来自直接经验，而是来自大众传播媒介给我们营造的拟态环境，进而我们按照从这一拟态环境中获得的信息，去理解与想象一个“现实”的世界[1]。拟态环境与真实环境既有千丝万缕的联系，又是二元对立的，前者是通过大众媒介有选择性地“提示”现实环境的客观变动构建一个符号化的信息环境，后者则是实实在在的物质环境。

而博客新闻评论紧扣现实环境的观点或事实陈述，使拟态环境与现实环境有了重合的机会。众所周知，博客来源广泛，视角不一。每一个博客在评论中对事实的再现，或许有些片面，但是作为一个庞大的群体，博客们对周围环境的观照与描述必然是由若干的“片面”汇聚而成的全景式描述。博客新闻评论同时还是对专业媒体的修正和补充，并以此对现实环境有更加准确的反映。

二、博客新闻评论的功能分析

博客在中国落地四年多来，发生了很大的变化，已经由最初的IT圈内少数人士“玩票”，扩散为民间生活记录的话语狂欢，继而又上升到一个新的层次，发展成为表达民意的言论空间。这个新的言论空间，具备了强大的多重功能。

1. 对传统新闻评论的继承和突破

博客新闻评论是对传统新闻评论的继承和突破，它将新闻评论推向了一个新的发展阶段。博客新闻评论之于传统新闻评论，正如电视新闻评论之于传统新闻评论；博客新闻评论之于网络新闻评论，正如报刊讨论式评论之于以往的普通报章新闻评论。

---

[1] 郑拓巍.传媒是地区的——传媒城市的建筑学研究[EB/OL].http：//media.people.com.cn/GB/40628/5368193.html，2007-02-05.

从写作主体上看，根据对华声在线精英博客网站的不完全统计，博客新闻评论的写作主体多为文字工作者，这些思想敏锐、文字功夫深厚的博客群体中，产生了许多高质量的文章。这在过去的网络评论中，是十分少有的现象。他们的文章承继了传统新闻评论中鲜明的思辨色彩。

博客平台具有更多的信息时代的媒介特征。而传播介质的改变，往往会使评论的表现手法随之发生变化。图像、超链接甚至视频、音频，都可以作为评论文本的辅助表达手段，它们使博客新闻评论实现了“跨符号”交流。RSS订阅等功能，能够大大扩展博客新闻评论的影响面。此外，网络平台也会放大博客新闻评论的影响力。一篇观点新颖独到的博客新闻评论，甚至会获得与重大新闻同等重要的位置。这些都是在传统新闻评论中难以实现的。

2. 构建新的网络舆论场

博客是对互联网信息的一次格式化整合。博客新闻评论是来自网络更深层次的声音，是经过精心打磨的个性化的意见信息，是每一位博客的思想结晶。它使网络信息环境不再仅仅局限于“广度”的基本特征，而是通过评论的方式对新闻信息进行重新整合，使网络舆论场得以向深度拓展，并发生由量到质的重大转变。

以往的网络舆论场虽然也聚集了众多来自传统媒体的信息和网民意见，但是一般仅止于简单的信息发布或分散的意见发布。人们缺乏一个能将各种意见按发布主体或者评论主题归纳的平台。博客新闻评论构建的新的网络舆论场，更加有系统有条理。在这个场域中，能够清晰地把握不同时期的热点主题，全面地了解对于每个主题事件的舆论观点。评论的写作主体由“网民”这一泛指，变为“博客”的确指，网络舆论场不再像一个闹哄哄的市井之地，更像是一个人人有机会握住话筒的议事厅。

这个新的网络舆论场的构成，基于两个方面：评论内容的单元式上传和博客评论的深度整合。博客每发布一篇文章，同时就会以个体博客单元为单位，被收入其所依存的博客网站。借助这种个人文集的形式，可以清晰地透视出个体的思想脉络或重要关注点所在。博客新闻评论的深度整合，是借助博客网站来完成的。它是博客新闻报道向深度挖掘的重要组成内容之一。

有研究者认为，博客新闻的深度报道模式，大约有三个特征：（1）它以立体多元的报道形式，让网络保持动态；作为独立媒介参与了事件进程始终，创造了一个传统新闻不曾有过的报道局面；（2）有意无意地“集合”众多博客（从职业到非职业的新闻人）的即时在线点评、新闻背景揭露、多视角分析、预测未来事件的走向、判断事物发展进程等方面，为网络新闻报道发掘新的深度，也再现了网络报道即时性新闻事件的能力；（3）它使用多媒体的方式，更从技术上达到了面对面、端对端的报道模式，这大大改变了以往新闻平面性、单一端口的传播方式。因此，博客新闻体现了个性自由与深度结合的新闻诉求[1]。其中的第二个特征的几个动词值得注意，“点评、揭露、分析、预测、判断”，这些基本上都是需要评论来完成的任务。可以说，没有新闻评论的参与，就没有真正意义上的博客新闻。博客新闻评论使博客新闻报道更具张力，使网络舆论环境更有影响力。目前在国内多家博客网站上，均设有相关专栏，对时下最热门话题或事件，做专题整合。如搜狐博客的“今日头条”栏目，强国博客的“博客话题”，新浪博客的“专题”等。而专题整合也不仅仅是网站管理者的专利，博客中国还推出了“诚征网友自建专题”栏目。

3. 培养社会公共精神

博客出现之前的互联网，正如同一个喧杂的集市，任凭你撕破喉咙大喊大叫，也没有几个人能够真正倾听；而传统媒体受各种因素制约，人们很难就某一话题“想说就说”。博客则将很大一部分话语权转移给了大众，人们开始有渠道、有机会让自己的意见与权威对垒。从这个意义上看，博客新闻评论实际上充当了社会“减压阀”的功能。

同时，博客新闻评论有利于社会公共精神的培养，有利于建设和谐社会，帮助化解各类社会矛盾，使社会公众冲动的情绪宣泄开始具有理性与建设性的色彩。以往在传统媒体无法表达的“舆人之论”，在博客中找到了抒发排解的平台和渠道。人们在倡议的同时，还期待着个人言论汇集成为推动社会进步的一种力量。

[1] 吴晓明.Web2.0时代博客新闻的传播形态[J].新闻与传播，2006（8）.

4. 提供新鲜的阅读体验

尼葛洛·庞帝在《数字化生存》一书中说，数字化的生活将改变新闻选择的经济模式，你不必再阅读别人心目中的新闻和别人认为值得占版面的消息，你的兴趣将扮演更重要的角色。博客将人在信息流动中的主体性释放到最大限度，无论对传者还是受者来说都是这样。准确地说，在博客的信息传递中，已经不存在纯粹的受者。每一位网民都可以对博客进行完全自主的选择性阅读，而那些立意高远、针对性强、有一定现实意义的博客新闻评论，往往会进入点击量排行榜的前列。

新鲜的阅读体验不但来自完全自主的选择性阅读，还来自博客新闻评论的文本写作特色，以及对多种表达手段的综合应用。一篇优秀的传统新闻评论，一定会在选题、立论、谋篇布局、论述、文风和语言这几个环节均有不俗的表现，而能够吸引人的博客新闻评论，仅仅做到这些还不够，还要辅以更多的信息含量。中央电视台《媒体广场》节目制片人王志明的博客很有特色。在每一篇主题评论里，不仅能读到对一些社会现象的独特评述，还能随之了解到《媒体广场》的编制流程内幕，以及以版面图形式出现的各地报纸的相关报道。因其博客页面设计为黑底白字，图文兼备，观点独家，被网友们戏称为耐看的“黑板报”。

三、博客新闻评论的问题及发展对策

随着互联网的发展，中国的博客队伍不断壮大。同时，社会的进步与宽容，也使众多需要自我表达的人实现愿望。博客新闻评论日趋繁荣，影响力也越来越大，将成为未来基于互联网的最重要的意见表达方式。但是，由于媒介整体环境正处于变革与转型的关键期，网络媒体发展尚有许多不确定性，传统传播格局尚未打破，以及博客新闻评论写作队伍水平不一等原因，博客新闻评论的发展也面临诸多问题，需要逐步加以解决和规范。

1. 博客新闻评论存在的问题

其一，比例偏低，广泛性有待加强。博客新闻评论的写作群体地域分布广泛，来自不同阶层，在民意表达方面有一定的典型性和代表性。据中国互联网信息中心2006年6月的数据统计表明，2008年，中国网民数量将达到2.52亿，占总人口的20%左右，这一绝对数字总量较高，但是，目前中国仍存在庞大的非网民群体，有可能参与博客写作的人群基数和总人口的比例仍然偏低。而对于大多数公众来说，实现无障碍上网和建立博客、发表新闻评论等，仍面临经济条件、技术掌握、文化水平等客观困难。因此，博客新闻评论远没有达到人人可以参与的程度，在相当长的时期内仍然仅是一部分网民的舞台，这在一定程度上降低了公众意见表达的全面性和充分性，不利于博客新闻评论队伍的壮大和发展。

其二，受制于网站，自主性面临障碍。博客网站的造势推广对博客新闻评论发展起到了很大作用，但是，出于自身利益和长远发展的考虑，网站也会对博客新闻评论的内容、议题、观点等进行选择、甄别甚至删除，这些都对博客新闻评论自主性的完全实现构成了一定的障碍。国内的博客网站在建设、管理上还不够成熟，突出表现为文章分类混乱、栏目设置不够合理、网站编辑不到位等。这都给博客新闻评论的传播、整理、阅读带来一定负面影响。

其三，流于浮躁，娱乐化倾向明显。在博客新闻评论的发展过程中，娱乐化倾向比较明显。一些博客作者在对新闻事件展开评论时，不关注问题和事件的核心、焦点，纠缠于细枝末节，言语更缺少理性和建设性。他们所追求的只是点击率的提升和个人博客影响面的扩大，流露出急于出名的浮躁心态。还有的评论选题总是盯着一些八卦新闻或是无关痛痒的琐碎事件，时间一长终会产生负面效果。

其四，语言粗糙，观点表达非理性。由于网民的构成复杂和匿名等特点，网上舆论常伴有非理智成分。直截了当的情绪发泄，偏激的语言，不分青红皂白的攻击甚至谩骂十分常见，而理性分析和冷静讨论则明显欠缺。应该注意的是，一些博客新闻评论中也存在这样的问题。个别博客新闻评论甚至出现过人身攻击，肆意谩骂，恶意诽谤，捏造事实等不健康情况。“如果对自由不加限制，那么任何人都会成为自由的潜在受害者”[1]，自由的评论与表达必须建立在理性的基础之上，否则，带来的只能是对现实环境的失真反映。

2. 博客新闻评论的发展对策

博客新闻评论的最大价值在于其对社会公共事务的积极参与，对个体思想的共同分享。要实现这一价值，使博客新闻评论得以充分发展，就需要越来越多的人参与到写作队伍中来。

博客网站在推介博客新闻评论，扩大其传播效果方面，有着重要的作用。网站的有效引导，能够平衡针对某一焦点话题的各方观点，进而实现舆论信息的真实传播。虽然博客的自主性在某种程度上会受制于网站，但是完全摆脱网站而独立生存，对绝大多数博客来说，不具有可操作性。因此，二者是共生共存的关系，需要在力量博弈中实现共赢。博客网站应当梳理、整合网站的博客资源，通过定期联络、话题引导等方式，加强站方与作者的沟通；不断挖掘新人，培养写作意识好的博客队伍；尊重新闻规律，选择有评论价值的话题进行放大或聚焦；避免因过分追求点击率而炒作话题，改写夸张标题。博客网站要学习传统媒体对新闻评论的加工、整合和利用，适时、适当地在各个博客圈子中做话题引导，从而提升整个博客新闻评论水准。还可以通过组织相应的社会活动，将博客这一虚拟空间延伸到现实中来，倡导做有社会责任感的博客写作者，如由中国互联网协会、人民网主办，新浪、搜狐等十余家博客服务提供商共同推出的年度“社会责任”中国博客评选活动。

同时，博客新闻评论作为公共评论，要求在发表时具有理性精神、公共精神、公共立场，能够理性地进行判断、评价与批判。博客们应当加强自我管理和自我约束，把握发表评述意见时的方式和尺度，树立社会责任意识，使博客新闻评论真正体现出自主、平等、参与等精神，在网络上构建一个理性的公共话语空间。博客新闻评论作者要向传统新闻评论学习其长处。

2006年初，博客中国发起了签署《博客公约》活动，以期通过网民的自

[1] 博登海默.法理学、法律哲学与法律方法[M].邓正来译.北京：中国政法大学出版社，1999.

律，对博客用户的不文明行为进行制约。这份《博客公约》引起了很多博客们的重视，但是仔细推敲其内容，依然停留在基本的道德自律层面。对博客的规范，同样需要自律与他律相结合。目前在我国，有多部法律法规对博客可以起到管制作用，如国务院发布的《互联网站从事登载新闻业务管理暂行规定》、信息产业部发布的《互联网电子公告服务管理规定》、新闻出版总署与信息产业部联合出台的《互联网出版管理暂行规定》等。此外，无论博客匿名抑或实名生存，其行为主体都是现实社会中真实的个人，个人道德素质的高低将决定其博客评论的文明程度。因此，对现实社会的公民进行相关的道德教育，是防止网络失范行为发生的基本前提[1]。

（白贵、肖雪，原载《河北大学学报》（哲学社会科学版）2008年第8期）

[1] 王丽平，刘大鹏.开展互联网上舆情控制的方针、对策[J].新闻与传播，2006（7）.

网络时代报纸深度报道的“整合”叙事

摘要：互联网的兴盛带来报纸深度报道叙事策略的某些改变，网络作为新闻叙事的一个新的“隐喻库”，与目前报纸深度报道所呈现出的显著的“递归”结构密切相关。而这种结构是有效整合新闻信息的一种方式。网络技术还强化了新闻的“同题传播”，使得对于“故事”的发掘越来越成为由多个媒体共同完成的任务，报纸深度报道所负载的使命，已非单纯“寻找故事”，而在很大程度上转向“整合故事”：在“核心”事件之间建立足够深广的关联、提供尽可能全面的“卫星”事件，以及寻找信息延宕与压制所带来的“断点”，其在媒介系统中所扮演的角色也相应发生了变化

关键词：叙事　整合　网络　报纸深度报道

互联网的产生与兴盛，不仅在很大程度上改变了媒介系统的运行与新闻信息的传递方式，诞生了独具一格的网络新闻文本，而且带来传统媒体在新闻制作、新闻表现等方面的深刻变革。本文以报纸上的深度报道为考察对象，从叙事角度分析网络对其产生的巨大影响。

一、网络改变报纸深度报道的叙事策略

加拿大传播学者马歇尔·麦克卢汉的“媒介即讯息”的著名命题，反映了技术进步对媒介发展的深刻影响。如果说电报带来倒金字塔式结构，广播电视催生解释性新闻，[1]那么可以看到，网络这一几乎囊括传统媒体所有优势

[1]［美］沃尔特·福克斯著.科技进步与报章文体的演变[J].一陵译，国际新闻界，1998（1）.

的新兴媒体，正在新闻业务领域掀起更高的浪潮。

在媒介激烈竞争的背景下，深度报道已成为报纸倍加关注的一种报道方式，“深度报道”并非一个静止的概念，它在内部与外部多种因素作用下，随着新闻事业的发展而不断发展。而网络技术，正是其影响因素之一。

本文仅从叙事策略的角度来考察一下这种影响。所谓“叙事策略”，即新闻写作者在对被叙述对象整体观照之后进行的主观营造。报纸深度报道叙事策略因网络技术而产生的改变，至少包括两个方面：一是借鉴和吸收网络新闻的某些制作方式、呈现形式，甚至网络技术本身；二是扬长避短，调整叙事策略和自身在因网络而形成的新的媒介环境中的位置与角色。总的来说，报纸深度报道的叙事越来越体现出“整合”的特征：“递归”结构成为有效整合新闻的一种常用的表现方式；报纸深度报道担负起“整合故事”的任务，在“核心”事件之间建构关联、提供全面的“卫星”事件，以及寻找信息延宕与压制所带来的“断点”。

二、“递归”结构

所谓“递归”，是从计算机编程用语中借来的概念，指的是程序为完成某一任务而激活自身的副本，副本产生的结果反馈回调用模块后，被程序继续用作输入的数据。由于副本可以反过来激活自身的副本，这一过程可以无限重复下去。有学者认为电脑文化和计算机技术不仅产生了电子写作文类，而且，从另一个角度，这种技术本身也为传统的叙事形式提供了“隐喻库”。像“递归”这样的技术术语，完全可以借用为叙事学的工具。[1]

就目前报纸上的深度报道来看，“递归”结构已成为一项显著的叙事策略。或许通过例证更有利于阐明这种策略：《南方周末》2003年4月3日的一版新闻《“海盗向我们开炮！”》，是关于我国远洋渔轮遭海盗袭击的灾难性报道。对这篇深度报道及其涉及二、三版的其他文章，我们做了如下总结。

[1]［美］玛丽—劳勒·莱恩. 电脑时代的叙事学：计算机、隐喻和叙事[M]. 较引自戴卫·赫尔曼主编：《新叙事学》，北京：北京大学出版社，2002：61.

第一层次是“概要”；概要的每一部分，都在第二层次，即第三版的主打文章中被发展和扩充为比较完整的故事；而主打文章中的某些部分，则被第三层次的“嵌入故事”（新闻背景、链接、图表及其他）所充实。比如《“海盗向我们开炮！”》中提到了死难者和失踪者，在第二版上，便有这些人员详细的名单和部分照片；再比如文中提到事件发生在斯里兰卡海域，在第二版上，则有国际海事局关于该海域情况的访谈，还有斯里兰卡当地媒体对于这起事件的猜测；而“海盗”，则被发展为第三版的两篇背景新闻，有些论者将拥有此种叙事结构的报纸新闻称为“模块式新闻”，或“子母体”“链接式”，认为这是对于网络新闻编排方式的一种借鉴。[1]实际上,“递归”结构可以被看作对网络技术的直接借鉴。对“递归”的采用，赋予了“深度”以新的含义：通过一些关键点，将某一新闻文本在空间上多层次多侧面展开，尽可能提供立体化的视角，以增加读者深入理解事件的可能。“递归”所蕴含的理念，不是主副分明，以“背景”搭配“核心故事”，而是各链接“节点”彼此整合成为一个“新闻报道群”，发挥整体的作用和优势。虽然纸媒介的特性使其在信息量与传播速度方面远不及网络，但采用“递归”结构，却使报纸新闻进一步多维化、立体化，在整合信息、凸显深度的同时给予读者对新闻的自由解读和更大选择权。

三、整合“故事”

1. 挖掘“核心”与“卫星”

新闻文本中的“事件”，依重要性程度不同，可以分为“核心”与“卫星”。“核心”是对整个新闻叙事具有核心功能的事件。它一旦被省略，就会破坏基本的叙事逻辑。“核心”是构成新闻文本的主要方面。“卫星”即叙事中发生的相对于“核心”较为次要的事件。“卫星”修饰“核心”，为“核心”补充细节、充实内容。但删去“卫星”并不破坏情节发展的方式。

报纸上的深度报道，借助文字符号的优势来揭示事件的深刻内涵，体现

[1] 黄旦，吴朝虎. 也说新闻链接[J]. 新闻记者，2003（12）.

思想深度，同时借助报纸的权威性与受众阅读习惯的强大惯性，在现阶段相对于网络媒体同类报道仍具有明显优势。深入挖掘“核心”事件，全面提供“卫星”事件从而得到尽可能完整充实的“故事”，则是它为保持优势所秉持的基本叙事策略。

关于“核心”，报纸深度报道一方面注重基本新闻事实的提供。另一方面更注重开掘背景信息。背景材料一般包括两种类型：[1]（1）基本信息：如新闻事件所涉及人物的姓名、职业等；（2）另一种背景信息的存在改变了报道本身的根本特征，使报道由于和其他事件发生历史性的关联而具有了更加丰富的含义。据“核心”与“卫星”的定义，第一种类型可以归入“卫星”；而第二种在作用上已远远超出填补报道空隙的范围，是深度报道文本的“核心”事件，对其开掘过程就是在“核心”之间建构关联的过程。“在典型的叙事文本中，在任何特定的地方对事件作出恰当的解释取决于是否有能力理解这些正在发生的选择，是否有能力把后面的核心看作是前面的核心的结果。”[2]一篇深度报道成功与否，很大程度上即取决于写作者对“核心”的理解程度和是否在“核心”之间建构起了符合实际情形的足够深入的关联。新闻背景对深度报道的重大意义即在于此。

再看“卫星”，“卫星”往往具有较大的审美价值和修饰作用（比如图片），能够使新闻更加充实和深刻。新闻报道“用事实说话”的实现，或者说记者主观意图的流露，往往要从卫星事件以及非叙事性话语中体现出来。

2. 寻找“断点”

网络时代的到来，使有关时效性的传统新闻学理念有所改变，比如英国BBC24小时新闻频道就提出“在需要时收看新闻”的口号。[3]有了技术支持，新闻报道与新闻事件同步展开的方式不仅在网络上，而且在广播电视媒体上都已不断发展。报纸在时效性上的劣势被进一步放大。另一方面，网络海量

---

[1]［美］沃尔特·福克斯. 新闻写作—报刊记者指南[M]. 北京：新华出版社，1991：151.

[2]［美］丁伯格. 通俗文化、媒介和日常生活中的叙事[M]. 南京：南京大学出版社，2000（40）.

[3] 彭兰. 数字化时代的BBC[J]. 国际新闻界，1998.

信息的提供使“独家新闻”越来越难以寻觅。同题传播的情况则非常普遍。这就在整个媒介系统中形成了广义上的“新闻文本”——由多个媒体共同完成的对于“故事”的叙述。

同题传播中，信息的延宕与压制所带来的“断点”，往往成为以抢占“第二落点”为目标的纸媒体重点关注的报道对象。

“断点”概念通常可以理解为叙事中的省略或空缺。信息的延宕或压制造成情节中的断点。延宕带来“暂时断点”，比如倒叙将因果关系在文本中倒置的现象；而压制则带来“永久断点”，即信息永不为人知。“断点”的存在揭示了一种重要情况：“如果对一组事件的了解是不完整的，那么无论遗失的信息是被暂时延宕，还是被永久压制，对已知事件的阐释都可能与得到被延宕或被压制的信息之后所做出的阐释不同。”[1]“断点”造成了对已知事件的阐释游移——读者因为无法肯定某些事件是否发生，于是就根据他们自己的理解来整理事件和作出阐释。[2]

就新闻叙事而言，虽然谁也无法创造实际的过去，但必须凭借知识与证据，通过最合理的手段来提供最全面的信息。这是新闻的基本理念。因此，在“第一落点”给出基本事实后，仍然需要“第二落点”对于“断点”的不断发现和填充。而这一过程，不可避免地带来了对新闻事件之意义、功能的新的阐释。如2004年3月，“马加爵”成为媒体聚焦的关键词。2月23日云南大学学生宿舍发现4名学生被杀害，而该校学生马加爵被认为有重大作案嫌疑。此后，媒体（尤其是网络）对该事件的追踪报道可谓不遗余力。铺天盖地的“新闻大战”中，既有对“通缉”“落网”“审讯、宣判、死刑”等核心事件的详尽报道，也有相当多的背景材料，比如马加爵其人、悬赏提供线索者的奖金等。但其中“断点”非常明显，比如，对被害者情况的关注非常少，对马加爵性格与经历的报道浮于表面甚至误传虚假信息。媒介叙事的背后，隐藏着片面追求“点击率”的娱乐化倾向。那么信息传递的下一个链条，这个事

[1] 傅修延.文本学[M].北京：北京大学出版社，2004：123.

[2] [美] 爱玛·卡法勒诺斯.似知未知：叙事里的信息延宕和压制的认识论效果[M]. 转引自戴卫·赫尔曼主编：《新叙事学》，北京：北京大学出版社，2002：3.

件又会得到怎样的表现呢？3月25日，《南方周末》头版以《还原马加爵》为题，通过对马加爵事件的后续采访，对媒体报道进行总结、梳理和纠错，澄清、补充了一些事实。从中笔者得出的对马加爵的认识，是一个受到家庭贫困、人际交往障碍与社会（就业）压力多重困扰的杀人犯。他身上所体现出的人文教育的缺失、互联网络的不良影响、校园中“沉默大多数”所受到的忽视与冷遇，都折射出目前我国高等教育存在的严重而普遍的问题。一个被“娱乐化”的杀人恶魔，在这篇文章中被“还原”成了一个更具普遍意义的“典型”。该报第二版登出题为《贫困大学生需要走出心理困境》的文章，进一步加强了这种典型意义。由此，“断点”的填补带来了对新闻事件的新的阐释。而该报道的价值主要在此。

笔者认为，报纸在媒介系统中的角色发生转变是一个不争的事实。报纸深度报道“言人所不善言”的“整合故事”的方式、“总结者”的角色定位，符合目前新闻信息的流动规律，是当前报纸应对网络媒体挑战的一种重要的策略选择。当然，对于“断点”的挖掘与填充如果不能体现出纸媒体的个性、风格，如果不能带来对于新闻事件的新的阐释，则会削弱或失去其价值。

（白贵、周正昂，原载《当代传播》2006年第3期）

微博新闻的文本特征及写作技巧

微博新闻，是通过微博，将新近发生的有价值的事实发布出来的新闻。通常，微博新闻字数不超过140字，内容言简意赅，时效性强，有时没有图片，有时图文并茂，甚至还有视频、音频链接。[1]微博新闻与其他媒体所刊载的新闻并无本质上的不同，同样要尊重新闻价值规律，并且符合真实、新鲜这两大新闻的基本属性。但微博新闻作为在微博平台上发布与传播的新闻，在文本特征上与其他媒体所刊载的新闻有所区别。

一、微博新闻的文本特征

1. 篇幅较小、要素齐全

一般微博网站在微博的字数上有着一定的限制，这就决定了微博新闻的篇幅较其他媒体要小。“小身量”的微博新闻虽然在字数上少于其他媒体所刊载的新闻，但是麻雀虽小，五脏俱全，微博新闻依然要具备一般新闻的基本要素。换句话说，微博新闻依然要有5个W要素。如：

【四川古蔺大客车坠崖已致7死22伤】人民日报记者王明峰消息，1日下午17时30分左右，泸州市一辆金龙牌大客车途经古蔺县石堡镇小坝路段时，侧翻至100余米的斜坡下，造成7人死亡，22人受伤。据泸州当地媒体报道，该车属于古蔺县畅通运输有限公司。目前，伤者已送往医院，事故具体原因正在进一步调查中。

以上是人民日报官方微博在2013年2月1日所刊发的新闻，虽然这则新闻

[1] 王卫明，甘昕鑫. 微博新闻的特征及其采写原则［J］. 新闻与写作，2012（1）.

只有短短的138个字，但新闻的基本要素完整，没有一点遗漏。

2. 时效性强、更新迅速

微博具有强大的传播效率，信息传播速度极快。与传统媒体相比，网络新闻的时效性不是以日计算，而是以小时计算的。而微博比一般的网络新闻还要快，前一分钟的新闻在下一分钟可能就成为历史。原因有两个："一是微博可以与手机、MSN等绑定，各家媒体可以随时随地通过网络、手机发布新闻。二是微博新闻篇幅短，结构简单，为记者节省了思考、编辑新闻的时间。"[1]因此，微博新闻与其他传统媒体相较，其时效性更强。此外，即使对同一新闻事件进行报道，微博新闻更新的速度同样很快，可以提供对新闻事件进行跟踪报道的良好平台。

以人民日报官方微博在2013年2月15日的所刊发的"陨石坠落俄罗斯"新闻为例，事故发生的时间是11时，人民日报官方微博于16时10分在微博上发布了这一新闻。17时49分，人民日报官方微博又一次发布消息进行跟进：

【俄降陨石：以为是战争爆发，受伤人数升至400多】央视消息，俄罗斯天降陨石，这一罕见自然现象已造成400多人受伤。陨石降落时，在空中划出一道白烟，并发出巨大爆炸声，引起地上汽车防盗铃响，当地居民一度以为是战争爆发。该陨石并未对车里亚宾斯克州军事设施、核设施造成影响。

3. 多媒体的新闻报道形式

新媒体善于运用多种媒体形式来呈现信息。微博新闻同样如此，同一则新闻可以运用文字、图片、视频等形式进行报道。这种运用多种媒体形式进行新闻报道，不仅大大增强了新闻的吸引力，还能全面立体地展现新闻事件的全貌。此外，如果一则新闻，在微博的字数限制之内实在无法报道完整，还可以利用附上超链接的形式，引导受众进行进一步深入浏览。

4. 单篇微博结构简单、角度单一

使用过微博的网友都知道，微博是没有换行功能的，不管输入多少段文

---

[1] 薛国林，胡秀. 微博新闻的写作及其文体特征——以2010年两会微博报道为例［J］. 新闻与写作，2010（5）.

字，在点击“发布”之后，都会自动合并成一段文字。这就导致了单篇微博新闻的结构非常简单，它就是一句话，或者一段话，最多再配上一幅图片，更别提标题、导语和结尾了。

微博新闻的报道角度单一。一篇微博新闻只报道一个事件、一个情境、一个观点。这样的新闻就略显琐碎，信息量不足。微博有一个“关注”功能，网友可以对其感兴趣的微博设置“关注”，也可以随时取消“关注”。如果媒体不能吸引他们继续关注的兴趣，那就很可能要流失一批“粉丝”，也就会削弱媒体的影响力。

这时候，配合就显得尤其重要。所以，新华社在其微博上设置了多种栏目，不同的栏目因其分工不同，报道的内容和角度各不相同。这样，各条报道之间、各栏目之间，在宏观上构成了一个相互联系、相互配合的整体。

二、微博新闻的写作技巧

1.迅速发稿、多媒体呈现

微博的传播优势之一在于其即写即发的传播速度。微博新闻写作要善于利用微博这个传播优势，这就要求在进行微博新闻写作时，要有较快的速度，能够在第一时间将微博新闻发布出去，把最新鲜热乎的新闻呈现在受众面前。此外，微博是一个多媒体信息呈现的平台，记者要充分利用多媒体传播的优势，除文字外，还要善于运用图片、音频、视频等多媒体形式展现新闻事件，使微博新闻更加立体化、全面化。

2.要素齐全、语言简洁

微博新闻虽然篇幅短小，但在写作的过程中千万不能遗漏任何一个新闻的基本要素，否则这条微博新闻就不完整。这就要求记者在写作的过程中要绷紧新闻基本要素这根弦，在完成之后，还应回头看看，认真检查新闻的基本要素是否齐全。

在短短的140个字左右的篇幅内完整地展现新闻的基本要素是一项颇具难度的工作。它就要求记者要善于运用简洁的语言对新闻事件进行高度的概括和描述，用词准确到位，行文不能拖泥带水，避免内容重复拖沓。

如果在140个字内无法表述清楚新闻事件，可以用长微博或超链接的形式引导受众进一步阅读。

3. 标题精练、信息明确

一般的微博新闻都需要制作标题，但与报纸等传统媒体不同，报纸上的新闻可以有双行标题、甚至三行标题，但囿于篇幅，微博新闻一般只制作单行标题，且字数不宜过多。所以记者在制作微博新闻标题时，要用最少的字数将新闻事件的核心内容集中体现在标题之中。在涉及某些名词时，该用缩写的就用缩写，但不能违反相关规定，更不能引起歧义。比如“蒙古族”不能简称为“蒙族”，“省人大常委会副主任”不能简称为“省人大副主任”。再比如，中国人民大学如果简称为“人大”容易使人理解为“全国人民代表大会”。值得特别指出的是，由于微博新闻没有版面设计，为了将标题和正文区别开来，可以用一些特殊符号比如“【 】”隔开，以突出标题的重要性，使读者一目了然。

下面是人民网官方微博于2013年2月1日发布的一则微博新闻：

【新交规满月闯灯降4成驾考理论合格率仅55%】新交规实施已满一个月，公安部数据显示，今年1月以来，全国严重交通违法行为大幅减少，违反交通信号灯指示通行同比下降40%。新交规还对驾驶人考试制度进行改革，考试合格率普遍较低，其中理论考试合格率为55.7%。（记者张洋）

在这则微博新闻中，作者合理地将“交通规则”简称为“交规”，将“驾驶员从业资格证考试”简称为“驾考”，使得标题语言精练，且在标题中作者突出了“理论合格率仅55%”这一新闻事实的核心，这就使标题完整地突出了整则新闻最重要的地方，读者一看便心中有数。

4. 选材典型、善用细节

微博用户一打开屏幕，满屏都是各式各样的微博，那么微博新闻如何从众多微博中脱颖而出，抓住读者的注意力呢？其中很重要的一点就是微博新闻写作时要注意善于运用典型材料表现新闻事实，刻画新闻人物。此外，还要高度重视细节的作用，用细节去打动读者的心。

5. 善用@、注意版权

如果在微博新闻写作中提到了某个人或某个机构，可以用微博独有的功能@加以标示，这样的做法不仅可以扩大新闻的信息量，还可以让读者循着这条线索了解到更多的新闻背景，此外，在转载其他新闻媒体发布的新闻时，要清晰地标明该新闻出处，涉及照片的，不能将原照片的水印随意去除，以免引起版权纠纷。

（白贵、彭焕萍，原载《新闻与写作》2014年第3期）

传统新闻与数据新闻的比较与再审视

摘要：数据新闻是大数据在新闻与传播学领域的社会应用落地结合点，它提升并拓展了新闻的信息属性，这将开启“新闻2.0”的先河。

关键词：数据　新闻　新闻2.0　新闻要素　新闻属性

新闻是关于客观世界中新近变动的信息，此定义决定了信息属性是新闻的本质属性。新闻的其他属性：宣传属性、舆论属性、商品属性等均从属于新闻的信息属性。正是由于新闻的本质属性是信息，而信息的属性是客观性、多态性和共享性。由此，新闻也同样应具备客观性、多态性与共享性。

数据新闻在上述理论下结合Web2.0的理论进阶表现在：（1）在大数据背景下，数据天然的客观性使数据新闻的客观性更加让人信服，所呈现的观点或故事更容易被受众接受。（2）利用数据天然的客观性，强调新闻的信息属性，在网络环境下利用数据分析与数据呈现的多态性更加全面生动地诠释新闻内容，会使新闻学中新闻客观性悖论得到很好的诠释。（3）再加上数据新闻具有更具体更生动的呈现形式——可视化呈现、个性化定制、场景化分享等元素，会让数据新闻插上翅膀。（4）信息的分享无损性更为数据新闻的交互式、多渠道、多点触控的网络链式传播带来理论依据。

一、Web2.0环境下从新闻到数据新闻的变化

Web2.0信息环境的特点，使数据新闻的制作流程、内容组织、传播路径和呈现形态一下子多样化了，新闻的组织、呈现、传播渠道及所涉及的时间、空间维度发生了巨大变化，这些改变几乎涉及了原有新闻工作的每一个元素。

Web2.0信息环境的网络媒体发展态势非常强劲，因为它们重新定义了信息组织方式、传播方式和传播路径等，由此带来的传播效果也发生巨大变化。从新闻的生产流程、新闻要素、传播路径均发生巨大变化，这些变化表现在：数据新闻不仅要报道已经发生的某新闻事实，还要收集与该新闻事实相关的内容及受众对该新闻事件的反馈与评价，甚至依据这些评论与反馈信息跟踪该新闻事件引发的社会反应等。

在大数据时代，数据新闻使新闻要素、生产流程、传播方式等具备了Web2.0环境下网络信息的特性，因此笔者认为：数据新闻的这些变化构成了新闻2.0，由此数据新闻相关研究与实践火爆成为必然。

1.制作流程变化

笔者通过梳理前人的相关成果、总结业界的实践过程、归纳本团队的实验后认为：数据新闻的生产，其核心就是在纷繁复杂的数据环境中用敏锐的新闻视角发现具有新闻价值的特定主题，并对该主题相关内容进行数据的抓取、清洗与过滤、分析与挖掘、交互性设计、场景化设计、可视化呈现、故事化讲述，这是一种新型新闻报道方式。这种报道方式的核心是特定主题新闻价值的发现、相关数据的采集与处理、交互化设计、场景化设计与可视化呈现。

数据新闻的生产过程可被视为从一定的新闻事件出发，通过运用大数据方法把新闻做宽（广度）做深（深度）做厚（时间），或是在大数据中发现有价值的新闻主题，然后经过一系列的抓、洗、析、挖等程序，获取并不断提炼这些与主题相关的信息的过程。这种提炼，使原始数据变成了有意义的信息，并用数据挖掘的方法找一复杂的事实信息背后可能隐含的道理，并以可视化的方式组织成条理清晰，再以故事化讲述的方式形成易于阅读理解和记忆的故事，还要注重设计与受众的交互，这样受众就可以得到更有价值的信息，从而才愿意获取并接纳新闻内容所呈现的观点，同时可视化呈现更利于新闻内容的传播。

数据新闻要求媒体组织架构松散灵活一体化。与传统新闻的生产不同，数据新闻生产要求现有的媒体组织结构加以调整。数据新闻生产机构多要求单独设立一个部门，合并、打通原来采编的各个环节，其流程类似一个中央厨房。数据新闻生产中的数据采集处理、交互化设计、可视化呈现是关键。实践表明，数据新闻的制作需要一个团队，有报道称一般3至20人，笔者的实验团队是7人，归纳为分布在3个领域的能力：新闻能力（记者编辑能力）、数据能力（采集、分析、挖掘能力）、设计能力（前端的交互化、个性化、可视化、场景化等设计能力）。

数据新闻制作与运营一体化。Web2.0环境下数据新闻强调的是“产品”的概念，产品则强调商业模式，统一的开发、运营环境等，而不再是构思文章、加工视频的作品概念。借助Web2.0平台技术和服务入口，强调制作过程的前端设计及扩大移动终端入口的覆盖面。以用户为纽带的商业模式与人们的可视化的阅读行为习惯等特征来设计数据新闻产品，使其设计更加密切贴近用户。数据新闻的交互化设计又将帮助提高其用户黏性，起到单纯传统的文字新闻传播难以起到的吸引用户的效果，从而达到提升传播效果的作用。

数据新闻对媒体与用户的关系再造。Web2.0环境下数据新闻，对传统新闻最深刻的影响在于对媒体与用户的关系的再造。数据新闻制作中交互化设计把用户作为自己最重要的资源，多点触控的链式传播，其交互性促进数据新闻在传播模式中的滚动与融合。数据新闻制作中数据的采集，数据新闻将UGC生成的内容作为重要的数据来源，即数据新闻通过捕捉用户的行为特征来进行个性化设计，使“用户体验”达到最佳。接着数据新闻通过定制用户的个性化广告，为用户提供一系列由用户黏性服务所带来的利益，这样就可以实现精准投放。并且，用户不仅是受众，也是数据新闻内容的生产者。因为数据新闻的数据来源有用户，贡献了数据的用户对新闻内容更感兴趣，这充分调动了人类的参与心理，这样数据新闻的传播更易产生交互效果。数据新闻的可视化呈现方式符合人类信息需求心理，更容易让用户接受，产生共鸣，共创价值、共享价值。因而说，数据新闻重构了媒体与用户的关系。

2. 从新闻到数据新闻中新闻要素的变化

场景要素。数据新闻不仅要报道已经发生的某新闻事实，还要收集与该新闻事实相关的背景内容及受众对该新闻事件的反馈与评价，甚至依据背景内容找出新闻背后的故事，依据评论与反馈信息跟踪该新闻事件引发的社会反应等。用户期待记者挖掘讲述新闻背后的故事，而不是仅仅给个观点。基于Web2.0信息环境，考察数据新闻的生产与内容组织模式，由“关系信息流”“时间信息流”“空间信息流”叠加形成的场景元素成为信息服务的入口变量、信息组织的核心逻辑，成为关系（无论主题关系还是社区关系）的组织纽带。由此场景元素成为数据新闻火爆的一个必然因素，已成为数据新闻选题策划、内容组织、关系组织与服务呈现等几者连接的纽带。

个性化元素。Web2.0信息环境为满足公众多样化和个性化的信息需求提供了技术保障，用户的信息需求、行为特征及行为数据成为数据新闻的重要来源。数据新闻的内容组织、传播路径和呈现形态一下子多样化了，传播的内容、渠道、时间、空间发生了巨大变化，这些变化须以用户的信息需求行为及行为特征为依据，并结合为内容、时间、空间的叠加，生成数据新闻，从而服务于特定用户或群体的个性化需求。

交互化元素。Web2.0信息环境的交互化特性为产品与用户的交互提供了技术基石，也使作为数据新闻的交互元素成为数据新闻产品中的重要部分成为必然，应对的是适当的场景与用户的个性化需求，结合了先进的以用户为中心的如自媒体发行和众包等工具，使更多的人比以往任何时候都更轻松地获得更多的数据。

数据新闻不仅要报道已经发生的某新闻事实，还要收集与该新闻事实相关的背景内容及受众对该新闻事件的反馈与评价，甚至依据背景内容找出新闻背后的故事，依据评论与反馈信息跟踪该新闻事件引发的社会反应等。基于Web2.0交互性的传播平台以数据库管理，众多的成功的数据新闻案例中互动均是一个重要元素，特别是一些互动功能的信息图表使数据新闻的交互性得到充分彰显。

数据元素。Web2.0信息环境下的网络和信息技术从根本上改变了信息发布、呈现与传播方式。数据新闻秉承了这些特点，实践着围绕数据站点和数据服务来实现自身的价值，是Web2.0数据生态系统的一部分。引用和共享的源素材是网站超链接结构的本质，也是人们习惯的网络浏览信息的方式中的一部分。

数据新闻通过引用和共享源材料和数据背后的故事，呈现更多内容，是数据新闻技高一筹的地方。维基解密创始人朱利安·阿桑奇把它称为“科学新闻学”。数据新闻使任何人能深入数据源当中，找到与他们相关的信息，去验证推断并挑战被普遍接受的假设，它可能会有效地促进民主化进程，使公众具有过去仅限于专家，如调查记者、社会科学家、统计学家、分析师，或其他专家使用的数据资源、工具、技术和方法等，虽然目前引用和连接到数据源主要是数据新闻领域的，但目前的关联数据技术与规则正努力创造一个可链接的世界，将数据无缝地融入媒体内。数据正成为为记者帮助用户降低了解和查询数据的壁垒，大规模地增加读者的数据知识水平等方面起到了重要作用，数据成为记者制作数据新闻的素材，成为数据新闻的重要元素。正如Howard所言，“数据新闻要像科学一样严谨，它公开其方法，呈现其结果，经得起核实与验证”。

3. 传播方式的变化

数据新闻的“有向路径传播”。Web2.0信息环境下，用户数据对于网站是重要的数据资源，往往通过数据的挖掘，将个别的、分散的行为中蕴含的用户使用共同规律揭示出来。在大数据时代，用户的使用习惯、兴趣爱好、需求特征等采集，经过数据分析挖掘被勾勒得很形象，并且被置标签、聚类从而服务于品牌形象推广，用于推送的精准度提升，这种基于用户数据分析的“有向路径传播”，为数据新闻的精准传播做出贡献。

数据新闻将宏观叙事与微观叙事融合使传播层次贯通。新闻中宏观报道与微观叙事经常需要尽可能兼顾，才能使报道显得更加真实、客观、生动，而传统新闻报道实际操作中很难在一个报道中同时实现宏观与微观平衡兼容的情形。这点在数据新闻中却很容易实现。数据新闻的呈现方式非常丰富，能很好地呈现宏观与微观的链接与交互。

二、结论

数据新闻促进了传播深度。现实社会中，社会关系遍及人、机构甚至国家之间。交友社区是对关系呈现的典型应用，一些工具和软件被用来揭示微博的网络传播路径，如“知微”“独道”等工具协助进行社会网络关系分析，甚至有的直接生成社交关系图，微信的传播更是依赖熟人关系。总之，网络社会中研究关系的典型分析方法是以节点为基础，找到与某个节点相链接的节点，以相链接的节点多少确定是否为关键节点，进而确定节点间的联系与网络影响力。在数据新闻报道中关系分析是常用的分析方法，通过关系分析挖掘能帮助找到更好的传播路径，促进数据新闻对新闻事件中各类关系及事件原因的深度挖掘与梳理，促进传播向纵深发展。

数据新闻的可视化呈现提高了新闻传播效果。信息可视化方法是指以图形图像手段来构建、传达和表示复杂知识或关系。除了传达事实信息之外，信息可视化还符合人类的心理需求与认知习惯，有助于人们更好地理解、记忆、共享、重构和应用知识。信息可视化方法作为学习工具，改变了人类原有的认知方式，更容易让人们接受信息内容。数据新闻本质上是信息，其可视化呈现自然也能较好地传递数据新闻的内容，更容易的可视化方式让受众接受新闻的内容，从而达到提升传播效果的作用，同时对事件及内容进行预测。

数据新闻为新闻传播学科带来全新的研究方法——大数据方法。笔者认为：信息处理过程包含两个方面：一个是深度，即数据结构和数据所呈现的语义关系，这其中语义网络、信息本体、情感本体等相关语义技术为大数据背景下的语义深度挖掘展开广阔空间；另一个是广度，即信息的相关性发现与聚拢，符合特定用户个性化需求的具有相关信息的发现。当下的大数据阶段，数据处理方法注重寻找“相关关系”，互联网之父蒂姆·伯纳斯·李（Tim Berners-Lee）倡导的关联数据（Linked-Data）技术则为其提供了“相关关系”语义方程求解的钥匙，同时为我们提供了清晰的方法论依据。

语义网与本体技术、关联数据技术等语义组织与处理相关技术，大数据方法为数据新闻提供了可行的技术与方法。

（白贵、任瑞娟，原载《云南社会科学》2016年第1期）

人工智能环境下编辑角色的再定位

摘要：人工智能技术已经渗透于编辑工作的各个环节，但另一方面仍体现出一些现实的局限。譬如，选题策划创新力不足、审稿加工适用性有限、对象分析灵活性匮乏等。人工智能技术的介入不能从根本上改变编辑工作的流程，而仅是促使编辑工作重心发生偏移，编辑角色也将面临再定位的问题。转型调整期的编辑角色正在悄然实现重新定位，定位为选题策划的决策者、稿件加工的终审者、人机关系的引导者。

关键词：人工智能　编辑工作　角色定位

近年来，人工智能在大数据技术、神经网络算法和并行计算的推动下迅猛发展。现阶段，人工智能在拥有大量可计算数据的领域逐步展现出超乎想象的分析和处理问题的能力，同时作为一种技术手段推动着“智能增强”[1]向更高级别发展，即通过软硬件结合应用的方式在脑力、经济和社会等方面拓展人类能力。在过去的20年中，编辑工作中包括选题、组稿、审稿、编辑、校对、装帧设计和市场营销在内的各个环节都积累了大量的数据，如今，日臻成熟的人工智能技术为有效抓取和分析这些数据进而提高编辑工作的水平提供了一条更加便利可行的路径。作为选题策划的组织者、稿件加工的把关者、人脉关系的协调者的编辑，其工作思维和角色定位也将在这场变革中逐渐发生变化甚至被重新定义。

---

[1] 约翰·马尔科夫.情感机器[M].郭雪，译.杭州：浙江人民出版社，2015：7.

一、渗透于编辑工作中的智能化工具

目前，虽然各出版社对人工智能技术的应用情况有所不同，但编辑工具的智能化已经成为大势所趋。随着2017年7月《新一代人工智能发展规划》的发布，人工智能被列入国家战略，成为未来国际竞争的主要角力点，这也势必加速人工智能对编辑工作的渗透和改变。

1. 辅助选题策划

有人将图书分为三种，即销售部门的书、延伸版权的书以及编辑选的书。[1]其中，销售部门的书、延伸版权的书都是以图书的市场价值为导向进行策划的，基于图书情况与现有市场需求进行比对，也就是一本书的自身“属性”与现有图书市场的需求“属性”是否匹配的考量。而编辑选的书则是通过编辑的主观判断进行策划，这类图书有时看起来并不具备畅销的可能，但其中不乏获得巨大成功的个例，这种脱离于数据分析的选题策划是机器无法产出的。在人工智能未曾进入出版行业时，前两种图书的策划难度很大，是编辑和市场营销部门凭借以往经验和销售记录的推论，缺乏证据支撑。但随着人工智能技术在编辑工作中的渗透，编辑可以预先定义部分参数，对书稿特点与读者心理进行匹配分析，从而为选题策划提供参考。

目前，机器已经实现了从对书名、作者、类别等简单类目进行量化到对图书的文本信息进行量化的飞跃，因此，人工智能所获得的数据量比以往急剧增加。美国博克斯比（Booxby）公司的首席执行官（CEO）兼创始人霍利·佩恩（Holly Payne）曾在《赫芬顿邮报》和米蒂姆（Medium）平台发表文章称，他们试图通过机器学习技术和自然语言处理技术结合图书的主题、情节、人物、背景或风格等文本元素来实现对图书文本基因（Literary DNA）的编码，为图书的定位提供了一个准确的框架，并将这个框架与作者、读者和市场进行匹配，以便它能在适当的时候传播到合适的读者市场。[2]

---

[1] 刘杲.出版笔记[M].石家庄：河北教育出版社，2006：521.

[2] Holly Lynn Payne. A.I. Will Revolutionize Publishing（Not By Writing Books，But By Reading？Them）[EB/OL].（2018-01-22）[2018-04-04].https：//medium.com/@hollylynnpayne/a-i-will-revolutionize-publishing-not-by-writing-books-but-by-reading-them-f9a16ff888a2.

亚马逊、当当、京东等网络购书平台和微信阅读、掌阅读书等阅读平台，通过互联网搭建围绕图书的搜索引擎和社交网络，逐步形成了一个规模庞大的有关图书的“模拟”计算机，使得读者的购买、阅读、评论等行为信息被编码和处理为连续且容噪的数据链条。因克特（Inkitt）公司作为一家依靠读者驱动图书出版的出版商，其创始人和首席执行官阿里·阿尔巴扎兹（Ali Albazaz）曾撰文称，根据开发的分析阅读模式算法，如果一本书可能提前接触到更多的读者，就可以结合群体智能对图书出版进行更好的预测，确定小说的畅销潜力，并获得其目标读者的重要信息，甚至在出版之前完成一个非常有针对性的营销策略。[1]

2. 协助审稿加工

审稿加工在传统编辑工作中是最耗时耗力的一个环节。编辑首先要在宏观层面上对图书所体现出的价值判断和价值选择进行把关；其次，需要在微观层面上对图书的文字语句进行修改和校对；最后，还要根据目标受众的阅读期待对书稿进行整体润色。而互联网平台的发展和全民创作的热潮又促使文学作品的数量呈指数级增长，给编辑的审稿加工带来了更大的挑战。人工智能技术的介入有效提高了审稿加工的效率，成为应对这一挑战的重要武器。

阅文集团在编辑环节借助知识图谱和机器学习技术，结合专业知识、自然语言和政策法规等内容进行软件设计，对文本是否涉及抄袭剽窃，社会敏感话题以及黄色暴力内容进行分析审查，提高了部分主题文本的审稿效率。“黑马校对”软件通过对大量分类语料中的上下文和语句关系进行量化的统计、分析、提炼，并采用高倍信息压缩、快速检索、汉字高精度快速切分、深度学习等新技术生成语言模型和依存分析算法。

在约稿和评审方面，通过建立以作者信息为基本单元的知识库，编辑可以依据需要迅速找到目标作者和评审，并根据目标对象之前的图书、论文、发言以及立项、获奖等其他信息，综合评判约稿的成功率和应邀参与

---

[1] Ali Albazaz. How Inkitt Publishes Your Books：From Preparation to Promotion[EB/OL].（2017-05-27）[2018-04-04].https：//www.inkitt.com/writersblog/how-inkitt-publishes-your-books-from-preparation-to-promotion.

评审的可能性。全球顶尖的科学、教育及专业出版机构施普林格自然集团（SpringerNature）就建立了开放关联数据（LOD）平台科学图谱（SciGraph），该平台目前拥有超过10亿个与该集团出版内容有关的元数据，并且和一些已知的外部数据集进行链接，还为用户提供了相关的数据工具，帮助他们找到包括作者、机构、研究领域、出资人、会议和地点等相关的内容。[1]

在组稿和改稿环节加入人工智能技术也是编辑工作的一大趋势。龙源数字传媒集团旗下的人工智能平台“知识树”就实现了当编辑定义部分内容以后，机器会自动帮他组成剩下的内容，[2]完成图书写作和修改工作。不久的将来，人工智能技术有望完成优化文章结构、重新划分章节、自动生成小标题等工作。此外，还有望在不改变图书中心思想的前提下，将目标读者群的知识水平、性别、年龄、阅读习惯等多个维度的数据与语料库进行匹配，自动调整文本内容，有针对性地增强图书的可读性。

3. 辅助设计营销

在封面、书腰、排版的设计方面，编辑可以使用各科技公司的辅助软件。从2013年底开始，微软亚洲研究院与清华美院合作，把设计学中的审美原则与可计算的图像特征相结合，创造性地提出了可计算的自动排版框架原型。把视觉呈现、文字语义、设计原则、认知理解等领域专家的先验知识自然地集成到同一个多媒体计算框架之内，[3]可以自动生成杂志的封面。一旦这类技术全面走进图书出版行业，设计工作必将更加高效。

在营销环节中，智能工具使编辑可以直接通过网上数据监控市场变化，调整营销策略，不再需要奔赴签售会现场和零售商店。北京开卷信息技术有限公司就提供了智能（Smart）数据查询分析系统，系统搭载图书查询、排行榜、市场竞争、本版图书以及服务于编辑、发行、管理的智能化分析工具模

[1] Linked Open Data（LOD）One Billion Metadata Facts Now Availableon SpringerNature's SciGraph Platform[EB/OL].http：//www.infodocket.com/2017/12/18/linked-open-data-lod-one-billion-metadata-facts-now-on-springer-nature-scigraph/.

[2] 任晓宁.人工智能玩出什么花样[N].中国新闻出版广电报，2017-07-17.

[3] ACM TOMM 2017最佳论文：让AI接手繁杂专业的图文排版设计工作[EB/OL].[2017-08-10].https：//www.msra.cn/zh-cn/news/features/acm-tomm-2017-best-paper-20170810 .

型，为出版上游企业提供编辑选题、发行营销、内部运营和战略管理相关的数据支持及解决方案。随着人工智能技术的发展，未来的机器人不仅可以通过将图书文本数据和消费者行为数据相结合的方式来深入理解读者喜好、发现商机，更可以借助网络交互平台与读者进行对话，通过聊天的方式精准地向读者进行图书推荐并说明理由。

在出版形式上，不断增加的可计算数据，使编辑的选择变得更加多样。2017年，微软小冰开始在广东卫视天气预报节目中播报新闻，2018年4月，日本智能主播读子（Yomiko）投入使用，微信、当当也积极探索读书功能，推出了微信读书和当当云阅读。随着算法的优化和数据的积累，文本向语音的转变将更加自然，届时，语音图书的成本将大大降低并成为编辑的新选择。同时，近年来国内虚拟现实（VR）/增强现实（AR）+图书出版也有了长远的进步，如江苏凤凰教育出版社“小学科学活起来”系列、海天出版社“童喜乐AR/VR魔幻互动百科”系列、西南财经大学出版社《有趣的中国节日：AR互动游戏书》等都为出版形式的创新提供了更多的选择。

二、智能工具的局限性

目前人工智能技术已经渗透到编辑工作的各个方面，并发挥着越来越重要的作用。然而，随着人工智能技术的进一步发展，智能化工具在编辑工作中的局限性也逐步显露。

1. 选题策划上创新力不足

图书作为一种特殊的商品，在具备商业价值的同时也兼具传承人类文明、传播知识文化的使命，其承载的信息能否通过物化产品在市场竞争中获得消费支持，是信息由精神层面向物质层面进而向生产力转变的关键因素。因此，在选题策划中需要对图书的内容价值和市场价值进行双重考虑。

结合博克斯比和因克特两家公司的案例不难发现，由于当代计算机系统只具有形式逻辑运算功能，而不具备人类智能系统的情感功能和意识功能，[1]

[1] 钟义信.人工智能：“热闹”背后的“门道”[J].科技导报，2016，34（7）.

现阶段的智能化工具在选题策划中对于图书价值的“考虑”主要是建立在数据统计的逻辑推演之上。换言之，统计是对过往销售量、图书类型、作者、故事内容等信息的归纳总结，而基于逻辑推演的判断是根据现有统计结果对目标文本进行的“相似性”匹配，当实现匹配时则认为该选题策划符合要求，否则将会被视为“无效”文本。

然而，图书作为精神文化的产物，其内容价值的判断是复杂的、难以量化的。单纯依靠匹配程度来确定选题策划的方式显然会导致大量的优秀选题无法实施、作品无法出版，造成资源的浪费，创造力的流失。如《文化苦旅》就曾被某出版社定位为在旅游景点销售的图书，该出版社要求其缩减篇幅，导致搁置数年无法出版。但是，王国伟认为该书拥有沉重的历史和深厚的文化底蕴，是一部不可多得的文化大散文。事实也的确印证了王国伟的判断，《文化苦旅》的影响力和销售量都令人瞩目。显然，对于这类包含多种元素的作品，智能化工具采用的量化方法是难以判断其价值的。再如《狼图腾》在选题论证之初也曾被确认为毫无当时畅销书的“时尚”元素，即完全无法匹配市场的各项统计结果。然而，由于《狼图腾》故事精彩、题材唯一、主题健康，加之狼的精神符合改革开放后塑造企业和民族文化的需要，最终被长江文艺出版社出版并成为名噪一时的畅销书。与《狼图腾》这类前瞻性选题的创新不同，香港三联书店的《香港明信片精选（1940—1970）》则是通过稀缺的素材、精美的装帧在香港回归这一社会背景下策划出版的。该书经过选题策划环节的精心设计，将看似普通的明信片进行加工和串联，成为当年的畅销书并获得了香港图书印制设计大奖。由此不难发现，选题策划需要对市场、书的内容与形式等诸多因素进行综合考量，而以统计和逻辑推算方式运行的智能化工具目前还不能实现这种综合考量，因此其在选题策划环节中存在创新力不足的问题。

2. 审稿加工上适用性有限

2011年，国际商业机器公司（IBM）超级电脑“沃森”（Watson）在美国智力竞猜电视节目《危险边缘》中成为王者，刷新了人类对人工智能的知识边界的认识。2017年，阿尔法狗（AlphaGo）与排名世界第一的围棋冠军柯洁对战并以3比0的总比分获胜，印证了人工智能在围棋对战中的计算速度及能力超越人类的可能性。那么，目前的人工智能工具在编辑工作中的知识储备和运算速度能否超越人类编辑呢？答案是否定的。

一位学者朋友曾经向某杂志社投稿，却在“黑马校对”查错后由于标红过多而险些被退稿。与责任编辑沟通后发现，因为稿件中存在大量古文文献，“黑马校对”未能识别并自动将其标注为语法错误，所以导致了这场乌龙。汉语本身博大精深，在不同语境下有着不同的含义，极其复杂，而目前主要应用于审稿加工环节的人工智能技术也存在局限性。一是知识图谱中“实体—关系—实体”三元组及其相关概念、属性和属性值的构建以及知识更新的速度和精度成为其应用的主要障碍。[1]二是机器学习，尤指深度学习，由于现阶段仍然是以20世纪80—90年代的联结主义为理论基础，[2]其优化的路径（调节算法参数和积累数据）目前也存在技术性困难。由此，智能化工具在审稿环节中的应用往往集中于便于积累数据、建立知识库的某一方面，适用范围比较有限。

在稿件加工环节，书名、目录、小标题、开本、封面设计、封面宣传语、封底宣传语、封面上的提示性文字等都将成为编辑工作不得不考虑的内容。如2009年的畅销书、作家出版社出版的《好妈妈胜过好老师》为了与之前类似题材的畅销书进行区分，仅书名就想了近百个，并加上了副标题。考虑到作者知名度并不高，编辑特意根据内容的吸引力和读者的阅读习惯对全书结构做出调整，将令家长十分头痛而又不得不面对的问题——带孩子打针放到了第一章。译林出版社的《基督的最后诱惑》在翻译时，将英文版分为前后两部分由傅惟慈和董乐山两位著名翻译家分别翻译，因此在最终校稿过程中，编辑需要在尊重原著和译者的前提下进行统稿，其中的难度可想而知。从中不难发现，加工环节同样是一个综合考虑的过程，要求编辑统筹考虑作者感受、书稿原意、图书结构、读者喜好等诸多难以量化的因素，而这些同样是

[1] 徐增林，等.知识图谱技术综述[J].电子科技大学学报，2016（4）.

[2] 伊恩·古德费洛.深度学习[M].张志华，等，译.北京：人民邮电出版社，2017：8.

智能化工具所无法驾驭的。

3. 对象分析上灵活性匮乏

编辑工作的目标之一是将作者书稿内所包含的信息以正式出版物的形式有效传递给读者，因此，作者和读者是编辑工作的重要对象。

与优秀的作者进行交流，一方面，有赖于出版社的名气、地位和经济实力；另一方面，也离不开编辑自身的人格魅力和独特眼光。英国出版家汤姆·麦奇勒曾在回忆录中述及与哥伦比亚作家加夫列尔·加西亚·马尔克斯的渊源，在加夫列尔·加西亚·马尔克斯默默无闻之时，汤姆·麦奇勒就在众多作家中发现了他，并破例与其签下了包括《百年孤独》在内的5本翻译小说的出版合约。后来，他们也成为要好的朋友并且始终保持联系。汤姆·麦奇勒作为编辑的敏锐眼光是目前的智能化工具无法企及的，而汤姆·麦奇勒自身的人格魅力在编辑工作中发挥的重要作用同样也是工具无法取代的。

对于现有的智能化工具而言，读者被网络平台上的浏览记录、购买清单、评论内容、笔记情况、阅读历史等数据重新定义。在以分类和回归为代表的监督学习过程中，通过预设维度的方式对读者进行参数匹配和画像；在以聚类为代表的无监督学习过程中，通过自动形成一些编辑难以发现的概念维度来对读者进行更深刻的参数标记；甚至在目前的聊天推荐中，人工智能聊天机器人以读者的反馈为“奖赏”，通过强化学习的方式使机器对读者进行更细节的参数匹配。总之，智能化工具正在以参数值的方式对读者进行理解和塑造。然而，有日本“绘本之父”之称的松居直曾经说过：“图画书不是孩子独立阅读的书，而是大人读给孩子听的书”。[1]也就是说编辑不仅要明白读者需要何种主题、对哪种题材感兴趣，更要去思考读者是否能看得懂，甚至对读者会以怎样的形式去完成阅读有所设想，这样才能编辑出满足读者需要的优秀书稿。再如日本关东大地震后，结合当时的市场分析和读者需求，著名出版人岩波茂雄就推出大量便携廉价的小开本出版物抢占市场，并最终形成著名的岩波文库。这类图书的出现依赖于编辑对读者心理和社会背景的准确把握，

[1] 吴波.编辑是一门正在消逝的艺术[M].北京：金城出版社，2012：196.

是智能化工具目前不能实现的。

三、编辑工作重心的偏移与角色定位

智能化工具目前虽然存在明显的局限性，但也真实地渗透于编辑工作的各个环节，使得编辑工作的重心逐渐发生偏移，改变着编辑的思维方式和角色定位。

1. 选题策划的决策者

目前智能化工具在选题策划中的应用是以统计为依据的逻辑推演方式进行的，并不能替代编辑的综合判断。但由于市场化的经营具有一定的规律性和延续性，因此在选题策划的过程中，编辑可以将智能编辑的处理结果作为参考，在一定程度上规避由于个人偏见或缺乏市场数据支持而错失优秀选题的情况。在这个过程中，编辑需要充分了解智能编辑的数据来源和算法规则，以便更好理解其处理结果的意义，而不是直接跟随智能编辑的结果作出相应的判断。

总之，价值的判断仍然需要以编辑为主。毕竟“在其他媒体不强的时代，读者只能焦急地等待杂志和新书的出版，但在所有事物都泛滥的现代，信息看似很多，其实也是信息过于分散”，[1]而编辑的工作正是将分散的信息加以整合，有效传递给读者并引起他们的注意。因此编辑需要人工智能技术来工作，但读者更需要编辑的决策，机械速度带来的空洞需要用价值填充。

2. 稿件加工的终审者

虽然在审校工作中，目前的智能编辑由于数据和计算能力的问题，在具体工作中会出现认知边界和速度低谷，但随着智能技术的发展，其编辑能力将不断提升，并逐渐缩小编辑的工作范围。编辑的工作将会向全局掌控、调整软件参数、最终审查等工作上发展。在这一趋势下，编辑容易出现由于过分信任机器而导致的懈怠心理，但编辑工作固有属性中的不确定性就注定了智能编辑

---

[1] 鹫尾贤也.编辑力：从创意、策划到人际关系[M].陈宝莲译.北京：北京联合出版社，2017：185.

无法完全对其进行预测，因此过分的信任必将影响出版行业的健康发展。

因此，在智能时代，编辑仍然要发挥好把关人的作用。这就要求编辑积极使用现有的智能编辑工具工作，同时要了解其运行的原理，知道哪类稿件适合交给智能编辑处理，稿件中的哪些部分适合人工处理，真正做到知己知彼，全局掌控。同时，在智能编辑工具的使用中，编辑应当不断总结容易出现的问题，及时与技术人员沟通交流，通过调整软件参数对智能编辑工具进行修补。要始终铭记编辑工作的责任归属在于人，机器是高效、可靠的助手，但最终审查的工作应该由编辑本人来完成。

3. 人机关系的引导者

智能编辑作为一套计算机程序，其能力的提升，一方面，依靠数据积累和硬件完善；另一方面，依托技术人员对计算程序的设计，而设计则基于对编辑工作的理解和思考。结合没有免费的午餐（NFL）定理我们可以清楚地认识到，空泛谈论什么学习算法好是毫无意义的，因为若要考虑所有潜在的问题，则所有学习算法都一样好。[1]换句话说，不结合编辑工作来确定归纳偏好进行设计，而空谈智能编辑是无法实现的。因此，编辑对智能编辑在编辑工作中的实现和提升起着关键的“教育”作用。而对于编辑来说，机器的核心是软件，而软件的核心是它的哲学，[2]所以，当编辑致力于提升智能编辑性能时，实质是在进行一次自我认知的过程，也就是说人工智能间接地反向对编辑进行着“教育”。

在这场“教学相长”的互动过程中，编辑应该起到引导者的作用。不断将自己的想法转换为智能编辑的“价值”体系和运转“规则”，实现人工智能技术在编辑行业的创新和发展。同时，编辑还可以利用人工智能工具设计教学工具，为新编辑提供虚拟仿真平台，帮助他们在实际操作中不断进步，为日后迅速融入工作打下基础。

（白贵、王太隆，原载《中国出版》2019年第6期）

---

[1] 周志华.机器学习[M].北京：清华大学出版社，2016：9.

[2] 罗斯扎克.信息崇拜——计算机神话与真正的思维艺术[M].苗华健，等译.北京：中国对外翻译出版公司，1994：57.

人工智能环境下有声语言传播创新的趋向及影响

摘要： 有声语言传播是人类传播活动的一种重要形式，在人工智能和新技术的强力助推下，近年来有声语言的传播加速走向智能化，并呈现出主体转化、空间转化、表达转化三个新的发展趋向。本文立足人工智能的当下环境，对这三种趋向的表现形式等进行了分析探讨，并进一步得出判断：这种新的智能化传播趋向在信息传播规律、文化核心内涵、审美趣味标准三个方面，正在产生新的影响。

关键词： 人工智能环境　有声语言　传播创新

所谓人工智能环境是指人工智能在拥有大量可计算数据的领域逐步展现出超乎想象的分析、处理问题的能力，同时作为一种技术手段推动着“智能增强”[1]向更高级别发展，即通过软硬件结合应用的方式在脑力、经济和社会等方面拓展人类能力的整体背景。[2]如今，各类有声媒体平台纷纷发掘智能语音技术潜能，助力有声语言传播走上主流大道。审视聚光灯下的有声语言传播，可以发现其呈现出三个全新发展趋向：主体转化、空间转化和表达转化，并在一些方面开始产生相应的积极影响。

一、主体转化：多样化、智能化

人工智能技术与有声语言的结合引发了有声语言发声主体的深刻变革，

---

[1] 约翰·马尔科夫. 与机器共舞[M]. 郭雪译，杭州：浙江人民出版社，2015：7.

[2] 王太隆. 人工智能环境下新闻生产流程重构研究[D]. 硕士学位论文. 保定：河北大学，2019：8.

从以人为主到技术发声和物体发声。这使有声语言发声主体在物理构成、声音文化传播等方面发生了巨大改变，构建出了当今社会有声语言传播的特殊形态，催生了当代社会崭新的生活方式。

1. 有声语言传播主体再添新元素，智能主播成为行业新景观

在人工智能“克隆”出具有真人主播播报能力的“分身”后，智能主播的出现为有声语言传播主体增添了新的一员。这种改变不仅使有声语言发声主体更加多元化，也使得它们在有声语言传播过程中出现了不同于人类主播的传播方式和能力，让受众拥有全新的体验与感受，从而使有声语言传播工作再迈新台阶。

智能主播依托人工智能技术，不仅具有与真人相似的播报能力、不受工作时长的限制，且具有高出人类本身的传播精准度和极强的模仿学习能力。今年，新华社和科大讯飞分别推出了自己的AI主播“新小萌”和“小晴”。“新小萌”能够根据输入的中文用普通话及多语种方言进行播报，能够在地方融媒体中心建设和外宣工作中发挥非常重要的作用。[1]“小晴”则精通中文、日语、英语、韩语等多种语言，可随意切换不同语种的播报，且发音标准、十分专业。[2]智能主播的出现既是广电行业在形式上的新景观，又从信息内容的传播方式上增添了新的样式，使有声语言传播更加丰富多彩。

2. 机器发声主体有利于对播音主持名家的推广和声音文化的保护利用

语音合成技术通过对声音的采样、模拟与合成之后，不仅可以使原声再现，对原声者进行推广，还能形成人类主体之外的动态循环有声语言创作空间，对声音文化进行保护和利用。专业的有声语言传播讲究情、声、气的结合，不同的音色加之对发声技巧的不同处理，会产生诸多的声音类型，像老一辈播音主持艺术家齐越、夏青、葛兰、铁成、雅坤、方明等人的声音都堪称是国宝级的，但在非人工智能环境下，会因发声主体受时间、地点、年龄、身体状况等物理条件的影响，导致不能长期无限制地进行有声语言再创作。

[1] 屈萌.“新小萌”，可以模仿，难以替代[J].青年记者，2019（10）.

[2] 砍柴网. 网友点赞科大讯飞AI虚拟主播多语种播报技术过硬[EB/OL]. http：//mini.eastday.com/a/190321195356727.html，2019-3-21.

而形成以机器为代表的发声主体后，就能很好地解决这一难题。

2018年1月，CCTV-9央视纪录频道播出的纪录《创新中国》就采用了已故配音大师李易的声音进行讲解，而这一声音正是通过人工智能语音拟合技术来模拟完成的。[1]这独具魅力的声音得以再现，完全得益于人工智能语音拟合技术的帮助，让人们能够对这样的优质声音进行动态有效的保护，并且可以让声音在今后更多的场合得到应用。不难想象，在不远的将来，我们甚至可以看到人工智能拟音技术在摆脱人类发声主体限制的同时，让已逝艺术家们的声音重现舞台进行全新作品的演绎。这样的进步，不仅能够对优质声音进行再利用，而且还能对一些难得的声音文化进行永久的保护与传承。

二、空间转化：多元化、便捷化

人工智能环境下的移动媒体平台逐步发展为智能化的空间载体，使声音成为主流的传播介质，[2]不仅能为人们带来全新的学习方式，还赋予人类新型的思维方式。同时，智能产品的出现与推广为有声语言提供了良好的传播渠道，使其突破了空间的限制，让有声语言在传播方式、传播过程等方面更加多元化与便捷化。

1. 突破了原有的时空限制，丰富了有声语言的传播方式

人工智能技术与新媒体应用相结合，改变了传统有声语言传播受时间、地点等条件制约的状况，拓宽了有声语言的传播方式。在传统的有声语言传播中，人际传播的面对面传播对传者与受者提出了必须共同在场的要求，但在人工智能所创造的智能空间中，人们不仅可以根据个人意愿在线上随时随地选择收听，还可以与线下的智能设备进行沟通交流，甚至能够亲身参与到有声语言线上的制作和传播过程中，使有声语言的传播方式突破了时空限制的壁垒。

---

[1] 央视网.〈创新中国〉即将开播，配音为已故的“李易”[EB/OL]. http：//tv.cntv.cn/video/VSET100374733926/8e58f9a919b7428f9bf346ed6055c78d，2018-01-18.

[2] 喻国明，王文轩，冯菲.“声音”作为未来传播主流介质的洞察范式——以用户对语音新闻感知效果与测量为例[J]. 社会科学战线，2019（7）.

线上可以通过全民K诗、蜻蜓FM等移动音频平台、公众号等端口进行个性化的作品创作与收听。无论是对他人作品的收听还是对自己作品的向外传播，都能够在时间和空间上得到最大的宽限。同时，算法推荐使得有声语言的传播更加贴合受众的口味，传播内容变得更具深度，这样一来，在收听方式上便呈现出了小众化、私密化的特点，内容上也改变了从媒体到受众的有声语言输出方向。线下以智能音箱和智能机器人的有声语言传播为主，例如AI陪伴型早教机结合人工智能技术，突破了时空限制、具有情感互动的功能、拥有海量的学习资源，通过语音搜索与指令，机器人就可以进行童谣儿歌、经典故事、睡前音乐等声音的播放和引导学习，还可以通过语音智能查资料、智能伴读、智能发音和评测等方式进行智能教学与帮助，颠覆了对只有在学校才能学习的传统课堂的认知。

2. 降低了有声语言传播门槛，简化了有声语言的传播过程

传统有声语言传播最大的特点是人体器官发声与转瞬即逝，当智能语音技术加入口语传播行列后，有声语言传播便可以摆脱“人”的限制，进行非器官发声，实现“人—机”之间的互动传播，降低口语传播门槛。同时，还可对信息内容进行长时间的保存与转换，实现信息资源的海量获取与传播，让传者与受者直接对话，使传播更加便利快捷。

从国内到国外，不同的电子产品都衍生开发出了各自的语音系统，OPPO的语音助手“小欧”、华为的语音助手“小E”、小米的语音助手“小爱”以及苹果的语音助手“Siri”等都可以在只有声音指令的情况下就快速找寻到所需要的信息和功能。天猫魔盒等智能播放器可以在只有语音指令的情况下进行语言翻译、数字计算、知识搜索、天气查询等工作，反应极快，大大提升了工作效率，节省时间成本。另外，近年来旅游业的发展风生水起，当人们走进博物馆或旅游景区时，看到感兴趣的文物或景点，只要拿起手机打开百度App或是用微信扫描对应的二维码讲解，就可以自动识别文物或二维码，获得由语音合成技术播报的信息。

三、表达转化：个性化、情感化

麦克卢汉将人类历史分为口语社会、手写和印刷社会、电子社会三个不同的阶段，[1]随着智能语音技术的迭代和应用普及，人类可能会迎接新的“口语社会”。[2]在这个即将到来的社会形态中，目前人们对于以“口”来完成主要传播信息的有声语言表达已逐渐重视起来，在各个领域内不断创新应用，形成新的创作形式。除了完成基本的内容传播之外，更加注重有声语言在表达与应用时的个性化和情感化的体现，使有声语言的表达样态拥有全新的发展方向。

1. 个性化语音，增强受众的趣味性体验

智能语音在越来越普遍的同时，也愈加注重更为细化的发展方向，更加关注用户的个性化需求。一方面，利用大数据和动态捕捉，实时合成并更新语音内容；另一方面，通过语音的样本识别与合成技术，提供更为细致的个体用户所需。

例如，“声音战略”是高德地图早在2015年提出来的，以“更专业、更懂你、更快乐”的理念为用户不断创新和发展高德地图的语音能力。[3]它的明星语音包是结合科大讯飞基于明星们录制好的语料，利用语音合成技术及人工智能对多场景进行智能识别，最终通过明星的声音为人们提供实时的语音导航。林志玲、岳云鹏等都是高德地图明星语音包的一员，用户可以根据个人喜好来下载和使用一个或多个明星的语音包。在岳云鹏的语音包中，将中国的传统文化与现代人工智能语音技术结合了起来，不仅融合了相声特色，更是用河南话录制出了方言彩蛋版的语音包进行导航。同时，人们只要跟语音助手“你好小德”直接说出目的地，无须手指输入，“小德”就会快速做出反

---

[1] 麦克卢汉. 理解媒介：论人的延伸[M]. 南京：译林出版社，2010：33.

[2] 张洪忠、石韦颖、韩晓乔. 从传播方式到形态：人工智能对传播渠道内涵的改变[M]. 中国记者，2018（3）.

[3] 快资讯. 高德地图明星语音包再添新成员，岳云鹏：搞笑我是专业的[EB/OL]. http：//www.360kuai.com/pc/9a418ffb11eaf1666 ？cota=4&tj_url=so_rec&sign=360_57c3bbd1&refer_scene=so_1，2018-10-14.

应并安排好路线，增强了与用户间的互动性，为受众在使用产品时带来了极大的趣味性体验。

2. 有声语言的情感表达，增加用户黏性

人类与人工智能有声语言表达上的最根本差距就在于情感的体会与运用，虽然人工智能的情感表达还远远不及人类本身，但目前人工智能在语气、重音、停连等表达技巧上，正在通过各种技术手段不断地学习进步。多模态情感计算通过对情感信息的获取、识别和表达，在自然语言处理方面，已能实现将每个用户拆分为多个维度来进行分类，文字情绪可超20种，语音与动态表情达到了近10种情绪识别，同时，语音情感识别的中文语音情绪识别准确率也已超过80%。[1]语音发声不仅能清楚地传播语意内容，而且还能通过音调、语速、音高等复杂程序的转换，融入情感色彩，赋予其更多鲜明的风格和特色。

人们常说不同的声音代表不同的个性，智能语音亦是如此。通过对语速、语气、性别等进行设置，人工智能语音呈现出具有特色的语言表达。例如，谷歌助理的声音可以灵活地从男性转变为女性，甚至带有英国或澳大利亚口音。[2]这对用户来讲，又多了一份情感上的亲近，从而更进一步建立起了人工智能产品和用户之间的亲密关系。在日常的产品应用上，通过这样带有感情色彩的智能语言表达，也能大大提升产品的竞争力，有效地增加与用户间的黏性。

四、人工智能环境下有声语言传播创新的积极影响

1. 信息传播更加便捷，使受众眼睛获得解放

有声语言在人工智能环境下所带来的全新传播方式，使人们从“眼观”变到了“耳听”来获取信息。人们可以在进行其他事务活动的同时通过智能语音的播放和人机对话的方式来轻松获取更多信息，并达成有效互动。这一

[1] 李扬. 人工智能发展趋势：融合平台、智能大脑、情感计算[J]. 智能机器人，2017（1）.

[2] WinimyAI. TheVoice-basedAITrendsfor2019[EB/OL]. https：//becominghuman.ai/the-voice-based-ai-trendsfor-2019-b13a2bb44e54，2019-1-11.

转变不仅大大提高了信息传播与获取的效率，还把人们的眼睛从面前的电子屏中解放了出来，改变了以“看”为主的信息传播方式，让人们在现实的生活与工作中获得更强的活力与竞争力。

具有识读功能的微信小程序“听听文档”，可以自动识读公众号内容，只要将公众号中相应的文章链接复制粘贴，就能够即时转化为有声语言进行播读，让用户的双眼、双手得到解放，通过听觉来获知相关新闻和内容。另外针对用户自身制作的Word文档或者PPT，不仅可以进行文本页面的有声解读和转化，还能将用户自身对信息内容的有声讲解智能生成文件，进行保存和发送。这不仅提高了工作效率，还为人们节省出更多的时间和空间。

2. 孕育并催生了视听相结合的新口语文化

现今，短视频、直播等新的视听传播形态正深刻改变着人们接收信息的方式，人工智能与有声语言的创新传播也形成了以智能音响、智能机器人等为代表的智能媒介。这种全新的传播方式也让人们改变了以往口语传播时代的习惯和认知，有声语言的传播主体不再以人为主，生活中的智能硬件设施也成了发声的器官，人们可以在线上或线下选择以音频或视频为载体进行有声语言的表达与传递。这让生活中的有声语言传播无处不在、无时不在，从而在人工智能环境中形成了视听结合的新口语文化。

人工智能技术正在从传播的后台逐渐出现在大众的视野当中，参与到有声语言传播的设计与制作中来，把原本专业的有声语言制作和传播变得简单生动，易于接受。如用户在使用讯飞有声App听书的时候，不仅可以收听书籍录制时的原声作品，还可以通过声音复刻功能，选择个人主播对书籍内容进行播读，这一功能只需用户读完App当中的一个小故事，就可以将用户的声音变成自己的私人主播，让用户同时拥有看和听的双重选择来进行内容的摄取，同时也让自己的声音成为收听书籍的一种传播介质。这种视听结合的方式不仅让以往专业的传播手段和播读方式平民化，而且提高了用户学习的兴趣和主动性，增强有声语言的传播效果。

3. 将改变传统有声语言的审美趣味与标准

人工智能的机器发声和电子拟音发声等方式成为有声语言发声的全新组

合元素，智能化的场景变换也使有声语言能根据不同的情境产生多种样态的表达，同时，人工智能技术对内容的审核与分发，会更加符合受众口味。这就有可能对人们产生潜移默化的影响，从而使其审美理想、审美趣味、审美标准都发生相应的改变，一改曾经以“把关人”为主的单一化审美，将传统有声语言发声时语音的规范性，转型、扩展为智能化传播的趣味性、贴切性等更趋向于受众个人感受的多样化审美体验。

五、结语

技术进步仍在继续，我们将看到语音助理变得越来越聪明，有声语言的表达将越来越丰富、高超、便捷。在通用化场景中它不仅更加符合人类的表达习惯、思维逻辑以及发音音色；在行业化场景的发展应用中，也将更加多样化、具体化、专业化。但总体来说，语音人工智能目前仍处于相对初级的阶段，[1]它的诸多领域仍然有待开发、升级，人们需要更加深入地学习、研究、应用，并不断调整、提升其主体方面的观念、趣味、能力，如此才能够与发展中的语音革命达到无缝衔接。

（白贵、任青青，原载《海河传媒》2020年第6期）

[1] AndyMarken. StillinitsInfancy，AICanDoGoodorBadorBoth[EB/OL]. https：//vrvoice.co/still-in-its-infancy-ai-can-do-good-or-bad-or-both/，2019-7-29.

《大数据视阈下微博舆情研判与疏导机制研究》序言[1]

21世纪的第二个十年，可以说是我国新媒体大发展、大跨越的十年。新媒体引发的媒体变革，无论是内在传播机制，还是外部舆论动态，所产生的影响力之大，辐射力之广，都是以往任何一种媒介所不能比拟的。微博作为社会化媒体平台之一，已将其影响深刻地镌刻至当今公众的生活和学习中，使用微博成为现代人的一种日常生活方式和重要媒介行为，微博舆论也越发成为影响甚至作用于公众价值观和社会行为的一种不可忽视的意识形态力量。

该著作作为河北省社科基金项目（HB13XW008）的研究成果，具有开阔的理论视野和丰富的实践经验。项目负责人王秋菊老师多年来致力于新媒体、社会舆情研究，承担和主持完成了多项省级以上相关项目，并著有《网络舆论生成机制与引导研究》《解密网编——网络编辑职业调查与解析》等著作，具有较强的科研能力。在本书中，采用定量研究和定性分析相结合，对微博舆情的形成、监测、传播效果进行调查，对相关数据统计加工，以使定性分析建立在比较可靠的数据统计基础上；动态和静态研究方法并用，通过内容分析、调研等将微博舆情监测数据汇集与分析，展示了微博舆情的生成、发展、壮大、消失这一动态过程，揭示了微博舆情的传播规律。本书深入研究了微博舆论波的形成与传播过程、舆情疏导的角度、思路和方法，一方面，为国内微博舆情的进一步研究提供了借鉴和参考；另一方面，有助于指导微博舆情分析与疏导的实践运作，从而使微博成为社会民意表达的载体，成为

[1] 王秋菊《大数据视阈下微博舆情研判与疏导机制研究》，人民出版社2018年版。

推进民主建设进程的助推器和减压阀。

在大数据视域下研究微博舆论的形成和走向，不仅需要深厚的传播学、网络新闻学、新媒体实务、舆论学、社会学、心理学等多学科理论知识，还必须掌握科学的网络舆论测量方法，才能精准研判微博舆论的动态发展过程。本书将微博舆论传播研究置于大数据背景之下，足见作者的实践经验之丰富，理论探索之勇气。本书基于大数据详尽地对微博舆情信息转发特点及影响因素、微博舆论场域中微博用户评论特点、微博舆论波的形成及影响因素等进行了分析，并在此基础上，对微博舆论场中互动机制、媒体微博舆论影响力的建构策略等学科实务进行了可行性探讨。可以说，本书既有深入扎实的舆情数据挖掘，又有见解独特、可操作性强的微博舆情实务研究，具有极强的参考价值。

“风高一帆正，潮起两岸平。”在这个波澜壮阔的伟大时代里，新媒体的形态不断创新。作为新时代学人，我们全身心投入于这个富于挑战的媒体变革浪潮之中，探索新媒体场域下舆情的形成机制、传播的动力和传播效果等问题，为相关领域的专家、学者、决策者们提供新启示、新方法和新视角，为媒体和政府信息发布机构在处置舆情时提供有益的借鉴和参考，并以此为担当，不辱时代赋予我们的使命。

《网络舆论生成机制与引导规律研究》序言[1]

据中国互联网络信息中心（CNNIC）最新调查结果显示，中国网民规模已达到5.13亿，互联网普及率较上年底提升4个百分点，达到38.3%。随着网民规模的不断扩大，互联网作为公众主要信息源的角色越来越明显，显示出巨大的舆论能量，并日益成为中国社会备受关注的主流媒体。社会转型期的多种矛盾、多重经济利益、多元价值观念在网络中激烈碰撞，形成较为复杂的舆论氛围。在网络上，每个用户都可以成为传播者，舆论的形成与传播较为迅速，网络舆论已经成为影响政府决策、社会价值判断与社会行为的巨大力量，创造良好的网络舆论氛围在今天显得尤为重要。

该著作为河北省社科基金项目（HB09BXW001）的研究成果。项目的负责人王秋菊老师谙熟网络传播技术，从事网络新闻教学与研究多年，治学严谨，为人真诚，近年来潜心阅读了大量新闻学、传播学、社会学、网络技术等学科文献，主持完成了3项省级科研项目。撰写的《网络舆论生成机制与引导规律研究》更是课题组紧追学术前沿的呕心沥血之作。该书将处于中国社会转型期与网络信息环境中的舆情事件作为研究主体，对我国网络舆论生成规律与疏导研究做出了可贵的探索。

网络传播领域引入生态分析法用来解释社会环境与网络意见表达行为之间相互作用和影响，这为网络舆论研究提供了新的思路。在本书中，作者运用社会生态学的理论和方法对我国网络舆论现象进行了分析，系统探讨了网络舆论生态系统的基本结构特性、运行过程和功能效应等内容，诠释了网络

[1] 王秋菊，师静《网络舆论生成机制与引导规律研究》，河北大学出版社2012年版。

舆论生态平衡与非平衡，网络舆论生态优化与非优化，网络舆论生态中话语的竞争与垄断，网络舆论生态的安定与动荡，揭示了网络舆论生态系统中的关键“影响因子”，对进一步理解把握我国网络舆论现象具有重要的参考价值。

网络舆论生成与引导过程较为复杂，是个很有难度的课题，因为这需要研究者具有网络传播与新媒体实务、网络媒体策划与运营、舆论学、社会学、心理学等学科的知识，了解网络内容生产的特点及网络传播技术的最新应用，掌握网络舆论测量的科学方法并具备开阔的视野，几者兼具何其难也，选择这个难题足见作者勇气和可贵的探索精神。

首先，该书首先对网络舆论生态系统进行了深入剖析，分析了网络环境下的舆论形成传播模式及影响因素，并在此基础上研究了网络编辑在网络舆论形成与传播中的作用、网络舆论传播中群体极化的成因与对策、微博舆论的形成及传播特点；其次，通过对大量案例及数据采集与分析，客观地揭示了网络舆论的形态、实质、成因和效应等；最后，提出了网络舆论引导、调控的思路、角度、方法、对策，为我国立体化动态的网络舆论研究与应对提供了有力的支持，为媒体及政府信息发布机构在处理舆情事件时提供了有益的借鉴和参考。

三年来，课题组在大量的网络舆情数据采集、数据处理、数据分析的基础上进行研究，最终形成了我们面前的这本专著。该著作对于网络舆论生态平衡、网络编辑对网络舆论生成与传播的影响、网络社区舆论场域的优化、新闻跟帖的意见表达及影响因素分析、微博舆论波的成因与疏导策略、网络意见领袖的特征、网络评论的技巧与舆论引导方法、网络舆论传播中群体极化现象、网络舆论引导的共赢体系的建构等都作了不同寻常而富有启发性的分析阐述，并进行了深入的挖掘，提出了许多有价值的见解。我不敢说所有这些见解都是准确全面的，但却可以说对读者肯定有益。

任何学术研究都犹如探险，愈深入愈奇妙也愈困难。值得庆幸的是，越来越多的学人负起了这代学人应负的社会责任，为迎接中国的全媒体时代、推进社会的文明进步奉献着自己的一份绵薄之力。

央视新闻抖音号短视频新闻共情传播的路径创新

——兼谈主流媒体铸牢中华民族共同体意识的传播转型

摘要：视频化表达渐趋强势与主流，共情传播的涵化、影响与功用日益凸显。短视频新闻以其特有的情感传播属性在社交媒体平台传播，深刻影响着受众与用户。本文基于目前主流媒体短视频新闻共情传播的发展现状，以央视新闻抖音号为案例，探讨主流媒体短视频新闻的共情传播与表达的路径创新，促进共情传播的策略、进路。受此启发，兼谈主流媒体如何更好地推进铸牢中华民族共同体意识的传播转型。

关键词：短视频　主流媒体抖音号　共情传播路径　创新中华民族共同体传播转型

随着5G、大数据、云计算等智能化技术发展和智能终端在新闻传播领域的普及运用，视频日益成为新时代表达的重要文本。当前，以抖音、快手为代表的短视频平台发展迅捷，微信“视频号”强势崛起、发展势头强劲，影响力传播力深远，视频已成为人们获取信息的主要形式之一，也成为新时代用户表达的重要文本。新冠肺炎疫情的特殊时代背景，彻底影响和改变了我们生活的方方面面，更加促进了短视频的爆发式发展与应用。视频化表达已成为当下重要的发展趋势之一。

在抖音、快手记录生活正在成为一种习惯。根据iiMediaResearch（艾媒咨询）《2021—2022年中国MCN行业发展研究报告》，近年来中国MCN市场规模迅速扩大，2020年疫情带动线上经济，MCN市场规模已超过200亿元，2021

年市场规模超330亿元。随着网红经济的盛行以及短视频、直播等形式的快速发展，MCN红利依然明显，入局者井喷式爆发，直播内容多元化发展。除了网红主播和商家运营人员外，明星垂直类KOL、企业、素人等参与直播，极大丰富了主播群体，打破了直播内容局限性。这不仅能增加流量，还能丰富MCN机构的营收方式。[1] iiMediaResearch（艾媒咨询）《2020—2021年中国短视频头部市场竞争状况专题研究报告》，数据显示，2020年中国短视频市场规模已达到1408.3亿元，2021年中国短视频用户规模将增至8.09亿人。[2] 2021年1月抖音发布《2020抖音数据报告》，截至2020年8月，抖音日活跃用户突破6亿人，而截至2020年12月，抖音日均视频搜索次数突破4亿人次。[3] 抖音官方最新数据显示，2022年抖音日活跃用户超7亿人。

以人民日报、央视新闻为代表的主流媒体，为获取注意力资源，贴合用户，扩大影响力、传播力，提升舆论引导力，相继入驻各大平台并开设抖音、快手、B站、微信“视频号”等短视频账号。2019年7月29日，央视《新闻联播》推出短视频新闻栏目《主播说联播》，随后央视新闻正式进驻抖音、快手和B站，不断推出准确契合各类平台用户特点，引发受众情感共鸣的短视频新闻，在社会上产生了广泛而深远的影响。我国各大主流媒体顺势而为，把视频表达的文本与形式，嵌入新闻的传播之中，丰富新闻传播的方式、影响新闻传播的进程。主流媒体借助短视频呈现、视频化表达和图像传播新闻，其蕴含的共情传播之价值理念与传播转型这一重要议题特别值得重视与研究。

一、理论依据

共情（empathy）是一个心理学概念，有学者将其翻译为“同理心”“移

[1] 艾媒网.艾媒咨询|2021-2022年中国MCN行业发展研究报告[EB/OL].https：//www.163.com/dy/article/GSCOJCFP0511A1Q1.html

[2] 艾媒网.艾媒咨询|2020-2021年中国短视频头部市场竞争状况专题研究报告[EB/OL].https：//www.iimedia.cn/c400/76654.html

[3] 搜狐网.2020抖音数据报告[EB/OL]]. https：//www.sohu.com/a/442893269_441449.

情”或“神入”。最早揭示共情现象的是心理学家们，霍夫曼、乌尔夫·丁伯格、斯洛特等都是这方面的先驱和代表。共情“是一个人能够理解另一个人的独特经历，并对此做出反应的能力”[1]，是一方对另一方的换位思考，真切地理解和体会他人感受的过程。神经科学家认为人脑中存在一种“镜像神经元”，它能够帮助人类感知他人情绪和情感的变化，了解他人想法和感受，并通过镜像模仿，达到情绪、情感的共同体验。[2]

共情，是指个体准确理解他人的情感，并在特定情境下作出准确情感反应的一种能力，共情有助于个体产生利他行为和亲社会行为，而群体共情有助于减少群际攻击性行为和群集冲突，改善群际关系。[3]共情使个人感受转化为群体感受，在情感上形成共鸣。

近年来，不少学者将共情理论延伸到各个领域，使之不再只是心理学、哲学上的概念，更成为人文社科领域重要研究对象。在传播学领域，传播格局的变革与媒介融合的发展，要求传者以共情为热点信息的引爆点，达成传受双方的情感共鸣，来获取民众的广泛关注。从传播学角度理解，共情就是传者与受传者策划、表达、共鸣、获得、反馈的系统历程。[4]

张志安教授认为主流媒体在移动化、社交化、视觉化平台上的内容生产主要以“混合情感传播模式”为主，在宣传主流意识形态的基础上，以情感模式为内核，采用信息、政论、故事等多种模式进行内容生产。[5]本文以共情理论为视角，对央视新闻抖音号短视频新闻共情传播的路径创新进行分析探讨，并由此延展到主流媒体铸牢中华民族共同体意识的传播转型的问题。

---

[1] [美]亚瑟·乔位米卡利. 共情力：你压力大是因为没有共情能力[M]. 耿沫译，北京：北京联合出版公司，2017.

[2] 吴飞.共情传播的理论基础与实践路径探索[J].新闻与传播研究，2019（5）.

[3] 唐润华.用共情传播促进民心相通[J].新闻与写作，2019（7）.

[4] 唐宁，唐然.共情理论视域下重大突发事件微纪录片的视听传播探究[J].中国电视，2020（8）.

[5] 张志安，彭璐.混合情感传播模式：主流媒体短视频内容生产研究——以人民日报抖音号为例[J].新闻与写作，2019（7）.

二、央视新闻抖音号短视频新闻共情传播的路径创新

（一）视角层面：第一视角与群众视野

“共情传播的第一个层面是情感层面，情绪感染是指个体面对他人情感状态和处境时，会自发产生与他人相同的情绪体验。”[1]人与人之间的共情点成为引发共情的关键，而共情观点的选择是从他人的视角和情境出发，感知、推测他人想法和感受的过程。因此，视角的选择是达成共情的首要因素。

传统主流媒体的新闻报道常以多视角进行叙事，以此保证新闻的客观性、完整性和真实性，但也往往带有稍显刻板的色彩。与之相较，央视新闻抖音号中的短视频新闻传播运用第一人称视角显得较为突出。例如，今年7月1日，习近平总书记在参加香港回归祖国二十五周年大会暨香港特别行政区第六届政府就职典礼，央视直接截取了片段经典短视频，短时间收获几十万甚至近百万次点赞量。央视《感动中国》节目播出，央视新闻抖音号发布丽江华坪女高校长张桂梅的采访视频，以张桂梅的第一视角和第一口吻表达，“别人确实给我医药费了，我把药费干别的出去了”，病是“拖成这个样子的”，“我会和孩子们一起战斗到我最后那一口气。”视频时长不超30秒，仅仅几句话，便充分表现出张校长对孩子们的真情和爱护，并将这份感情直接且真切地传递给受众，引发受众情感共鸣，短时间就获得了286.6万次的点赞量和5.9万次的评论量。

去年2月25日，全国脱贫攻坚总结表彰大会在北京人民大会堂隆重举行，习近平总书记为全国脱贫攻坚楷模荣誉获得者云南省丽江市华坪女子高级中学党支部书记、校长张桂梅亲自颁奖，但这次令人印象深刻的是张桂梅坐着轮椅，被推上了领奖台。央视新闻抖音号以“瞬间泪目！全国脱贫攻坚总结表彰大会，张桂梅乘轮椅接受颁奖。初心就是‘燃灯’，让教育之光照亮贫困山区。致敬！”为题，更是以原声原景报道了当事人第一颁奖现场和情景，短时间收获了近百万次点赞量、2万多条溢美留言。

---

[1] 吴飞.共情传播的理论基础与实践路径探索[J].新闻与传播研究，2019（5）.

同时，央视新闻抖音号及时以第一人称视角切入，采访了张桂梅，回应广大网友高度关心其坐轮椅接受表彰，“要领奖的时候让我坐轮椅，我就不想坐，我提出来让我别坐轮椅了。这个一放出去，家长和学生都很担心，全社会关心学校的这些人都很担心，我说别了。我在学校没问题。我可以扶着栏杆、扶着墙，因为我熟悉那个地方，但是到这些地方，一样都不熟悉，他们说你真的是走不赢的，我确实也走不赢，问题不大，努力活着。”这几个短视频前后对比，更加激发了公众共情的温度、宽度与深度，传播力、影响力、舆论力与引导力效果绝佳。

除此之外，央视新闻的短视频新闻还呈现出视角下沉的特点。央视作为国家级主流媒体，新闻报道以宏观视角和宏大叙事为主。但短视频新闻的视角更加贴近普通人的日常生活，强调内容对大众的服务性。例如，推出“医问到底”短视频新闻系列，通过专业医生的讲解，及时科普当下最热门的健康知识。比如，元宵节期间推出“元宵怎么吃才健康”的科普视频；春节期间大家不能出门，选题则为“长时间玩手机会不会瞎”；而在春节假期吃喝玩乐之际，又选择“为什么瓜子一嗑就停不下”的角度，为受众科普瓜子的健康食量。通过“贴近实际、贴近生活、贴近群众”的视角，央视新闻推出的短视频新闻快速抓取受众情感所及，形成情感共振，产生情感共鸣。

（二）表达层面：风格转变与语态融合

语言是新闻报道表达信息、传递观点、实现共情的主要媒介。以《新闻联播》为范本的主流媒体新闻语言多为严肃、客观的，而以《主播说联播》为代表的短视频新闻则呈现出通俗化、年轻化、娱乐化、流行化的趋势。该节目一经上线，便以“粉联播，您有眼光”登上微博热搜，基本奠定了这档短视频新闻节目“亲民”的风格基调。在最开始的节目中，康辉运用网络语言吐槽国泰航空“No zuo no die”；欧阳夏丹融合“内地人吃不起榨菜”的网络新梗，以“消夜，上点榨菜”回怼台湾某政论节目；郭志坚结合特定语境，化用成语“秋后算账”，对涉港事务的美国以及乱港分子发出“今天立秋，秋后该干啥？”的拷问。语言风格的转变契合了广大网民、年轻受众的关注热点，诙谐幽默又发人深省，展现了“贴近群众”的语态特征，打破了受众的刻板印象，也促进了网友对时事政治的关注和了解，正如康辉所言《新闻联播》“该高大上绝不低姿态，该接地气也绝不端架子”。同时借用微博的热搜优势，《主播说联播》以话题展开相关舆论引导，把握网民的情感走向。

在语态融合方面，央视新闻的短视频新闻将平民化、网络化的语言与主流意识形态融合，潜移默化地传播社会主流价值观。例如，在抗击新冠肺炎的系列报道中，央视新闻抖音账号发布“有你真好”短视频合集，报道在抗击新冠肺炎过程中敢于牺牲、无私奉献的医护工作者、基建工作者、警察、军人、志愿者等。其中，短视频中多用“加油”“致敬”“辛苦了”“感恩”“最美”等积极正面且具有口语化特征的词汇，借此来向受众传递抗疫必胜的信心，增强主流价值观的影响力和引导力。央视短视频新闻还会对社会热点事件、热点话题进行评论、转发等，例如白岩松评论因家人去世请假被辞退的热点事件，回应社会矛盾，直击社会痛点，达成情感共振。央视短视频新闻中，为传达主流意识形态，通过语言风格的转变与语态的融合，拉近主流媒体与受众之间的距离，引起受众的认同感，增强传播效果。

（三）价值层面：主流价值与圈层文化

共情是人类识别和理解他人感受的能力。受众在现有价值观的基础上对新闻信息进行解读和理解，当价值观相近或相同，新闻报道才能获得受众的情感反馈。因此，价值观的认同感是引起共情的重要基础。

央视新闻抖音号中，最为常见的是对国际国内最新热点事件的新闻报道。例如，今年初，在对河北石家庄小果庄村的新冠肺炎疫情报道中，疫情通报、行动轨迹、应急响应、专家预判等都以短视频新闻的形式在第一时间进行发布，使新闻快速准确地传播。央视新闻抖音号将主流媒体真实权威、社交媒体互动共享与移动短视频直观高效的优势结合，从特定新闻事件的敏感点、共情点切入，以小见大，由点及线到面，层层深入，不仅能提升新闻事件的传播效率和影响力，展现新闻事件的价值内涵，更能使主流文化突破固有圈层，实现传播范围的拓展和扩大。在对卫国戍边英雄陈红军的报道中，央视新闻抖音号发布对其妻子肖嵌文的采访片段，视频中妻子展示了陈红军烈士的遗物——一张用胶带塑封的家书，强烈地表现出陈红军烈士对妻子、家人的爱和卫国戍边的牺牲精神。这条短视频新闻以一封家书为桥梁，连接着受众与烈士的家国情怀，将个人价值融入国家、民族的利益之中，实现主流价值观的浸润、涵化、传播与影响。

央视新闻除了采用短视频的报道方式，还采用直播的方式进行信息的传递与价值的沟通。例如，央视新闻为助力扶贫、拉动全国复工复产，采用直播带货的方式创新报道方式。央视新闻先是推出"央视boys"合体直播带货的预告，再根据网友热议推出各类台前幕后的视频花絮，吸引受众的注意力，营造在场感。最后，央视主播康辉、撒贝宁和朱广权一反平日相对严肃的新闻主持风格，以年轻、活泼、幽默的新形象打破受众的刻板印象，拉近央视新闻与受众距离，同时也让受众获得助力扶贫的参与感和荣誉感。

更值得注意的是，在多元文化交融发展的今天，偶像文化、"饭圈"文化作为青年亚文化也成为新的媒介景观。如何获得更多年轻人的关注和参与，成为主流媒体的挑战。

三、主流媒体短视频新闻共情传播策略及转型进路

（一）内容选择：内容多元扩大共情范围

有学者认为，2020年是中国短视频发展的转型之年，新冠肺炎疫情居家隔离催生了优质短视频内容的更大需求，短视频行业迅速完成了从竞速到求质的发展转换期。[1]因此，短视频行业下半场的竞争主要集中于内容质量方面。iiMediaResearch（艾媒咨询）《2020—2021年中国短视频头部市场竞争状况专题研究报告》显示，2021年中国短视频用户规模将增至8.09亿人。

2022年2月25日，中国互联网络信息中心（CNNIC）在京发布了第49次《中国互联网络发展状况统计报告》。报告显示，截至2021年12月，我国网民

[1] 吴锋，宋帅华.井喷增长、场景多元、分层传播：2020年短视频行业发展特征及趋势前瞻[J].编辑之友，2021（02）.

规模达10.32亿人，较2020年12月增4296万，互联网普及率达73.0%。其中，我国手机网民规模达10.29亿人，较2020年12月增长4298万人，网民使用手机上网的比例为99.7%。我国网络视频（含短视频）用户规模达9.75亿人，较2020年12月增长4794万人，占网民整体的94.5%；其中，短视频用户规模达9.34亿人，较2020年12月增长6080万人，占网民整体的90.5%。我国网络直播用户规模达7.03亿人，较2020年12月增长8652万人，占网民整体的68.2%。[1]

2020年以来，网络视频节目内容品质迅速提升，各平台商业模式渐趋成熟，长短视频平台业务呈融合发展趋势。视频行业构建起以内容为核心的生态体系，直播平台进入精细化运营阶段。中国移动互联网时代，用户移动触网习惯已经养成，视频已成为新时代表达的重要文本，短视频成为当下用户更为便捷的内容和表达形式之一。智能手机和5G网络的运用普及，完全打破了视频消费的时空限制，成为滋生移动短视频及中长视频行业疯狂增长的土壤。用户内容消费需求也发生了巨大改变，逐渐从图文扩散转向声音与视频。短视频平台也不断丰富、扩大，多元化特征凸显，各类新媒体和传播平台之间融合度也更加紧密、深入和多元，传播形态呈现纵深立体式。当前，各短视频平台不断细化内容定位，更加垂直细分，使传播与消费更为精准。短视频高传播、快扩散、低门槛的特点，且碎片化时间即可完成，用户黏性与增长空间仍然巨大。

用户规模的不断增长意味着短视频内容需要面对人们“喜新厌旧”心理，不断进行创新。目前抖音短视频内容在数量和涉及领域方面都已几近饱和，但是在内容质量上，却存在明显参差不齐的情况。因此，主流媒体的短视频新闻必须在内容质量上拔得头筹才能获取更大的注意力资源。在内容质量上，主流媒体占有更大的优势。一方面，主流媒体拥有专业的新闻从业人员，在新闻选题、视频拍摄、后期剪辑等新闻生产的各个方面都占有更大的优势；另一方面，主流媒体在新闻客观性、权威性、真实性上有所保证，拥有受众

---

[1] 中国互联网信息中心.第49次中国互联网络发展状况统计报告[EB/OL].http：//www.cnnic.net.cn/hlwfzyj/hlwxzbg/hlwtjbg/202202/t20220225_71727.htm.

较高程度的信任。

但是，主流媒体在适应新媒体用户思维逻辑方面有所受限，目前主流媒体的短视频内容依然多为时政热点、社会新闻，形式上也多以新闻主播、政治人物等视频片段为主。在多元文化交织融合的现代社会，主流媒体在弘扬主旋律、传播主流价值观的同时，也应通过多元化的内容生产，在更多层面与受众形成共情，扩大受众范围，提升自身的影响力和引导力。

（二）表达方法：语态变革提升共情力度

在传播过程中，除了传播内容之外，传播语态也是传播效果的重要一环，对内容解读、信息传递、情感引导等都有着极为重要的作用。央视作为党和政府的耳目喉舌，政治站位较高，传统的传播语态主要以宣传教育为主，传受双方的地位存在不平等，因此容易使受众产生距离感，不易产生情感共鸣。在网络环境中，受众庞大，需求多元，传统的单一语态不再适合当下的传播语境，尤其是以央视新闻为代表的主流媒体在抖音等社交媒体上进行内容生产与传播，必须采用契合受众的语言风格与态度，提升共情表达的力度、精度、深度和颗粒度。例如，在抗击新冠疫情的报道中，主流媒体新闻内容的重要性在于传递真实信息，让受众了解真相，消除恐惧，科学防疫。央视新闻派出记者深入抗疫一线，通过现场采访、亲身体验等方式，以平民化、口语化的语言传递真实、可靠的信息。在传播方式上，央视采用全媒体调度、全网联动，新闻滚动播放与不间断强化，直观的镜头能够有效破除网络中的虚假信息，将真实的抗疫过程展现在受众面前，使其体会到抗疫的艰难与疫区人民的精神状态，从而感同身受，实现受众的精准共情。

（三）场景构建：技术融合营造共情体验

情感的触发需要特定场景的构建。传统的新闻场景不仅存在空间上的距离差距，也存在时间上的差距。随着互联网和移动终端的普及，新闻的时效性大大加强，尤其是直播的手段使时间上的差距得到了根本解决。央视新闻抖音号通过现场直播的方式，对重要的新闻事件、新闻采访、节目等进行超清直播，清晰、直观、完整地还原新闻场景，在新闻标题或短视频中采用“现场直击”等词语，为受众营造在场感。在火神山、雷神山医院的建设中，央视新闻采用“慢直播”的方式，利用5G技术对建设现场进行全程实时网络直播，除了必要的时间、地点和标题，画面没有其他声音与字幕，受众可以在评论区进行实时评论互动，并为各类建设车型进行“加油打气”。“云监工”的直播方式让受众不受干预地直接感受火神山、雷神山医院的建设全程，在身份上得到认同的同时，也增加了共同抗疫的在场感和参与感，在评论与互动中，获得共情体验。在视频新闻报道中，主流媒体应该注重通过技术融合实现场景的构建和氛围的营造，进而促进共情体验的产生和优化。

四、主流媒体铸牢中华民族共同体意识的传播该如何转型

前述主流媒体短视频共情传播的创新路径与策略，其实对当下“铸牢中华民族共同体意识”的传播，也具有很大的启发价值。

习近平总书记在2021年召开的中央民族工作会议上强调，要准确把握和全面贯彻我们党关于加强和改进民族工作的重要思想，以铸牢中华民族共同体意识为主线，坚定不移走中国特色解决民族问题的正确道路，构筑中华民族共有精神家园。[1]党的十八大以来，习近平总书记多次强调中华民族共同体、中华民族大家庭、铸牢中华民族共同体意识等思想、理念，对于民族工作和铸牢中华民族共同体尤为重视。对广大新闻主流媒体而言，做好中华民族共同体的主流价值传播，是做大做强主流媒体、扩大放大主流舆论的应有之义。同时，借助新技术与新媒体，综合运用和融合文字、图像和声音等多种模态，让语言系统与非语言系统实现文化意义的共建共通，加强中华民族共同体意识的有效、广泛传播，拓展其覆盖与辐射的程度、广度、宽度与深度，扩大其传播力、表达力、影响力与感染力，使中华民族共同体意识得到充分传播与广泛弘扬，使中华民族精神得到充分表现与强化。

---

[1] 习近平在中央民族工作会议上强调：以铸牢中华民族共同体意识为主线，推动新时代党的民族工作高质量发展[EB/OL].http：//paper.people.com.cn/rmrb/html/2021-08/29/nw.D110000renmrb_20210829_1-01.htm.

（一）加强新媒体技术赋能，增强互动性创新传播转型

在传播技术不断革新发展的今日，主流媒体也在积极向新媒体技术靠拢，不断挖掘科技在媒体传播中的潜在效能，力争在传播优质内容的同时给受众带来良好的互动参与，增强受众的视听体验效果。央视新闻抖音号以网友和用户喜闻乐见的形式综合表达方式，短视频融合文字、图像、声音等多种模态，综合运用杜比视听、蒙版弹幕、数字虚拟等现代媒体传达技术，利用多模态叙事、以观众尤其是年轻人喜爱的方式，强化受众对新闻的感知与识别，让“铸牢中华民族共同体意识鲜活起来”，建构与弘扬中华民族优秀传统文化价值和中华民族大家庭的传播具象，在语境上搭建出双向共通的交互情境，理念不再“抽象”“高冷”，让受众形成全方位的浸润与感知模式，以看得见的方式触摸新闻、以通俗易懂的方式品味新闻，增强了受众的互动性传播及转型。而这也必将有助于全面、深入强化中华民族共同体意识及其对中华民族共同体的内在生命力、影响力、凝聚力和创造力的提升。

（二）挖掘主流媒体优势资源，推动新媒体矩阵传播转型

主流媒体充分利用其自身的人才资源、信息资源、品牌资源和政策资源[1]等优势条件，不断融合发展，形成了全媒体时代中的矩阵传播方式，为中华优秀传统文化的传播搭建出了优质的公共平台。观成败、鉴得失，明是非、知兴替。今天的中国已经快速进入互联网时代，人们阅读的便利性、丰富性已经超过历史任何时期。[2]主流媒体不仅仅进行高质量的新闻内容把关和生产，而且应提供最优化的传播渠道。中央广播电视总台通过多频道多栏目等入驻各大网络视频平台，而且通过多重媒介的多矩阵推送与传播，在技术、设备和人才等方面实现了优质资源融通，进行多维拓展与多维融合，实现了电视端、PC端和移动端的三屏合一。传统媒体与新媒体、线下与线上相配合，根据不同分发渠道创新内容生产，有针对性地进行内容分发，并在微博、抖音、

---

[1] 蔡雯，许向东.集中优势资源打造主流媒体影响力[J].新闻与写作，2004（11）.

[2] 慎海雄.人能弘道非道弘人——《典籍里的中国的启示》[J].电视研究，2021（2）.

微信等社交和短视频平台持续推流，形成新媒体矩阵的全方位传播。更通过营销话题、圈层传播与观众互动，保持受众对新闻和节目的持续关注度，增强长尾效应。

（三）坚守中华民族共同体的优秀文化主线，关注衍生品的蓄力传播转型

中央广播电视总台，近年来坚持以精品内容引领受众，把党和人民的声音、中华优秀文化理念，以影视化、故事化、细节化、艺术化的方式搬上荧屏，以契合青少年群体和广大网友用户审美取向的艺术表达和接受方式，让晦涩难懂的理念、典籍、精粹“活”起来，以守正创新、精益求精之姿态，大胆创新，利用开发衍生产品等方式全方位、立体化地提高传播力度，坚守并传播弘扬中华民族共同体的优秀传统文化，使浸润其中的思想理念、精神精髓，与当代受众和用户形成情感共鸣、精神共振、文化共情，努力团结中华民族的所有成员为共同目标的实现而携手奋斗。央视新闻抖音号将新媒体、新媒介传播思维融入节目创作的全过程、各环节之中，新闻联播主持人可亲可近的大篇幅情景、场面出现在短视频当中，一改以往新闻联播严肃的面孔。在融媒体产品形态上创新发力、持续规划，设计并持续推出网络衍生产品，除《央视新闻》《新闻联播》等节目、短视频之外，还策划推出如《主播说联播》等，进一步延长了节目传播链条的力度和长度，拓展了节目传播的宽度与维度。央视新闻的系列“售后”和衍生产品，大小屏联动“叠加刷屏”，精准充分的媒介引导，使节目IP更加多元立体，打造成了深受受众、观众、用户，尤其是青少年群体喜爱的“爆款”“网红”产品，使受众和用户持续“沉浸”在节目及余热的感染力之中，细品慢赏，逐渐达到“吸引—接受—深入—内化”的渐进效果，传播模式的积极转型效果尤为显著。

习近平总书记强调：“中华文明绵延数千年，有其独特的价值体系。中华优秀传统文化已经成为中华民族的基因，植根在中国人内心，潜移默化影响

着中国人的思想方式和行为方式。”[1]

中华民族共同体的主流价值传播当然是一个长期、系统工程，主流媒体应积极建立多元一体、同心对话的主流价值传播体系。在具体实践操作中，做好故事传播，以分层叙事和多元叙事向世界讲述全面、立体、真实的中华民族共同体故事、民族团结故事、一带一路故事和中国故事；做好仪式传播及转型，以多层次、立体化的仪式传播唤醒集体记忆和主流价值；做好融合传播及转型，加强少数民族地区的全媒体“同心圆”传播体系建设力度，不断创新新媒体传播形态，更好发挥主流媒体凝心聚力的作用和功效。

五、结语

短视频作为当下信息表达与传播的重要文本之一，高效且深受用户青睐，也是当前媒体深度融合的重要形态与关键抓手，某种意义上代表着新闻媒体不断创新的方向和趋势。央视作为主流媒体进驻抖音短视频平台，通过转变传播视角、变革传播语态、拓宽价值取向，实现与受众在情感上的交流、沟通和融洽，以共情传播的方式传递信息，不断增强其传播力、影响力、舆论力和引导力，对主流媒体改革发展创新及铸牢中华民族共同体意识具有重要示范作用与启迪意义。中华民族共同体意识的主流价值是一项长期的系统工程，主流媒体在内容、视角、表达、价值呈现、场景构建等多维角度作为之外，更应以受众和用户喜闻乐见的形式传播党和人民的声音，把铸牢中华民族共同体意识的抽象理念鲜活化、具象化，以能看得见、摸得着的方式深入传播，让受众浸润其中、践行其中。随着技术的飞速发展与更新迭代，技术赋能、人机协作，未来将会有更加先进的技术手段、传播形式、媒体业态出现，主流媒体应该以更加开放包容的心态创新变革，加强新媒体技术赋能，挖掘主流媒体优势资源，推动新媒体矩阵传播转型，坚守铸牢中华民族共同体和中华优秀文化主线，关注衍生产品的蓄力传播转型，多维一体化，不断

[1] 习近平.青年要自觉践行社会主义核心价值观——在北京大学师生座谈会上的讲话[EB/OL]. http：//cpc.people.com.cn/n/2014/0505/c64094-24973220.html.

增强与拓宽主流价值观的涵化力、内驱力与影响力。

参考文献

[1] 刘晓程 . 传播主流价值，铸牢中华民族共同体意识 [J]. 新闻战线，2021（09）.

[2] 游祯武 . 主流媒体移动短视频新闻传播策略研究——以“央视新闻”抖音号为例 [J]. 传媒，2021（02）.

[3] 于畅 . 沟通与共鸣：央视新式联播语态融合中的共情传播研究 [J]. 传播与权，2020（02）.

[4] 张志安，彭璐 . 混合情感传播模式：主流媒体短视频内容生产研究——以人民日报抖音号为例 [J]. 新闻与写作，2019（7）.

[5] 曹磊，白贵 . 培养全球化的文明观与“共情”的沟通能力——“构建人类命运共同体”背景下对新闻传播教育未来的思考 [J]. 新闻记者，2018（02）.

（白贵、张红光、杨雯雯，原载《新闻论坛》2022年第4期）

体育赛事机器新闻写作的现实困境与改进路径

——以腾讯“机器人NBA战报”为例

摘要：笔者通过对现有体育赛事机器新闻写作的作品分析，指出其存在逻辑运算难以实现语义理解、数字冲突难以转化为趣味表达、非结构化数据难以被机器运用等现实困境。提出：应通过数据积累与知识构建实现逻辑推算到语义模仿的过渡；通过数据升级与知识优化实现信息推送到深度报道的转变；通过机器与人工协调实现单向辅助到相互协作的良性发展等。

关键词：体育赛事　腾讯　Dream writer　机器人　新闻写作　美国职业篮球联赛

随着云计算、大数据等概念的兴起、升温，人工智能成为世界瞩目的焦点；关于媒介实践与人工智能结合的学术讨论也被推上新的高度。

纵观传媒业的发展进程，技术一直是驱动变革的重要力量，每一次重要技术的引进都会对整个媒体格局产生颠覆性的影响。在技术革新的时代，了解、应用、改造甚至引领技术发展对媒体行业均具有重要意义。

作为人工智能技术在新闻实践领域运用的代表性产物，“机器新闻写作”是指运用机器算法对数据进行抓取、分析、整理和呈现的新闻写作模式，它使新闻生产开始走上了工业化、自动化和智能化的道路[1]。

Statsheet成立于2007年，是美国第一家致力于自动化新闻生产的公司。2014年3月18日，《洛杉矶时报》推出的地震预报机器人Quakebot成为最先报

[1] 金兼斌.机器新闻写作：一场正在发生的革命[J].新闻与写作，2014（9）.

道南加州地震的“记者”，这一事实震惊了新闻界。2015年9月，腾讯开发出新闻写作机器人“Dreamwriter”，成为中国第一家正式运用机器自动撰写稿件的公司。同年11月，新华社推出新闻写作机器人“快笔小新”，它主要撰写体育赛事新闻稿件和财经信息稿件。2016年里约奥运会期间，“今日头条”写稿机器人“张小明”大放异彩。从此，体育赛事机器新闻写作在国内拉开了序幕。

一、发展体育赛事机器新闻写作的必要性与可行性

（一）必要性

随着社会对体育赛事关注度的不断提升，个性化、高品质化体育赛事报道成为时代之需。大型体育赛事通常具有筹办周期及比赛时间长，比赛项目及参赛人数多等特点[1]，相关信息又为受众所喜欢，从而给体育赛事的报道带来了巨大压力。

体育赛事种类繁多，受众广泛，不同受众对不同体育赛事有着不同的兴趣。传统体育新闻报道受经济、人力、资源等方面的限制，只能致力于满足多数人的信息需求，主要针对热门赛事、关键比赛进行报道，无法满足所有受众的信息需求。随着互联网的普及，体育赛事报道需求的长尾效应被放大，冷门比赛报道占据一席之地。事实证明，在里约奥运会期间，那些看似很冷门、关注度不高的体育报道，却得到了相当可观的阅读量[2]。

这就需要一种不仅能够报道热门比赛，还能对冷门比赛进行报道的工具，为用户提供私人订制的报道，满足受众的个性化需求，从而吸引读者，留住读者。体育赛事往往具有海量信息。无论是综合性运动会，还是单项体育赛事，媒体记者很难对每一个项目、每一场比赛、每一名运动员的赛况进行面

[1] 张业安，冉强辉.大型体育赛事媒介传播效果的分类及发生机制[J].西安体育学院学报，2016，33（2）.

[2] 喻国明，刘瑞一，武丛伟.新闻人的价值位移与人机协同的未来趋势[J].新闻知识，2017（2）.

面俱到的报道。同时，体育赛事之外的明星公益活动、比赛花边新闻等也成为体育新闻报道的重要内容。疲于应付、分身乏术的媒体记者和编辑急需一种“新生”工具将他们从大量简单重复性的报道工作中解放出来，使他们在减小工作压力的同时，能够集中精力搜集生动鲜活的素材，完成更多具有创造性和趣味性的高品质报道。因此，发明并推广一种能够完成制式的、新闻要素齐全的常规报道的写作工具，被提上了议事日程。可见，无论是从受众角度，还是从媒体角度考虑，均需要发展体育赛事机器新闻写作以应对海量数据，提高生产效率，缓解供需矛盾。

（二）可行性

适逢人工智能第3次浪潮到来，机器新闻写作所需的技术条件逐渐完备。体育赛事规程规则明确，赛事报道新闻要素齐备完整，这些使得机器新闻写作能够在体育赛事报道中率先被应用。

20世纪90年代，计算机集群技术为第3代人工智能的发展提供了硬件基础，并一步发展出云计算技术。与此同时，互联网的出现和发展促进了网络数据的积累，推动了大数据的发展。大数据和云计算为深度学习算法提供的海量数据和近乎无限的计算能力，打破了限制人工智能发展的2个主要瓶颈[1]——数据量不足和计算能力有限，为机器新闻写作提供了硬件保证。2010年，NarrativeScience开发出一款名为Quill的自动写作软件，实现了自行生成新闻标题、编写体育赛事新闻、撰写基金业绩报告等功能[2]，为机器新闻写作提供了软件支持。就新闻实践而言，机器新闻写作特别适合整合最基本新闻要素的模板式的体育赛事报道。

首先，体育赛事的比赛过程会包含比赛双方甚至多方的结构化数据信息（如球队名称、球员姓名、所属国家、比赛得分等），这些信息易于被机器抓取、分析和整理。

其次，每场比赛的大量结构化数据可以根据时间或空间进行排列拟合形

[1] 万赟.从图灵测试到深度学习：人工智能60年[J].科技导报，2016，34（7）.

[2] 黄可.机器人记者：本质、模式与意义[J].中国记者，2015（5）.

成数据函数曲线，这些函数曲线的变化规则可以作为机器判断的依据，帮助机器对比赛进行“理解”和处理。

最后，大量常规性的、模板式的体育赛事报道往往具有相似性和重复性，易于机器学习掌握程式化写作模板。因此，采用机器新闻写作的方式对体育赛事进行报道具有明显的可操作性。

综上可知，数据量的扩充、运算能力的提高、智能算法的优化，为机器新闻写作的发展提供了技术保障，运用机器新闻写作完成部分体育赛事报道的可行性成为行业共识。

二、体育赛事机器新闻写作的现实困境

2015年8月，腾讯体育购买了美国职业篮球联赛（NBA）的转播权和全套数据；同年9月，腾讯推出了新闻写作机器人Dreamwriter。既有数据支持，又有技术力量，腾讯体育2016—2017赛季NBA的报道取得了成功，但在成功的背后依然可以看出体育赛事机器新闻写作面临的现实困境。笔者通过整理2016年12月9日—2017年6月13日腾讯体育平台上由Dreamwriter完成的953篇“机器人NBA战报”，对体育赛事机器新闻写作的文本特征进行整体分析，进一步总结其现存困境。笔者对“机器人NBA战报”文本的分析主要从标题和正文两部分进行。

对于标题的分析，笔者首先将标题按语法结构进行划分，再将每部分用数字代替，对应的规则为：球员姓名用“1”代表，球员动作用“2”代表，球员数据、球队名称、球队数据、球队动词、空格及标点、其他成分分别用“3”“4”“5”“6”“7”“8”代表。例如“119-114 ！詹姆斯三双助骑士险胜步行者”就可以用数字表示为“57132464”。通过对全部标题的整理，可知标题语句制作结构大致有5种模式。对于正文部分，笔者运用抽样方法对人工战报与机器人战报进行对比分析。该赛季“机器人NBA战报”的时间跨度约为6个月，采用间隔抽样方法最终合成月的方式，将31天分为6段，分别在不同的月份进行抽样，即在2016年12月13—17日和2017年1月3—7日、2月8—12日、3月18—22日、4月23—27日、5月28日—6月2日各抽取1场比赛，每场比赛选出

人工战报1篇、机器人战报1篇，共计12篇报道进行对比，时间段内的抽样均采取简单随机抽样方式。通过对标题和正文的分析，可以总结出体育赛事机器新闻写作面临如下3点现实困境。

（一）逻辑运算难以实现语义理解

通过对机器人战报标题进行全面分析后可知，标题结构基本可以分为5种组合（见表1）。

表1 “机器人NBA战报”标题结构组合与举例

序号	结构组合	次数	举例
1	比分！球员数据“助”球队动词球队	241	109–102！詹姆斯 35 分助骑士战胜猛龙
2	球员“无 / 砍”数据 球队“主场 / 客场”比分动词球队	249	保罗 29 分 快船客场 98–93 险胜爵士
3	球员数据“难救主”球队比分动词球队	94	维金斯 16 分难救主 森林狼 90–117 不敌活塞
4	球员“空砍”数据 救队比分动词球队	129	海沃德空砍 29 分 爵士 91–102 不敌勇士
5	球员数据球队动词球队 球员“空砍 / 砍”数据	170	沃尔 42 分奇才击落老鹰 米尔萨普空砍 31+10
6	其他	70	JR 伤退三巨头同 25+ 季后赛首现 骑士再擒步行者
	总计	953	

由表1可见，机器人NBA战报的标题结构较为固定，只是根据不同比赛的数据选择词语进行替换。如：有12个表示胜利的高频词，分别为“战胜”“击败”“击落”“加时胜”“险胜”“力克”“力挫”“轻取”“狂虐”“狂屠”“完虐”“大胜”；有4个表示失败的高频词，分别为“不敌（包括‘加时不敌’）”“惜败”“小负”“憾负（包括‘加时憾负’）”。这些词语的运用并未与比赛结果紧密贴合：如“维金斯31分唐斯两双森林狼主场17分大胜雄鹿”（2016—12—31）和“112-95 ！库里27分助勇士战胜篮网”（2017—02—26）这2个战报标题中，虽然2场比赛的分差都为17分，却使用了“战胜”和

“大胜”2个不同含义的动词；再如“117-101 ！ 杜兰特26分助勇士击败篮网”（2016—12—23）和“95-89 ！ 麦科勒姆43分助开拓者击败森林狼”（2017—01—02）这2个战报的标题中，虽然都使用了“击败”，但分差为16分和6分。分差相同（17分）的2场比赛，战报标题中却使用了感情色彩不同的2个词语（“战胜”与“大胜”），分差不同（16分和6分）的2场比赛却使用了同样的词语（“击败”）。可见，标题中词语的选择显示出机器新闻写作未能对比赛结果有深入的理解，只是逻辑运算的结果。机器人战报的“4部分结构模式”组成了正文的基本框架，即“导语”“双方球员技术统计”“比赛回顾”“双方首发”。每一部分又有几种固定的结构和搭配。以“比赛回顾”为例，通过使用如“开场后”“次节回来”“异地再战”“第四节”或“首节开打”“次节回来”“下半场易边再战”“第四节”等词语组合作为段落的开头将报道分为4段；每段分别描写一节比赛，具体形式为在段首句后添加3句按时间顺序描述本节中的3个精彩瞬间，之后对比赛双方的表现根据新闻要素的数量加1～4句评论，最后以比赛双方比分情况作为本段的结束语。人工战报则相对灵活，如：2017年5月8日骑士以4：0横扫猛龙的比赛战报中，机器人延续了以往的报道方式；而人工报道则以“东部决赛赛程已敲定！骑士至少获1周休息时间”为标题进行了报道，没有选择常规性的报道结构，而是从季后赛的赛程入手，未拘泥于本次比赛，体现了报道者对整个赛事的宏观理解。这一点是机器逻辑运算无法达到的。究其原因，是“当代计算机系统只具有形式逻辑运算功能，而不具备人类智能系统的情感功能和意识功能”[1]。

因此，它不能像人一样将对比赛的感受与自身的知识相结合，并从语义的角度完成写作，而是通过将比赛过程中的数据与预设数据点进行对比挑选新闻要素，并调用对应的语料库数据完成写作。进而言之，虽然机器背后的逻辑推算与语义中的语法逻辑具有相似之处，但后者比前者多经历了一次对含义的处理过程，由此必然使得机器写作和人工写作之间出现了结构和含义、框架和内容上的区别。正视这个问题，首先要了解语言与思维发展的关系，

[1] 钟义信.人工智能：“热闹”背后的“门道”[J].科技导报，2016，34（7）.

语言是在人类思维发展过程中随着生产劳动的需要而逐渐形成的，却并非思维的全貌；语言是思维的一种分享手段，却因生理、经历、社会等诸多因素的不同而存在差异。“实验测量（机器人写作）与人文思辨（人工写作）的界限会越来越模糊，但是这两类变量仍是不可以化约的，其根本原因是人有自由意志，即人的主体性，他不可能被还原为因果性”[1]。

因此，即使机器的逻辑推算能够通过语法在形式上高度模仿人类的表达，但不能理解语义的机器还是很难达到人类智能的高度，很难在这一高度上从事写作等高智能工作。

（二）数据处理复杂难以被机器理解

数据处理复杂主要表现为部分数据难以进行量化处理以及机器对于可量化数据的错误判断。在2017年6月2日骑士对阵勇士的比赛中，相较于机器人战报的“4部分结构模式”，人工战报增加了“本场之星：杜兰特统治全场”和“比赛花絮：杜兰特半场6暴扣”2个环节。“本场之星”是一个很难通过量化标准确定的概念，评判的依据往往不是单纯的数据统计，还会包括球员在比赛中发挥的关键性作用。

一旦出现发挥最大作用的球员不是数据最好的球员时，机器将难以做出具有感情色彩的判断。

再如“杜兰特半场6暴扣”这类人工战报中时常出现的描述，在机器战报中却少有出现。可见“暴扣”、普通扣篮和其他得分方式这类人工较易判别的动态数据，对于机器人来说区分时困难重重。究其原因，在于文本、语音以及视频等隐藏着大量关键信息的非结构化数据的量化难度较大，不易转变为机器新闻写作中机器可以识别的信息[2]。对于2017年4月23日灰熊对阵马刺的比赛，机器人战报中有这样的陈述：“灰熊对篮板发起疯狂进攻，本节共抢下17个篮板，包括4个前场篮板，其中康利一人就贡献5个篮板球。马刺3分如雨，全队本节投10个3分球，但命中率仅为30.00%。灰熊本节状态欠佳，失误多达

[1] 金观涛.反思“人工智能革命”[J].文化纵横，2017（4）.

[2] 孟小峰，慈祥.大数据管理：概念、技术与挑战[J].计算机研究与发展，2013，50（1）.

6次”。其中“灰熊”同一节的“异常”表现有两个方面，不仅没有合并叙述，而且中间还被“马刺”的表现岔开。这就是为了满足设定程序而出现的一种“错误”信息，即预设的信息判断法则与信息、信息呈现之间存在不符合人类正常表述习惯的潜在错误。具体而言就是机器人测量到本节比赛中双方出现了3个与以往不同的数据，并认定应为报道要素。由于机器在预设时的规则为按照报道要素的先后顺序描述，而不是先将同一主体的新闻要素予以整合，再进行陈述，所以机器人战报描述的顺序为“篮板—3分—球队状态”，这不符合读者的信息接受规律，说明体育赛事机器新闻写作未能对本场比赛中可量化数据进行正确判断和优化组合。究其原因，在于机器的判断是基于“数字”和“公式”的比较：一方面，当出现程序中未设定的情况时，在没有人工介入的情况下，机器往往会陷入死循环或执行跳出指令；另一方面，如果出现满足设定程序的错误信息时，机器便会被“误导”。综上可见，目前体育赛事机器新闻写作的报道多停留在对比赛进程和比赛结果的简单报道和总结概括上，未能实现深入挖掘和综合分析，这与数据处理本身困难且复杂有很大关系。随着人工对数据挖掘技术的开发，相信更多的数据能够通过逻辑运算被机器“理解”。

（三）比赛数据难以转化为趣味表达体育赛事新闻

有一个明确的价值取向，即要遵循“重要而有趣”的原则。通过机器人NBA战报与人工报道的对比可以看出，机器人战报的报道要素呈现方式单一且固定，无法像人工报道那样能从多个维度进行分析，更不能跟随事件的进展创造写作方式来突出新闻点和趣味性。从机器人战报和人工战报标题的对比中可以看出，机器人战报的标题虽然具有重点突出、结果一目了然、简单易懂的特点，但不如人工战报标题具有更丰富的细节、更灵动的画面和更具冲击力的情感表达（见表2）。

表2 “机器人NBA战报”与人工战报标题对比

序号	日期	机器人战报名称及发布时间	人工战报名称及发布时间
1	2016-12-13	约基奇空砍 27+11 掘金 92-112 不敌小牛（11:48）	马修斯 25 分约基奇 27+11 小牛 6 人上双主场擒掘金（11:54）
2	2017-01-06	拉塞尔 22 分难救主湖人 109-118 不敌拓者（14:06）	利拉德复出砍 21+10 开拓者常规赛对湖人 9 连胜（14:07）
3	2017-02-10	120-111! 托马斯 34 分助凯尔特人击落开拓者（14:11）	绿军 17 分大逆转复仇开拓者小刺客 34 分双枪 48 分（14:12）
4	2017-03-22	布鲁克 - 洛佩兹 29 分篮网主场 98-96 险胜活塞（09:47）	书豪休战洛佩兹压暗绝杀活塞负篮网跌出前 8（09:51）
5	2017-04-23	康利 35 分灰能加时胜马刺莱品纳德空砍 43 分（11:02）	小加准绝杀卡哇伊 43 分灰能加时胜马刺总分 2:2（11:04）
6	2017-06-02	113-91! 杜兰特 38 分助勇士大胜骑士（11:32）	勇士 22 分大胜骑士比分 1:0 阿杜 38+8+8 詹皇 28 分（11:32）

在表2中，序号5和序号6提到的2场比赛——“灰熊对阵马刺”和“勇士对阵马刺”，均已进入季后赛阶段，人工战报用“2：2”和“1：0”对赛程进行描述，而机器人战报完全忽略了这一细节。对比序号1和序号4的标题可以看出，人工战报中的“擒”和“压哨绝杀”以动态的方式分别对比赛结果与比赛瞬间进行描述，增加了标题的画面感，而机器人战报的标题只使用了“不敌”和“险胜”这2个较为中性的动词，少了一份灵动感。此外，人工报道标题中还大量使用球队和球员的昵称，如：在序号3中将凯尔特人称为“绿军”，将托马斯称为“小刺客”；在序号5中将莱昂纳德称为“卡哇伊”。这些称呼带有明显的情感色彩，而机器人战报并未使用昵称的表述方式，过于冷静客观，缺少必要的感染力。

不仅在标题中，在正文中“机器人NBA战报”的表达方式依然缺少必要的趣味性。在2017年1月6日开拓者对阵湖人的比赛中，人工战报的第一段为“波特兰开拓者今日在主场以118—109击败洛杉矶湖人……湖人常规赛面对开拓者已经遭遇9连败”，而机器人战报的第一段则为“湖人客场对阵开拓者。最终开拓者以118—109战胜湖人”，二者形成了鲜明的对比：人工战报开始便埋下了湖人队常规赛对开拓者已遭遇9连败的伏笔，勾起了读者对以往比赛的回忆，丰富了观看此次比赛的情感体验；而机器人战报无法从双方对阵历史入手，突出本次比赛的特殊意义，丧失了趣味性表达的机会。

再如，2016年12月13日小牛对阵掘金的第4节，比赛早早进入“垃圾”时间，趣味性全无。人工报道为“末节，双方的分差再没能缩小到20分以内，比赛也早早进入垃圾时间。两队派上大量替补球员进行练兵，最终，小牛主场以112—92大胜掘金”。机器人战报为“第4节，第5分43s，梅杰里在约基奇投篮时犯规，送给掘金2次罚球机会。第6分59s，德隆出现传球失误，被埃尔南戈麦斯抢断。第11分39s，穆雷妙传，穆迪埃3分远投命中。比赛结束，小牛以112—92战胜掘金，锁定胜局”。人工战报体现出了对赛况的主观判断，能够有效引发球迷的情感共鸣；而机器人战报依然执着于赛况的平铺直叙和数据的顺序呈现，比赛数据未能转换为趣味表达。

由此可见，体育新闻机器人写作的“思考”与“表达”多是基于框架的推演，而非内容的考量。机器人战报虽然没有错过由数据凸显出来的各种重要性人物与比赛结果，但对于趣味性的把握显然不如人工新闻到位。

就目前腾讯体育“机器人NBA战报”而言，机器人可以“复制”出满足人们信息需要的报道，却无法主动创造出满足读者不同需求和爱好的文章。在强人工智能还是未来目标的今天，处于弱人工智能阶段的机器需要向人类学习，在被人类改造后才能发生变化和进步。虽然它可以通过丰富模板和语料库实现写作水平的提升，但若要实现对人工报道的完全取代，仍然需要新技术、新方法的出现。

三、体育赛事机器新闻写作的改进路径

由于人的自由意志即人的主体性不可能被还原为因果性，所以人工创作的报道是无法被目前只拥有形式逻辑运算功能的计算机直接通过语义理解实现的，需要通过模仿人工写作的文本写作方式和新闻点描写方式实现报道水平的提升。

换言之，在技术出现革命性突破前，仍然需要对现有技术进行更好的总

结归纳，并实现升级换代；即使无法同人工报道完全等同，也依然可以逐步在呈现的结果上逼近人工写作水平，从而减轻人工写作的负担，最后通过人机合作的形式实现媒体行业效率的提升。有人将国外的机器新闻写作流程归纳为5个步骤：一是读入大量结构化和标准化数据；二是测量数据中的“新闻性”；三是找出合适的报道角度，如有多个角度，则按报道的重要性排序；四是将报道角度与数据中的具体事实进行匹配；五是生成报道文本[1]。

国内的实践将流程归纳为以下几个阶段：首先根据文字直播的特点构建球队的分差函数，并提出基于分差函数的数据分片算法和数据合成算法；然后对数据片进行分类，构建模板库，从而构建NBA赛事新闻自动生成的模型[2]。2种方法虽然有所不同，但基本原理都是将“数据”“知识”“智能”三者进行有效结合，即将外部具有自然属性的数据转换为机械可获取的数据，根据输入机械可获取的数据和数据间的关系提炼出共同本质，形成“知识”，进而向“智能”提供判断的依据，让“智能”在预设和“知识”的支持下对输入数据进行处理，实现输出的过程。新获得的数据和数据间的关系又将作为新的“数据”纳入知识库，并与之前的数据合成新的“知识”（见图1）。

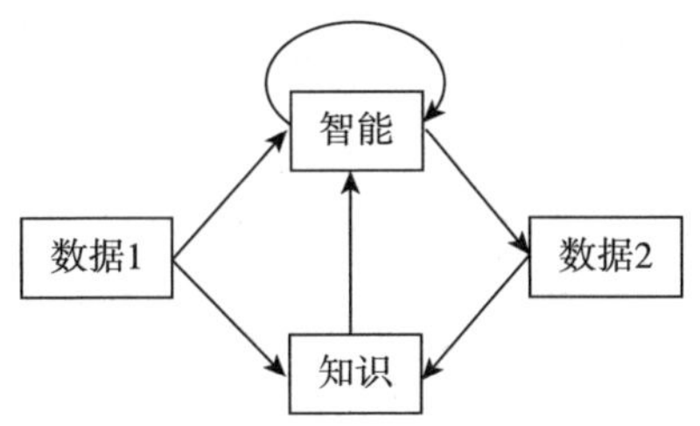

图1　机器新闻写作的框架分析

下面围绕“数据”“知识”“智能”3个环节着重讨论如何提升体育赛事机器新闻写作水平，实现新闻点的挖掘。

---

[1] 邓建国.机器人新闻：原理、风险和影响[J].新闻记者，2016（6）.

[2] 陈玉敬，吕学强，周建设，等.NBA赛事新闻的自动写作研究[J].北京大学学报（自然科学版），2017，53（3）.

（一）数据积累与知识构建：从逻辑推算到语义模仿

数据作为深度学习的依据、处理问题的根本，其作用不容忽视。对于数据的完善至少包括两个方面：数据量的不断积累和知识的不断构建。只有数据量不断积累，才能让“机器人NBA战报”等体育赛事机器新闻写作有章可循、有据可依。

要实现这个目标：一方面，要对原有数据进行整理，并实时更新数据；另一方面，要逐步通过语言表达形式的复杂化模仿人工写作。欲解决文章框架单一、句子雷同的问题，应通过读入大量文本数据以获取新的框架和句子。当比赛数据拟合成的曲线发生变化时，根据曲线的特征和变化趋势使用不同的预设框架、句子进行报道，甚至同一类数据曲线可以预设多种报道框架和句子。除文本数据外，在赛事实时数据方面，还可以将机器人的数据终端与大型体育赛事的新闻服务（如INFO信息系统等）[1]进行连接，将官方提供的即时引语、新闻发布会摘要等信息及时汇入以赛后消息为主的机器人新闻中，提供更加全面、准确的数据来源。同时应不断构建知识，进一步建立有效的统一标准，升级文本生成机制。如对机器人设置情感参数，对于国内球迷好感度高的球星，在文章中可以使用更多的形容词、动词，并添加报道环节，以满足受众需要。这就要求完善语料库、词汇知识库，实现数据由单一用途向多元转变，充分挖掘数据价值，加强情感分析，编写泛化算法。这些目标的实现有赖于专业记者、编辑的介入，将他们的意见与建议同技术人员分享，从而整合出合理的方法对现有程序进行调整，逐渐使体育赛事机器新闻写作不断接近人工报道的水平。

（二）数据升级与知识优化：从信息推送到深度报道

目前机器对数据的分析和运用还处于初级阶段，其深度和广度仍有待挖掘，以进一步实现知识结构的优化。在深度上要解决自然数据到机械可获取数据转化的问题。可以通过网络众包标记的方式，将文本、语音以及视频等

[1] 姜晓红.大型体育赛事新闻服务的特点与原则[J].武汉体育学院学报，2014，48（6）.

隐藏着大量关键信息的非结构化数据上传至网络，“雇用”网民对其进行分类标注，从而实现量化，帮助机器人识别比赛中的“暴扣”“绝杀”等劲爆瞬间。同时要重组数据结构，进行分级处理，通过知识建立起关联性更强的数据网络，使已识别“首三双”等信息的机器人能够寻找到对应的原数据、相关数据、文本库进行挖掘和呈现，以及对如多次出现“灰熊”而未能归纳并列的文本实现数据的归总，减少重复描写。在广度上要通过建立标准数据模型实现数据的共享，实现多源异构、跨域关联，保证数据流畅通，让更多知识互通起来实现知识的拓展。

目前，得益于计算方法的完善和互通互联技术的提高，不同模型的专家系统逐步打破各自为政的限制，实现了多种模型的综合运用，出现了以“通用性”“分布式”“协同式”[1]等为代表的“多专多能”的专家系统。媒体应该借助现有的专家系统，让体育赛事新闻写作机器人不仅懂得写作，更懂得体育。要完成这一过程，就需要将专业人才引入媒体，或者媒体与专业数据公司合作，让更多的数据和知识在机器中“活”起来，从对数据的初级处理向深度分析运用方向发展，使知识由简单的评判向多维度的评估转变，逐步实现深度报道。

（三）人工智能与人的工作：从单向辅助到相互协作

目前，体育赛事机器新闻写作所涉及的智能体现为一种判断，即发现机械可获取的数据后按照预设进行判断、分析并输出文本。所以，与其说它在模仿人类的“智能”，倒不如说它是在模仿人的部分认知能力。它虽然具有高效率、全时段、高精度、全方位等特点，但正如缉毒犬具有灵敏嗅觉能够精准判断毒品，但不能完全代替缉毒警察一样，它们只是人类根据其特点制造或培育出的“帮手”。对于新闻记者和编辑而言，机器人是他们在“时间越发紧迫”的今天高效完成信息收集、分析、过滤和撰写报道的“帮手”。因此，从功能的角度看，对于机器新闻写作的完善不能仅限于关注如何写好文章、

---

[1] 杨兴，朱大奇，桑庆兵.专家系统研究现状与展望[J].计算机应用研究，2007，24（5）.

如何挖掘新闻点，也应加强对数据合法性、准确性和有效性的判断，并对知识系统的正误保持谨慎的态度。这就需要技术人员加强对机器人性能的完善，同时也需要记者、编辑对机器人作品进行审核和监督。

另外，前文述及机器无法摆脱人而独立完成有创造性的撰写报道，它所撰写的报道都是对人工报道的模仿以及对预设的实现。那么，对于体育赛事报道而言，何种报道易于由机器人代替，何种又难以代替呢？从目前计算机逻辑推演的属性出发，凡是重复性写作和在可表达的框架下具有一定创造性的写作将会被机器人替代。由于体育赛事的规则具有统一性且日程具有周期性，所以常规的赛前预测、实时报道、比赛战报以及一般的评论都具有被替代的可能；而对于体育赛事中具有创新性的报道、对球员或球队的深度访谈报道、体育赛事中的调查性报道、情感关怀性报道以及具有深度价值评论类的报道，人工写作难度较大，目前很难被基于逻辑推演制造的机器替代。此外，机器所学习的报道均为人工报道，因此人类的工作还包括为机器学习提供新的模板，对机器出现的错误进行更正，监督机器的运行是否符合伦理和法律规范等。

结束语

体育赛事机器新闻写作目前像是刚刚上路的孩子，会因为一次华丽的表现而让我们惊喜，甚至恐慌，也会因为一次错误而让我们沮丧，甚至否定。

从古至今，技术进步和社会系统总是像孩子和父母一样难以同步发展，旧有的社会系统与新生事物的发展之间难免会出现碰撞，而这种碰撞有时是痛苦的，社会需要给体育赛事机器新闻写作一些空间。相信在未来的某天，“他”会写出深入浅出、酣畅淋漓的报道。

（白贵、王太隆，原载《上海体育学院学报》2018年第11期）

通向未来新闻学之路的新路标

——简评《预测与发现：数据新闻理论与实践》[1]

这是一部基于信息环境下探讨数据新闻形成及相关理论与实践的专著，作者从全球数据新闻实践及案例入手，对数据新闻的定义、要素、价值、社会功能等基础理论要素与范畴进行了梳理、界定，是国内数据新闻理论领域的第一本专著，具有明显的创新性质。作者至少在六个方面为数据新闻贡献了自己的一些新发现、新界定、新概括、新描述。许多发现、观点、论断在海内外都较有创见。以下六个"新"是笔者从本书所感受到的一些亮点。

一、重要史料的新发现

本书是世界范围内第一篇数据新闻案例的发现，将数据新闻的应用发现提前了10年。国内普遍认为的2009年英国《卫报》的数据博客是世界上最早的数据新闻案例，但作者通过对已公开的新闻实践与研究成果的调查发现：数据新闻最早的案例是英国BBC于1999年制作的数据新闻作品"学校排名表"，后来日本于2007年公布的有关环境展望台的数据新闻案例"环境资源能源"，均是较早的数据新闻案例。

本书首次提出了考证"数据新闻"概念，将"数据新闻"概念提出时间比国际上普遍认定的时间提前了6年。国内普遍认为开放知识基金会的欧洲新闻学中心于2012年创建的在线文献《数据新闻手册》，是数据新闻概念的最早提出者，后来该文献中文版（崔岸雍等译）于2014年上线。但作者通过研究

[1] 任瑞娟《预测与发现：数据新闻理论与实践》，科学出版社2019年版。

发现：2006年，美国记者阿德里安·哈罗瓦提（Adrian Holovaty）在《报纸网站所需要的根本变革》中首次提出数据新闻的概念（Holovaty，2006）。这比国际上对数据新闻概念的原定提出时间早了6年。

二、数据新闻的新定义

作者通过对数据新闻实践总结及数据新闻制作流程的归纳，重新定义了“数据新闻”的概念。作者将定义概括为：“数据新闻”是在网络媒介环境下制作新闻的一种新方法和新模式。“数据新闻”的制作一般应包括以下基本步骤：依据特定选题，通过反复采集、清洗和筛选来深度挖掘数据，聚焦专门信息以过滤数据，可视化地呈现数据并合成新闻故事，设计出适合该选题新闻的场景、语义、个性化、交互化等要素来方便其分享、反馈、评价，以适应网络传播特点的实现与发挥。从作者给出的“数据新闻”定义不难看出其与其他学者的区别。

三、数据新闻要素变化的新捕捉

作者通过世界范围内数十个国家的数据新闻典型及获奖案例，对其制作过程、新闻要素、新闻价值等进行全方位的案例分析，进行归纳总结之后发现：就新闻要素而言，数据新闻与传统新闻相比，出现了一些新变化，新增了“六要素”：数据要素、超链接要素、交互化要素、场景化要素、可视化要素、语义要素。

四、数据新闻之新闻价值的新挖掘

作者通过对国内外数十个国家的典型数据新闻实践与获奖案例的研究发现，数据新闻的新增六要素对数据新闻的新闻价值产生重要影响，使数据新闻在传统新闻价值“五性”的基础上，将时新性改写为实时性，并且新增了预测性、关联性。预测性指数据新闻可以评估事件发展状况和预测事件发展趋势，关联性指数据新闻对数据中语义关系的发现，特别是当前关联数据技术与规则正努力创造一个可链接的相关世界的相关关系的发现，这能将数据无缝地融入网络媒介内，为数据新闻的传播助力。

五、数据新闻社会功能的新概括

数据新闻在传播新闻、提供信息功能中新增了三项实用功能：发现的功能、预测的功能、宣传与整合的社会功能。网络语义技术更可以呈现数据间的联系，使人发现新问题、新规律，预测新趋势、新动向。数据新闻特有的网络链接与关联功能易于传播和整合，数据新闻交互方式的呈现为宣传与整合社会功能打下良好基础。

六、数据新闻制作“七步法”流程的新总结

作者基于数据新闻制作与发布的深入实践，在与多家权威媒体合作数据新闻实践的基础上，提出了数据新闻制作的“七步法”流程，理顺了数据新闻生产中的重要环节，是数据新闻生产中以数据流向为基础自然形成业务工作的走向与工作流程的基础。“七步法”流程总结并指明了新闻实务研究前沿阵地的重要环节，也为前沿的教学与研究给出了方向。

（白贵，原载《出版参考》2020年第4期）

出版与文化传播

对外传播的新使命：“一带一路”与“构建人类命运共同体”

“一带一路”倡议与“构建人类命运共同体”理念是密切相关的。我们不妨把二者理解为：前者是实施路径之一，后者是终极目标。“一带一路”倡议体现了和平发展、良性互动的理念，响应者日众，但仍需要一定时间来磨合、适应、接纳、包容、认同。这个包容、认同的过程，就是“人类命运共同体”理念的实现过程。

自人类文明从埃及、美索不达米亚、南亚次大陆、中国、美洲大陆以及其他古老的地区诞生以来，文化之间的交流就贯穿于整个人类文明史。历史研究已经充分证明数千年来世界各地的文明进步并非独立发生、发展，而是相互交流的结果。中国的四大发明、文官制度、政治架构、哲学思想和农业技术随着海上和陆上的丝绸之路，传播到了全世界；而来自其他文明地区的科学技术、宗教艺术、人文思想乃至生活方式，都沿着同样的路径来到中国，甚至成为中国的国粹。人们常说，只有民族的，才是世界的。在颇受好评的电影《百鸟朝凤》当中，被视为中国传统文化象征的唢呐，其实是元明以来从波斯传入的乐器“苏尔纳”（surna）。这对我们理解何谓“国粹”，何为“传统”都是一个很好的视角。

随着近代以来人类技术的飞速进步，文化传播的壁垒被逐渐打破，文化传播的速度大大提高。媒介环境学派的奠基人之一、加拿大传播学家麦克卢汉在《理解媒介：论人的延伸》一书当中，首先提出了“地球村”（globe village）的概念。麦克卢汉认为人类的交往方式和社会文化形态发生了重要的变化，空间的区隔和时间的差异变得不再重要。任何一个乡间小镇因为信息技术的发展而变得和纽约、伦敦一样，可以同时感受到世界的变化。这种新的信息传播方式带来的即时感，消除了人类的地域和文化差异。人类社会经历了部落化—去部落化—再部落化的过程，电子技术让人类更加依靠以口语和听觉为媒介的传播方式，地球就像一个小小的村落，一种人人参与、人人有责的“地球村模式”已经产生。

在这个地球村当中，我们作为参与者，应该如何看待自己以及他人的文化？最近发生的两件事引发了笔者的思考：其一，一位海归朋友把在海外报刊发表的百篇专栏文章结集出版，请笔者作序。其内容基本是华人、华社、华夏文明、华人与所在国关系等。这说明越来越多从中国走出去的中青年学人，开始以世界公民的视角来审视当今世界，同时也期待让国人了解中国以外的其他文明，而笔者认为了解的关键是“同情之理解”，只有设身处地、换位思考，才能更好地理解对方，理解不同的文明。其二，上海外国语大学开设名为“世界中国”的本科生课程，目的是帮助学生正确认识世界与中国的发展大势，全面客观认识当代中国，课程定位是“在世界格局中探索中国，以中国视角诠释世界”。这样的课程称得上准确把握住了时代的脉动。

“这个世界，各国相互联系、相互依存的程度空前加深，人类生活在同一个地球村里，生活在历史和现实交汇的同一个时空里，越来越成为你中有我、我中有你的命运共同体。”2013年3月，国家主席习近平在莫斯科国际关系学院演讲，第一次向世界传递对人类文明走向的中国判断。2013年9月和10月，习近平主席在出访中亚和东南亚国家期间，先后提出共建“丝绸之路经济带”和“21世纪海上丝绸之路”的重大倡议，得到国际社会高度关注。基于对世界大势的准确把握，对人类命运的深刻思考，习近平主席在各种场合数十次谈到“命运共同体”，特别是2017年1月18日，习近平主席在联合国日内瓦总部发表了《共同构建人类命运共同体》的演讲，这一理念不仅符合联合国宪章的基本原则，同时也是中国对全球治理的重要贡献。3月17日，“构建人类命运共同体”理念首次被载入联合国安理会决议，在世界范围内被广泛关注。

“一带一路”倡议提出以来，中国通过基于“一带一路”倡议的国际话语平台和传播体系的建设，目标已经从“与国际接轨”，转向参与或主导设立新格局、新规则、新秩序，体现出越来越多的自主性和自信心。那么我们该如何理解“一带一路”与“构建人类命运共同体”的时代意义呢？

“一带一路”与“人类命运共同体”的关系

“一带一路”内涵的扩大动向，与“构建人类命运共同体”理念是密切相关的。我们不妨把二者理解为：前者是实施路径之一，后者是终极目标。倡议提出以来，因为它体现出了和平发展、良性互动的理念，响应者日众。随着参与国家的不断增多，倡议已经不仅仅是“一带一路”沿线国家的事情，而具有了真正的世界意义。但倡议还需要一定时间来磨合、适应、接纳、包容、认同。这个包容、认同的过程，就是“人类命运共同体”理念的实现过程。因为这个共同体已经不是经济共同体、文化共同体这样的层次，而是更高层次的“人类命运共同体”，具有了一种超越性和“全人类性”。为了实现这一目标，从传播观念开始的所有行动就注定要基于全人类的视角而展开，就要着眼于理解、包容、合作。这为我们提出了新的课题，如不同意识形态的国家之间如何相处？无神论者与宗教信仰者如何相处？不同文明之间如何相处？

客体之间的和谐相处首先要互相了解对方的历史及其对人类文明的独特贡献及价值。贸易互通、文化互联、政治互信，不是各行其是，而是互为依存的。要讲述好“中国故事”，应该把中国故事中的体现美好人性、体现全人类共同价值的方面传播于全人类，才能改变国外对我们的刻板印象，消除误解，增进互信。如果一味强调发出“中国声音”，而忽略了“中国声音”中的公共性，忽略了“人类命运共同体”当中其他成员的利益诉求，我们的声音可能就成了“独唱”而不是“合唱”，仅仅靠“独唱”无法构建“人类命运共同体”。

在构建人类命运共同体的过程中，人们经常提到“文化输出”的概念，实际上“文化交流”的概念更容易让人接受。何也？因为“文化输出”的口号多了些焦虑感，少了些平常心。“文化输出”的背后，即使是无心无意，也往往容易让人感受到一种大国的傲慢，经常让人和“新殖民主义”“文化侵略”联系在一起，而“文化交流”体现了对对方的尊重，体现了平等互利的精神，更符合“人类命运共同体”中的公共价值。

“内外兼修”：传播观念的必要调整

在理解了“一带一路”与“人类命运共同体”的关系之后，我们还要重新审视对内传播与构建“人类命运共同体”的关系问题。我们的传播，既是对外的，也是对内的；既要强调“跨文化”，还要注意“跨族群”。不可忽视“对外”与“对内”的兼修并重。这一方面，现实情况并不乐观。举例来说，笔者曾做过对国内几百名本科生、研究生的调查、访谈，对象当中能说出中国55个少数民族中1/3准确名称的不到20%。这说明当代大学生对于国情的忽视已经到了很严重的程度。学生就是未来的公民，假如我们的公民连国内各个族群的情况都不甚了解，怎么来承担“构建人类命运共同体”的责任？如果国内各民族之间缺乏相互了解、互信互赏，自然也就难以积累起必要的与域外文化沟通的经验。

在“信任赤字”没有消除的背景下，再好的主张也会被打折扣。多年来，中国企业尽管海外投资额巨大，给所在国的经济社会发展做出了很大贡献，却并没有多少企业赢得所在国应有的尊重。根据云南省社会科学院的调查，中国在缅甸投资的企业在当地人中的美誉度不到10%，而同样日本在当地投资的企业，由于注重与当地文化的融合，在当地人中的美誉度接近50%。这样的信任赤字，严重影响了我们的跨文化传播，最终也会影响我们的经济发展。所以只顾经济发展，忽视文化建设、文化交流的模式注定是不可持续的。

要实现与“一带一路”沿线国家的民心相通，就要有多元文化意识，就要学会尊重、理解、包容，要明白这个世界不只是我们的，也是大家的。中国有几千年的文明史，有多元的文化体系，中华各族人民千百年来生活在一个“和而不同”的大家庭内，积累了丰富的交流经验，这些都是我们进行跨文化传播的优势。

“构建人类命运共同体”的伟大工程要有各类人才的加入，除了媒体从业者，还应有文化工作者、外交人员、宗教人士、学者、政府官员、企业家，特别是具有跨文化知识背景和跨文化交流能力的人才。国家的形象不能单靠媒体来塑造，也不能仅靠企业来支持，更要靠个人的行为来证明。要善于发现别人之长处，社会学家费孝通先生在谈到如何处理不同文化之间的关系时，提出过著名的十六字箴言："各美其美，美人之美，美美与共，天下大同"。这是我们跨文化传播的宝贵精神财富。

挖掘传统文化资源中的"最大公约数"

要实现跨文化传播，首先要挖掘自身的文化资源，并以其对接其他文明。中国传统文化中有许多观念在世界文明体系中具有公共价值。例如，中国传统文化包含着浓厚的人本思想。《尚书·周书·泰誓上》中说："惟天地，万物父母；惟人，万物之灵。"《孟子·尽心下》中有"民为贵，社稷次之，君为轻"的说法。黄宗羲在《原臣》中提道："盖天下之治乱，不在一姓之兴亡，而在万民之忧乐。"

中国文化有对人与自然、人与人和谐的热切追求。《诗经·卫风》中有："妻子好合，如鼓瑟琴。兄弟既翕，和乐且耽。宜尔室家，乐尔妻帑。"《中庸》说："中也者，天下之大本也。和也者，天下之达道也。致中和，天地位焉，万物育焉。"孔子提出："君子和而不同，小人同而不和。"（《论语·子路》）孟子说："天时不如地利，地利不如人和。"（《孟子·公孙丑下》）

中国文化特别推崇平等，《论语·季氏》中提道："丘也闻有国有家者，不患寡而患不均，不患贫而患不安。盖均无贫，和无寡，安无倾。"《墨子·尚贤》中有"官无常贵，民无终贱"的说法。

中国文化中很早就有对社会理想的追求，《礼记·礼运·大同篇》有云："大道之行也，天下为公，选贤与能，讲信修睦，故人不独亲其亲，不独子其子。使老有所终，壮有所用，幼有所长。鳏寡孤独废疾者，皆有所养。男有分，女有归。货恶其弃于地也，不必藏于己。力恶其不出于身也，不必为己。是故谋闭而不兴，盗窃乱贼而不作。故外户而不闭。是谓大同。"

中国文化当中还强调对人的尊重，《论语·雍也》提道："夫仁者，己欲立而立人，己欲达而达人。能近取譬，可谓仁之方也已。”《论语·卫灵公》提道：“子贡问曰：有一言而可以终身行之者乎？子曰：其恕乎！己所不欲，勿施于人。”

汉字作为一种古老的象形文字，积淀了许多公共人类价值，包含着许多深刻道理，只有了解汉字中的文化信息才能讲出生动的“中国故事”。例如，“仁”字，篆书写作，从人从二：从人，表示人；从二，表示不仅是我一个人，还有其他的很多人，能考虑到其他人才能被称为“仁者”。孔子说，“仁者，人也”，孟子说，“仁者爱人”。这就是汉字蕴含的人类公共价值。

中国的宗教在发展过程中既融合了一些外来宗教的因素，也体现了一些中国文化的影响，形成了中国式的佛教（禅宗）、中国式的伊斯兰教（回儒）。中国人提倡孝道，《孝经·开宗明义章》提道：“身体发肤，受之父母，不敢毁伤，孝之始也。立身行道，扬名于后世，以显父母，孝之终也。夫孝，始于事亲，中于事君，终于立身。”伊斯兰国家广为流传的圣训当中，有“天堂在母亲的脚下”这样的表达。这些都是文化相通的地方，只要加以挖掘，应该都是构建“人类命运共同体”的宝贵资源。

这些宝贵的思想都具有跨文化的高度，在我们的对外传播当中更能被不同文明背景的人所接受。例如“己所不欲，勿施于人”一句，被称为“文明金箴”，是被世界各国高度肯定的人类交往的黄金规则。这里强调的就是“换位思考”。因为讲“命运共同体”就要注意“同情之理解”，就要留心“他人的视角与感受”，不仅要考虑自己获得什么，还要考虑给予别人什么；不能只考虑自己的“一亩三分地”，还要考虑中国对“人类命运共同体”的贡献。文明的交往没有自信不行，但自信过度就会成为自大，如何把握这个度，需要我们不断实践，在别人的需求和我们的需求之间寻找价值的公约数。

全球化和传媒新技术的迅猛发展正不断地推动着中国传播理念的更新，传播学界应及时了解大势，对焦“一带一路”倡议，支撑构建“人类命运共同体”这个终极目标。我们要认识全球化背景下习近平主席代表中国提出的两个主张的关系以及主张的新价值、新意义。两个主张“新”在何处？“人类命运共同体”的内涵与外延到底是什么？跨文化交流的目的是什么？这都是值得传播学界思考的问题。而“一带一路”倡议现阶段的任务，就是互联互通，互利互惠，发展经济，解决民生问题。为了实现上述任务，就要求民心相通、文明交往与文化交流。而文明交往与文化交流，又需要文化理解、文化包容、文化尊重、文化欣赏与文化借鉴。这些工作都需要在“人类命运共同体”的理念统摄之下，方能达成。这些都将是传媒人需要纳入视野并重新思考的课题。

（白贵、曹磊，原载《新闻战线》2017年5月，
《新华文摘》2017年第15期全文转载）

河北省图书版权贸易研究

摘要：随着我国的出版业逐渐融入国际化的大市场，图书版权贸易的地位变得尤其重要，特别是对于河北省这一出版大省来说，图书版权贸易是在激烈的市场竞争中生存发展的最为有效的措施之一。本文着重探讨了河北省出版业图书版权贸易的现状，在与其他省份的比较中找出存在的差距与问题，并对河北省图书版权贸易今后的发展提出了初步建议。

关键词：图书　版权贸易　引进输出

随着我国出版实力的增强及中外文化交流需求的增长，图书版权贸易的地位变得更为重要。特别是我国加入WTO的过渡期即将结束，文化大门也即将打开，文化产业（包括出版业）将面临更加激烈的竞争。要想在竞争中立于不败之地，不仅要占领国内市场，也要走出去积极抢占国际市场。目前，整个中国的出版业都处于转型和变革的重要阶段，随着中国的出版业逐渐融入国际化的大市场，海内外的出版合作也会越来越多。2004年4月15日，河北出版集团正式挂牌成立，它的成立标志着河北省出版界将向集团化、产业化、国际化的发展方向大踏步地迈进，同时也使河北省的出版业更为强大，成为一艘巨大的航母，在海外出版业进军中国市场时能够更具竞争力。

图书的版权贸易则是一种加速运动、一种跳跃式的发展，它的发展可以极大地推进河北省出版产业的发展，加快我们融入国际市场的步伐。像中信出版社、人民邮电出版社、机械工业出版社等一大批出版社就是在图书版权贸易的带动下脱颖而出的，他们在扩大了知名度的同时也造就了出版社自身的品牌，甚至重新划分了中国出版诸强的版图。河北作为一个雄心勃勃欲成为走向世界的出版大省，在机遇与挑战并存的时代，重视图书的版权贸易对河北省出版业来说不仅是必然的，同时也是必需的。

一、河北省图书版权贸易的现状

河北省目前共有河北人民出版社、河北教育出版社、方圆电子音像出版社等11家出版社（企业），拥有比较雄厚的出版资源、文化资源、人才资源以及地域资源。近年来河北省有60种图书相继获全国“五个一工程”奖、国家图书奖和中国图书奖，获奖数量在全国名列前茅。在优化图书结构、促进双效图书出版方面做了大量工作，推出了一大批优秀精品图书，获国家级奖励的出版物位居全国前列，被业内称为“河北现象”。然而在这些荣誉面前我们不要忘了，在收入效益的构成上，教材教辅依然是河北出版业利润最主要的来源，占有着相当大的比重。在教材利润空间越来越小的严峻形势下，河北省的出版业必须另辟蹊径，才能够不断壮大发展，而图书版权贸易恰恰就是能够改变河北省出版格局的“魔法石”。河北省的图书版权贸易虽然已经有了一个良好的开端，但总体而言还不够活跃，每年的图书版权贸易量约占全国的1%。大部分出版社每年贸易量也相对较少，个别较多的，也是引进居多，输出相对少一些，呈不平衡状态。而且这不多的版权图书也大都“叫好不叫座”，在引进版权图书占据畅销书排行榜半壁江山的时代，排行榜上更是很难看到冀版图书的身影。

二、河北省引进图书分析

（一）量化分析

1. 引进数量增长较快分析

近几年的全国及河北省图书版权引进数据（见表1，图1），可以看出近几年全国图书版权引进基本呈上升趋势，增长较快，而河北省却呈波动发展的趋势，很不稳定。如表1所示，河北省只是在2002年、2003年，较2000年相比引进量有大幅度增加，增长率分别为40.9%和45.1%；但2001年和2004年反而数量减少，明显呈现出不稳定发展趋势。而全国的引进量自2000年开始呈高速增长态势，到2002年突破万种，2003年达到高峰的12516种，成为近几年来图书版权贸易最好的一年。另外，2004年全国图书引进量有所下降，河北省的2004年引进量也较2003年大幅下降，说明全国引进量的下降对河北省的图书引进或多或少也是有所影响的，但总体相比，河北省下降幅度较全国要大得多。从河北省版权引进数据的波动性，体现出了河北省图书版权引进的明显缺点：图书版权贸易还没有得到应有的重视；没有相关部门制定相应的图书版权引进的长远战略及规划。因此，导致了河北省图书版权引进的数据呈现不正常的波动状况，出现“今年多，明年少，甚至少得可怜”的现象。

表1　2000—2004年河北省及全国图书版权引进数量

（单位：种）

年份	2000	2001	2002	2003	2004
河北省	39	14	66	71	18
全国	7343	8250	10235	12516	10040
在全国所占比例 %	0.53	0.17	0.64	0.57	0.18

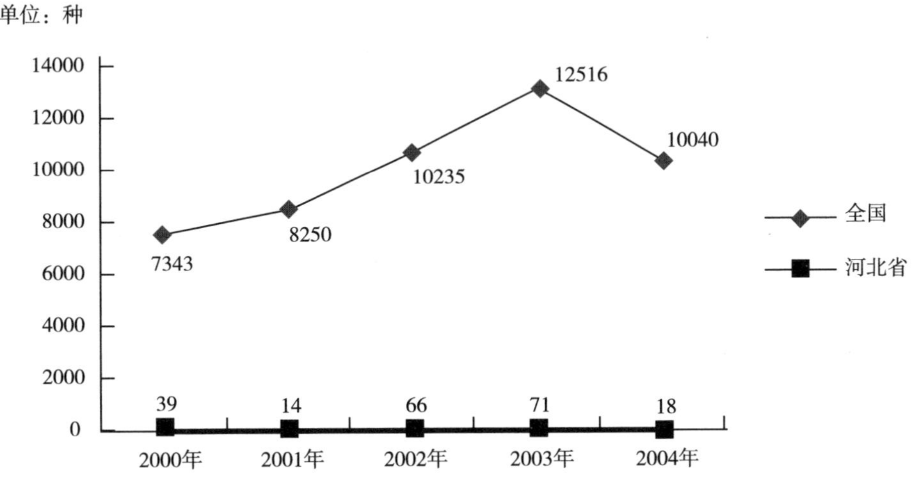

图1　2000-2004年河北省与全国图书版权引进量对比

2. 引进来源地有所增加

从引进版权的来源地看（见表2），2000年和2001年河北省主要以引进美国、英国、德国的图书为主；从2002年开始出现变化，法国和中国台湾地区开始成为河北省主要的版权引进国家和地区，2002年中国台湾图书的引进量约占全年的1/3；从2003年开始，从美国的引进量较2002年有了大幅度的下降，到2004年引进种类下降为0；而引进法国版权的图书恰恰相反，2003年从法国的引进量跃居第一位，占到河北省图书引进量的一半以上，这说明河北省的主要图书引进地从美国开始向法国转移。还有更值得我们关注的一点，俄罗斯、新加坡和韩国依然还是河北省图书版权引进尚未开垦的处女地，而近几年韩国图书在国内掀起的热潮及带来的相当可观的经济效益必须引起我们的注意，未来这必将成为河北省版权引进的一个重要的努力方向。

表2　2000—2004年河北省图书版权引进的国家和地区及引进数量

（单位：种）

年份＼地区	美国	英国	德国	法国	俄罗斯	加拿大	新加坡	日本	韩国	中国香港	中国澳门	中国台湾	其他
2000	6	6	9	0	0	0	0	0	0	2	0	2	14
2001	0	1	8	0	0	0	0	1	0	0	0	2	2
2002	23	5	0	7	0	1	0	1	0	3	0	21	4
2003	9	11	1	35	0	0	0	1	0	1	0	10	0
2004	0	7	2	7	0	0	0	0	0	2	0	0	0

3. 引进内容还不够丰富

从河北省引进作品的内容来看，题材相对单一，引进图书版权品种主要还是集中在文学和少儿图书上，其他图书类型方面做得较少，引进类别亟须丰富，尤其是对目前市场利润空间较大的科技、经管、电子类图书的引进应引起足够重视。近几年河北省在引进图书种类中魔幻类图书数量逐步增多，引进热点与全国的经济、社会热点是相吻合的。

（二）比较分析

纵观国内各省区市引进版权量的排行，北京独占鳌头，这是由于其作为国家的政治、经济、文化中心，在中外交流中拥有得天独厚的优势；而上海、江苏、辽宁、广东利用长久以来积累的出版优势紧随北京之后占据着图书版权引进中的领先地位，这当然也是无可厚非的；然而广西，地处我国的西部边陲，交通不便，获得出版资源相对比较困难，但就是这样一个具有诸多不利版权贸易条件的省份，版权引进量却年年位居全国的前几名，创造着国内引进版权的奇迹（见图2），成为全国出版业关注的“焦点”。尤其是在少儿图书上，广西引进的单品种甚至引领了国内少儿类畅销书的潮流。这不得不让我们深思：与广西相比河北省的版权引进到底存在哪些差距呢？

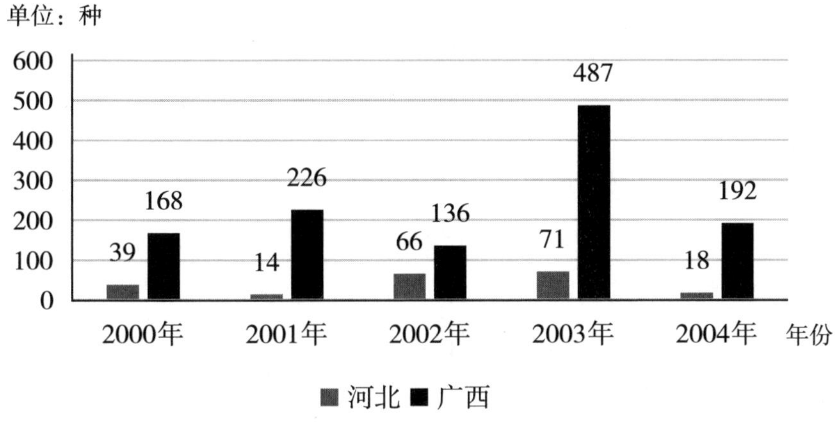

图2 2000—2004年河北与广西图书版权引进量对比

1. 引进存在盲目性，没能与出版社的实际状况相结合

在出版业日新月异发展的今天，图书出版更是如火如荼，“今天”的畅销书很有可能就会成为“明天”仓库里的“垃圾”，所以引进的图书一定要尽快出版，以免错失最佳的出版时机。但是往往由于翻译等原因的限制，导致部分河北省引进的图书不能够及时出版。

2. 由于地域的限制，信息不通畅，河北省难有优势

国外的出版集团或出版商大多把驻华机构设在北京、上海、广州等经济

发达的大城市，无疑使这些省份的出版社拥有了“近水楼台先得月”的优势。虽然河北省地处京津两地之间，但是河北省的出版社大多坐镇河北，对出版信息知之甚少，信息资源严重匮乏。然而处于同样情况的广西在面对这种窘境时，早在1997年广西出版业就提出了“立足广西，面向全国，走向世界”的发展目标，采取了支点迁移的战略，几乎每一家广西的出版社在建立异地分支机构上都有所尝试，如接力社在北京建立的北京图书中心，广西师大社在全国各地成立了多家贝贝特公司。这些设在北京、上海、广州、南京等文化中心的办事处、工作室，充分挖掘了当地的出版资源和市场资源，与广西区内的出版资源相得益彰，形成了广西出版业优势互补的局面。

3. 版权贸易部门未能实现专业化

随着对版权贸易意识的提高，越来越多的出版社成立了专门的部门机构来进行图书的版权贸易工作。机构的专门化也是使版权贸易步上正轨，进行规范化运作的一个保证，如天津科技出版社早在十几年前就设立了有专人负责的国际部。而河北省就连下辖7家出版社的河北出版集团也没有专门负责版权贸易的部门，下面的出版社大多是由懂外语的编辑去做版权贸易。在联系版权代理公司的时候，也会毫不犹豫地选择中华代理公司等大型代理公司，他们认为河北省自己的版权代理公司周期长、效率低，收费却很高，有的编辑甚至不知道河北省有自己的版权代理公司。而广西的万达版权代理中心不仅为广西区内的出版社提供版权代理服务，也为十多个省区市的数十家出版社服务，实现了“走向全国”的突破，跻身全国三大版权代理机构之列。

4. 出版社和版权管理部门缺乏协同作战的机制

在广西，出版社与新闻出版局隔膜很少，出版局领导在外出差，多半会走访一下出版社在当地的办事处、公司或工作室，体现出监管与服务并重的特色。而河北省政府的版权管理部门却主要把工作重心放在了面向全社会的版权管理，很少会主动去关注具体怎样做好版权贸易，认为那是出版社或者说出版集团应该考虑的问题；而出版社一方也认为做好版权贸易仅仅是出版社自己一家的事情；双方所欠缺的正是广西省出版社与新闻出版局的这种良性的互动关系。由此我们不难看出，只有新闻出版局和出版社两个部门，进行及时的沟通，形成协同作战的机制，才能使我们河北省的版权贸易实现跨越。

三、输出图书分析

（一）量化分析

1. 输出数量总体高速增长

河北省图书版权输出的种类除2001年的4种和2000年持平外，从2002年始以较快速度增长，2002年的年增长率为42.9%，2003年的年增长率为53.3%，2004年的年增长率为42.3%，同时也达到历年输出的最高值26种（见表3）。但从全国的整体水平上看，河北省的输出数量并不高，只占到全国总体的1.98%，在全国属于中等偏下的水平。在2003年全国的图书版权输出开始出现波动，较2002年出现了大幅的下降，又在2004年恢复到2002年的水平（见图3），但河北省图书版权输出量并没有受到全国输出量下降的影响，依然保持着稳定的增长态势。

表3　2000—2004年河北省及全国图书版权输出数量

（单位：种）

年份	2000	2001	2002	2003	2004
河北省	4	4	7	15	26
全国	638	653	1297	811	1314
在全国所占比例（%）	0.63	0.61	0.54	1.85	1.98

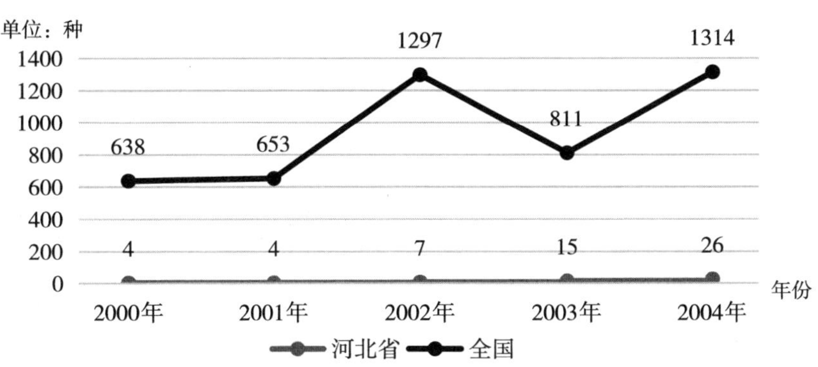

图3　2000—2004年河北省与全国图书版权输出量对比

2. 版权输出地区体现出单向性

河北省图书版权输出的地区主要集中在中国香港和中国台湾地区（见表4）。在2000—2003年间，中国台湾是河北省唯一的图书版权输出地，直到2004年才开辟了另外一个“战场”——中国香港，而且在当年输出的份额中中国香港就占到了26.9%。值得注意的是，对其他国家的图书输出量始终为零。可见，河北省的版权输出主要还是集中在大中华文化圈地区，说明目前除了讲汉语的地区外其他国家和地区对河北省出版的图书都不是很有兴趣，河北省的出版物尚未进入国际主流市场，开拓更宽广的输出领域将是河北省将来图书版权输出工作的重点。

表4　2000—2004年河北省图书输出的国家和地区

（单位：种）

地区 年份	美国	英国	德国	法国	俄罗斯	加拿大	新加坡	日本	韩国	中国香港	中国澳门	中国台湾	其他
2000	0	0	0	0	0	0	0	0	0	0	0	4	0
2001	0	0	0	0	0	0	0	0	0	0	0	4	0
2002	0	0	0	0	0	0	0	0	0	0	0	7	0
2003	0	0	0	0	0	0	0	0	0	0	0	15	0
2004	0	0	0	0	0	0	0	0	0	7	0	19	0

3. 输出图书的内容较为单一

总体上河北省输出图书还是以有关中国传统文化、传统医学、美术典籍以及低幼读物居多。在对中国香港和中国台湾的输出中，此类图书占了相当大的比重，如《中国佛教之旅》《中国书法家全集》《漫画清末四大谴责小说——老残游记》《三十六计与三国演义》《美德故事丛书》等等。

（二）比较分析

据国家版权局统计汇总，2004年全国输出数量较多的5个地区依次是北京、上海、山东、江苏、安徽，我们惊奇地看到安徽省进入了全国输出前5强的行列。这是由于近年来安徽出版界积极开展图书版权贸易，扩大对外合作所获得的成果。2000—2004年的5年间，安徽省共输出图书版权117种，图书版权输出到美国、日本、新加坡等国，以及输往中国的香港、台湾地区，被翻译成多种文字在世界各地出版发行。而河北省可以说在经济、文化等各方面条件与安徽省不相上下，而安徽的版权输出却遥遥领先于我们（见图4），到底是存在哪些问题让我们远远落在了安徽后面呢？

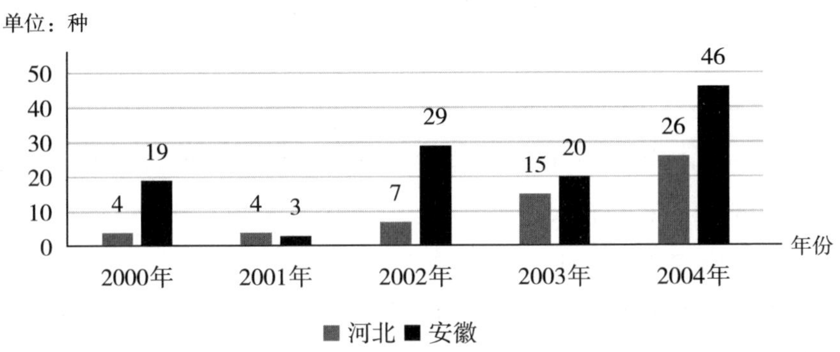

图4 2000—2004年河北省与安徽省图书版权输出量对比

1. 缺乏对版权输出应有的重视

目前，河北省的出版社依然靠“等”人上门来做版权的输出，很少会主动地去联系国外的出版社，依然把主要的精力放在对教材和教辅的出版上。反观安徽出版界，在输出方面取得的成绩与安徽省对版权输出的重视是分不开的。每年安徽省版权局都会召开一次全省版权贸易座谈会，对一年中安徽省图书版权贸易工作进行回顾，分析与其他省相比安徽省的图书版权贸易还存在哪些差距及其产生的原因，对今后的版权贸易工作做出部署。同时，安徽省还非常重视每年一届的北京国际图书博览会，利用这个大平台积极推广安徽图书的对外输出。早在2002年，时值第九届北京国际图书博览会，安徽就在主会场附近的湖北大厦设立小的分会场，举办安徽省图书版权贸易洽谈会，促成了来自国外知名出版社的人士和来自中国台湾、中国香港的业内人与安徽的出版社多项版权贸易洽谈。

2. 对外宣传力度不够，输出渠道过于狭窄

要搞好版权贸易，信息和宣传是两个不可忽视的方面。在信息方面，河

北省的输出渠道不够畅通，国外出版人没有一个合适的渠道来联系河北的出版人，更无法了解河北省的优秀图书，双方缺乏沟通。在对外宣传方面，出版社还没有编译输出的图书目录或根据海外出版商的特点和需要，有针对性地将这些书目发往海外，以拓宽接触面；向海外出版商广泛宣传自己出版社实力的机会也很少；各出版社的网站上一般也只有中文一种字体，有的出版社（例如河北少儿出版社）甚至没有自己的网站，连被外商找上门的机会都不具备。

3. 引进和输出存在较大逆差

从2000—2004年的5年间，河北省共开展图书版权贸易264种，引进与输出之比约为4∶1，存在较大逆差。虽然在2005年出现了顺差，但是经过仔细观察后，我们不难发现，这一年的顺差是由于版权引进量急剧下降引起的，并不是在输出方面取得的成效。而且更值得注意的是，在2000年和2002年这两年，引进与输出之比分别为9.8∶1和9.4∶1，基本与全国的10∶1的逆差相符。值得指出的是，这种版权贸易的“逆差现象”并非河北省独有，全国的大趋势亦复如此。虽然图书版权贸易的逆差有其存在的合理性并非罕见，但是我们仍然需要客观地看待河北省的逆差现象，与其他省份相比我们有太多的不足，尽力缩小逆差，真正找出河北省在图书版权输出中的不足之处才是当务之急。

4. 扎堆流向中国的港台地区，英、美、日等发达国家市场缺失

由于语言、历史、文化方面的同根性，对中国港台地区的图书版权输出较为方便、不用费太多的脑筋，而且也大多是外面的出版社主动找上门来，所以2000—2004年河北省的版权输出主要集中在中国台湾和香港地区。而英、美、日等发达国家由于与中国存在诸如语言、阅读习惯、思维方式、出版体例等一系列较大文化及制度差异，制约了图书版权的输出，使得河北省在这5年间没有过对英、美、日等国市场的输出记录，这也说明河北省的出版物尚未进入国际主流市场。造成这种现状的原因固然很多，但关键原因在于出版社自身。河北省的出版社大都没有走向世界的意识，只顾及眼前利益和短期效果，注重国内市场，忽视对海外市场的开发，这就很难有意识地主动去打

开英、美、日等发达国家的市场。致使河北省的图书版权输出只流向中国的港台地区，还没有出版社尝试向欧美等国进行版权输出。这种状况提醒河北出版业的同人们必须冷静地看待河北省在版权输出方面的“数量成果”，全面开拓国际市场，提升河北省图书版权输出的整体实力仍然任重而道远。

四、发展河北省图书版权贸易的策略

纵观近几年的统计数据，我们不难发现，虽然河北省的图书版权贸易已经取得了一定的成绩，但与北京、上海等省市相比仍然具有很大差距，因此我们更应冷静而理性地分析我们的不足，站在全球出版的高度，从实际出发，学习和借鉴他省的经验为我所用；在指导思想上，河北省已经充分认识到发展版权贸易的重要性，但在实际操作中力度毕竟有限，成就尚不硕然。所以，就需要政府的版权管理部门、出版集团、出版社三方通力合作，共同促进河北省版权贸易的进一步发展。

（一）政府的版权管理部门

政府的版权管理部门要根据世界贸易组织的规则和自身实际，不断修订、完善河北省的相关制度，在大力宣传普及著作权法的同时也要加大打击各类侵权盗版的力度，为我省的图书版权贸易发展提供良好的法制保护和舆论环境，让外国的出版商有信心把图书交由我们河北省的出版社来出版；在制度方面，我们应当鼓励引进优秀版权，大力扶持版权输出，制定出明确的规章制度和奖惩办法，让出版单位有法可依、有章可循；在实行社会监管时，还应充分重视公共服务职能，加大资金投入，建立属于河北省的图书版权贸易资源数据库，将外事管理、版权贸易、版权代理等各项业务数据录入数据库，为图书版权贸易资源的深度开发服务。

（二）出版集团

应充分发挥出版集团的优势，实现优势互补，协调选题的开发和图书的销售，形成整体效应和综合功能，同时做好政府版权部门和出版社的桥梁，提供下情上达、上情下传服务。

河北出版集团可以利用雄厚资金，主动出击，积极引进和输出知名品牌版权，尤其是大型的系统选题的联合开发及协调组织上，走版权产业规模化发展道路；在出版集团内设立一个图书版权贸易的专门组织机构，这是使版权贸易步上正轨，进行规范化运作的一个重要保证；培养集外语、法律、出版、营销等多种能力于一身的复合型人才队伍；定期与河北大学等高校或研究机构长期进行版权贸易、版权产业研究的合作，达到使学术成果转化成教育资源、培训版权贸易人才、锻炼学术研究队伍的目的；发挥与北京的近邻优势，在条件允许的情况下，利用在北京国际图书博览会期间外商云集的机会，组织国际出版界人士和出版商代表团来河北省考察、访问和交流；在机会成熟时，通过参股或合资的形式，在国外开设河北省的出版公司，根据国外的需求运作外向型图书，推动河北省出版业走向世界。

（三）出版社

河北省的出版社大多数都属于中小出版社，只有明确图书版权贸易的重点和方向，专业化、特色化、差异化的特色发展之路才是河北省出版业的必由之路。引进要从零散分散逐渐向系列化、规模化转变，根据自身特点和条件，如人员少、资金紧等实际问题，发扬自身优势，注重于寻找规模小、见效快的图书产品，采用“少而精”“规模引进”和“从冷门中找热门”等策略引进国外版权，实现“引进一本书，影响一批书，带动一批编辑，促进整个社发展”的长远发展目标，使河北省的出版社在国内大型出版社的重重包围中寻求突围；输出要大力实施“走出去”工程，“度身制作”外向型图书，突出河北省的地方特色，将优秀的文化典籍、文化名胜、文化名人作为重要选题资源，发挥河北省教材教辅的优势，开发对外汉语教材的市场。

注：文中引用数据资料，一律出自国家版权局网站http：//www.ncac.gov.cn，检索日期：2005年8月11日

参考文献

[1] 田建平，赵东岚.WTO背景下河北省出版业走势分析[A].前沿地带：把脉转型中的中国编辑出版业[C].北京：中国大百科全书出版社，2005：307-322.

[2]《北京地区图书版权贸易现状与发展对策研究》课题组.北京地区图书版权贸易问题的主要对策及理论透析[J].出版发行研究，2004（9）.

[3] 李寿春.中小型出版社如何开展版权贸易[J].中国出版，2003（5）.

[4] 桑献凯.面对出版业的机遇和挑战——对话甄树声[N].河北日报，2005-04-15.

[5] 唐黎.试论建立符合江苏省图书版权贸易发展特点的运行机制[D].南京师范大学硕士学位论文，2003.

[6] 尹华平.广西版权贸易迅速崛起开拓新思路积极应对入世挑战[EB/OL].http：//www.newgx.com.cn，2002-07-24.

（白贵、张薇，原载《河北大学学报》（哲学社会科学版）2006年第8期）

近二十年中国媒体关于“东干人”的报道

内容提要：中国媒体对东干人的关注与报道始于九十年代初期，随着中国与中亚地区交流的不断深入，媒体的报道侧重点也发生着变化。对近二十年来中国媒体以东干人为内容的报道进行梳理，可以看到这些报道经历了从猎奇到关注交流，继而深入的过程。出于新闻价值、受众关注度以及其他政治、经济等因素的考虑，中国媒体对东干人的报道呈现出陕甘及西部地区媒体报道活跃度较高、关注东干人的浓浓乡情、体验式报道与第一人称纪实报道较多的特点。报道视角的转变与呈现的特点根植于媒体的认知过程与满足需要，中国媒体能够在社会教化与受众需求两方面做到平衡，以情感诉求为主的报道也做到了话语权的合理分配，有利于促进海外侨民与祖国大陆的交流与联系。

关键词：东干人　中国媒体　报道

1991年8月，哈萨克斯坦的东干人等来了第一个来自中国的代表团。此后，中国媒体开始关注中亚地区的东干人和他们的生活，中国代表团也开始陆续访问东干人居住的村落，其中陕西方面去的最多。

东干人以其独特的历史文化现象，吸引了许多国内外的专家学者的关注。东干学作为一门学科最初是由苏联的汉学家们以中国回族研究为基础逐步建立起来的。我国自二十世纪三四十年代开始对东干人进行介绍和研究，主要集中于对东干学、东干历史与文化、东干语言、东干历史人物等的研究，取得了丰硕成果。然而对于东干学的研究我国仍然处于起步阶段，资料性的历史文化论述占了较大的比重，学科相对单一，研究视野也比较窄。东干文化作为一种移民文化，它不仅在民族学研究领域有着重要的地位，同时在其他学科同样具有重要的研究价值。然而在目前的研究中，从新闻传播学角度研究东干文化可以说在国内寥寥无几，只有一篇关于东干回族报刊的文章，关于中国媒体对东干人的报道研究还是空白。

本文旨在通过对近二十年来中国媒体对中亚东干人的报道进行梳理，勾勒出目前中国媒体关于东干人的报道框架。东干人的研究不仅具有重要的学术价值，还对贯彻我国睦邻友好的对外政策，增进与中亚各国人民的友谊具有重要作用。

一、中国媒体对东干人报道的沿革

自1991年中国与东干人开始有往来，中国媒体开始关注东干人，并对东干人的历史、文化和生活等情况进行报道。随着中国与中亚地区交流的不断深入，媒体的报道侧重点也发生着变化。笔者在中国知网国家重要报纸数据资料库和国家图书馆的报纸资料库中以“东干人”“东干族”为关键词，对国内主要报纸进行资料搜集，一共找到了85篇关于中亚东干人的报道。

80年代末90年代初中国才发现了这些东干人，对于中国广大受众而言，东干人都是一个非常陌生的群体，媒体的关注点主要集中在对其独特发展历史和文化特征的报道上。猎奇成了这一时期最大的报道特征。据资料显示，《人民日报》是较早报道东干人的中国媒体之一，也是报道最多的一家报纸媒体，并且在这近20年的时间里一直保持着对东干人持续的关注和报道。1996年8月13—16日，《人民日报》推出“中亚东干人寻访记”系列报道，生动地介绍了东干人独特的历史发展、经济文化生活、习俗和语言。还有2001年1月12日《环球时报》报道的《老苏联有个陕西村，说晚清方言取俄文名字》、2002年9月27日《中国民族报》的《寻回被遗忘的人与史》。

从认知的不同阶段角度讲，对事物的认知需要一个从浅入深、从表层到内里、从现象到本质的认识过程，当事物尚处在认知初级阶段时，浅层的记叙式文本成为认知的首要选择。对于媒体来讲，对事件一开始关注的往往是能够引起注意的“点”，而非系统的事件全貌和道理分析。在对东干人的认知中，媒体出于记叙式的报道需要，为了吸引受众而加进特定的媒体语言进行描述，使报道呈现出“猎奇”的色彩，认知仍然停留在“是什么”的初级阶段。

2003年以后，东干人与中国的交流逐渐常态化。来中国访问、寻根、留学、通商和进行文化交流的东干人也越来越多，中国媒体开始关注这些来到中国的东干人。2003年6月23日《温州日报》的报道《五个“东干族”青年的中国生活》，讲述了五个有着中国人名的哈萨克斯坦青年马立克、马世英、马俊、马强和马莉娜在中国西安生活的情况。还有2004年9月2日《华商报》的《陕西村娃娃回陕上大学》、2007年11月7日《西安晚报》的《回“家”学母语的陕西村留学生》等等。2004年1月，海外东干杰出人士故乡行在陕西展开，《西安晚报》对这次活动做了跟踪报道。还有2008年4月7日《三秦都市报》的《哈萨克斯坦“陕西村”村长安胡塞专访》；2011年5月10日《西安日报》的《从中亚回老家给世园会打铁》等。

凤凰卫视推出的《唐人街》系列片是一部全景式反映海外华人真实生存状况的大型电视纪录片。2004年，凤凰卫视《唐人街》播出了关于中亚东干人的两部电视专题片:《营盘日记——陕西村记事（上）》和《东边来的人——陕西村记事（下）》，向世人揭开了“陕西村”的神秘面纱和一段悲壮的传奇。这种纪录型的电视专题报道类节目，运用电子采录设备和手段，以中亚东干人为题材，做了比较系统完整的纪实报道，运用新闻镜头，客观真实地记录了东干人的社会生活，反映了生活中的真人、真事、真情、真景，展现了东干人的生活。

同年，海外杰出东干人士到宁夏访问，宁夏电视台对此活动进行了相关的新闻报道，在西安电视台的迎新晚会上，还专门邀请了一位东干族的小姑娘参加。

当认知的阶段超越“猎奇”的“是什么”阶段后，接触与交流使认知进入到“互动”阶段。相对于上一阶段中对东干人孤立的“猎奇”心态，这一阶段媒体已经能够认识到东干人与国人的历史联系和血脉关系，并随着交流活动的加强而呈现出信息与情感互动的倾向。虽然在交流中加强了媒体报道的思辨性和判断力，但是这种“互动”报道仍然停留在“是什么”的阶段，只不过已从媒体与社会舆论的角度对东干人的历史身份进行了认可与吸纳，从单纯的报道“他者”进入到报道“自身”。

除了持续关注东干人与中国的交流活动外，2009年以来，媒体对东干人的报道的关注点逐渐变得更为深入起来。媒体报道中引入许多学术研究的成果，报道涉及东干学研究、历史人物研究、教育、民族工作、宗教信仰等各个方面。如2010年7月11日《西安晚报》的《“百折不回的英雄”白彦虎》以及2012年5月29日《中国民族报》的《东干人，信仰伊斯兰教的特殊族群》。

2012年春节特别节目《新春五洲行》系列片在中央电视台新闻频道播出，分五辑播出了《东干人的分布》《东干人的语言》《东干人的新年家宴》《东干人的婚礼》《东干人的传统文化》，对东干人进行了全面而深入的报道。同时，CCTV《中国新闻》也推出了《“扁食”“粉儿”：东干人家宴沿袭陕甘宁回民传统》的特别报道，《共同关注》也播出了一期《走近中亚东干族：离乡100多年，东干人乡音无改》的报道。中央电视台在国内的影响非常大，受众面广，这一节目播出之后，使得更多的中国人开始关注这一特殊的民族群体，促进了中国与东干人分布的哈萨克斯坦、吉尔吉斯斯坦等国的交流。

媒体报道的深入表明对东干人的认知已经超越表层，进入了思考阶段。媒体的功能不仅仅是答疑解惑的信息功能，对社会与受众影响更深的是其教育功能。对东干人初级阶段的报道只是媒体信息功能的表现，当目光转向民族、宗教信仰、历史精神等方面，代表媒体已经开始针对东干人及其关注者实现其形象建构和影响传播作用，这一阶段媒体向受众传播的不再是“是什么”，而是“为什么”和“怎么办”。

此外，网络媒体的兴盛，这种图、文、声、像的信息传播形式，可以传送大量的感官信息，网络时代最大的特征就是信息量的爆炸，只要在搜索引擎中输入关键词，就能轻而易举地得到成千上万的相关信息链接。在这里，我们可以通过国内最大的中文搜索引擎——百度，输入关键词“东干人”来粗略看看网络媒体的报道。

输入关键词后，在网页标签中共找到92800条结果，首条链接为“东干人

_百度百科”，点击链接我们可以看到，“百度百科——东干人”这一词条创建于2007年4月20日，至2013年3月15日共被编辑过39次，浏览次数约90737次。在百度新闻标签中搜索全文含“东干人”的新闻约1130篇，标题中含“东干人”的新闻仅有121篇。视频也只有150个结果（包括可能重复的内容），除了以上提到的凤凰卫视《唐人街》和CCTV的相关报道，还能找到一个独立纪录片人拍摄的纪录片《走访陕西村纪实》。这一组数据组说明，在网络庞大的信息资源中，关于东干人的信息所占的比重可以说是微乎其微。

以网络为代表的新媒体，其爆炸式的信息建立在熟知性和碎片化基础上，并带有大量的随机性。对东干人的认知必须建立在历史的维度上，不具有网络信息概括性、简易性的特点，因而不可能产生庞大的信息量。但是，网络媒体与传统媒体之间存在着互动关系，网络上关于东干人信息量不够大就已经证明，在对东干人的报道和认知上，传统报纸、电视媒体并没有与网络之间建立起充分的互动。这一方面是由于东干人报道本身受众面并不广阔，并且对东干人的普遍认知不存在两极化和热议性，在网络这个“观点裂变”的平台上无法形成有效的信息聚集；另一方面，网络信息中很大一部分是对传统媒体的复制和继承，这也说明传统主流媒体对东干人的报道并没有形成系统化和规模化。

二、中国媒体对东干人的报道特点分析

（一）陕甘及西部地区媒体报道活跃度较高

根据统计，在所收集的85份样本中，对东干人的报道相对较多的报纸分别为《人民日报》《中国民族报》和《西安晚报》，香港的《文汇报》对东干人也给予了一定的关注，其中较活跃的媒体主要分布在西部地区，特别是陕甘地区。从新闻价值的角度讲，出于接近性的原则，陕甘地区媒体对东干人的关注源自东干人与陕甘地区人民天然而又割不断的历史情缘，关系密切自然受众对其的关注度高，媒体的报道必然也会更加活跃。

从时间上来看，2003年哈萨克斯坦共和国东干协会西安代表处成立，《人民日报》的报道在2003年以前相对较多，作为更多具有社会协调功能的权威

媒体，其关注点不会停留在“猎奇”的表层，也不会轻易地进行观点性的表态，因此基于民族、地缘、交流角度的报道是其首选。作为面向全国的政治性极强的大报，那些相对新闻价值较低的新闻事件和现象，在实现一定功能后便不会继续出现在其媒体上。而随着陕甘地区与东干人的交流变得越来越频繁，这一地区的媒体如《西安晚报》《西安日报》《甘肃日报》《华商报》《陕西日报》的报道开始越来越活跃，这仍然体现出对其特定新闻价值的尊重与选择。

其他地方媒体对东干人的关注极少，在仅有的几篇陕甘西部地区以外的报纸的报道中，如2004年4月22日《青岛晚报》的《哈萨克斯坦有个“陕西村”中国海外最大的移民团体》、2012年8月8日《南方都市报》《“狼”制造——两位哈萨克斯坦奥运冠军的“神秘”中国身世》，只是停留在猎奇的层面，报道并不深入。

（二）关注东干人的浓浓乡情

生活在中亚地区的陕西回族移民东干人，尽管他们身处异域，与华夏大地中断了联系，成了一个繁衍生息于中亚的新民族，但是一百多年来，他们一直将中华文化传统铭记于心灵深处。故土难离，故乡难忘，东干人对祖国怀有深厚的感情。1990年，吉尔吉斯斯坦著名东干族学者、东干学创始人之一的苏三洛院士访问中国，当他重返“老家”面对与自己一模一样的、黑头发黑眼珠黄皮肤的乡亲时，他热泪盈眶的双眼相望的却是“笑问客从何处来”的新一代。他百感交集地谈道：“回到了自己的老家，这是一种多么凄楚的痛！当年祖辈被清军穷剿不舍，从逃出祖先土地的大门，到再一次回‘老家’探望，竟整整经历了一百二十个春秋！直到今天，在中亚各地的东干人仍以“乡音未改”的母语自称“老回回”“中原人”，他们对故乡中国仍是“玉壶冰心”。正如他们自己所说：“我们的根在中国”。

通过整理媒体的相关报道我们发现，东干人浓浓的思乡之情贯穿始终，这几乎是所有媒体报道的一个共同特点，这也是东干人最真实的情感表达。比如2007年1月08日《人民日报》（海外版）的《东干村里听乡思》，文中写道“东干诗人大吴说，百年来，我们就像离群的羊，不知何日才能回到大羊群里去。”文章还刊登了一首东干人写的诗——《给中国》，表达了东干人120多年来的漂泊和乡思。作为媒体，这种报道倾向一方面表明了媒体的社会教育功能，另一方面也是对新闻价值人情味的遵循。由于一些政治历史问题，对东干人的历史评价问题仍存在一些争议，所以出于民族血缘的情感报道是最好的选择。

（三）体验式报道与第一人称纪实报道

体验式报道是指记者深入新闻现场、亲身体验新闻采访对象和新闻事件而采写的一种新闻报道。体验式报道用记者亲身经历而非普通的采访方式，强调记者的“参与”和“体验”，给读者以真实可信之感。在媒体对东干人的报道中，这种体验式的报道被不少媒体应用。以1996年8月13日—16日《人民日报》的《中亚东干人寻访记》系列报道为例，记者尹树广深入东干人聚集地马三旗、新渠、营盘三个村落进行采访报道，和那里的东干人一起吃一起住，亲身体验东干人的生活、感受那里的风俗文化。可以说，这样的文章行文自然真切，情景交融，比起单调的介绍性的文字，更易于被读者们所接受。再如2012年中央电视台的《新春五洲行——东干人》系列片，也是采用记者体验的报道方式，去哈萨克斯坦陕西村拍摄了东干人的婚礼、过年、家宴、传统文化和东干语教学等内容，这样的报道更具说服力、吸引力和感染力。

第一人称视频作品最主要的特点是所讲的故事富有戏剧性，它兼容了新闻、公共事务与文化、艺术、小说的一些特征，形成一种迷你风格，既是对后现代社会中社会特定领域的表现，同时又是对社会特定领域挑战的回应。2004年，凤凰卫视《唐人街》播出的《营盘日记——陕西村记事（上）》就是以“陕西村”青年白伟华（白彦虎第五代嫡孙）自述的形式，向我们讲述了“陕西村”的故事。

从“使用与满足”角度来讲，在认知的初级阶段，仅仅“猎奇”报道即能满足受众对东干人不熟悉的信息诉求，而随着对东干人的了解增进，感情诉求开始上升，而能够充分体现真实性和情感诉求的“体验式报道”与“第一人称纪实”必然成为首选。这种报道形式不仅是视角上与认知的相符合，也是为了吸引受众而采取的报道艺术。

中亚东干人既是我们的友好邻居的国民，又是与中国回族血脉相连的一个分支，是海外华人中最大的回民社会群体，虽然他们没有生活在中国的领土上，但是东干人一直有着“中亚是养母，中国是亲娘”的传统说法。从以上的分析中我们看到，目前，中国媒体对中亚东干人的报道从整体来看虽然具有一定的关注度，但是媒体分布十分不平衡，呈现出西重东轻的现象。

从媒体报道方式和内容上，我们可以看到中国媒体在对中亚东干人的报道中，话语权的分配方面做得相对还比较到位，第一人称自述的报道方式，给予了东干人较充分的话语空间来表达他们对故土的思念之情。

在中国的媒介环境下，媒体的报道取向至少有三方面的原因：一是媒体出于新闻职业的选择，包括新闻理想与新闻价值；二是受众的关注度；此外，还有影响新闻报道的政治、经济等因素。对东干人的报道现状至少说明，国内媒体经过认知的不断深入，已经能够从社会教化与受众需求两方面做到平衡，而更深层次的意义阐述在目前尚不具有合适时机，感情化的诉求正是如今最需要的报道形式。

民族新闻的发展关系着国内外各民族的团结与各自社会的进步，媒体的关注与报道能够大大促进海外侨民与祖国大陆的交流与联系。中亚的同胞能够跟故国建立起广泛的交流与互通，这与媒体的宣传也是分不开的。

参考文献

[1] 和侃 . 近年来我国东干学研究综述 [J]. 回族研究，2003（4）.

[2] 王国杰 . 东干族形成发展史 [M]. 西安：陕西人民出版社，1997.

[3] 新华网 . 东干人娶“晚清”新娘 [EB/OL].（2010-08-08）.http://news.xinhuanet.com/fortune/2010-08/08/c_12421664_13.htm.

[4] [英] 诺曼 · 费尔克拉夫 . 话语与社会变迁 [M]. 北京：华夏出版社，2003.

[5] [荷] 托伊恩 · A 梵 · 迪克 . 作为话语的新闻 [M] 北京：华夏出版社，2003.

[6] 邸永君 . 我们的根在中国——中亚东干人漫谈 [EB/OL].（2006-11-28）.http://iea.cass.cn/content-BA0a20-20061120161530l6985.htm.

（白贵，原载《中国传媒海外报告》2014年第2014期）

后殖民主义语境下的媒介帝国主义及其启示

梳理“媒介帝国主义”的理论研究脉络，不难发现，自1969年美国学者赫伯特·席勒在《大众传播与美国帝国》一书中揭开“媒介帝国主义”研究的序幕，到1977年文化传播学者鲍依巴瑞正式提出这一概念，有关传播与国家发展、国际传播不平衡等问题的阐释无不蕴含着新锐的传媒批判思想。而这与当时正兴起的后殖民主义思潮在新闻传播研究领域的渗透及应用不无关系。

一、语境：后殖民主义思潮

20世纪六七十年代，各种社会思潮风起云涌，西方学术界充满了浓重的批判精神。伴随着旧的殖民体系的瓦解以及第三世界国家的崛起，一些先前的殖民地和第三世界的知识分子，开始自觉地反思东方主义与西方主义、文化霸权与文化身份、文化认同与阐释焦虑、文化殖民与话语殖民等问题，于是，后殖民主义应运而生。后殖民主义是一种带有很强意识形态色彩的文化批判理论和学术思潮。它主要研究殖民时期之后，宗主国与殖民地之间的文化话语权力关系，以及有关种族主义、文化帝国主义、国家民族文化、文化权利身份等新问题，在消解中心、倡导多元文化等方面扮演着重要角色。其实质是要反对欧洲中心主义和西方发达资本主义国家的文化霸权主义，力图使本民族的文化从世界文化的边缘回归到应有的位置，甚至成为新的文化中心。其代表人物有弗朗兹·范农、爱德华·赛义德、斯皮瓦克、霍米·巴巴、莫汉蒂和约翰·汤林森等。其中，范农的《黑皮肤，白面具》和《地球上的不幸者》对后殖民主义理论具有开创作用。同时，后殖民主义还深受葛兰西的“文化霸权”思想和福柯的话语理论的影响。其重量级理论家赛义德在1978年出版的《东方主义》一书中对福柯和葛兰西的理论进行了创造性运用，揭示出东方主义实质是与西方殖民主义和帝国主义紧密相连的西方关于东方的话语形式，它通过使东方成为西方属下的“他者”，服务于西方对东方的霸权统治。该书被认为是后殖民主义理论史上“里程碑式的论著”，标志着理论的自觉和成熟。其后，与赛义德同为后殖民主义“三巨子”的斯皮瓦克和霍米·巴巴也都产生了巨大影响。到20世纪90年代，德里达、托多洛夫、伊格尔顿、詹姆逊等人分别从结构主义、解构主义和西方马克思主义等研究领域关注并汇入后殖民主义的批判思潮，揭露帝国主义对第三世界推行文化霸权的实质，探讨“后”殖民时期东西方之间由对抗转向对话的新型关系。

后殖民主义强调的是一种话语批判和文化政治批判，这表明它同时也是一种认识问题、分析问题的方法。这一批判研究法对传播学产生了重大影响。就在其兴起和发展的同一时期，随着传播技术的不断进步，全球化传播也不断深入，但这并没有让我们进入一个平等的“地球村”时代，相反，国家间信息传播的不平衡加剧了文化传播的不平衡，进而导致“媒介帝国主义”出现。越来越多的传播学者开始关注大众传媒在文化殖民中的作用与位置。他们受益于后殖民主义的批判思想，不断反思和审视新闻传播领域的“媒介帝国主义”及其相关问题。尤其关注传播与国家发展议题的赫伯特·席勒认为，美国的传播势力凌驾全球，是以强大的经济实力作后盾，与其政治、军事、外交结合的产物，美国的大众传播就是美帝国主义在全世界的延伸。鲍依巴瑞认为,“媒介帝国主义”即指“任何国家媒介的所有权、结构、发行或传播、内容，单独或总体地受制于他国媒介利益的强大压力，而未有相当比例的相对影响力”。他指出，“媒介帝国主义是权力来源不平衡所造成的不可避免的结果”。1991年，英国学者约翰·汤林森出版的《文化帝国主义》一书借用福柯的话语分析方法和解释学理论，对“文化帝国主义”进行了批判性介绍，一时引起学术界极大关注。书中，汤林森把“媒介帝国主义”作为“文化帝国主义”的四种方式或途径之一来讨论。他认为应该从更广阔的文化视域来探讨“媒介帝国主义”问题。

在后殖民语境下，后殖民主义的关注点与新闻传播学发生对接，其核心思想渗透并应用到国际传播、文化传播等领域中，为传播学者提供了一种观照大众传媒及传播与国家政治、经济、文化的关系的视角，同时也开启了新闻传播研究的新领域。“媒介帝国主义”正是衍生于当时“传播与国家发展”理论以及对“建立国际新闻新秩序”的讨论中，是西方传播批判研究的产物，也是后殖民主义批判研究法应用于新闻传播学的理论成果。

二、实质：文化霸权的当代形态

“媒介帝国主义”所赖以成为现实的基础是媒介。传播学者丹尼斯·麦奎尔认为，媒介是使我们看到身外世界的窗口，是帮助我们领悟经历的解说员，是传送信息的站台或货车等。但麦克卢汉不同意把媒介仅仅看作一种运载物质或信息的工具的观点，他提出“媒介即讯息”，即每一种新媒介的出现，无论它传播的内容如何，媒介形式本身就会给人类社会带来某种信息，并引起社会的某种变化。麦克卢汉试图把人们的注意力从内容引向媒介，其目的是提醒人们：我们使用任何传媒所产生的冲击力，远远超过它传播的特定内容。麦克卢汉还提出，“媒介是人的延伸”。这意味着媒介使用者既是媒介的内容，也在创造内容，尤其是使用因特网的人。

虽然观点不同，但无论是麦奎尔还是麦克卢汉，他们都道出了一个基本事实，即当今时代，文化已日益媒介化。当代社会正在整体进入媒介社会，通过媒介而进行的文化传播已成为人们生活的常态和主要景观，媒介与文化已结下不解之缘。大众传媒作为一种辐射力很强的文化装置，不仅影响到文化传播的范围、内容和速度，而且其本身的诸多特点已进入当代文化的深层结构，使当代文化呈现出媒介化的特征。同时，经过文化传播的积淀，大众传媒成为当代文化的有机组成部分，并生成颇具影响的媒介文化。所谓媒介文化，就是指大众媒介所生产的文化产品及其意蕴乃至样式，指在社会总体文化系统中，以大众传播媒介影响人的生活方式、行为方式和思维方式为主要原因而构成的亚文化系统，它包括具有多种功能的整体体系、媒介运作方式以及其中的符号、意义和价值观，还包括媒介生存于其中的政治、经济和社会结构等多种变数。

一般认为，“媒介帝国主义”是“一个国家的传媒软硬件或其他主要传播方式，单独或整体地，不论在控制权或拥有权上，都被另一个国家制宰，并且在这个过程中对本地社会的文化，规范及价值观带来有害的影响”。在这一概念中，媒介是在发达国家与发展中国家之间建立某种联系。它既可以表现为新闻出版媒介、电视、广播、影视音像产品等，也可以表现为诸如可口可乐、麦当劳之类的消费品。正是通过这些途径或载体，西方发达资本主义国家得以将西方的“话语”和“意义”传播到世界各地。而媒介文化则特指负载着资本主义价值观和人生观的一种消费主义文化。按照福柯的“话语/权力”思想，这种话语的背后体现出来的是一种权力关系，也就是西方对东方的一种霸权。

将媒介或传播视为“帝国主义”，意味着扩张、垄断、支配控制以及不平等特征，带有浓厚的殖民主义色彩。席勒等批判学者将媒介冠以“帝国主义”正是基于以美国为代表的西方媒介权力在全球传播中所扮演的霸主角色和文化殖民的事实。他们站在第三世界的立场上，以批判的眼光来审视西方对东方的这种新形式的殖民政策。他们认为，西方发达国家凭借其在政治经济及传播技术等方面的优势，将附着着西方意识形态的文化产品大量输入第三世界国家。这些产品不仅以物质形态冲击发展中国家的市场，还从精神方面使这些国家的文化沦为后殖民中的“他者”。简言之，“媒介帝国主义”是发达资本主义国家透过媒介对第三世界的全面文化渗透、文化支配和意识形态的潜移默化。其实质是西方国家文化霸权主义的当代形态。

作为一种文化霸权的形态，“媒介帝国主义”也随着媒介形式的发展而变换着样式。当今网络媒介的兴起、普及和在全球的蔓延，使得网络文化成为媒介文化的新形式，这为以美国为代表的西方国家推行文化霸权政策提供了更为优越的数字化平台，它们凭借先进的技术水平再次占领高地。正如美国未来学家阿尔温·托夫勒在《权力的转移》一书中所说，“世界已经离开了暴力和金钱控制的时代，而未来世界政治的魔方将控制在拥有信息强权的人手中，他们会使用手中掌握的网络控制权、信息发布权，利用英语这种强大的文化语言优势，达到暴力、金钱无法征服的目的”。在今天，通过互联网而实现的“网络霸权主义”“网络文化帝国主义”及由此而加深的东西方之间的“数字鸿沟”已日益成为后殖民主义者和新闻传播研究者关注的焦点。

三、启示：非西方媒介话语权的守望

后殖民主义理论在全球的影响使我们在认识西方“媒介帝国主义”的同时，开始关注对非西方媒介话语权的守望，甚至是主动出击，这也是我们将后殖民主义的批判思想应用于新闻传播学而得到的启示。

大众传媒的报道通常是这种话语的文本体现。当今的国际传播格局严重不平等，国际传播话语权为西方发达国家所操纵，传媒充斥着扭曲第三世界国家形象的报道。特别是美国媒体对敌对国家和民族的报道带有明显的霸权性质和偏见意识。而美国媒体对中国的很多报道同样披上了“中国威胁论”“中国危机论”等“妖魔化”外衣。甚至有学者指出，中国的国际形象某种程度上就是中国在美国媒介中的形象。造成这种现象的原因就在于非西方媒介话语权的缺失。对于广大发展中国家来说，这种信息传播的不平等已严重阻碍国家的发展。

面对严峻的现状，以中国为代表的发展中国家极力呼吁建立“国际传播和信息新秩序”，反对“文化传播霸权”。从目前国际形势来看，这条道路依然任重而道远，但无论是对于传播研究者还是实践者，我们都应坚持有效表达自己的立场、观点，并借以对抗西方国家的文化和话语霸权。

（白贵、毛浩，原载《采写编》2009年第2期）

话语偏向与“文化间性”：民族宗教报道的问题与路径

——基于人民网与新华网的抽样文本分析

摘要：通过统计分析人民网与新华网近五年的民族宗教报道，发现民族宗教报道存在三个方面的话语偏向：话语秩序的主导化、话语主体的替代化和话语能指的模糊化。对此，笔者提出基于“文化间性”的跨文化传播路径：第一，实施文化分层传播，加大非政治文化层面的呈现力度。第二，转变新闻话语方式，重点呈现民族宗教文化的自在状态。第三，搭建文化对接平台，开拓被报道主体的话语空间。

关键词：话语偏向　文化间性　民族宗教报道　人民网　新华网

话语是指某种特定的现实生活中的语言活动，它既是一种表述方式，也是一种思维方式和行为方式。

“话语在传播通道中流动。”传播话语分析指针对媒体信息传播活动，围绕传播内容、传播方式与传播效果等一系列问题进行的研究。

一、研究背景、框架与方法

1. 研究背景

由于网络空间的舆情引导日益成为传媒业界和学术研究界关注的焦点，党报系统作为主流媒体也纷纷构建自身的网络话语影响力。自2000年以来，政府先后确定新华网、人民网、中国网、国家在线、中国日报网站、央视国际网络、中青在线和中国经济网为中央重点新闻网站，并确定了24家地方重点新闻网站。目前我国网络媒体已发展为完整的“三个梯次”主流媒体格局：以新华网、人民网、央视国际等为代表的中央重点新闻网站；以千龙网、东方网、南方网为代表的地方重点新闻网站；以及省级中心城市的地方新闻网站。“重点新闻网站是网络‘主流媒体’已经是无可争辩的事实。”[1]

长期以来，在我国传统主流媒体上呈现的少数民族与宗教大多被看作主流文化的“他者”形象，具有异文化的身份特征。从多元文化主义思想出发，在当前跨文化传播语境中不仅需要将族裔差异合法化，而且还需要推进民族文化、宗教文化的多样化。这是我们促进民族团结、维护国家统一与文化安全的需要，更是我们建设和谐社会、实现各民族共同繁荣的保障。因此，涉及民族的、宗教的事件及其作为多元文化的存在理应得到媒体更广泛的重视和报道，这也是推进我国媒体实施跨文化传播能力和素养的重要实践。

2. 研究对象与框架预设

为了解和分析我国网络主流媒体在民族宗教报道方面的现状与问题，笔者选定作为中央级重点新闻网站的人民网与新华网近五年（2009—2013年）所发布的民族、宗教新闻作为研究对象，在抽样统计、文本分析的基础上试图发现民族文化传播中所存在的问题。

研究话语的符号学家索绪尔聚焦于一个句子如何以复杂的方式被建构，以及句子的形式如何影响其意义，使符号中的能指与所指之间实现意指化的过程。罗兰·巴特将索氏的“意指化”界定为“意指化的第一个序列”——“明示意”[2]，即符号的明显的常识性意义。同时，他提出意指化的第二序列中运作的三种方式——“隐含意”、“迷思”（myth）和“象征”，用以阐释意义是文本与其使用者之间相互协商和相互作用的过程。

[1] http：//news.163.com/41108/6/14MA4QN30001124T.html

[2] [美]约翰·费斯克. 传播研究导论：过程与符号[M]. 许静译，北京：北京大学出版社，2008：72-73.

本研究主要借用巴特话语意指化的两个序列中所涉及“明示意”“隐含意”“迷思”之内涵，依托文本进行话语实践的分析，旨在探究网络主流媒体民族、宗教报道中新闻话语呈现的特征。加之采用抽样统计本身即已抛却了研究对象与参照对象在范畴上量之比较，因此，笔者所预设的框架是紧紧围绕文本话语展开的：第一，从话语承载的内容属性来分析话语明示意，即我国网络主流媒体的民族、宗教报道大致可以分为哪几类？各类报道的比重如何？以此总结话语意指的偏重，并透视这种偏重本身意味着什么。第二，从抽样文本形式的话语表述中分析其能指，即通过文本中新闻话语的叙事方式来进行分类，不同类别的叙事体现了叙事主体的话语意指，从中透视主流媒体在民族、宗教报道中的报道立场与目的。第三，从抽样文本内容的具体话语表述中判断是否存在一定意味的“迷思”？这种“迷思”的背后又潜藏着什么样的话语意指？

通过以上三个层面的统计与分析构建本文的研究框架，以此来解构主流媒体在民族、宗教传播中的话语呈现，并以期从跨文化传播的视角探索新的民族宗教传播路径。

3. 研究方法与具体实施过程

具体的抽样方式为：以百度搜索的人民网和新华网2009—2013年的新闻标题作为样本抽取的总体，按照年合成月的抽样方法，将一年的新闻总量通过在日期上的随机抽取而合成为一个月（固定为30天），五年共能够获得150天的样本数。然后再通过网络搜索确定这些日期内的相关新闻样本量。在网络搜索中，凡包含“某某族”（如傣族、苗族等）、“少数民族”等字样或是内容涉及少数民族的文章均纳入统计范围。最后统计，人民网获得有效样本数为60篇，新华网为183篇。

按照同样的方法对两大网站所发布的宗教新闻也进行了抽样，凡包含“某某教”（如伊斯兰教、佛教）、“宗教”等字样的都纳入统计范围，抽取了同样的150天新闻文本，获得有效样本数：人民网40篇，新华网94篇。

二、以跨文化为视角的文本分析：媒体话语的三种偏向

如若忽略政治层面的舆论引导功能，单从文化的层面来解读报道主体与报道对象的关系，那么，媒体的少数民族和宗教团体报道的实质是对文化“他者”呈现的过程。当然，媒体舆论引导和社会教化的作用无法忽略，因此，这种文化“他者”的呈现必然是在政治与文化的共同主导下进行的报道选择。通过对抽样文本的分析，我们试图管窥一个清晰的“他者”镜像，再去反思这种文化镜像是否偏离了文化本身。

1. 话语秩序的“主导”化：民族宗教传播中的“单面性”呈现

依“拟态环境”理论所述，人们感知周围的世界大多是媒体所呈现的“拟态世界”，是经由媒体的主观选择和联想构建的独特意义空间。当代文化研究之父霍尔提出：联想意义与能指建构新的关系首先受到“主导文化秩序”[1]的限制，因为任何一种文化、社会都有着不同程度的封闭，其文化、社会和政治领域的秩序要“强行”推行到所有处在其中的每个人身上。“强行”的过程正是体现了话语（特别是面向社会大众的话语）受制于某些主导性力量的结果，这个过程大多是隐性的、暗喻的。本文试图通过从新闻议题的选择上来分析少数民族报道与宗教报道是否存在一定的选题偏重，再通过对偏重的选题内容来判断网络主流媒体在呈现文化“他者”过程中是否存在一定的主导力量。

本文对人民网及新华网的民族报道样本进行了分类数据统计，大致分为三大类：政经类（涉及政治事件、政治人物、政治会议与涉及少数民族地区或少数民族群体经济发展的报道）、文体类（涉及少数民族文化活动、体育比赛、节日等的报道）、教育社会类（涉及少数民族地区或群体教育状况与少数民族的社会活动、社会影响的报道）如表1所示。

[1] [英]斯图亚特·霍尔著. 编码，解码[M]. 王广州译，载于罗钢等主编.《文化研究读本》，北京：中国社会科学出版社，2000：345—358.

表1 主流网络媒体少数民族传播议题选择（单位：篇）

	新闻类别	数量	占抽样总量（样本）比例
人民网（68篇）	政经类	35	51.5%
	文体类	23	33.8%
	教育社会类	10	14.7%
新华网（183篇）	政经类	89	48.6%
	文体类	61	33.3%
	教育社会类	33	18.0%

从表1中不难看出，两网的少数民族新闻在议题选择上体现出一定的偏向，两网的政经类新闻比例较大，分别占所有少数民族新闻的51.5%和48.6%，文体类新闻也有不小的比例。可以看出：一方面，政治经济类新闻属于主导类型，是民族传播话语选择的首要因素，这一因素在少数民族的媒体呈现中起着显著影响；另一方面，主流网络媒体也在一定程度上对少数民族的文化、社会、体育和教育等进行了报道，体现了在展示少数民族文化中话语选择有了多元的意味，但单从选题上看是否就体现出文化的多元传播？只有对非政治经济类报道进行文本的内容分析尚能作出判断，该问题在后面详细涉及。

对于笔者所抽样的宗教报道，在议题选择上也进行了一定类别的划分：政治类（包括会议、政治学习、领导出席的活动等）、文化类（介绍宗教历史、文化传统）、社会类（宗教的社会活动及社会影响）、教育类（宗教与教育相关的），如表2所示。

相较于少数民族新闻，宗教新闻无论是从总量上，还是从各类型所占比例上，均出现明显的不均衡。通过分类可以明显地看到，主流媒体宗教报道更多地集中于政治类，议题选择上明显偏重政治类议题，分别占66%和53%。而在政治类报道中又以宗教组织参与、举办各种会议为主，文化和其他类型的比例相对很低。这表明：我国网络主流媒体是以政治因素为主导进行宗教话语选择的，而且大多数报道具有浓烈的政治色彩。同时，宗教话语选择中文化要素的影响较弱，更缺少一种文化差异性的体现。

表2　主流网络媒体少数民族传播议题选择（单位：篇）

	新闻类别	数量	占抽样总量(样本)比例
人民网（40篇）	政治	26	66%
	文化	6	14%
	社会	7	18%
	教育	1	2%
新华网（94篇）	政治	50	53%
	文化	21	22%
	社会	19	20%
	教育	4	5%

政治因素的主导作用在民族宗教类新闻中表现得非常突出，而“主导”，意味着“被挑选出来的解读”，即在这些解读内镌刻着制度、政治、意识形态的秩序，并使解读自身制度化。[1]显然，主流意识形态下的政治主导性建构了民族宗教传播话语秩序，民族报道体现为经济发展为先、文化教育其次。在经济和文化报道中，少数民族多被呈现为“被扶持”“被特殊照顾”“罕见稀有”等单面、粗浅的民族形象。而在宗教传播中政治主导性体现得尤为明显，这凸显了宗教的文化形态被其政治属性所遮蔽，其文化内质的传播自然受到控制。

2. 话语主体的替代化：民族宗教传播中的隐匿式“亮相”

著名人文学者钱理群教授将话语方式分为三种：宣讲式（或布道式）、对话式和独白式。[2]这种分类虽然更侧重于个体的话语选择，但既然话语方式是体现话语主体和话语内容的关系，那么也适用于传媒话语。传媒话语方式的实质就是对事件话语进行解读和诠释，其解读和诠释的方式即为传媒话语方式。它主要体现了一定的传媒立场和视角：是高高在上、一元同化的权威立场？还是同情弱者、允许差异的大众立场？是多元呈现的视角还是一元彰显

[1] [英]斯图亚特·霍尔著. 编码，解码[M]. 王广州译，载于罗钢等主编.《文化研究读本》，北京：中国社会科学出版社，2000：345—358.

[2] http：//data.book.hexun.com/chapter-1855-8-14.shtml.

的视角？

为了考察我国主流网络媒体对民族报道选择了怎样的话语方式，这种话语方式又有何利弊，本文对抽样的文本进行了话语方式分析，即从宣讲式、表态式、对话式三种角度进行分类统计。参见表3。

表3 主流网络媒体民族新闻的话语方式（单位：篇）

	话语方式	数量	占少数民族新闻（样本）比例
人民网（60篇）	宣讲式	31	51.7%
	表态式	16	26.7%
	对话式	7	11.7%
	其他	6	10.0%
新华网（183篇）	宣讲式	81	44.3%
	表态式	51	27.99%
	对话式	35	19.1%
	其他	16	8.7%

由表3可以看出，在话语方式上，以宣讲式和表态式话语方式为主，这种方式本身所体现的是媒体话语的官方化和立场的权威化。表态式的话语文本大多集中于一些少数民族地区的暴乱事件（如2009年7·5事件）或全国性重要赛事（如与奥运会有关的报道）。不管是自上而下的“领导视察”类动态报道，还是自下而上的民族区域基层的“表态”之声，都呈现出一种政治性的、“亮相式”的官民互动。但是，值得深思的是：一方面，宣讲式和表态式的话语方式其实暴露的是话语权的不平等，少数民族的话语权被替代了，在这两类报道中真正来自民众的声音被淹没，漂浮着的是“缺席的”民众；另一方面，与之对应的体现多元文化平等发展的对话式话语方式所占比例甚微，也充分表现了主流媒体在民族文化传播的立场和视角存在偏狭。

媒体新闻报道在叙述形式上主要涉及三种叙述策略：事实叙述、偏好叙述、认同叙述。事实叙述主要指强调一个事实，不管它是现在、过去还是未来的事实。偏好叙述是以一种建议、祈使或命令的形式来报道。认同叙述则是以宗教信仰者身份的表明作为诉求。[1]两网宗教报道的叙述策略参见表4。

表4 主流网络媒体宗教报道的叙述方式（单位：篇）

	叙述方式	数量	占抽样总量（样本）比例
人民网（43篇）	事实叙述	35	81.4%
	偏好叙述	6	14.0%
	认同叙述	2	4.7%
新华网（93篇）	事实叙述	74	79.6%
	偏好叙述	11	11.8%
	认同叙述	8	8.6%

从表4不难看出，网络主流媒体在叙述方式上明显呈现为中立的事实叙述，无论是事实叙述还是偏好叙述，报道主体都是站在文化他者的角度来呈现宗教文化，而缺少具有宗教身份主体的解读视角，这无疑是一种话语替代式报道。

3. 话语能指的模糊化：民族形象传播中话语构成的不均衡

语言学上有“能指”和“所指”一对概念，按照语言学家们的划分，人们试图通过语言文字表达出来的称为“所指”，而实际表达出来的称为“能指”，二者的结合共同构成了一种语义。能指是我们通过自己的感官所把握的符号的物质形式，所指是符号使用者对符号所涉及对象所形成的心理概念。在民族宗教问题的新闻报道中，“能指”是民族、宗教事件或民族宗教文化活动，而“所指”即为报道者从民族宗教事务报道中试图呈现出来的概念及意义，包括文化差异性、各民族团结、民主自由等。

依据一些学者关于官方媒体对少数民族形象构建的研究，长期以来，民族形象或者被定格为“贫困”“文盲”“迷信”等[2]，以此来体现汉族文化的优

[1] 张媛. 模糊的“他者”：非民族地区的少数民族媒介形象再现——基于《北京日报》少数民族报道的分析（1979—2010）[J]. 浙江传媒学院学报，2013（1）.

[2] Blum，S.D.（2001：85）.Portraits of “Iritives”：or dering humankind sin the Chinesenation.Lanham：Rowman&itefieldPublishers，Inc.

越；或者通过用“较弱”的性别——女性形象替代少数民族形象[1]，这类新闻报道无疑将少数民族形象以局部代替整体、以个体代替群体，将文化传统各具特色的少数民族形象具象化、类型化。国内学者也对该问题进行了一定程度的研究，诸如单晓红提出主流媒体呈现出来的云南少数民族形象，大多是“能歌善舞”“天天过节”“落后的”“没有文化的、愚昧的、贫穷的”[2]。张媛基于对1979—2010年间《人民日报》民族报道的统计分析，提出该报“在少数民族报道态度上基本做到了中立客观”“以正面报道为主”，并总结了该报所主要呈现出的12种少数民族形象，按所占比例排名前四种分别是开放发展的形象、多彩的民族文化形象、受人捐助的形象与民族团结社会稳定的形象。[3]

对民族宗教报道进行话语分析可以帮助我们捕捉媒体在这类报道中所呈现出来的报道倾向，笔者将两网民族报道（注：由于笔者抽样获得的宗教报道与民族形象构建相关性不高，因此没有将其作为分析对象）在抽样文本中筛选出来关于“经济、文化、体育、社会、教育”五类的报道（人民网52篇，新华网156篇），通过统计新闻标题并参照新闻报道内容，发现这五类报道中在以下几个方面呈现出明显的不均衡性，如表5所示。

表5　主流网络媒体民族报道中的话语构成（单位：篇）

话语能指	人民网（52篇）	新华网（156篇）	话语所指
肯定式表述 / 否定式表述	28/7	105/19	肯定式
群体描述 / 个体捕捉	32/17	98/36	群体形象
工作成就总结 / 社会冲突叙事	29/3	76/9	工作成就
节日庆典纪念 / 日常生活问题	28/6	49/10	节日庆典纪念

从表5不难看出，抽样的民族报道在话语构成上体现为明显的不均衡性，

[1] Gladney，D.C.（1994）.RepresentingnationalityinChina：refiguringmajority/minorityidentitis.JoumalofAsianStudies，53（1），35.

[2] 单晓红. 新闻传播中的云南少数民族形象[J]. 大理学院学报，2006（1）.

[3] 张媛. 官方媒体中的少数民族形象建构—基于《人民日报》少数民族报道的分析（1979—2010）[J]. 国际新闻界，2013.

即正面报道多，负面报道少；群体描述多，个体呈现少；经验成就总结多，社会冲突呈现少；节日庆典纪念多，日常生活问题少。总体呈现出来的状况是媒体在民族报道中舆论引导多而媒体监督少。“能指”模糊而“所指”清晰，也就是报道什么不重要，重要的是为了反映什么而报道，这种报道模式恰恰体现出一种狭隘的宣传性思维，是一种借助于新闻事件，表面上报道事件实则传播观点的宣传型模式，是以说教劝服为目的而非以文化呈现为主旨的。

当然，作为一个多民族国家，我们需要考虑到国家统一、社会稳定和各民族的和谐共荣，从政治稳定和文化安全的角度来解释的话，就不难理解官方媒体所担负的宣传民族政策、正确引导民族地区舆论的重要职能。但反向思考，是否也正因为在舆论引导职能下形成的极端重视态度，所以导致了民族报道行为易陷于某种政治宣传的认识误区——少数民族与宗教领域被冠以政治意识形态的“雷区”——由此而使报道脱离民族文化生活本身而作为某种政治意义存在。从文化传播的角度来衡量，这种模式并不适合当前多元文化传播的需求。

三、反思：基于“文化间性”的民族宗教跨文化传播路径

文化间性（interculturality）是从“主体间性”引伸过来的一个词，指的是“一种文化与他者际遇时交互作用、交互影响、交互错借的内在联系，它以承认差异、尊重他者为前提条件，以文化对话为根本，以沟通为旨归。”[1]文化间性不同于多元文化、文化杂合、文化融合等概念，而更强调差异与互动。从民族宗教的跨文化传播角度来看，文化间性体现的是一种民族相对主义，持有这种观点的人“不会用自身文化的价值观和标准来评判他人的文化，或是在与自己文化的比较上来评定其他文化，而是建立在自己的经历和同其他文化的互动之上。”[2]因此，在民族宗教报道的问题上主流媒体需要基于文

[1] 蔡熙.关于文化间性的理论思考[J].大连大学学报，2009（1）.

[2] 陈国明，安然编著.跨文化传播学基本概念[M].北京：中国社会科学出版社，2010：68-69.

化间性的立场进行文化层面的报道，以民族相对主义来代替我族中心主义。具体路径表现为：

1. 实施文化分层传播，加大非政治文化层面的呈现力度

从文化构成的角度来看，宗教与民族具有“源”与“流”的关系，宗教中蕴含着能够从根本上制约和影响民族文化的思想意识要素，而这些意识要素又往往是民族个性的构成部分。因此，媒体从业人员要重构民族与宗教的关系认知，不能一味地从政治文化角度来解读和传播民族宗教文化，更不能将宗教冷漠搁置或“谈教色变”。在文化传播的实施层面，我们可以将文化分为多个层面，诸如政治文化层面、经济消费层面、日常交际层面、技艺风俗层面等，主流媒体应当抛弃传播偏见，消除政治主导对文化多元呈现的支配作用，在不违背民族宗教政策的前提下，积极扩大民族宗教报道的张力和自由度，多在非政治文化的多元层面上进行立体、全面地报道，在文化语境而非政治语境中推动文化间的交流与发展。

2. 转变新闻话语方式，重点呈现民族、宗教文化的自在状态

“话语有助于建构社会身份以及人与人之间的社会关系，同时话语类型往往把特殊事件变成日常事务，并使之自然化。”[1]新闻话语是构建社会认知的重要因子，宏观社会结构通过传播媒介等形塑社会认知，这种社会认知又影响到人们的社会构想、社会交往和实践，进而影响社会结构的形成与转变。这样社会认知就成为宏观结构与微观个体和群体行为的一个中介。[2]媒体从业人员要转变话语生产方式，根本的是要形成文化自在性的认知。无论是汉文化还是少数民族、宗教文化都具有自在发展的特性，因此，要以平等、包容、积极发展的心态，以对话代替宣讲，以呈现民族、宗教文化自在状态的方式构建民族、宗教文化全面而整体的社会认知。

3. 搭建文化对接平台，开拓被报道主体的话语空间

“在现代世界每个人，就像他或她拥有一个性别一样，都能够、应该，并

[1] [英]诺曼.费尔克拉夫. 话语与社会变迁[M]. 殷晓蓉译，北京：华夏出版社，2003：79.

[2] [英]乔纳森·波特、玛格丽特·韦斯雷尔著.话语和社会心理学：超越态度与行为[M]. 肖文明等译，北京：中国人民大学出版社，2006：译序6-9.

且将会拥有一个民族成员的身份。”[1]民族个体或信教民众的身份认同与其国家身份认同互为补充，任何单纯强调一方的观点都会割裂二者的统一性。最直接的方式就是搭建民族、宗教文化传播的多元平台，给更多具有少数民族身份的主体以话语表达的空间。“一些少数民族记者在报道民族典型时会比汉族记者更多地反映报道对象的民族特征，有时会更愿意多报道少数民族对汉族的帮助和贡献。”[2]因此，主流媒体在人才培养方面，要从跨文化传播的角度，积极吸纳并培养不同文化身份的传播主体，为其传播自身文化提供话语平台。诸如积极培养和放手重用少数民族新闻记者，开辟多样化的报道空间以加强文化呈现力度，这不失为保护并传承少数民族文化、促进文化多样化的有效传播途径。

（白贵、甄巍然，原载《现代传播》（中国传媒大学学报）2014年第8期）

---

[1] [美]本尼迪克特·安德森.想象的共同体—民族主义的起源与散布[M]. 吴叡人译，上海：上海世纪出版集团，2005：5.

[2] 毛颖辉.民族意识与话语实践——以《新疆日报》民族报道为例[J]. 新闻大学，2012（4）.

《文化传播与翻译》[1]序言

尚宏副教授的书稿《文化传播与翻译》即将付梓，嘱我作序，那我就谈谈个人的一点感受和认识。

本书所研究的内容主要是英语世界与汉语世界以英语、汉语为桥梁的交流传播历史。这不禁使我想起了翻译史和世界文化史上一个重大而又耐人寻味的历史事件，即“百年翻译运动”。它不仅将濒临湮灭的许多古希腊科学文化著作很好地保存了下来，还使之直接滋养了阿拔斯帝国文化，为阿拉伯-伊斯兰文化的发展提供了丰富的养料，为东西方文化的交流做出了重要贡献。二三百年后，欧洲全面的文艺复兴出现了，而构成其基础与可能的前提，正是“百年翻译运动”的伟大成果。虽然同为当今时代的“地球村民”，但不同国家、民族之间的文化交流、相互影响还是依靠翻译，可以说：离开了翻译，就不会有文化的传播，文明的传承以及思想与真理的流播。可惜的是，迄今为止我们的学界对文化传播的研究，从质到量都远不能令人满意。许多重大问题，基本都囿于传统学科的范围，而难有更高视野的突破。

这本书明显地让我感受到了一些独到之处，譬如作者在书中谈到的梁启超所论三个时期，实际上是对西学东渐在认识上由表层逐渐深化的过程，即由器物层面到制度层面，再到文化层面的过程。这不也正是近30年来当代中国所再次经历的过程吗？我们今天所说的提升“软实力”，其核心不也正是文化层面的问题吗？还有“纵观人类翻译史，可以说是一种文化对另一种文化产生影响力的历史”，“翻译不只是一项纯粹的语言转换活动，也不仅仅是一

[1] 尚宏《文化传播与翻译》，河南大学出版社2018年版。

门创造性的艺术，它还牵涉到各种文化因素的传承与交流”。这类睿智的见解书中俯拾即是。

从这个意义上说，本书虽然不是史或论上的系统之作，而是若干点的集合，尽管从文化传播的视野来看有“挂一漏万”之嫌，但这些个“一”却都是重要的“一”，不像时下许多面面俱到但一无可取的著述。所以在我看来，不能奢望每一本书都在你的面前展现出一片灿烂的星空，但它起码要有哪怕是一两颗耀眼的星星。

任何一个领域，这样的书多了，繁星点点的星空就出现了。

《媒体单边战——“9·11”事件背景下西方媒体对异质文化形象的建构》[1]序言

本书的写作宗旨杨志平教授在“自序”中尽管已经讲得十分清楚，并且在全书中得到了很好的实现，但基于本书内容的丰富性，我觉得依然有些感受不能不说：这不仅是一项重要的案例研究，更重要在于它是重大传播现象的一项重要学术成果，有许多值得关注的发现。

进入21世纪以来，伴随着全球化进程的是日益加快的“媒介化社会”进程，技术进步支持下的媒介对世界的影响几乎无所不在。最重要的是，媒介提供的信息与观点，日益成为人们认识、判断世界的基本依据。媒体还进一步影响着人们的思维方式、行为方式。社会对媒体的重视程度与日俱增，偏激点说，事实上有时真相本身、是非本身已经变得不那么重要，重要的是占据主流的媒体怎么说，掌握话语权的麦克风发出怎样的声音，表达什么样的观点。政治的逻辑越来越成为媒体的逻辑，国家战略越来越成为媒体战略的首要考虑，霸权主义逻辑不但构成了政治哲学的基石，而且也正在成为传播哲学的基石。这一切，都在这项9·11传播案例研究中得到了展示与证实。

当今世界的乱象，应该说离不开“媒体战”“舆论战”。我欣赏本书的书名：《媒体单边战——“9·11”事件背景下西方媒体对异质文化形象的建构》，媒介化社会条件下，通过缜密策划、系列展开，主导方往往可以对异己的集团、族群、国家、思潮、意识形态、文化，进行重新建构，使其形象的性质

[1] 杨志平《媒体单边战——“9·11”事件背景下西方媒体对异质文化形象的建构》，中国社会科学出版社2016年版。

发生根本改变，成为人们感到陌生、疏离、恐惧、厌恶、蔑视、仇恨的对象，使特定的异质文化产生分化、自我怀疑，所主张的道路被疏远、被抵制，甚至被仇视，被攻击。从9·11媒体单边战的后果看，美国为首的西方基本实现了自己的目的。

9·11媒体单边战虽然已落下帷幕，随着幕后真相的不断被披露：譬如说，在伊拉克并没有发现什么大规模杀伤性武器，也没有发现萨达姆和基地组织有什么瓜葛，占领伊拉克不过是一场“误会”；始作俑者小布什早已“归隐”田园农场，合作者布莱尔面对世界的质疑，不过发表了一个致歉声明。但世界格局已然发生了翻天覆地的变化，被操纵的媒体已经完成了“合谋”，结束了它的历史使命，实现了华丽的转身，继续为对手建构下一个令世界紧张的形象去了。他们无须担心人们在被愚弄后会提高警惕，引以为鉴。因为只要媒体存在，受众就存在，大众就会跟着媒体走。人们如今对世界的印象毕竟几乎都来源于媒体。所以，在今天，离开对新闻生产者的政治经济学分析、政治哲学分析，9·11传播案例也好，其他对媒介与传播的研究也好，注定是肤浅的、隔靴搔痒的。西方中心论价值追求的内驱力，其实就是许倬云先生所说的“婆罗门情结”。

本书历史地考察了西方媒体霸权的建构过程，媒体垄断的现状、文化渗透、话语霸权、霸权扩散、犹太利益集团与媒体共谋；现实考察了中国与中东媒体差异，东西方国际传播策略。梳理事实，揭露了美国媒体在全球实行的双重标准以及媒体战略。

杨志平教授率领的团队犹如一个出色的外科手术团队，手执解剖刀，层层深入，直指病灶。恢宏开阔的视野高屋建瓴，让人跳出固有的领地，获得全景式的印象，鞭辟入里的分析令人茅塞顿开、为之折服。占有材料的丰富，梳理之清晰，给人以启迪。研究媒体的书不少，但追寻真相的有限；熟悉传播、了解西方的人不少，但勇于讲真话、表达正义感的人不多。所以我认为这是一本有见地、有厚度、有温度的书。

依古人之见：读书，明理之谓也。所以，能让人明白一些新的、重要的道理、事实的书，就应该是好书。如果这种书还能让你“明真相”，那就更有价值了。

由研究对象说开去，作者体现出难得的清醒：从当下以及今后的媒体可以透视出全球霸权主义下的政治博弈与利益争夺仍然是国际局势的实质内核，而西方媒体将矛头指向某一文明是其配合国家利益和全球战略而设置的议程，也是语言表述的策略和技巧。美国利用强大的新闻传播软实力通过这一突发事件轻易地占领了“正义”的舆论制高点，打赢了一场“漂亮”的媒体单边战。此种单边战，今后可能还要上演。

本人产生的另一个感想，是本书作者身上多少也体现出类似后殖民理论家身上的那种特有气质：萨义德、斯皮瓦克、荷米芭芭等，这些出生于发展中国家的少数族裔学者，恰恰因为他们独特的敏感，敢于怀疑流行的资讯、理论主张，甚至理论体系，价值理念，指出其谬误。他们会站在被歪曲、丑化了的对象的视角去发出独特的辩护甚至反驳。这种声音以至于成为西方主流学术界的空谷足音。从此可看出，具有少数民族身份的一些学者，其知识结构、文化视野、学术思考，是有其独到之处的。杨教授的多民族研究团队是个令人羡慕的合作团队。说到此种现象，我愿意再举一个例子：数月前通过的河北大学金强博士的博士论文《中国大陆媒体对伊斯兰国家报道研究（2001—2015）》，与本书有异曲同工之妙。研究的是9·11以来中国媒体对伊斯兰国家的报道。为何也恰恰是9·11以后？报道中的问题为何又与我们经常驳斥的西方媒体存在某种一致性？是巧合，还是西方全球传播战略确实在全球产生了共鸣效应？即使有时这种回应是无意识的。这篇博士论文同样引出一系列对媒体传播引发的文明形象建构的思考。该论文在近20万字的篇幅中，通过对我国媒体新闻报道的自我审视，总结出许多令人触目惊心的表现及问题。与本书所分析的最相近的问题就是新闻报道对伊斯兰文化的误读与误传。不同的是，我国媒体出现的问题主要是在跨文化沟通方面存在知识与意识不足的情形，与西方的情形完全不同。

在本书中，杨志平教授及其同事有许多睿智的判断，譬如：“在这场旷日持久的博弈中，发展中国家关于建立世界新闻新秩序的主张已在联合国得到广泛支持和理解。发展中国家合作增加的同时各国新闻事业有了急遽的发展走势。但是在未来很长时间西方发达国家的技术优势短时间内不会丧失，这场斗争的结果最终取决于经济实力和发展速度。”

“诚然，研究媒体对‘9·11’事件新闻报道的问题，一不可绕开东西方传媒的实力与现状的对比，二不可脱离其霸权语境，三不可回避‘本源与变异’的事实，这是辨析真伪、探索本源的学术过程。”

十分难得的是，课题的最后部分提出了：单边战不如“文明对话”的倡议，指出要消除畸形的传播，打通文明的壁垒，实现世界的和谐与安宁，必须从文明对话开始，而媒体应该是对话的媒介与平台。应该“探索恰当的关于异质文化的国际报道对策，以规避误读误导现象，尤其是在‘一带一路’战略背景下，为塑造良好的中国形象、营造友善的外交环境和提升中国文化软实力服务”。

地方性知识与涉宗教报道媒体伦理的文化冲突

在传播全球化时代，涉及宗教（尤其是世界性宗教）敏感的挑衅、攻击性报道，往往会容易引发冲突甚至暴力对抗。背后每每体现出媒体伦理的文化差异。即在西方被广泛定义为“言论自由”的媒体行为，其以无神论、世俗主义为哲学基础的理念并不被非西方以及重视宗教神圣性、宗教氛围比较浓厚的国家完全认可，最突出体现在以“言论自由”为名而出现的对宗教无底线的攻讦。言论自由的精神具有普适性，但人们往往忽略了言论自由的具体模式又是基于具体历史过程形成的一种“地方性伦理”，它是有边界的，它的部分观念并不真正具有跨文化的普适性。全球化时代，人类正在从千姿百态的舟船登上一条同舟共济的大船，成为一个命运共同体。所以，在媒体伦理的传播、认同过程中，还不能忘记重构的时代使命。各种文明都要学习尊重“他者”的文化价值，从法律上设立言论自由的边界，尤其要约束无底线的言论自由的挑衅性言论；同时，也要考虑在世俗社会中，给不同信仰的“神圣”领域留出一片天空。在传播全球化时代，某一地域媒体的新闻报道引起的纠纷，往往能迅速蔓延以至于演变为国际性冲突。当涉及宗教（尤其是世界性宗教）的敏感问题时，尤其如此。21世纪以来，已经发生多起此类重大事件。例如：2005年9月至2006年3月间的“丹麦漫画”事件，2012年9月的《穆斯林的无知》事件，2015年1月的《查理周刊》事件等。它们往往由西方媒体刊载伊斯兰教敏感内容引发，然后，迅速演变为多国范围的暴力冲突。冲突造成重大人员伤亡，甚至有升级为不同文明对抗的趋向。

毫无疑义，任何暴恐行为均应受到舆论的谴责和法律的制裁。然而如果深究则会发现，冲突的根由多源于西方与伊斯兰世界长期以来的矛盾累积，而媒体恰恰又扮演了导火索的角色。在传播全球化时代，到底应该如何处理媒体伦理的文化差异？媒体又当如何思考言论自由的边界问题以及对待“挑衅性言论”？如何对待“他者”的“神圣”地带？这些已经成为当下媒体伦理研究不可回避的问题。

媒体伦理的文化冲突：自由还是亵渎

媒体伦理是媒体所应秉持的道德价值取向，它是社会对媒体角色的应然要求，也是社会主流价值观念在传播领域的体现。在近年来新闻报道引起的冲突中，西方社会和那些重视神圣性、宗教氛围比较浓厚的国家，尤其是伊斯兰世界，各自的媒体伦理表现出明显的文化价值冲突。西方的立场，从他们的一系列反应中可以清晰地看出。在2006年“丹麦漫画”事件时，他们在优先维护“言论自由”上就表现出高度一致。2006年1月6日，丹麦地方检察官以言论自由必须得到保障为由，免于起诉《日德兰邮报》；2月16日，欧洲议会通过决议声明：伊斯兰世界有权利和平抗议，但言论自由是绝对的、不受任何审查的。一些欧洲国家的报纸也正是以“言论自由”为名转载漫画的。当时，法国《法兰西晚报》还发表评论文章《是的，我们有权丑化上帝》。该报总编勒夫郎也说：“世俗社会中没有‘宗教教条’的地位，这也是我们重新发表这些漫画的初衷。”

同样，《查理周刊》事件发生后，法国社会虽然在是否继续刊登穆罕默德漫画上产生分歧，但均认为媒体有亵渎宗教的权利。1月13日，法国总理瓦尔斯“坚称‘亵渎神明’从来不是法国法律中的条款，也永远不会”。法国资深媒体人、《国际邮报》亚洲部主任AgnèsGaudu虽然并不接受《查理周刊》的做法，但他还是认为：“这是法国传统的一部分。”法国的态度基本上代表了欧美等西方国家的立场。在西方，“无论英、美、法、德哪一个国家，在反对传统教权、反对迷信与宗教非理性的偏见和狭隘方面是有共性的”。

在欧美大多数国家，亵渎宗教言论的确是受到宪法或法律保护的。以美国为例，“一般而言，在报纸上刊登、在电台中播出或者在墙上和篱笆上书写此种恶言谩骂的人受到宪法保护”。2012年，美国电影《穆斯林的无知》引起风波。当年9月，美国总统奥巴马在联合国大会上解释说，美国尊重信仰自由，但不禁止亵渎他们最为神圣的信仰的言论。

伊斯兰世界的情况则大相径庭。在那里，宗教的神圣性是不容亵渎的。在伊斯兰世界，宗教和政治、社会、文化等相互交织，即使是所谓世俗国家，传统教法也有巨大的约束力。譬如，对先知穆罕默德的态度非常独特，既不允许侮辱诽谤，又不允许加以神化。不允许为其画像、造像，更禁止张贴和悬挂他的任何图像，即使是赞美性的。漫画这种表现形式则被认为是亵渎和挑衅。这是穆斯林信仰的一部分，也影响着他们的情感世界与现实世界，成为他们日常生活的内容。

同时，“亵渎在绝大多数伊斯兰教国家均为犯罪，直到今天仍然如此”。比如在巴基斯坦，该国《宪法》和《刑法》中均有相关规定。该国《刑法》第298条规定：“不论任何人，在他人能够听到或看到的范围内说出任何故意伤害他人宗教感情的话，或做出故意伤害他人宗教感情的动作，或放置故意伤害他人宗教感情的物品，都应处以一年以下监禁或罚款，或二刑并罚。”土耳其、埃及等世俗穆斯林国家，也均有对亵渎行为的立法约束。

在佛教氛围比较浓厚的国度，也有关于亵渎宗教言论的法律规制。根据青年学者卢家银的研究，泰国、斯里兰卡、柬埔寨都用立法的方式禁止侮辱宗教领袖、扭曲宗教教义和嘲弄宗教习俗；对于亵渎宗教的言论，一般会给予较轻的刑事制裁或行政制裁。3个国家还对佛教以外的其他宗教提供同等保护。2006年5月，电影《达·芬奇密码》事件中，应斯里兰卡天主教会的请求，斯里兰卡禁止了该片在当地影院上映和在当地电视台播出。

禁止亵渎宗教是许多非西方以及重视宗教神圣性的国家或族群的伦理共识。只要“禁止”建立在充分尊重公民基本权利基础上，就应该承认这是为达成社会和谐所作的必要限制，它在文明内部是有积极意义的。根据阐释人类学家克利福德·吉尔兹提出的普遍性知识其实多由“地方性知识”转化而来的理论，与视西方亵渎宗教为正当的“普遍性知识”相较，为什么禁止亵渎宗教的理论就不可以从“地方性伦理”转化为“普遍性知识”？

就本文而言，西方世界和伊斯兰世界显然是在适用标准各异的媒体伦理。

一些在西方被广泛定义为“言论自由”的媒体行为，在非西方以及重视宗教神圣性、宗教氛围比较浓厚的国家中，不但不能得到认可，还被视为实实在在的亵渎与恶意挑衅。因此，有学者称，“宗教领域的冲突与和谐、论战与对话，近乎一个无法梳理开来的死结”。

“地方性伦理”反思：警惕傲慢与偏执

在一系列冲突中，确曾出现过一些穆斯林的过激甚至极端行为，然而更不乏西方主流社会的傲慢与偏执。对广大穆斯林来讲，对穆罕默德的亵渎就是对穆斯林群体的侮辱。冲突发生初期，穆斯林群体往往通过和平抗议和示威，合理表达要求得到理解与尊重的诉求。然而，由于偏执于“宗教亵渎自由”，伊斯兰世界的声音每每被西方社会和媒体有意无意地忽视、回避，甚至是误读、曲解。西方社会后续的一些不理智行为，成为激化矛盾的重要因素。

在“丹麦漫画”事件中，《日德兰邮报》主编于2006年1月31日公开道歉，冲突本将趋于缓和。第二天，德国、法国、意大利及西班牙等欧洲国家的报纸却又转载肇事漫画，《法兰西晚报》更在头版刊登一则新漫画，讽刺四大宗教的神。2月3日，《日德兰邮报》发表社论，再次道歉；2月8日，法国《查理周刊》又刊出肇事漫画，更在一幅新作品中讽刺穆罕默德为“白痴”。

西方诸多媒体的这一系列以“言论自由”为名的行为，正是“宗教亵渎自由”理念的产物。冲突发生后，媒体本应倾听“他者”的声音，致力于事件平息，西方媒体却一味坚持己见，使冲突的范围和程度进一步扩大，这是不够理性的。同一事件中，2005年10月19日，11位伊斯兰国家驻丹麦大使约见丹麦首相，“希望他与《日德兰邮报》刊登的漫画，以及丹麦媒体上其他对伊斯兰教不友善的言论保持距离”。而丹麦首相则以言论自由不得干涉为由谢绝会见。丹麦首相的态度无疑对事件的发展给予了负面影响。

在其他媒体引发的冲突中，也能够看到类似情景。1988年至1989年的《撒旦诗篇》事件中，“穆斯林虽然感到受了伤害，但最初并没有激烈举动，只是要求作者和出版商在书中添一插页，声明该书故事纯属虚构，所涉及的伊斯兰历史并不准确。但作者和出版商都没有认真对待此事，因为他们并不认为一部书可以伤害一群人，可能导致一群人过激行为的发生。”还有，在《查理周刊》事件中，2015年1月14日，《查理周刊》出版新一期杂志，仍以穆罕默德漫画为封面。正是这新一期杂志，引起了伊朗、埃及等诸多伊斯兰国家民众的抗议，进而演变为新的暴力冲突。

其实，言论自由的核心精神固然已成为全人类的共识，其具体做法和界限则是与国家、民族、文明的历史传统紧密相关的，它本质上只是一种“地方性伦理”。20世纪70年代，阐释人类学家克利福德·吉尔兹提出“地方性知识”这一概念，认为一切知识均不具有脱离文化背景的绝对正确性特征。以吉尔兹为代表的阐释人类学家们“借助于对文化他者的认识，反过来观照西方自己的文化和社会，终于意识到，过去被奉为圭臬的西方知识系统原来也是人为‘建构’出来的”。

西方亵渎宗教的自由正是在反天主教教权的历史中形成的，你压制科学、迫害科学家，我就从根本上嘲笑你、攻击你、否定你，这就形成了你来我往的对立和冲突。在法国，世俗社会的确立过程，正是天主教不断受到质疑、批判、讨伐，从而从世俗社会逐步退出的过程。在这一过程中，哲学家和文学家们对它教义中的矛盾和荒谬极尽嘲讽。由于受到言论自由的持续冲击与挑战，天主教最终被迫放弃对世俗政治的介入。“在被嘲讽500多年后，天主教最终‘被庸俗化’。”但此种压制科学、迫害科学家的情形在伊斯兰教中并没有出现过，所以敌意就显得毫无来由。因为敌意的产生具有一定的范围和特定的背景，它是欧美世俗社会的产物，所以并不具有跨文明的约束力。在全球化时代，这种狭隘性日益充分地体现出来。

在西方其他国家，宗教也大都经历了类似过程。世俗化以后的宗教几乎完全退出了公共领域，退缩到纯粹的个人空间中去。所以，西方大都形成了自由亵渎宗教的现实并成为普遍接受的媒体伦理。当冲突发生时，他们往往优先保障言论自由，认为这“给我们关于表达自由的定义增添了实质的确定性”。

基于世俗主义、无神论哲学基础的西方新闻自由标准，在特定文明内部有较强的适用性，但作为一种“地方性伦理”，它的部分观念并不具有充分的跨文化的普适性，当它推展到非西方以及重视宗教神圣性、宗教氛围比较浓厚的国家与族群中时，尤其如此。因为一旦跨越边界，“自由或言论自由所赖以存在的实质性的历史条件和法律保护就会发生致命的位移”。这时，倘若自视为唯一正确的标准，并要求其他文明必须接受，就可能引发强烈冲突，其行为也就有意无意地表现出文化帝国主义的傲慢与偏执。

在全球化时代，族群生存已经超越了地域性局限。在世界已经相互联系为一个利益共同体时，跨文化传播中，理解和尊重彼此的差异、真诚地倾听“他者”的诉求、给“他者”以应有的空间，往往比“理直气壮”地自说自话更为重要，也更有利于族群和谐。因此，西方政要及诸多媒体在《查理周刊》等事件中，每每以世界文明表率自居，却又轻率地伤害“他者”宗教情感的行为，是需要有所反思的。

媒体伦理的重构：尊重“他者”文明与禁止挑衅

以全球化视野来审视，不管是西方世界还是伊斯兰世界，两者的媒体伦理都是地域性的。当它们发生冲突时，让一种媒体伦理完全屈从于另一种是没有必然理由的。但是，只站在自身的立场上看问题，必然会缺少对“他者”文明的必要同情和理解。比如，欧美人喜欢对包括父辈在内的人直呼其名，但中国人恐怕难以接受自己的孩子如此效仿。所以，用自己的合理性来破坏他人的合理性，就容易先入为主。以自身的标准去要求“他者”，就必然表现出傲慢、固执、狭隘与偏见等，容易引发不同族群、不同宗教团体的冲突。冲突对社会秩序的破坏、对族群关系的撕裂，往往难以轻易补救。长此以往，将可能造成更为重大的世界动荡。这正是社会有识之士所担忧的。重构跨文化的媒体伦理，已经是无法回避的现实问题，而重构的根本途径就是“对话”。这就需要各方承认世界的多元性，承认“他者”文明的价值，“己所不欲，勿施于人”。这就需要“参与共建的各方没有谁具有绝对的精神及道德的优越性，并且各方承诺放弃暴力的对抗和挑衅性的行为。之后，通过协商、讨论、辩论来表达抗议或申明正当性”。而处于强势一方的文明，更有责任首先检视自己的言行。

其实，在美国，早就有过对挑衅性言论的思考。在1942年的查普林斯基诉新罕布什尔州案中，弗兰克·墨菲大法官在最高法院判决意见里概括了“挑衅性言论原则”。他认为挑衅性言论不在言论自由的保护范围之内，原因就在于：“挑衅性言论——那些言论的发表会造成伤害或可能引发对和平的直接破坏。人们已经清楚地觉察到，此种言论不是任何思想探索的本质所在。作为通向真理的阶梯，它们仅具有微乎其微的价值，秩序与道德方面的社会利益显然要大于它们所能带来的所有好处。”

这一原则可以化解西方与伊斯兰之间看似不可调和的冲突。具体措施，可以根据不同国家的历史和现实情况建构，有时可以借助立法推行，有时可以通过媒体自律实现。在西方国家，媒体自律是目前较为可行的办法。在2006年“丹麦漫画”事件和2015年《查理周刊》事件中，美国主流媒体表现出相当的谨慎和克制。《查理周刊》事件发生后，“《华盛顿邮报》的总编辑马蒂·巴龙解释说，决定不刊登批评伊斯兰教的漫画是因为他的报纸‘不刊登任何挑逗性、有意识或者不必要地伤害宗教群体的内容’”。“《纽约时报》透露说，如果存在‘伤害宗教敏感’的意图，‘通常’毫无可能刊登。”澳大利亚的一些主流媒体也表达了同样的态度。它们的做法，可以为未来提供有益的借鉴。

限制挑衅性言论原则，同样可以指导其他不同文明体系之间言论自由边界的界定。言论自由不仅要尊重宗教信仰，也应该尊重世俗社会的禁忌。学人吴钩在《如果宋朝有，悲剧会发生吗？》一文中说，“每个时代都有言论的禁忌，这些禁忌通常被排除在言论自由的边界之外”。这里涉及的，是在全球化时代如何对待“他者”诸“神”的问题。每个时代、每个文化体系或族群的禁忌，涉及的都是整个族群的“信仰”问题，这是他们的“神”或“神系”。或许是超自然的存在，也或许是一系列世俗的英雄谱系，但这些“神”是维系文明价值体系的关键，是一个族群的象征与心灵家园的守护者。对他们来讲，这是神圣而不容亵渎的。自然，这也应该成为媒体伦理中不可碰触的底线。

最后，还需要明确一点。媒体伦理重构要约束挑衅性言论，不是言论自由向宗教与禁忌屈服，而是在全球化时代，为了人类的和平，在跨文化视野下对“言论自由”重新建构，剔除其殖民主义与工业化时代的狭隘，赋予其适应时代的内涵，权衡利弊作出的必要抉择。约束挑衅性言论，不应伤及言论自由的底线。要严格界定挑衅性言论的范围，保障对宗教与禁忌自由而公正的讨论。

因此，“信仰”自身也需要作出调整和让步。学者许纪霖认为：“世俗对宗教可以有批评、有研究、有讨论，但不能用无聊的亵渎冒犯他者。”

（白贵、邸敬存，原载《中国民族报》2016年3月）

灾难前的邂逅

——约翰·里曼教授与中国学者的一个约定

在多元文化并存、碰撞的全球化时代，跨文化传播，交流与沟通不仅是一个值得研究的学术方向，也是需要更多人投入的一项社会实践，本文以一个中国学者的视角，展现了比利时人类学者约翰·里曼在布鲁塞尔穆斯林聚居区所从事的族群融入研究及其为跨文化交往实践所作的努力。本文作者白贵系河北大学伊斯兰国家社会发展研究中心主任，全国“一带一路沿线国家研究智库联盟”理事长，因与这位比利时学者在跨文化传播，伊斯兰文化方面有着共同的学术关注而结识。作者在文中不仅表达了对约翰，里曼所从事的事业的敬意，也分享了自己对有关跨文化沟通的思考。

——编者

2016年1月21日，通过一位学者朋友，我意外地接到了比利时鲁汶大学社会与文化人类学荣休教授约翰·里曼先生的一封倡议信，信中期望我作为“支持委员会成员”，参与其主持的Foyer（家园）机构。

Foyer机构是比利时一个促进跨文化交往的非政府公益组织。约翰·里曼教授长期在比利时首都布鲁塞尔的一个穆斯林聚居区——莫伦贝克从事穆斯林问题和恐怖主义研究，并担任Foyer的莫伦贝克区主任，约翰·里曼教授在信中说：“对我们而言，目前是一个异常艰难的时刻，当前比利时社会上下对如何管理和实践跨文化交往有着激烈的争论，有的支持通过暴力机关镇压，有的支持通过学校教育机构进行社会干预。显然，Foyer支持以教育干预的方式来促进跨文化、跨族裔的交往与沟通。”信中又说，“在多年的运行与实践中，Foyer深切地体会到来自国际社会，在道德和学术上的支持对于我们继续开展这一项目有着极其深刻的意义。当然，我们所指的支持是对于Foyer的总体理念及实践方式的支持，而非对具体项目的支持。”“成立”支持委员会，只为了向比利时国内社会展示，在跨文化社会中通过学校、教育的干预来解决社会基本问题的理念上，我们并不孤单。

这样一项促进跨文化交往的事业，通过教育实现干预的努力，我当然表示支持，所以毫不犹豫地签署了这一倡议，同时为这一美好约定而感到欣慰。

这一天是2016年1月22日。

从这一天起，我的脑子里也有了“莫伦贝克区”这样一个地名概念。

据进一步了解，约翰·里曼先生早在20世纪80年代切，就搬到了莫伦贝克进行人类学研究。他以一个人类学学者的敏感，选择了他的观测研究目标——莫伦贝克是所有初来比利时的底层人的聚集地。如今，约翰·里曼已经在莫伦贝克生活、观察了30多年，直至退休，他也没有停止在这里的研究。据约翰·里曼的观察，这个曾经破落的普通底层工人社区是从 1992 年开始真正极端化，在欧洲各国被驱逐的宗教极端主义领袖选择了这里作为落脚点，经济衰退与失业率上升，也导致莫伦贝克的年轻人比以往更容易投入恐怖组织。

令人没有想到的是，仅仅两个月之后的3月22日，约翰·里曼所担心的事终于发生——在布鲁塞尔发生连环恐怖袭击爆炸，而在这一恐怖爆炸案作案嫌疑人员中，有多名成员正是来自莫伦贝克。

仅在一周以前，比利时的莫伦贝克还是一个人们并不熟悉的少数族裔集中的工人居住区。随着爆炸案的发生，这个地区一夜之间成为国际关注的焦点。

就在爆炸案发生的前一天，澎湃新闻社的记者俞冰夏就恐怖主义的问题在莫伦贝克采访了约翰·里曼。3月23日，爆炸发生的第二天，就发表了访问记《布鲁塞尔穆斯林社区研究学者：恐怖分子从哪里来》。约翰·里曼教授一直关注少数族裔融入比利时，融入欧洲的问题，关注跨交化的交流问题，关注少数族裔生活状况的恶化及其教育问题，在他看来，布鲁塞尔的舒曼广场与莫伦贝克，仿佛是两个世界，互不交流。研究多年后，他给比利时政府提出了一些很好的建议。约翰·里曼认为，比利时所体现出的问题是对于安全的忽略，恐怖主义已经像毒瘤一样萌生于欧洲社会。他认为当地的政府只处理症状，不处理症结。政府不仅没有深入到莫伦见克，反而远离生活底层，漠视了他们的存在。他感到遗憾的是，比利时政府没有像意大利的西西里那样，安排一些当地人进入政府部门担任警察，管理人员，使得这些权威机构当中没有来自莫伦贝克社区的穆斯林作为政府与聚居区穆斯林之间的纽带。此外，在比利时和欧盟内部，反恐协作，预防有组织犯罪不力，防范松弛，也是恐怖主义猖獗的原因之一。

约翰·里曼还指出，莫伦贝克参与恐怖活动的人，多数是一些处于边缘地带的，甚至是有过贩毒等犯罪前科的、类似于黑手党的年轻人，而非传统的穆斯林。他认为该区域大部分都是普通的、淳朴的、守法的穆斯林或者是非穆斯林，他呼吁各国学者都来支持他所做的跨文化交流以及教育活动。

现在看来，这位人类学家的预警是及时的，其为跨文化交流所作的努力是值得称赞的。虽说莫伦贝克的矛盾错综复杂，但约翰·里曼教授所倡导的教育干预和跨文化交往，以及防范恐怖的忠告，毫无疑义是最核心的贡献。

当今世界已经进入“风险社会”时代，各类矛盾冲突此起彼伏，除了传统的霸权主义，强权政治、资源争夺、经济竞争等，由文化摩擦而起的隔膜、误解，由媒体遮蔽引起的误导、谣言都在不断埋下新的社会隐患。约翰·里曼教授所致力的事业，在我国同样有着非常强的现实意义和借鉴价值。化解我国风险社会，同样离不开跨文化沟通，就如同消除蒙昧必然离不开教育一样。经历过与约翰·里曼教授的“邂逅”和布鲁塞尔灾难事件，我更坚定了个人实施本土 Foyer计划的决心。

作为中国学者，为了这个难忘的约定，我的Foyer 计划中包含了对约翰·里曼——一个有良知学者的敬意。

（白贵，原载《中国民族报》2016年4月1日第007版“理论周刊论坛”）

论回族发展过程中传媒资源利用的几个问题

摘要：回族由于历史和社会发展的原因对信息传播在社会发展中的地位和作用缺乏足够的认识。把握好西部大开发的机遇真正实现回族的历史性的跨越式的发展，大众传媒作为一种资源对促进回族的进步有着亟待挖掘的巨大潜力。要实现回回民族的可持续发展，加强民族地区信息传播建设意义深远。透视大众传媒在回族发展过程中所起的作用，思考什么“有所为”、什么“有所不为”，科学研究如何对这种资源作最大限度的发掘是当前一个应该认真研究和解决的课题。本文通过对民族地区历史和现实的反思提出了重构信息传播模式的问题。

关键词：回族　传媒资源　定位　缺位　复位

大众传播媒介诸如报纸、广播、电视以及新兴的传媒形式——互联网在回族发展过程中具有独特的作用和价值。然而，现有的情况是我们对这种资源的优势认识不清，尚且不能够对其进行合理有效的开发利用。也就是说，大众传媒作为一种资源，对促进回族的进步有着亟待挖掘的巨大潜力。对此，透视大众传媒在回族发展过程中所起的作用，思考如何“有所为”“有所不为”科学研究，如何对这种资源作最大限度的发掘，是当前一个值得研究和解决的课题。

一、定位：大众传媒在回族发展过程中扮演的社会角色

我们的时代是一个大众传播的时代。在现代社会里大众传播是使人们获得外界信息的主要渠道，是实现国家和社会目标的重要手段，是社会上各利

益集团争取和维护自身利益的工具，又是社会文化和娱乐的提供者。大众传播的影响之普遍、作用之强大使得它成为现代社会中最重要的信息系统。

一个民族对自身历史文化传统的了解、认识程度是这个民族精神文明发展水平的标志之一。20世纪60年代，美国著名社会学家勒纳通过对中东地区国家作的一次大规模的调查，系统地提出了传播与社会发展的理论。他把现代化过程中的几个基本变量归纳为四个相互作用的要素——城镇化、教育、大众传播普及和参与，而现代化过程也就是这四个因素相互作用的过程。在研究中他把人的现代化提到了与社会经济现代化同样突出甚至更加先导的地位。他认为随着科学技术的进步，大众化传播媒介设施普及于穷乡僻壤，人们可以足不出户而接触到来自全球各个角落的信息，通过文字、声音和图像获得有关对新事物、新模式和新生活方式的认识。在这里，大众传播媒介因其特有的快速大量传递信息的作用而被称为发展过程中的“奇妙的放大器”。

“信息资源的扩大化和社会化是中国社会转型的重要特征，新闻传播不再仅仅限于一个单独的宣传使命，而是重新建构社会的一个重要工具，一个真正的社会纽带。各种社会信息的开发和交换有利于为市场经济的发展创造更大的社会参与的可能性，在象征层面上成为社会再生产的重要资源。其次是主体意识的觉醒，就是作为社会成员的公民本身积极投身社会实践成为一个利益主体享有权利，参与新闻信息交换过程来表达自己的诉求。”[1]

对于回族群体而言，这一理论同样具有现实性，因为民族进步、素质提升和媒介诉求是同步的。不管是政府还是民族自身都应该确立这样一种观念和认识，即始终把人的现代化当作地区和国家发展的首要问题。充分借助于大众传媒这个“奇妙的放大器”，把先进的思想和信息及时传播到民族地区人们的观念中去，加快信息化发展步伐。大众传媒正是为回族的发展搭造了信息社会的新平台、新境界。对这一点的认识应首先建立在对大众传媒在回族发展过程中所扮演的社会角色的认知，也即对其社会功能的了解。

现有大众传媒形态日益呈现出多样化趋势，从传统的报纸、杂志、广播、

---

[1] 陈卫星.建构都市的传播空间[N].南方都市报，1998-12-28.

电视到新兴的互联网，不一而足。由于在实际操作过程中各种资源条件的差异，不同媒体的实际使用状况也不尽相同。报纸因个体文化程度高低差异与阅读能力的限制而使其影响力受到局限；杂志因为媒体发行网与发行量以及成本、价格等诸多问题的存在似乎更加难以真正确立起应有的地位；电脑网络存在对硬件与文化程度的绝对要求，故目前尚未形成媒体规模；广播由于其不可视的物质限制及线性传播稍纵即逝的特征也存在许多局限。因此电视显示了与众不同的优势：生动、直观、不计较个人的文化水平，资金投入少，对于一般家庭来说构不成过大的负担，所以普及率相对较高，成为最适合国民需求的廉价媒体。根据央视—索福瑞媒介研究公司发表的1999年度《中国电视受众研究》显示，中国的电视观众总数已达到10.94亿，97.9%的城市观众和96.1%的农村观众可以在家里看到电视，经常收看电视新闻节目的人数比例在几大传媒中具有明显优势[1]。所以以电视作为样本进行分析就比较有代表性和典型意义了。

电视媒介拥有众多的受众和普遍的影响，它的吸引力来自其媒介性。电视集视听于一体多方面传递信息给受众以强烈的现场感、目击感和冲击力，可以做到同步传播迅速及时、声画兼备、现场感强、双向交流、受众面广；它不仅是人们获得外界新闻和信息的手段，而且是丰富多彩的文化、娱乐生活的主要提供者。电视的出现使人们每天与传媒接触的时间由过去的几十分钟一下子提高到了几个小时，看电视成了人们业余生活的主要内容。电视不仅大大改变了人们的生活，而且对现代社会的政治、经济和文化的各个方面都产生了广泛而深刻的影响。

（一）意识形态导向及社会舆论监督功能

不可否认，电视传媒具有意识形态的导向、宣传功能。政府的主张、政策的实施都离不开电视这一重要通道，它是最具影响力的传播方式；电视既是党和政府的喉舌，也是群众的喉舌。但“喉舌功能”并非全部，它只是电

[1] 央视国际网络数据。

视诸多功能之一。

电视还具有社会舆论监督功能。电视传播处于社会文化与社会舆论的中心，是舆论形成的重要媒体。舆论需要借助电视媒介表现自身、显示威力，电视媒体则把舆论当作反映对象，引导社会思潮，通过对客观事物有选择地报道，经过长期潜移默化的影响在观众心中形成一种辨别是非的舆论标准，通过新闻评论对社会上的热点进行深刻剖析，引导一种舆论态度；通过对社会敏感问题的多角度报道反映大众的舆论呼声；利用深度报道，利用电视的手段向社会推出新思维、新观念、新道德，从而推动社会的进步。反过来我们也可以通过电视媒介向党和政府表达自己的声音。

电视传媒有责任也有义务深入回族群众的日常生活中反映客观现实，从生活中挖掘生动事例、汲取新鲜营养、展示美好前景。

（二）参与—交流—对话功能

交流—对话功能是电视传媒的最基本的功能，电视的其他功能在某种程度上都包括在这里面或是指向这一功能。交流—对话是人类生存活动最基本的需求，现代社会的分工和文化差异导致人们之间的分化和远离，但交流沟通实现了人们聚集在一起的群体体验的共享状态。电视是大众媒介电视传媒将愈来愈走向平民化，主动参与、平等交流、平等对话就是电视传媒最为核心的文化精神。

回族是一个民族凝聚力极强的民族，同时也是民族群体意识相当强的民族。电视传媒为各地区回族进行沟通交流提供了一种渠道。这样可以使分散在全国各地的回族有条件、有机会了解不同地区回回的经济文化、社会生活，在精神上、物质上互勉、互助，不断激励回族的群体意识发展与深化强化回族的民族内部凝聚力。与此同时，回族要认识这种功能赋予我们的话语权利，通过媒介表达自己的心声。

（三）消费、娱乐功能

在市场经济条件下，媒介作为一种文化消费而存在。文化消费归根结底是一种娱乐性消费。现代社会生活节奏高速紧张，人们需要在有限的时间段中寻找到一种释放与轻松。而与大众一起娱乐、轻松、消费是电视传媒的又一大功能。

“观众对电视节目的消费行为受各自区域民族、文化、历史等诸多因素的影响，相应区域的电视观众对媒体的偏好在某种程度上具备区域一致性。相应媒体更容易在各自的区域内形成传播优势。”发展区域民族传播优势也许不失为电视媒体一个很好的发展方向。我们可以制作适合我们民族口味的、具有民族特色的节目，服务于本民族受众，赢得本民族受众。

（四）记录实事与历史同步的功能

摄像机有复原生活空间、记录事件发生过程的功能。电视这一功能是最具魅力之处的媒介，是人身体的延伸，电视将人的视觉扩展到宇宙空间。我们身处信息时代，新闻性的节目、焦点问题、现场直播的历史事件往往成为电视观众关注的重点。人们的观念愈来愈只关注现时当下，过去的事、昨天的事很快就被覆盖。电视离老百姓的生活愈来愈贴近，不断走入老百姓的生活里去寻找老百姓关注的焦点话题，找到大众在选择时的第一关注点、切近点。

回族的发展进步也是一个艰难而曲折的过程。通过电视传媒我们可以记录自己，记录下本民族前进的历程，将今昔加以比较可以知道今天的做法可取之处在哪里，不足之处又是什么，然后取法乎上并且可以为今后的发展提供现成的经验。

（五）艺术审美功能

观赏电视节目常常都包含了审美因素，有些电视节目如TV、纪录片、电视剧、综艺节目甚至广告都具有一定的艺术审美特性，电视画面的构图、光影、色彩、线条、叙述结构、情节、表演、布景等都可以构成审美元素，都能给观众以视听觉的审美享受。电视媒介营造的审美情境使人的修养和情操潜移默化地得以提升。人类经验深层依赖这一事实：我们能够改变我们的观看方式，我们能够变换我们对现实的看法，艺术教会我们将事物形象化。我们不但可以用科学的方式看这个世界，用一种功利的态度去认识世界，还可以用审美态度去体认世界进入一个更高的精神境界。

回回民族是一个有着优秀文化传统的民族，她在早期就具有较高的文化水准。我国著名学者季羡林先生曾指出："世界上历史悠久、地域广阔、自成体系，影响深远的文化体系只有四个：中国、印度、希腊、伊斯兰，再没有第五个。"[1]回族文化正是融合了中国文化和伊斯兰文化，吸收其精华在长期生活、生产实践中形成并发展起来的。从文化的功能即文化的效用和价值作用说，它又反过来塑造了这个民族，塑造了这个民族的人，影响了这个民族社会的形成。

没有哪一个想要真正发展壮大自身的民族会故步自封，拒绝从其他民族身上吸取有价值的经验成果为我所用，逐步提升民族的文化、艺术修养使本民族成为高品位、高素质的群体。所以借助电视回族可以欣赏其他民族的优秀文化、艺术成果，汲取其中的优长，也可以将回族文化艺术转化为电视的形式展示给本民族的受众及其他民族。

（六）生活信息服务功能

现代社会是一个信息社会，信息对于一个人乃至一个民族的生存和发展都是至关重要的。大凡社会中的先进个人与优秀民族总是在掌握最前位的信息的基础上对自己作出了准确的定位，然后扬长避短得以进步。获得信息的渠道是多样的，而电视是最普及、最大众化、最容易被选择的。电视是我们生活的一部分，许多生活信息服务节目就是直接为电视观众提供生活服务的。比如天气预报、商品信息、购物指南、外汇汇率、股市行情等随着有线电视的发展和联网机顶盒的普及对电视观众生活服务的频道会增多。而有线电视的信息服务将具有极大的潜力。

回族在历史上曾经有过辉煌，然而后来却明显地落伍了。探究其中原委

[1] 季羡林.敦煌学、吐鲁番学在中国文化史上的地位和作用[J]. 红旗，1986（3）.

除了客观原因外，从自身看还可以归于“回回民族背负历史的沉重包袱却无力去开拓新的历史；荣耀于民族传统的精华却耻于抹去有悖于文明的痕迹”[1]。信息资源短缺状况加大了回族与其他民族发展的差距对本民族发展造成不利影响。

电视传媒能够帮助回族摆脱这样的思想束缚，开阔视野，充分有效地利用电视所传递的信息资源，掌握最新的经济、文化、教育、科技、卫生动向，使信息在最大程度上为我所有、为我所用。

二、缺位：当前回族发展过程中大众传媒资源利用状况把脉

而现实发展过程中回族对于大众传媒资源的认识如何利用情况怎样传媒人对回族的经济与社会发展在媒体中的位置认识如何回答都难以令人满意。因此对于这个问题的认识目前尚处于一种缺失的、令人焦虑的状况中。

仍然以电视传媒为例来分析这种缺失的程度。宁夏是我国唯一的回族自治区回族人口相对集中回族占1/3，居全国之首。因为宁夏电视台是宁夏回族自治区的主要媒体之一也是聚居地回族重要的传媒阵地我们经过一段时间的跟踪、调研对于自治区电视传媒中主体民族所占据的传播位置以及对传媒资源的开发利用情况得到了一些比较具体的数据和明晰的认识。

从表1、表2可以看到公共频道每天的播出时间为早06：55至次日01：45合计18小时50分钟，共1130分钟；卫视频道每天的播出时间为早06：55至次日03：00合计20小时05分钟，共1205分钟。公共频道每天设置的固定栏目为15个，有效播出时间为400分钟；卫视频道每天设置的固定栏目为20个，有效播出时间为430分钟。主要的非影视类有：《七彩广场》《五色土》《法制天地》《卢佳相约》《服务》《交流》《阳光资讯》《点击NTV》等。

《五色土》以农业、农村、农民为主体报道范畴兼顾生态。《交流》——西部大开发栏目，报道宁夏资源优势，挖掘市场潜力，介绍中央和宁夏党委政府关于西部大开发的政策、措施，给决策者、投资者、参与者提供参考。

---

[1] 马平.回族心理素质与行为方式[M].银川：宁夏人民出版社，1998：10.

《法制天地》关注法治领域的热点解析，法律知识答疑解惑。《阳光资讯》是广告杂志性节目，传送各类信息及消息热点，为观众及商企间的百业资讯搭起服务平台。《点击NTV》作为收视指南，提高全台各频道的影响力。《西部财经》是财经资讯、生活服务类专栏节目。《卢佳相约》通过访问人卢佳与宁夏各界精英、普通百姓以及事件亲历者交流，为公众提供有价值的信息。《服务》栏目贴近观众，讲述百姓故事，探求生活真谛。《七彩广场》注重时事报道，关注和剖析文艺文化界的事件和现象。凡此种种。

除去为支持电视台生存提高收视率而播放的影视剧以外，在长达400多分钟的播出时间里直接以反映回族社会生活为主题的节目有多少种专门面向回族受众，开办的栏目又有哪些，播出长度又有多长？数据分析显示宁夏电视台公共、卫视两频道以回族为直接主题内容的栏目数量为零，回族内容节目在固定栏目中的覆盖率为零，时间占有率为零全天播出时间1200分钟左右的跨度中栏目设置数量为零，时间占有率为零。如果说在19：00—22：00这样的黄金时段中安排民族性节目，因受众有限可能造成观众流失降低收视率而影响效益的话，那么在18：00—19：00或是22：00—00：00次黄金时段作安排的可能性还是相对较大的。甚至可以在除此之外的一般时段加以选择。而实际情况是怎样呢？审视结果仍然是零。这一串“赤字”让人震惊的同时也说明这个有待填补的空白是巨大的。

表1　宁夏电视台公共频道固定栏目时间表

时间安排	时长	栏目名称	时段特点
06：55—07：05	10’	开始曲　节目预告　天气预报	一般时段
08：00—08：24	24’	晨早播报	一般时段
10：02—10：22	20’	宁夏新闻（重播）[1]	一般时段
10：22—10：47	25’	今晚播报（重播）[2]	一般时段
12：30—12：55	25’	午间报道	一般时段

[1] 取代同时段原有节目“塞外春潮宁夏地市宣传月”。

[2] 取代同时段原有节目“塞外春潮宁夏地市宣传月”。

续表

时间安排	时长	栏目名称	时段特点
16：20—16：45	25’	中国警务报道	一般时段
17：37—18：08	31’	小太阳俱乐部	一般时段
18：08—18：43	35’	娱乐现场	次黄金段
18：43—19：35	52’	海外娱乐现场	次黄金段
19：35—20：02	27’	宁夏新闻联播	黄金时段
20：17—20：30	13’	阳光资讯	黄金时段
22：30—22：55	25’	今晚播报	次黄金段
22：55—23：15	20’	法制天地[1]	次黄金段
18：49—19：00	11’	新闻话题	次黄金段
01：02—01：45	43’	宁夏新闻联播—新闻话题	一般时段
01：45		结束曲	一般时段

表2　宁夏电视台卫视频道固定栏目时间表

时间安排	时长	栏目名称	时段特点
06：55—07：00	05’	开始曲　节目预告	一般时段
07：00—07：20	20’	晨早播报	一般时段
07：20—07：35	15’	新闻话题	一般时段
09：12—09：47	35’	纪录片：世界古代文明之谜	一般时段
11：30—11：50	0’	交流[2]	一般时段
11：50—12：32	42’	医疗与健康	一般时段
13：00—13：24	24’	午间报道	一般时段
15：55—16：50	55’	宁夏新闻报道　宁夏经视播报	一般时段
16：50—17：30	40’	塞外春潮　宁夏地市宣传月	一般时段
17：30—18：00	30’	健康金桥	一般时段
18：00—18：20	20’	西部大开发	次黄金段

[1] 该时段中七彩广场、五色土、法制天地、卢佳相约、服务交替播出。

[2] 该时段中七彩广场、五色土、法制天地、交流、点击NTV等栏目交替播出。

续表

时间安排	时长	栏目名称	时段特点
18 ：20—18 ：30	10’	阳光资讯	次黄金段
18 ：30—18 ：49	19’	宁夏新闻联播	次黄金段
20 ：02—20 ：17	15’	新闻话题	黄金时段
19 ：00—19 ：30	30’	新闻联播	黄金时段
19 ：30—19 ：38	08’	荧屏导视　天气预报	黄金时段
21 ：37—22 ：00	23’	七彩广场[1]	黄金时段
22 ：00—22 ：50	50’	今晚播报　宁夏经视播报	次黄金段
02 ：48—03 ：00	12’	晚间气象　荧屏导视　节目预告	一般时段
03 ：00		结束曲	一般时段

当今电视充斥着模仿克隆之风，缺少文化见识和独立品格的弊病暴露无遗。宁夏台也同样陷入了竞相模仿的怪圈之中。纵向地看，宁夏电视台的节目安排反映回族历史现状的特色节目在本台中处于弱势地位，而是采取了套用全国各地普遍使用的模式、相似的节目编排与栏目设置，在试图出新、出奇以吸引电视观众的良好动机下的改版，却上演了其实是拾人牙慧的照搬照抄；过度流连于形式的大众化栏目包装一味追求漂亮、热闹，而真正缺少的是对特色的挖掘与思考；民族特色浓郁、具有针对性的节目内容尤显欠缺，其对自治民族的宣传报道的效果可想而知。而横向比较，在五个少数民族自治区以反映自治民族为主要内容的特色栏目，在各自电视台的综合频道、卫视频道中均有设置，唯独回族主要聚居地的宁夏在这方面是缺失的。

在逐步走向现代化的过程中，中国回族的民族传统中始终积淀着深厚的宗教文化传统，这一点在西部回族中表现得尤为突出。民族传统至今还强烈地影响着当地人们的生活、行为和观念。其他几个自治区都有民族语言，设立特色栏目甚至专业频道相对容易实现，而回回民族没有自己的民族语言，这可能会成为有些人对设置特色栏目、特色频道提出异议、进行责难的依据。但是仔细思考就可以发现，没有民族语言的回族事实上却有着鲜明的民族特

[1] 该时段中：七彩广场、五色土、法制天地、交流、点击NTV等栏目交替播出。

色并有自己浓郁的文化氛围，每天都在创造着巨大的业绩，产生着丰富多彩的新闻，拥有丰厚的新闻、文化资源。民族是一本大书，人们通常说民族的就是世界的。对于一个电视台来说，脱离生活实际、民族实际、地区实际的节目内容与栏目设置是不可取的。无可否认民族特色在任何时候也是取之不尽、用之不竭的资源。因此促进民族地区的信息传播的发展，充分地宣传报道自治民族为民族服务才是电视台立足之本。

回族长期处在群体性“信息饥渴”的状态中，对外部世界和自我生存状态认识的不足在很大程度上就是由于信息的短缺造成的。信息资源的绝对短缺使民族发展与经济建设缺乏应有的支持。根据现代社会发展的理论和实践经验，落后地区要在短时间内赶上经济发达地区或者至少缩小同经济发达地区之间的差距，首要的是要给予必要的信息支持。“贫困地区由于长期处于拼命自给而又不能自给的状态，加之与外界封闭隔绝在经济体制变革中观念转换迟缓，人们在价值观念上仍表现出一种浓厚的自给自足的价值观念，商品经济意识淡薄，为衣食而耕织，为买而卖，严重地束缚了贫困地区人们的进取精神，使得他们安于现状，因循守旧；凡事依赖国家‘等、靠、要’不敢冒风险，怕在与外界的经济交往中吃亏上当，安于一种只求温饱的生活状态。结果使得贫困地区经济发展缺乏一种内在的动力。”[1]回族的发展进步当然迫切需要完成以信息开放为先导，最终改变观念这一过程。

三、补位：回族发展过程中大众传媒资源开发模式重构

由于长期以来教育水平的低下和经济发展的滞后，回族的整体发展仍显得十分落后。从根本来看，制约民族地区发展的“瓶颈”主要在于人口素质。为了回族经济、科技、卫生、体育等各项事业的全面发展，以转变观念、提高人的素质为主的信息输入显得尤为重要。通过大众传媒手段改变人们的思想意识和观念，提高人口的整体素质是回族发展过程中首要的重大问题。社会环境的变迁愈来愈使我们感觉到：在新的更为激烈的竞争态势面前受众主体

[1] 李强. 中国扶贫之路[M]. 昆明：云南人民出版社，1997：132.

对大众传媒的主动性日益增强，“受众中心”正在变为现实。回族谋求发展媒介面临竞争，传媒如果依然故我，不能因势利导顺应社会发展要求，被淘汰的危机是存在的。因此电视传媒关键是要在充分认识这一问题的基础上，打破常规积极主动地确立新的发展战略，合理有效地开发新的节目资源，以本地区的民族特色为基本点和突破口，积极寻求民族节目的特色所在，努力形成新的视听热点，创立民族品牌栏目，发挥区域自治民族传播优势，形成规模效应。

那么怎样实现对大众传媒资源进行有效、合理的开发利用，促进回回民族的提升与进步？如何对大众传媒资源进行重构以期最大限度实现优化配置？我们仍以电视传媒为例。

理应先对一些观念、意识有所明确：一是精品意识质量就是利润质量，就是市场占有率，摒弃急功近利的浮躁创作心态，杜绝“伪劣产品”的产生是电视节目制作者首先要考虑的问题；二是社会效益和经济效益的意识，电视节目的创作应关注时代，贴近大众，现实生活与情感注重内容格调，力求做到思想内涵积极向上、主题深刻、艺术表现手法新颖，以此赢得观众的欢迎，取得良好的社会、经济效益。

在宏观上主要体现在引导回族对国家政策法令调控、传播价值取向控制的把握上。在微观上需要电视媒体对已有节目系统进行一番民族特色重构其具体途径主要有增设民族频道、民族栏目创意策划、民族节目创办、民族品牌节目定位及形象包装等。

（一）增设民族频道

增设频道是电视媒体努力扩大外延覆盖的策略，就回族而言，增设民族频道就是开辟一条弘扬民族文化便于民族发展的渠道。现在随着观众眼界不断开阔，审美趣味分流，原来“百货商店”似的全频道和大栏目已不能适应不同文化层次的观众多样化的需求，于是增设频道就成为一种合理诉求。这也是符合“窄播化”“分众化”的传播趋势。

情感正日益成为提高传播效果的重要指数。回族特殊的民族心理造就了回族强烈的群体意识与民族凝聚力，在生活中演化为一种民族情感。因此对回回受众的“贴近性”就成了开设频道的依据。只有饱含民族情感的事物才能打动本民族受众。只有“民族的”才是“自己的”。这种民族频道具有极强的吸引力和感召力，是回回学习、工作、生活的需要，是他们的朋友和帮手，必然为回族同胞所关注。关注民族频道就是关注自己的生活与工作，就是关注自己的生存与发展。这种关注触及回族社会生活的各个角落，包括政治、经济、文化、教育、艺术、科技、卫生乃至历史、人物、民俗等。开设频道就有足够的空间时间通过电视传媒来全方位展示自己。

民族频道应该相应地设置不同种类内容的栏目以适应回族的生活实际。

民俗内容可开设“塞上风情”栏目描述回族的历史与当今的各种风俗习惯；人物内容可以制作为“回族名流”，讲述有代表性的回族各界名人及他们的事迹、生活范围，可以扩展到海内外他们对民族的贡献，激发回族受众的民族自豪感，激励他们为振兴自己的民族而开拓进取；历史内容可以设“史海钩沉”，翻翻民族历史的黄页也可以收获许多珍宝促进民族优良传统的继承和发扬；回族善于经商，针对这一特点还可以安排“商情速递”等经济信息的内容；为回族教育提供便利条件也可设计“面向回族下一代”；诸如此类。这一方面能够使回族群众贴近媒体，通过“触媒”认识自己、反观自己也能够了解外界情况、了解世界，还可以掌握与自身有利的各种信息资源；另一方面，能够作为窗口使外界更加了解回族，加强民族间、地区间的交流对话，起到“外宣”作用影响和带动回族发展。

民族频道应该追求更广泛的观众，不仅仅限于一地的回族或回族一个受众群体，也可以辐射到更为广大的多民族范围。吸纳民族精华，领悟民族的深度，结合雅入俗出的电视手法追求更好的收视效果。因此民族频道不能因受众有限而囿于自惭形秽的桎梏，以“我是民族的我是为少数民族服务的，我的受众群体理所应当是小范围的，所以我只能是低收视率的”来自我慰藉或妄自菲薄更不能因为“特色”的而拒“大中华”、拒其他民族受众于千里之外。因为“民族”与生俱来的独特性能够而且应该吸引更为广泛的“大众”，这是作为民族特色频道必须确定的一种态度、一种追求。

（二）民族栏目创意策划

在民族频道大体有了定局之后依靠权威、个性的名牌栏目作为支撑在如林的电视传媒竞争中就会占有一席之地。倘若一时受到资金、技术等条件制约，在增设频道的时机尚未成熟的情况下，创办民族特色栏目也是比较切实可行的。

创意人应该在掌握电视节目现状、回族观众心理需求以及电视媒体既定的价值取向后，在对某一栏目加以分析的基础上创造性地确立一种思路、意念或目标，从而进行栏目策划。

栏目的成败优劣在很大程度上取决于策划，而其精髓就是创造性思维。如果栏目体现的创造性思维活跃，节目质量自然会随之增高，否则就会令节目流于表面化、形式化，平庸无奇。栏目的定位要随着回族社会生活的逐步改观和回族观众新的需求而作出不断的调整。要重视18：00—19：00这个“次黄金时段”甚至是早上06：00—06：55分这样的时段，回族人一般都有早起的习惯西部回族作“晨礼”的群众比较多，因此巧妙编排节目提高该时段的收视率并利用“收视惯性”这一规律使黄金时段往前延伸，后面的黄金时间得到较高的收视率起点。当然“次黄金时段”并不单纯是时间的概念，必须有强势节目作为依托才能成立。一方面，是回族群众对民族栏目感兴趣；另一方面，是所办的栏目有吸引力这是创办民族栏目的一个关键点。

栏目要办好、办活还需要依据回族的实际生活需要设定划分更细致、更具体的板块。比如反映回族教育的栏目可以在总的栏目下分为若干小版块整体反映回族教育现状与走向。

（三）民族品牌节目创办

节目定位是电视节目结构性调整的一个重要环节和举措。这就要找出和确认该栏目节目区别于其他栏目节目特质的那些内涵、那种衡量标准，也是对节目题材、风格、样式的一种规范，其中包括栏目的内容、形式及其主要服务对象，诸如片头构图、字型的设定，主持人服饰及环境色调的设定等。

力求营造和树立品牌，在回族观众中形成看“某某节目”的收视习惯。

这就要求节目所有因素形成最佳的组合：节目形象、节目包装、节目特色以及包括记者、主持人等的全面优势。当各频道整体水平接近时，影响收视率高低的往往是具体的品牌节目。有品牌就意味着高质量、高附加值和更大的利润空间。同时节目的设置与创新必须考虑频道形象，必须考虑广告创收。也就是说一定要有经营的理念，要从频道经营的角度进行宏观布局、系统整合。

（四）节目形象包装

做好节目形象推广工作并安排好导视节目的播出，有效地引导回族观众定时收看节目。现在媒体和节目自身也需要做广告以期给回族受众留下深刻的印象，也提醒他们到时收看。

从一定意义上说，外在形象的设计与精心包装愈来愈成为一种重要的自我推销手段。“包装意识”当深入制作人的意识深层作为竞争的手段之一改变频道面目，让人耳目一新，从视觉上形成新的感受特色，使电视屏幕摆脱过去单调沉闷的局面。

但也要看到包装功能的局限性同样是显而易见的。电视节目的价值实现最根本取决于其内在价值上不能只在“五光十色”、视觉诱导的外表上下功夫。把包装功能人为地夸大到不适当的程度以致本末倒置，其后果必然是“金玉其外败絮其中”。显然包装不是一种外在的形式而是构成形象的过程，是文化产品与大众的连结点。

以上所论并非针对宁夏电视台的节目编排的话题，而是一个应该引起普遍关注的民族话题。只不过作为全国唯一的回族自治区电视媒体，宁夏电视台在回回民族栏目设置上表现出的缺失更为明显罢了。我们的目光也不应仅仅局限于宁夏回族，在全国广泛分布更多的回族聚居地区也应注意到这个问题。当然不能只在回族聚居的地方做大众传媒的文章，对其他地区的、覆盖面更广的、形式更为多样的传媒资源也要进行有效开发利用。例如中央电视台的西部频道就是一个极具开发价值的资源。2003年8月19日至11月23日是央视西部频道的“西部宣传周”，对于回族来说是一个应当很好把握的时机。

总之回族的发展应处于一个开放的环境中，大众传媒正是为回族提供了一个资讯平台、一个服务窗口、一个交流空间。如何深入、有效地研究大众传媒在回族发展中的地位和作用，是当前亟待解决的一个课题。现就这一问题提出一些粗浅的看法意在起到抛砖引玉的作用。

（白贵、马骐，原载《回族研究》2004年第5期）

略谈影视作品媒体传播中的“标题党”现象

摘要：媒体传播中的“标题党”现象在当今的影视作品传播中频繁显现，追求高票房、高点击率无疑是其出现的一方面原因，另外影视作品宣传、营销机制法律法规不健全对其也有很大的影响，因此在当今网络审查机制相对宽松环境下“标题党”现象层出不穷。

关键词：标题党　影视作品　媒体

一、“标题党”现象在影视作品媒体传播中的表现

以小成本影片《失恋33天》媒体传播为例，这部电影在网络媒体传播中发挥了巨大作用。在当下的全媒体传播时代，充分运用网络媒体传播成为推动影片取得高票房的有力保证。门户网站作为一种重要的传播手段在影视作品的传播中有着举足轻重的作用，以新浪、网易为例，在电影的宣传初期就策划了独立的专题为电影宣传发力。其中网易娱乐为该电影做的专题中不乏此类新闻：“光棍节定制的治愈系爱情电影”“《失恋33天》首周破1.6亿完胜好莱坞三巨头”“《失恋33天》武汉宣传王耀庆不亲白百合不礼貌”。“标题党”最擅用手法之一是将影视的营销与社会的热点话题、热点事件搭边，为影视作品的宣传造势。在电影的宣传发行阶段，营销方给电影贴的标签是“光棍节定制的治愈系爱情电影”主讲失恋，这是标准的“标题党”写作手法。“标题党”利用了特定传播内容所具有的趣味性和接近性特点，运用夸张的手法，在“光棍节”期间大肆宣传，媒体报道中“失恋”自然而然便成为重头戏，而接下来电影带来的一系列神话更是让媒体争相报道：“上映四

天破亿”“票房黑马”。与此同时宣传发行方也不忘煽情：什么“不玩特效玩真诚”“接地气”等，更将影片推向了观众的视线。综上所述，选了个好档期——光棍节，利用各种噱头来给观众制造层层悬念，网上提前曝光片花，让观众提前欣赏到影片的精华之处，使得这部质量还算及格的影片上映之初就让人眼前一亮。同时在网络等媒体上大肆宣传，其中很多经典桥段和台词为观众津津乐道，直至成为票房黑马。在上映之初口碑就一边倒，媒体也开始顺应观众感情诉求报道该电影的亮点，为电影造势，在媒体上很少出现质疑的声音，大都是普遍叫好，这在其他的电影宣传之初是很少见的。此时网络媒体又开始影响到报纸杂志电视等，这些媒体共同发力造就了《失恋33天》过3.5亿元的票房。有媒体评价称这是全媒体传播时代的一场完胜，当然这场完胜最大的功臣应是那些宣发方，那些“标题党”幕后推手。

二、影视作品媒体传播中“标题党”现象的成因及内容分析

（一）媒体传播中“标题党”现象成因分析

在影视作品的媒体传播中“标题党”现象的出现绝非偶然，当今我国每年电影的产量在500部以上，在数量众多的电影中自己的“这一部”如何被观众看到，是每个电影营销人员的必修课。不仅仅要被看到，还要在众多电影中脱颖而出并且赢得票房，电影的质量是基础，其次就是看电影的媒体传播。而在当今眼球经济下，“标题党”最容易吸引观众，这也是影视作品媒体传播中“标题党”现象成因之关键所在。这也是其出现的经济原因，而从受众心理分析来说“标题党”现象在媒介传播中较为普遍，在群体心态作祟下，群体中的个人会表现出明显的从众心理。有新闻、娱乐等媒体传播中“标题党”高点击率之众多耀眼之先例，影视作品传播中“标题党”现象的普遍出现也就不难理解了。而在客观方面，当今传播媒介的多元化，尤其是网络媒体的参与给“标题党”现象产生客观上提供了温床。

（二）具体影视作品传播中的标题分析

媒体传播中“标题党”对影片的宣传发行起着重要的作用，以影片《失恋33天》为例，在电影的传播过程中能否挤上新闻的首页，直接影响着观众对电影新闻的点击率，一则新闻能否获得较好的网页或者版面位置，很大程度上决定了该电影的传播热度。以该电影在优酷视频传播为例：首页的视频播放量是百万级别，然而在以下的栏目中视频的播放量则降到了十万以下。电影《失恋33天》以光棍节治愈系爱情电影、失恋、接地气等作为标签在媒体上占据了一定的搜索热度。此外在影视作品的媒体传播中尤其是网络媒体传播中主要就是依靠两大法宝：一是搜索，二是关联。要搜索就得有关键字、词，这时候“标题党”作用开始显现。“光棍节”“失恋”“治愈系”“小成本影片成就票房黑马”，这些词无疑成了热搜词，电影恰以这些词做标签也就很顺利地将该电影广而告之。关联则主要是在视频播完之后出现的相关的视频，要达到宣传自己的目的，题目必须与热播视频有联系，这样自己出现的概率会比较大。电影《失恋33天》在前期的宣传中拍摄了各个城市人的一些“失恋故事”在光棍节之前发布在网络上，与此同时关联上了相对应的电影的城市精华版宣传片，在看完这些故事之后相关联的视频就是电影的宣传片，这又大大增加了电影的曝光率。

三、影视作品媒体传播中“标题党”现象的效果及反思

（一）媒体传播中“标题党”的效果

影视作品媒体传播中的“标题党”现象无疑对某些影片贡献不小，《失恋33天》以其“票房黑马”的神话获得了业界广泛的关注，900万元的中小成本制作博得了3.4亿元之多的票房。还未上映就惹得广大影迷追捧，上映四天票房过亿，在国内外大片夹击的档期间，这样一部由电视剧班底制作的小成本爱情小片让人眼前一亮。同样是电影的媒体传播，电影《金陵十三钗》也贴有类似的标签：张艺谋、六亿投资、好莱坞特效团队、克里斯蒂安·贝尔、

谋女郎等。这些都被媒体报道过后也形成了一时的热度。同时也出现了不同的声音：十三钗的情色爱国主义，在全球经济萧条的年代，这部号称投资额达6亿元人民币的豪华制作，正在打破中国大片的投资纪录。制片人大力鼓吹好莱坞一线明星给中国打工的舆论，旨在平息民族主义愤青的抵制情绪。不仅如此，还在各类场合放下豪言，要拿下10亿元本土票房，毫不掩饰把影片当暴利工具的意图。如此的传播效果并没能转化成实实在在的票房成果。其有着对电影的有利宣传，但是也显现出了一些影视作品媒体传播中所存在的问题，不是所有的"标题党"都能为电影的媒体传播所用。

（二）不同效果之反思

媒体传播中的"标题党"现象客观上虽然对影视发展带来了一些关注，但也明显存在负面因素。不错，有根据的适当的标签会对影视作品的媒体传播起到促进的作用，为我所用，而盲目不切实际的夸大之词或者拔高了的影片信息，反而会起到反面作用，不仅会招致影片受冷落乃至观众唾弃，而且会对媒体产生拖累影响。"标题党"在媒体传播方面的不良影响：一是标题本身所产生的误导性，观众看到的不是观众想要的，宣传和事实之间有很大的出入。二是媒体公信力的丧失，狼来了的故事会在影视宣传方面上演，观众不会一直为不负责任的媒体推荐的影片买单。三是对当事人也会造成一定的伤害，一部质量平庸的影片票房若很好，挨骂的肯定是电影的制片方而不是宣发方和媒体。这也就要求我们一定要加强行业内的自律，一定遵循影视营销新闻标题制作真实性、准确性、简洁性、突出重点、通俗生动的几大原则。

在媒体传播"标题党"的作用下，不少观众开始付费观看电影视频甚至自掏腰包走进电影院。在电影的前期宣传中，往往会出现极其夸张的与影片本身不相符的措辞来博得观众的眼球，形成一定的媒体传播热度。但在影视作品媒体传播过程中所用的标题大多和影片本身内容不相符，有一定的挂羊头卖狗肉之嫌疑。在前期的影视宣传中"标题党"往往会利用最近的社会热点人物或者社会的热点事件为影片宣传造势，促进媒体的传播。影视宣传标榜其好莱坞水准加一线影星，而走进电影院看完整部影片看到的只是某影星的一个路人甲镜头，影片本身质量不敢恭维。这种对观众的戏耍行为肯定会得到观众以脚投票的严重后果。那些叫座不叫好的影片告诉我们，影视作品媒体传播的成功并不等于电影的成功，我国电影需要高票房但是不需要高泡沫。

（白贵、吕海坡，原载《科技风》2012年第21期）

“一带一路”沿线“重镇”的传媒情报与传媒智慧

——评金强副教授《巴基斯坦大众传媒研究》

“中巴经济走廊”（CEPC）是李克强总理于2013年5月访问巴基斯坦时提出的，旨在加强中巴两国的交通、能源、海洋等领域广泛而深入的合作，同时促进两国互联互通和深层友谊。2015年4月20日，习近平主席访问巴基斯坦，中巴两国签署了51项协议集体交换文本，推动“中巴经济走廊”成为“一带一路”的示范项目。目前，相关合作项目正在积极有序地实施，时有捷报，金强副教授的《巴基斯坦大众传媒研究》正是在这样一个新的时代背景下出版的。

巴基斯坦与中国的关系可以用“铁”来形容，亲密的关系需要两国政府和人民共同打造和精心维护。然而，值得注意的是，随着国际国内形势的复杂化，对于“中巴经济走廊”和“一带一路”都出现了一些杂音，甚至是缺乏依据的批评，面对这些新情况，传媒学者有责任站出来从传媒的角度加以澄清、研判和应对。

传媒学者如何在“一带一路”建设中发挥自己的专业优势，做好建议和服务呢？首先就是弄清传媒的真实发展情况，助力两国媒体协调报道步伐，增强报道能力，改善报道技巧，在国际国内问题上发出更真实准确的声音，传递更正确的观念，为“中巴经济走廊建设”营造更好的舆论氛围。

长期以来，我国传媒学者对欧美媒体的认知程度相对较高，而对于“一带一路”沿线国家，特别是针对这些国家的传媒的历史和现实都关注不足，相关著作寥寥。因此，早在2012年，中国传媒大学就成立了亚洲传媒研究中心，并组织开展了一些“一带一路”沿线国家的传媒研究，包括印度、新加坡、土耳其、尼泊尔等，金强副教授的巴基斯坦研究就是其中的项目之一。这些项目获批时，“一带一路”倡议还未提出。2013年9月和10月，习近平主席提出“一带一路”后，这些国家恰恰都在“一带一路”沿线，而巴基斯坦又是其中的“重镇”，具有多重的重要意义。特别是巴基斯坦的“中巴经济走廊”被称为旗舰项目，相关的传媒研究也自然具有了更加沉甸甸的历史使命。党的十九大报告更是明确了中国坚定推进“一带一路”建设的决心。

习近平总书记在党的十九大报告中强调[1]，要以“一带一路”建设为重点，坚持引进来和走出去并重，遵循共商共建共享的原则，加强创新能力开放合作，形成陆海内外联动、东西双向互济的开放格局。党的十九大关于《中国共产党章程（修正案）》的决议也明确提出，将推进“一带一路”建设等内容写入党章，并具体表述为“遵循共商共建共享原则，推进‘一带一路’建设”。推进“一带一路”建设已经成为党、国家和人民的高度共识，新亚洲观也正在形成，《巴基斯坦大众传媒研究》给我们在增进对邻国认识，特别是对其传媒领域的认识提供了一个很好的范本。

首先，写好巴基斯坦的传媒，就必须对这个“铁哥们”的国情有清楚的了解。基于其历史文化、宗教信仰去理解他们的社会行为和传媒使用行为。只有深入了解巴基斯坦的政治与人文历史及现状，才能准确把握巴基斯坦当下的文化和政治，进而准确把握传媒的特征。如果研究者不能够很好地理解伊斯兰教或者穆斯林的行为与生活，就不能够真正了解巴基斯坦的国家特性和媒体属性。而文化的隔阂，也很可能是因为对于宗教的陌生或者误解造成的。宗教对于绝大多数巴基斯坦人来说，地位崇高，甚至神圣不可侵犯，因此，作为观察者和倾听者，必须能够俯下身来，走到广大穆斯林群众中，看看媒体对他们的重要性几何，影响几何。

其次，写好巴基斯坦的传媒，不可回避地会涉及国家发展水平和恐怖主

[1] 闫子敏.中国高度重视“一带一路”并写入党章[EB/OL]. http：//www.china.com.cn/news/2017-10/30/content_41813776.htm，2017-10-30.

义危害。塔利班的问题、与阿富汗的关系问题、与印度的边界争端问题，这些都是困扰巴基斯坦发展的大问题，从传媒角度理解和分析，是本书的一个重要关切。巴基斯坦的一些调查记者生命经常受到威胁，且每有遭到暗杀和绑架的案件，巴基斯坦也被认为是全球记者采访最不安全的国家之一。基于这样一个现实，如何在相关研究中，既展现记者的真实境况，又给出中肯的媒体发展建议，的确需要三思。

再次，写好巴基斯坦的媒体，还离不开高端人士的帮助，获得官方的认可。金强副教授调查研究中就得到了巴基斯坦议会巴中经济走廊委员会主席、巴中学会主席、巴基斯坦中国研究所主席穆沙希德·侯赛因·赛义德先生的接见，并受邀参观了巴基斯坦议会大厦，随后还在议会大厦门前参加了联邦前内政部长马利克先生的记者招待会。据悉，金强副教授在巴期间参加了多场高规格见面会和座谈会，向友人们详述了写作意图和出版规划，并得到了巴政界、学界和业界的广泛回应与支持。在接触的近十位巴基斯坦议会议员的启发和建议下，该书也从大方向上重新刷新了对两国政治互信和民心相通的认识。在办理签证期间，据了解金强副教授还在北京受到了时任巴基斯坦驻华大使马苏德·汗先生的接见，并接受了多位参赞的建议。看来，写好一部书，两国全天候战略合作伙伴关系的确是一种难得的保障。

最后，该书充分考虑和参考了巴基斯坦本国传媒学者已有的相关成果，写作中购买和翻译相关的外文著作也成为研究开展的第一个重要的基础性工作。据了解，该书在前期由河北大学新闻传播学院巴基斯坦籍留学生，我的博士弟子海德尔先生从卡拉奇到拉合尔再到伊斯兰堡，历时十余天，访问了几十家书店，最后带回来相关著作30余本，并带回来主流的报刊。这些资料经过了历时长达一年的翻译后，成为研究巴基斯坦传媒的重要基础和支撑。可以说，在河北大学与巴基斯坦传媒之间搭建起这样一个桥梁并非易事，无疑是基于“兄弟般”的尊重与信任，才形成了这样的合作。

构建“一带一路”的文化和民心相通，对推动“人类命运共同体”建设有重要意义，在笔者看来的确应该先行先试，由近及远，而从最好的朋友出发无疑是一个较好的选择。巴基斯坦是中国最好的朋友，友谊坚不可摧，但检验朋友之间“成色”的，除了政治和军事方面的紧密协作及经济、外交和文化等方面的广泛合作外，媒体的交流与合作也是重要抓手，且是诸多相关合作的天然依托和纽带。在国际形势日益复杂的今天，媒体合作尤为迫切，只能加深不能削弱。而中国传媒大学亚洲传媒研究中心和河北大学伊斯兰国家社会发展研究中心共同资助此书出版，也使我们相信，中国学界对巴基斯坦媒体与社会的认识将进一步加深，“中巴经济走廊”建设将获得更高水平的媒体支持。

（白贵，原载《采写编》2018年第2期）

国际战略传播：如何超越“地方性”话语局限

内容摘要：我国“战略传播”理论应与自身国际传播实践相适配，也应根据当下国际传播语境优化既往传播实践。既往国际传播实践在理念的“说服”性、议题管理的“偏向性”、传播策略的“声高”取向、话语表达的“积极”修辞等方面，存在一定的“地方性”色彩；在当下“信任赤字”急遽飙升的特殊国际语境中，其恐难实现预期传播效果，甚至引发恶性话语冲突，形成舆论不断遭遇挑战、发展环境进一步逼仄的局面。对既往国际传播进行战略优化，应自觉规避美国推行的“战略传播”的“霸权主义”逻辑与陷阱。在传播理念上要立足“对话”，避免单向性“说服”；出发点和归宿则应是尊重多元、寻求“有限共识”，并以此超越“地方性”分歧；在话语表达上应聚焦“人文”，分享故事，实现“现代性”“共情”；在政治实践上，要为全球治理贡献中国智慧，将“中国故事”的“地方性”经验转化为国际借鉴。我国“战略传播”应是“人类命运共同体”视野下以“对话”为核心的国际传播新范式。

关键词：战略传播　地方性　对话　有限共识　人文性

“战略传播”这一概念源出美国，其实践本质是为美国全球战略的“合法性”宣传辩护。美国2010年度《国家安全战略报告》明确指出：“贯穿于我们的所有努力，对于维护我们的全球合法性（global legitimacy）和支撑我们的政策目标而言，有效的战略传播是根本性的。”[1]美国推行的“战略传播”体

[1] 吕翔.作为美国核心战略构成的国家战略传播体系[J].红旗文稿，2011（5）.

系，包括公共外交、公共事务、国际广播、信息/心理运作四重维度[1]，其甚至将“对公共外交的防务支援纳入战略传播体系”[2]，这是带有鲜明的霸权主义色彩的。我国学者广泛使用这一术语，其内涵与霸权主义毫无关系，仅指称我国“国际传播”的国家站位与系统筹划。[3]我国“战略传播”自然也是系统工程，本文所谈主要聚焦于“大众传播”这一维度。

党的十八大以来，习近平总书记针对“国际传播”建设作出一系列重要阐释。2021年5月，十九届中央政治局第三十次集体学习时，习近平总书记再次强调要“讲好中国故事，传播好中国声音，展示真实、立体、全面的中国”。在实践环节，媒体近些年来也取得了巨大成就，积累了丰富经验。同时，在国际形势充满不确定性的当下，也迫切需要审视既往经验的现实适用性及问题，并思考其战略优化的可能。

一、既往经验之不足：话语表达有一定“地方性”色彩

我国既往国际传播实践，基本是与当时的国际传播语境相适配的。但在话语表达层面，还带有一定“地方性”色彩。这里所说的“地方性”色彩，是指在传播过程中，某种程度上以自我言说为中心，以自足的故事讲述或观点阐述为途径，偶尔出于心理的某种急切，急于改变他者认知和态度。总之，当话语表达倾向于以“自我”为中心、表达目的聚焦于“说服”时，就可以说是具有了某种“地方性”色彩。这在传播理念、议题管理、传播策略、话语修辞等维度均有不同程度存在。

（一）传播理念：有时偏于“说服”他者

“说服”传播长期在传播理论界占据主导地位，甚至自然成为社会各领域传播的“首选”理念。尤其是美国“战略传播”，本就是“对敌宣传”的“修

[1] 吕翔.作为美国核心战略构成的国家战略传播体系[J].红旗文稿，2011（5）.

[2] 程曼丽，赵晓航.美国国家战略传播理念与实践的历史沿革[J].新闻与写作，2020（2）.

[3] 文中强调，我国使用“战略传播”一词，是指立足真诚的“国际传播”的统筹与实践，但在国际传播语境中，本文以为有必要对该术语可能产生的传播误读保持足够警惕。

辞（伪装）”策略，“说服”则是其不可更改的基因。[1]虽然一段时期以来，我国的国际传播策略偏重于向世界介绍中国，但绝不强求“他者”接受，而只“希望他们了解我们的观点，理解我们的真意”[2]。这是我们一贯的宗旨，也是我们被世界逐步理解并获得尊重的重要原因。但我国的国际传播实践，是在西强东弱的传播格局中，学习借鉴国际经验尤其是美国经验发展起来的。因此，其“话语表达”也或多或少受到惯性思维的影响。比如：让世界了解中国、塑造中国形象、提升文化软实力等话语，在有效指导实践的同时，也表现出某种程度的“自我中心”，并带有较强的“说服”色彩。尤其是“软实力”这样的话语，其可能与“战略传播”一词一样，本身就隐藏有需要警惕的“对抗性”与“单向性”逻辑。全燕就指出：“长期以来，对外传播的叙事模式倾向于将传播作为改变他者认知的工具，通过说服性修辞努力改造他者的认知。”[3]其见解是较有警醒性的。造成这种情况的原因，则主要是基于对东西方传播不平衡现状的担忧与抗争，陷入以西方为准则的东西方“对峙”思维，力图摆脱西方却又不自觉地依赖了西方路径。

（二）议题管理：多展现成就而规避问题

我国有时在理念上有“说服”取向，在国际传播议题管理上，则表现出较强的“选择性”。一般来讲，主动设置并强化的是能够代表中国优秀文化与建设成就的议题。自我肯定、自我书写，是建构群体认同的重要途径，也是国际传播惯例。但这里需要有“度”的权衡与语态的推敲，尤其应警惕滑向“自我中心主义”。如果过于以自我为中心，忽略他者的实际感受，则可能失去理解与共情的前提，多使“言说”无效。刘瑞生批评其为“素材组织拘泥于本国语境，难以实现通约性表达和触动情感共鸣。”[4]

此外，“自我中心主义”还倾向于呈现近乎完美的国家媒介镜像。对一些

[1] 朱豆豆.从宣传到战略传播：美国宣传观念分野、影响及新宣传话语研究[J].新闻界，2020（7）.

[2] 赵启正.公共外交战略[M].海口：海南出版社，2014：20.

[3] 全燕.从独白到复调：超越国家叙事的对外传播话语想象[J].社会科学，2020（7）.

[4] 刘瑞生，王井.“讲好中国故事”的国家叙事范式和语境[J].甘肃社会科学，2019（2）.

“负面议题”，则有意规避或边缘化。但马克思主义基本常识告诉我们，任何国家、群体、组织等都不可能只有成绩与精华，却没有缺点与问题。国际传播需要直面现实。这不但涉及“诚信”与“真实”等传播伦理，更是关乎传播效果。世界上有超过80%的人有宗教信仰背景，宗教伦理的共同守则是诚实，而回避、否认常常会被怀疑不够真诚，因而所实施的传播背后的目的及伦理也会遭到质疑。学者早有警醒：“当国家媒体在认为有损国家形象的事情发生时往往主动失语，吊诡的便是收之桑榆却失之东隅，由此便牺牲了一个开明、大度、言论自由的国家形象。”[1]

（三）传播策略：有时会强调“声高”取向

《光明日报》2017年曾发表评论文章《有理也须声高》。[2]该文观点较能代表近几年我国国际传播策略的某种取向。“声高”取向的主要特征有三：一是追求传播渠道与传播范围的广泛覆盖；二是追求单向性的信息密度或频率；三是对不赞同、不认可的“敌对”声音的斗争、批判。即“声高”取向是一种以数量或规模为主要制胜之道的传播策略，其中也隐含有较强的对抗性因素。

如果着眼于国际传播实际格局与国际舆论斗争的现实语境，则“声高”取向本质上是西方传播霸权进逼下的被动回应。尤其是面对西方媒体的偏见、曲解、抹黑，“声高”取向在诸多回应选项中是具备广泛社会心理基础的，其在传播伦理上也无可厚非，但从实际的国际传播效果来看，并非总能取得理想效果，似需审慎运用，有时刚柔相济更为可取。因为理性对话毕竟是现代社会较为普遍认同的方式，那种简单的不愿自我克制的做法，实则会使旁观者反感。在西强东弱的历史语境下，传播误解、曲解将长期存在。面对“曲解”，声嘶力竭地“反抗”，往往会掉进强者精心设计的陷阱，看似回击有力，实则可能为其进一步肆意“污名化”提供口实。如果把一般性的质疑与批评

---

[1] 甘险峰.国家形象传播范式辨析[J].中州学刊，2014（11）.

[2] 余谓之.有理也须声高[EB/OL].（2017-5-7）[2022-9-2].https：//epaper.gmw.cn/gmrb/html/2017-05/07/nw.D110000gmrb_20170507_1-02.htm.

也视为敌对，则可能引发不必要的对立与争端，背离传播初衷。

（四）话语表达：带有“积极”修辞倾向

这里所谓“积极”修辞，是一种通俗说法，指话语表达中过于讲究文本组织策略与技巧。既往国际传播的某些话语是有这样的倾向的。其主要表现为如下维度：一是在事实选择与陈述上，注重选取“典型”并对“文本事实”剪裁、重组，甚至略带夸饰；二是在叙述视角上，采取以自我为中心的“内视角”，取自我欣赏、肯定立场；三是在情感表达上，以赞扬为主，情感外显，有较强的主观色彩。

“积极”修辞曾是“说服”传播的通用策略，因容易走向浮华与浮夸，也一直被东西方文明所警惕。在西方，经过现代传媒领域的反复“磨合”，其已基本退出公共表达领域，或者变得更为隐蔽。在我国这一策略也已经被反思。“邓小平曾告诫我们，宣传中国的成绩，不要把话说得过满，要留有余地；不要说得绝对，要实事求是地评价中国。”[1]赵启正则强调：“中国的现实本身就很精彩，不要在写作中刻意去打扮它。”[2]而以质朴与真诚赢得世界舆论，在我党国际传播史上则更有经典案例。埃德加·斯诺（Edgar Snow）的《西行漫记》一经出版就在西方产生重大影响。这固然与斯诺的才华不无关系，但主要不是“积极”修辞所致，而是“真实”与“坦诚”所得，即以开放态度向世界介绍真实边区。

二、“信任赤字”语境下“地方性”经验的困境

不管是国内传播还是国际传播，其效果均受制于具体语境。其中，国际政治格局与国际关系，是构成国际传播宏观语境的重要因素。我国既往国际传播实践，虽然具有一定“地方性”色彩，但在国际关系相对缓和时期，其消极影响并不特别明显。近年来，国际关系表现出强烈对抗与动荡，有学者

[1] 吴友富.战略视域下的中国国家形象传播[J].国际观察，2012（4）.

[2] 赵启正.赵启正详解公共外交：以舆论赢“国缘”[EB/OL]. https：//www.chinanews.com/gn/2014/06-09/6260935.shtml.

甚至认为世界正进入乌卡时代。新的国际传播语境正在使既往经验显现出一定困境，表现出调适的必要。

（一）“信任赤字”消解或逆反“说服”效果

我国国际传播语境，关键环节在于“中美”关系。“美国作为强势传播者，主导着国际传播格局的基本态势，其‘中国观’直接影响着中国国际传播活动的开展。”[1]这里的“中国观”是指：“以美国为首的欧美发达国家中，其主流知识界和决策层对于中国的总体认知和评判。”[2]冷战结束后，美国的“中国观”经历了不同阶段的演变。徐小明指出，从冷战结束到奥巴马执政，“非敌非友”是基本定位，奥巴马执政后期则定位为“战略挑战者”，特朗普和拜登，同样将我国定位为“战略竞争者”。[3]拜登在其2021年2月首次外交政策演讲中，甚至将我国称为“最严峻的竞争者”。从特朗普开始，美国即对我国进行全方位打压，美国民众的负面评价也迅速上升，“2021年有45%的受访者认为中国是美国最大的敌人，比2020年增加了两倍多”[4]。西方其他国家对待我国的态度虽然有程度差异，但基本立场多以美国马首是瞻。再加上其他国际因素影响，东西方政治对抗、话语冲突，已成为不争的事实，“信任赤字”在急遽增加。这正是我国国际传播面临的基本语境。

既往的“说服”性国际传播能够产生较好效果，前提是存在相对友好的传播关系。“信任赤字”急遽增加，意味着受众对传播内容的解读大体是消极的。美国给我国国际媒体“滥贴标签”等做法，又进一步消解国际传播的在地可信性。其在两个维度产生恶劣影响：一是“断裂”传播链条，使他国大众对传播内容视而不见；二是误导他国大众进行“选择性”或“逆反性”解

[1] 李明德，乔婷.中国国际传播：历史演变、现实背景、与前沿问题[J].西安交通大学学报（社会科学版），2022，42（5）.

[2] 吴旭.西方“中国观”在新世纪的三次转换[J].对外传播，2014（12）.

[3] 徐小敬.冷战后美国“中国观”的演变：内容与动因[J].中央社会主义学院学报，2022（3）.

[4] 徐小敬.冷战后美国“中国观”的演变：内容与动因[J].中央社会主义学院学报，2022（3）.

读，强化其固有偏见。这又进一步恶化“信任赤字”，可能使国际传播陷入恶性循环。

（二）“信任赤字”可能激发恶性话语冲突

“信任赤字”语境下，既往传播经验不但较难产生预期效果，还可能引发恶性话语冲突。国际传播同样需要遵守“传播伦理”，“平等”是其基本内涵之一。试图让世界单向性接受自身价值或规则的传播本身就是有悖伦理的。这也是美国“战略传播”在世界诸多地区屡屡铩羽的重要原因。比如，“9·11”事件之后，美国对中东地区强化战略传播，耗费大量人力物力，但结果并未如愿以偿。有学者认为，其根源正在于“美国对伊斯兰世界的战略传播在很大程度上是一种单方面的说服，包括强调美国式的价值观是人类共同的福祉”[1]。“他者”对那些试图改变他们价值的信息是天然充满警惕的。

当国际关系相对缓和时，“说服”性国际传播潜藏的“对抗性”还可在某种程度上被“友好”关系所掩盖，甚至调和。着眼于现实利益，传授双方对话语上的不满与冲突大多能保持一定程度的容忍与克制，彼时即使没有取得如自身所愿的传播效果，其负面影响尚不至恶化。在当下这样具有“对抗性”的语境中，则其传播不但方枘圆凿、扞格不入，曲解、误解、反驳、激辩，甚至指责、谩骂已然有蔓延端倪。其中较为典型且危害较大的表现是倾向于将诸多可在具体领域商讨的事务性问题相互指责为不容辩驳的“原则性问题”。这些恶性话语冲突固然是基于现实对抗的，却进一步给已然恶化的现实关系火上浇油，甚至可能导致难以预料的后果，对此是应有足够警惕的。

三、超越“地方性”：回归“对话”“共识”“人文”

鉴于传播语境变迁，我们需要对国际传播的“地方性”经验进行必要反思，作出必要调整，以重新适配当下的国际环境。我们可以借鉴并继续使用“战略传播”这一术语，但应警惕并自觉规避美国霸权理念与传播操弄。美国

[1] 于朝晖.“9.11”后美国中东战略传播管理研究[J].阿拉伯世界研究，2008（7）.

“战略传播”已经越来越受到有识之士的批评。比如，“9·11”事件后，杜维明就认为，美国必须加入到文明对话中来，如果继续坚持单边主义，则不仅其对世界和平的贡献将受到质疑，且本土安全也会受到很大威胁。[1]我国国际传播自始至终就是为促进世界各国相互理解与信任以推动人类和平与发展的。因此，在理论阐释与实践安排上，更应自觉超越美国“战略传播”窠臼。具体来讲，则是坚持以“对话”超越“对抗”，在价值和人文层面寻求“有限共识”，更要为解决世界问题贡献中国智慧等。

（一）以“对话”超越“对抗”

在国际传播领域，“对话”理念近年来备受关注，影响日增。与试图改变他人认知和态度为目的的“说服”传播不同，“对话”理念下的国际传播，更关注平等主体间的互动交流，以期获得理解、达成共识。对此，学者已有中肯论述。甘险峰认为：“不是刻意描绘完美的国家或民族形象，而是增进了解、赢得理解、获取认同。”[2]王怡红认为，在“你—我”关系中，需要“通过对话，加深相互之间的理解”[3]。

在具体操作层面，“对话”意味着包容“差异”，也意味着倾听。面对误解与曲解，更应首先如此。这并不是毫无原则的妥协，更不是无底线的软弱。因为在任何样态的传播中，“误解”与“曲解”均是不可避免的。尤其是存在重大利益冲突或重大价值差异的文明或国家之间的国际传播，“自我”言说与“他者”评价出现较大偏差更是常态。即使情况相对理想，一些复杂问题的呈现与解释、接受与理解均需要时间与过程。如果付诸“对抗”，不但如前文所说，容易恶化事端，且可能被情绪左右，下意识地遮蔽其他处置选项，比如利用国际舆论的自我纠偏机制等。

本文并不幼稚地认为“对话”可以解决所有问题，而是强调“对话”是超越“对抗”思维的优选方案。在“对抗”思维模式里，解决问题的途径是

[1] 于朝晖.“9.11”后美国中东战略传播管理研究[J].阿拉伯世界研究，2008（7）.
[2] 甘险峰.国家形象传播范式辨析[J].中州学刊，2014（11）.
[3] 王怡红.“得一门而入”——对话研究及其方法论指向[J].新闻与传播研究，2005（3）.

矛盾一方克服另一方。这里只有“输”“赢”两个选项，是没有“共赢”空间的。美国推行的“战略传播”正是这样一种零和博弈，因其与政治和军事霸权互为支撑，虽然在诸多地区还颇有成效，但给其他国家带来的伤害，也是不言而喻的。而只有“对话”，其于“对抗”往往釜底抽薪。杜维明在谈到中国“孔子学院”海外传播曾经暂时面临质疑时认为，如果它不政治化，不成为输出软实力的策略，而是跟大家分享文明，则情况会有改变。[1]这其实是在强调“对话”。程曼丽也认为“不能一味跟着美国以及西方国家设定的议题跑，不断重复攻击与反攻击的模式，而要努力突破传统的思维框架”[2]。“对话”是思维方式的超越，可以有效规避西方“污名化”陷阱，假以时日更能赢得理解与同情，这既是中国对世界应有的担当，也是文化自信的表现。

（二）追寻“价值”的“有限共识”

在谈论公共外交（国际传播）战略转型时，赵启正曾强调，价值维度的“有限共识”既是“对话”的基础，也是其归宿。他认为，不同文明之间追求“完全共识”是不可能的，但通过“对话”，可以一定程度上超越对抗，达成“有限共识”。[3]这是对国际传播战略目的通俗易懂又高屋建瓴的概括。

人类文明的同与异，或根源于人情人性之同与生存语境之异。不管哪个民族、国家、群体，最根本的问题不外乎生存与发展。由此衍生的一系列重大伦理问题，全人类一定是有共识的。由于自然环境、历史境遇、初创选择等各不相同，各个国家在文化仪式、行为规则、价值适用等方面则必然存在巨大差异。国际传播首先要寻求并依托人类既有价值“共识”，以减少障碍，达成最佳效果。这里试举一例。短视频《一杯咖啡里的脱贫故事》（2020年）在海内外社交媒体爆火。究其原因，固然是因为视频借用“咖啡”“传教士”等汇通东西方的文化符号，找到了异质文化的交融点，更重要的则是故事所

---

[1] 杜维明.专访哈佛大学教授杜维明：各美其美将造就一种对话文明[EB/OL].（2010-11-1）[2022-9-27].http：//finance.sina.com.cn/roll/20101101/02158876134.shtml.

[2] 程曼丽.中国国际传播能力建设的当务之急[J].新闻与传播评论，2021（9）.

[3] 赵启正.公共外交战略[M].海口：海南出版社，2014：20.

蕴藏的价值共识，即对弱者的悲悯与关爱、对美好生活的向往与创造等。如果抽离这些内在价值，仅凭抽象符号是较难产生理想效果的。

在国际传播中，寻求价值“共识”或“共振”，已经进入国家领导人讲话和学者阐述中。2014年，金砖国家领导人第六次会晤，习近平主席提出“提高道义感召力”。所谓“道义感召力”本质就是价值感召力。史安斌随后撰文主张国际传播的着力点应转移到道义、道德高度。[1]在第70届联合国大会（2015年）讲话中，习近平主席倡议构建“人类命运共同体”，则是努力寻求价值共识的政治实践。有学者认为，正是“人类命运共同体”理念明确了我国国际传播是以“‘全球观’价值逻辑开展的传播实践，为新时代中国国际传播提供了立足点与价值动能”[2]。

寻求“有限共识”自然需要正视全球化语境中始终存在的“地方性”与“世界性”之间的矛盾张力。[3]“有限共识”是对“地方性”差异的超越，而非简单取代。这与“对话”理念是一脉相通的。比如，2022年北京冬奥会开幕式的国际传播效果很理想，原因正如张艺谋自己所言，与2008年北京奥运会相比，其“内核实现了从‘我’到‘我们’的升级，从注重让更多人了解中国传统文化，到讲述全人类共有的艺术追求与精神理念”[4]。而达成“有限共识”的具体途径则是“协商”。这里切忌将自己的立场或价值经过所谓“共识”包装后单向性扩散。这不但跌回美国“战略传播”的固有窠臼，且“试图利用说服性修辞改变和干预他者，达成只有一种声音的‘单调’共识的想法往往是不切实际的”[5]。国际传播所追求的，不是暂时性妥协，而应坚持平

[1] 史安斌.从“现实政治”到“观念政治”——论国家战略传播的道义感召力[J].人民论坛·学术前沿，2014（12）.

[2] 李明德，乔婷.中国国际传播：历史演变、现实背景、与前沿问题[J].西安交通大学学报（社会科学版），2022，42（5）.

[3] 王昀，陈先红.迈向全球治理语境的国家叙事：“讲好中国故事”的互文叙事模型[J].新闻与传播研究，2019（7）.

[4] 曾祥敏，方笑.中国形象塑造与对外传播话语构建——北京冬奥运融合传播探析[J].传媒，2022（6）.

[5] 全燕.从独白到复调：超越国家叙事的对外传播话语想象[J].社会科学，2020（7）.

等、开放、互动，为达成“有限共识”创设良好传播语境，以真正实现“地方性”与“全球性”的和谐。

（三）“话语表达”立足“人文”与“现代”

国际传播要超越“地方性”困境，其实践操作或“话语表达”策略则是回归“人文”。“人文”视野下的国际传播技巧，近年来一直被借鉴。比如前文提到的《一杯咖啡里的脱贫故事》等，均是典范。许多人认为是“故事”具有穿越文明的力量，这有一定道理，但理解还不够通透。“人文”的核心要素是故事、人性、共情。“故事”只是表层或结构要素，“人性”与“共情”才是内在动力。这里所谓“人性”，就是“共识价值”。前文已经阐明，文明缘起于对人类生存与发展问题之回应。而国家、宗教、族群等，只是其具体途径，他们保障人类幸福，同时又障蔽与局限人类，使文明蜷缩为不同“部落”。但正如前文所说，人类终究是可以在“人性（价值）”层面“共情”的。赵启正也曾指出：“不同国家、不同民族之间的文化对话是人本性的对话，是其他实务性对话的基础。”[1]因此，国际传播的话语表达只有立足“人性（价值）”与“共情”，才能超越宗教、政治、意识形态等“地方性”障碍，建构起人类终极“对话”。

本文强调“话语表达”立足“人文”，既应从传统寻找资源，更要进行“现代性”审视。关于传统的贡献，近年来已被广泛关注，暂不赘述。这里略谈一下“现代性”。虽然该词语近年来颇受争议，但在“全球化”历史趋势下，人类行为、价值、情感等必然要超越“地方性”而获得重塑，即“地方性”价值将逐步被创新的“全球性”价值所取代。不管学者们倡议“世界主义”，还是强调“转文化”等，均是对这一趋势的学术回应。因此，在国际传播中，不管是传统文化还是现实故事，如果不经历“现代性”洗礼，则尤其难以在新生代人群中产生广泛共鸣。王义桅认为：“从西方话语体系和中国传统文化都无法将全球化时代中华古老文明复兴、转型和创新的故事讲清

---

[1] 赵启正.公共外交战略[M].海口：海南出版社，2014：18.

楚。”[1]这是“整个人类的知识体系、价值观念某种程度上的重新调整和更新的问题”[2]。刘瑞生则认为,《舌尖上的中国》之所以成为国际传播典范，正在于其将传统故事与全球化中国融为一体。

（四）为“全球问题”提供解决方案

国际传播不仅是“话语表达”问题，更是政治实践问题。这里所谓的政治实践，是指在全球治理中，多大程度上为世界性问题提供了可行性方案。全球问题以及由此带来的全球治理，不仅是国际合作平台，也是国际传播的重要场域。当今世界，人类面临一系列共同问题。这些问题或许发生在“地方”，但影响一定是全人类的。如果能为共同问题提供中国方案，则自然会赢得世界尊重。程曼丽认为，国家是否拥有话语权，除了硬实力，“还取决于它的价值观念和话语体系是否能够有效回答和解决当今世界面临的重大问题”[3]。20世纪50年代周恩来总理提出“和平共处五项基本原则”，为处理国际关系建立准则。这是典型的中国智慧，更是世界共识。“人类命运共同体”理念，则是为应对人类共同挑战而贡献的又一中国智慧。习近平总书记在十九届中央政治局第十二次集体学习时，再次强调中华文化“对解决人类问题也有重要价值”，未来国际传播的效果，也取决于能否持续为世界问题提供中国智慧。

这里还涉及“中国故事”的“全球化”讲述问题。中国现代化建设取得的成绩和解决的问题不仅是“地方性”的，也是有全球借鉴意义的。比如“脱贫”“民族和谐”等，其成就有目共睹。既往故事讲述，多着眼于成就呈现，对其国际性价值关注并不太多。这对国内受众是有激励效果的，在国际上则未必能够产生强烈共鸣。国际传播需要锻造世界思维与世界视野。“地方性”成就，如果不能转化为全球故事，不能提供“世界性”意义，则较难被普遍接受。刘光明就认为:“设置中国故事议题时应跳出简单宣示‘中国特色’

[1] 王义桅.中国故事的传播之道[J].国际传播，2015（3）.

[2] 王义桅.中国故事的传播之道[J].国际传播，2015（3）.

[3] 程曼丽.中国国际传播能力建设的当务之急[J].新闻与传播评论，2021（9）.

的思维定式，多元回应世界关注。”[1]有效回应世界关注，也就在“地方性”中超越了“地方性”，也就为全球治理作出贡献，其传播效果将是世界性的。

四、结语

我国“国际传播”的确需要升维为“战略传播”，且已经付诸实践。这是基于国际传播格局与现实语境的必然选择。“战略传播”理论建构，应与自身传播实践相适配，尤其要自觉规避美国“战略传播”以单一利益为中心的“霸权”逻辑。“战略传播”的根本宗旨是“修辞立其诚”。传播应促进世界各国人民平等交流，应致力于消除误解与冲突。国际传播过程中当然有斗争，有时还很激烈，但斗争要讲究艺术，讲究智慧。我国既往国际传播，存在一定“地方性”色彩，在当今“信任赤字”急遽飙升的特殊国际语境中，应警惕其可能产生的负面影响，并从理念、实践等维度对其进行适时调适。构建我国“战略传播”理论，至少应关切四个维度：一是基本传播理念是“对话”，要以平等交流促进世界相互理解；二是出发点和归宿均为价值“有限共识”，要在尊重多元的基础上超越“地方性”分歧；三是从“人性”“共情”“现代性”视角建构“话语表达”，在故事讲述中追求意义共享与情感共鸣；四是在政治实践上，将“地方性”经验转化为国际借鉴，为全球治理提供中国方案。总之，我国“战略传播”应是“人类命运共同体”视野下以“对话”为核心的国际传播新范式。

（白贵、邸敬存，原载《现代传播》2022年第11期）

[1] 赵周贤，刘光明.构建具有鲜明中国特色的战略传播体系[J].人民论坛·学术前沿，2021（24）.

商人阶层崛起的历史解读

——评《媒介与商人——1983—2005〈经济日报〉商人形象话语研究》

媒介化是当代社会的重要特征。在传媒发达的拟态环境中，人们的起居生活和重要判断无不以媒介的信息提供为准绳。传媒选择什么人物来报道、用什么样的话语构建人物形象，直接影响着人们对现实世界人物的看法和评价，媒介人物形象因此成为各种社会关系的综合反映，并具有了无比丰富的社会内涵。这正是《媒介与商人——1983—2005〈经济日报〉商人形象话语研究》（彭焕萍著，华夏出版社2008年6月出版）一书作者所阐述的研究缘起和立意前提。

第三次社会大分工以来，被恩格斯称为社会“革命的要素”的商人一直在社会经济生活中扮演着重要的角色。但是，与此形成鲜明反差的是，商人和商业长期处于社会歧视的目光之下，中国社会中的商人处境更是如此。改革开放以后，随着商业的发展，曾经被历史抛弃的中国商人重新登上了社会舞台，逐渐地完成了从社会末流、势利小人到社会精英和风云人物的转变。一方面，有人用“商人阶层的明星化”来概括这次历史性的跨越；另一方面，却有人对媒体尤其是影视剧中过多的“黑”“恶”商人形象建构提出质疑。在中国社会变革和变迁的大背景下，媒介是否客观、准确地反映了商人在过去20多年所走过的风雨历程呢？对这样一个问题的思考需要以具体可感的文本资料为基础，为此，该书作者选择了新时期以来级别最高、最具权威性、持续时间最长的指导我国经济建设的报纸《经济日报》（1983—2005）作为考察对象。据悉，该书是作者在其博士论文基础上增修而成；而且占有了《经济日报》1983—2005年全部相关数据和第一手资料，这就使得其对新闻媒介与社会互动的现状与未来发展趋势的把握比较准确。透过该作绵密细致的历史梳理和鞭辟入里的分析论证，我们可以深切地感受到，作者对《经济日报》为首的主流经济媒体商人形象研究这一既陌生又显寂寞的领域，付出了久坐冷板凳的韧性与耐力，在使相对独立的学术研究尽可能地贴近丰富火热的现实生活过程中，该著作取得了创新的实质性内涵。综观此书，其理论价值和实际意义在以下三个方面得到了很好的体现。

首先，该书首次从理论上提出对现代传媒中的商人形象进行历史性的挖掘，将媒介商人形象的变迁放在中国社会历史进程中进行客观的梳理和理性的思考。运用量化的内容分析方法，从对商人的称谓、新闻主题、叙事模式三个话语层面客观展现商人形象演变的过程。在选题和内容选择上，作者将正处于上升期并且逐步占据媒介话语权的商人群体纳入媒介形象学研究的领域，打破了以往形象学研究的以“女性”“农民”“第三世界国家”等相对弱势群体为研究对象的套路，另辟蹊径地选择了商人群体的媒介形象作为研究对象，大大拓展了已有的新闻形象学的研究领域，成功地避开了社会上流行的雷同化的新闻形象研究的窠臼和简单化的倾向。

其次，该书在理论运用上借助福柯的话语理论和布尔迪厄的“场域”概念，辅以表征理论、内容分析方法、形象传播学和发展传播学等理论和方法，将商人形象的建构和变迁置于权力关系和社会变迁的文化背景下，从政治权力话语、经济资本话语、民间公共话语的对立和冲突中去把握商人形象的建构，在不同话语体系下的博弈中，成功地升华和提炼出商人形象，作为一个文化事件和一个新闻缩影的交集所隐含的丰富社会内涵。在研究中，将商人形象的文本分析与超文本的历史文化语境有机联系起来，拓展了媒介商人形象的评价模式和研究视角，有效避免了对商人形象变迁的简单感性认识和量化理解。

最后，整个研究从概念到框架体系以及对现象的发现和所提供的分析，都有较强的原创性；研究站在诸学科的交叉点上，内容涉及传播学、形象学、比较文学形象学、社会分层与社会变迁、话语分析等相关背景以及课题的研究成果，是一种多学科“知识交汇”的结果。对《经济日报》商人形象建构中的权力模式、话语策略和时代变迁的考察，对丰富和深化媒介形象研究无疑具有一定的推动作用。论述的命题“新”、角度“新”、引证的材料“新”，集中体现了该书作者锐意求新、沉潜求索的勇气。书中的“商人形象的历史烙印”“媒体中商人形象的变迁”和“多重权力场域中的商人形象”等论题，尚属全新的研究课题，还没有被学界和业界系统地探讨过。此外，对一些当下的热点论题，作者也做出了全新的解读，比如“新闻话语”“形象建构”“文化霸权”“新闻伦理”等，对这些前沿理论的涉及进一步彰显了作者丰富的社会和文化视野。

通读该书，会不由自主地被作者浓烈的探索意味所激发和牵引，书中一些观点似乎闪烁着点燃智慧的火花。“媒体、社会、人是传播领域的永恒范畴，它们之间的暗合与博弈始终是复杂而微妙的”；“一方面，我们的社会受媒介驱动，在媒体的强烈影响下运动、变化、发展。另一方面，媒体以它独立的意志建构着另一个社会，这个社会是与现实社会并行或交叉运动的，或者说，媒体社会是对现实的摹写、变态、夸张和扭曲”；“现代传播技术的发展，改变了时空和人类之间的关系，人们之间的交往与互动不再受必然到场的限制，不在场者可以通过现代技术来实现到场，最为关键的是现代人已经习惯了彼此通过媒介进行文明式注视，作为现代性之镜，媒体不仅是反映社会和人们生活状态的平面镜，也是放大生活细节、缩短时空距离的透镜，更是一面将花花世界映射得光怪陆离的多棱镜”；“由于现实生活中话语权从来都掌握在占统治地位、拥有权力的一方，因此，媒介中商人形象的建构也是权力话语操纵下的结果”；“……主流话语只有舍掉一些现实的不完美，来树立理想化的商人形象。这种偏差和模式化一方面是基于表征系统反映现实世界的必然，另一方面却是对社会表征系统自身缺陷的一种暗示，这种舍弃使得商人形象从传统的伦理色彩中摆脱出来，走向了所谓更加强调财富与成功的现代语境中”。如此等等，许多精湛的学术观点颇有冲破樊篱之感。

在“商人形象”这个论题中，作者努力发现并试图揭示影响商人形象建构的话语权力控制体系。作者认为，在这个多元化时代，伴随着经济力量的崛起和市民社会的来临，以经济资本为代表的经济话语权力和所谓的民间话语都成了商人形象建构的制约力量。同时著作中提出的从政治话语、经济话语、民间话语的对立和冲突以及不同话语权力体系的此消彼长中去把握商人形象的建构，也为人们提供了识别特定年代历史、文化和知识形态的基本信码。这一切都构成了这本专著独特的研究价值，代表了理论认识上的突破。

《媒介与商人》一书对新闻实践中少为业界关注的媒介形象学进行了理论层面的抽象与提升；同时，其阐发的理论又不是象牙塔里的高思秘想，而是对新闻外延规律淋漓尽致的揭示。媒介商人形象的研究对于国家、媒体和商人群体自身都有着一定的实践意义，著作中的一些建议和对策不仅有助于媒介控制者在中国特有的媒介体制下更加理性和科学地运用媒介资源来推进国家建设和社会发展，而且它可以帮助媒介清醒地认识自己在改革进程中的地位和作用，在国家控制、资本侵蚀和新闻专业主义的平衡中找到自己的位置，从而完成历史所赋予的责任；对于处在上升期的商人群体来说，吸取以往的形象建构教训，塑造良性的商人形象，也可以为自身谋求到更加广阔的生存和发展空间。

（白贵，原载《出版发行研究》2009年2月）

共同体形成史的维度证明

——吴丕清《河北回族史》读后

感谢鞠志强先生以不凡的气魄和毅力主编了这样一套《河北少数民族史》，——我深知他的不易！感谢吴丕清先生写出了丛书之一《河北回族史》，它让我们不仅了解了河北的回族，从一个特定的侧面也理解了“多元一体”的中华民族共同体大厦是如何一砖一瓦建造起来的。这里我仅举书中记述的河北回族对中华医药贡献一个生动的实例：我的祖籍河北定州（县级市），就先后出现了几位中外瞩目的医药开创性人物与品牌：白敬宇眼药（后总店定址于南京）、马应龙眼药（后总店定址于武汉）、白云升的“救坤金丹”及其所创建的沈阳华西大药房（后总店定址于沈阳，前身为怀仁堂）。此外，还有当时隶属于河北的刘霁岚的育仁堂药店（设址天津）以及他与人合创的“世一堂”。这些源于河北的驰名医药企业和机构，后来大多改制为国营或集体企业，甚至成为中国当代医药的代表性机构。这就雄辩地证明了回族医药和中国传统医药的血肉关系。而这些，我正是从《河北回族史》中得以完整清晰了解的。

吴丕清先生的这本《河北回族史》是一本厚重之作。这本书的特点我认为主要体现在以下几个方面：第一，这本书是历史上第一次全面梳理、挖掘、表述河北回族的历史书籍。将河北回族作为中国回族的一个缩影，进行了多侧面、全方位的叙述。第二，它凸显了河北回族的一些独特的特性：历史上来自全国各地的移民及本地人，接受了以儒家文化为代表的中国传统文化以及伊斯兰文化双重文化的熏陶，拥有仁爱宽厚、坚韧不拔的品格，能与周边各族同胞和睦相处、包容性强。第三，爱国爱教、尚武自尊、不容侵犯的传统。抗战时期，当民族、宗教、祖国受到侵犯的时候，河北回族所组建的回民支队，由自发抵抗到加入共产党领导的八路军武装，发挥了抗击日寇、加速民族解放进程的重要作用。在河北回族的历史当中，抵御外来侵略、维护自身尊严、保家卫国、爱国护教，一直是优良的传统。本书写出了河北作为一个中原地区人杰地灵、人物的多样化、人才的多元化，对中华民族共同体的形成所做出的突出贡献有目共睹。作为天子脚下一个涵盖了京城的独特的省份，它与其他省份回族自有不同之处——比如说与云南、西北就存在一些差异。本书的可贵就在于它很好地凸显出了中原地区河北回族的一些独特的特性。从某种意义上说这部著作是中国回族的一个缩影：一方面，它有本民族自身发展的一个逻辑；另一方面，它的发展过程又和中华民族的命运紧密相连。例如五四时期的新文化运动，同样在回族群体当中产生了深远的影响，影响了回族的新文化运动，而且有一些独特的表现。说到爱国，这是中国各民族共同具有的一个特征。但是回族的爱国是如何体现出来的？本书有非常生动的诠释。譬如说，作为革命老区的河北涌现出了很多的革命干部、从军人员。解放后在党的派遣下，向全国各省输送了一批优秀的干部，先后成为省级干部的就有一大批：刘格平、刘清扬、刘树生、王连芳、刘世昌、刘震寰、吴庆云等，有很多成为民族干部的榜样，他们坚持马克思主义的民族路线，贯彻党的正确方针政策，团结各族群众一道建设社会主义事业，维护了国家的完整统一，推动了社会进步。

本书一直延续到新时期河北的回族发展。本书一个突出的亮点就是资料翔实、历史脉络清晰，兼顾回族社会发展的各个方面。在这部著作中作者还首次披露了一些鲜为人知的历史和人物资料，这些都使得河北回族史变得血肉丰满。笔者感到本书还具有一个亮点，就是全书贯穿始终的对于党的民族宗教政策的准确把握，对于中国国情的透彻的理解，对于大局的清晰的思路。这些都使得本书具有了一个难以企及的高度。河北回族的历史是整个燕赵儿女慷慨悲歌历史的一个重要的组成部分，也是河北文化中的不可或缺的一个重要组成部分。读这样的地方民族史，使人不断地产生荡气回肠的感觉，潜移默化地强化了几分爱国的情怀。

在这里我想着重强调一下一个容易被忽略的角度：这本书已然体现出来的中华民族共同体史形成的维度。我认为它很容易被人忽略，然而它在当下又十分重要，甚至紧迫。吴丕清先生的这本《河北回族史》可以说是这套"共同体史"的一个维度的证明。他以更为具体的笔触为我们展示了一个以往人们较少考虑的角度：共同体形成的过程。中华文化之所以根基稳固，是因为它的人文精神一脉相承，之所以富于活力是因为它海纳百川，之所以能够传承永续，是因为它的根脉延伸于多民族之民族文化的沃土之中。

以往我们研究民族史特别是单一民族史，往往是多关注单一民族自身发展演变的历程，民族的人物、经济、文化、政治、体育、餐饮、教育等诸方面的历史沿革状况。但本书除实现了为区域性单一民族历史整体存照的目的，还凸显出回族这个单一民族在河北省的发展、演化、生存繁衍过程当中所发挥的建设性、互动性作用。比如说在和其他民族交往过程当中，在历史的进程当中是如何融入一个中华民族的共同体当中的？起源于"一带一路"的回族医药是如何在不断借鉴创新中融入中华医药的？回族革命干部是如何在新中国刚刚诞生的百废待兴的起步时期，分赴全国各地尤其是少数民族地区去为党、为国家效力的？读了这样一部历史，我们就会从一个重要的维度了解到众多的史实。开始理解中华民族到底是如何形成的，如何体现出你中有我、我中有你、你就是我、我就是你这样一些朴素的道理的。

这套丛书以或独立、或综合的形式展示了区域内的各个少数民族——特别是人数较多的四个民族在河北的发展历史。这部书像历史画卷一样，雄辩地向世人展示了中华民族共同体形成的生动的过程。我们从这套书当中可以看到中华民族是如何从古代走向今天，中华民族是如何由多元而为一体，在一体当中又姿态各异地体现着多元。"多元一体""一体而多元"长期以来就是中华民族的显著特征。习近平同志在党的十九大报告中强调要"铸牢中华民族共同体意识"，实际就是在提醒我们不但要珍惜已有的"中华民族共同体"，而且还要进一步从思想意识上不断筑牢它、夯实它！我相信这套书正在实现着这一功能。从中国史、民族史等史学的角度，我知道学者们已经或正在给予这套丛书以恰切的评价。我认为我们还要认识到这套丛书对于正在推进的“筑牢中华民族共同体意识”所具有的政治学、社会学意义，它的教材功能。新冠肺炎疫情席卷全球背景下，各国的民族主义蠢蠢欲动，难道不值得警惕吗？在我看来，我们要向世界展示“中华民族共同体”就要全方位地介绍这个共同体中的成员历史发展的脉络、水乳交融的过程；我们要向世界证明“构建人类命运共同体”主张不是一个“新世界主义”的乌托邦，就需要先证明中国大地上56个民族已经成功地建成了这样一个很好的“共同体”。源远流长的中华文化不仅滋养了这块土地上的各族儿女，各族儿女也不断丰富了博大精深的中华文化。从这个意义上说，“河北省少数民族史”也属于“中华民族共同体形成史”，各个独立的民族史，例如《河北回族史》就可以视为这个“共同体”的不同证明维度。

筑牢中华民族共同体的精神家园，是实现“中国梦”的最基本的前提，更是构建人类命运共同体的基础工程。了解历史才能够理解为什么总书记强调各民族要像石榴籽一样必须紧紧抱在一起的重要的道理，才能明白中华民族是经过几千年漫长的交流沟通融合而形成的。独特的历史决定了“谁也离不开谁”的未来命运之路。党的十八大以来习近平总书记多次强调“建设各民族共有精神家园”“增强中华文化认同”“筑牢中华民族共同体的思想基础”。党的十九大报告中他再次强调要深化民族团结进步教育，铸牢中华民族共同体意识，加强民族间交往交流交融，使各民族像石榴籽一样紧紧抱在一起，共同繁荣发展。这样的嘱托有利于改变一些不了解历史的人狭隘的胸怀、片面的想象、错误的观念。而这套丛书的出版，相信将会有力地促进这一伟大愿景的实现。

（白贵，为吴丕清著作《河北回族史》所写书评，
民族出版社2018年11月版）

舆论监督离公平正义有多远?

摘要：作为社会协调方式之一，舆论监督是在同一文化价值体系中对违背公共价值行为的道德约束。舆论监督受到诸多因素的制约，从外部因素来看，分别是：政府的影响、政治势力的影响、经济势力的影响、自身利益以及专业主义等因素的影响；从内部因素来看，它又受到舆论形成机制、媒体反映舆论机制和舆论时代局限性的制约。

关键词：舆论监督　制约因素　外部因素　内部因素

关于舆论监督的讨论文章可谓汗牛充栋，但对舆论监督的制约因素却较少论及，本文试图对这一问题作初步探讨。在国内，许多专家对舆论监督的含义有不同的界定。陈力丹先生认为：舆论监督“是公众通过舆论这种意见的形态，对权力机构和其工作人员，以及社会公共人物自由表达看法的客观效果。”[1]并认为舆论监督主要是通过大众媒介进行的，其主要形式是批评，但表达的内容同时可以是表扬和建议。刘建明先生给出的定义是：“舆论监督包括工作监督、政策监督和道德监督，是公众对某人某事发表批评和揭露性意见。”[2]在刘建明先生看来，舆论监督就应该是批评报道，不包括表扬和建议。

陈力丹和刘建明各自不同的看法都有道理，而且其核心内容并没有太大的差别。陈力丹也承认舆论监督的主要形式是批评，刘建明之所以把表扬和建议排除在舆论监督之外，大概是为了更突出批评和揭露的意义和作用。然而，上述两种定义又都有一个共同缺陷：只从舆论监督的表现形式入手来界

[1] 陈力丹. 陈力丹自选集[M]. 上海：复旦大学出版社，2004：395.

[2] 刘建明.舆论传播[M]. 北京：清华大学出版社，2001：267.

定舆论监督。这样表述虽然清楚明白，却忽略了舆论监督的内核。如果从舆论监督内核是什么这一角度出发，我们似乎可以给舆论监督下如下定义：舆论监督是社会协调方式之一，是在同一文化价值体系中，对违背公共价值行为的道德约束。这一定义基于以下考虑：诸多学者给出的不同定义中，在舆论主体是公众、舆论外在形态是公开的一致意见、舆论对象是公共事件这舆论的三要素上，大家的看法是一致的。

然而，凡是意见必定有一个评判标准。我们现在需要进一步开掘的是：舆论这种一致意见的依据是什么？刘建明先生认为，舆论存在形态虽然是公开的一致意见，但是舆论的核心是信念，也叫信仰，也就是价值观。就是说，人们是依据自己的价值观对社会事件作出是是非非的判断的，而个人价值观的形成总是受到社会公共价值观的制约和影响，没有公共价值观作依据，也就无所谓舆论。所以，舆论监督从本质上说就是对那些违反公共价值观行为的道义约束。它维护的是人类的共同利益。

舆论监督这一概念虽然是近代民主社会的产物，但它却是自有人类以来就存在的人类行为之一。人类社会为什么会持之以恒地进行舆论监督呢？简而言之，就是人类生存的需要。人类是一个善于为自己的存在赋予意义的种群，这似乎也正是人类和动物的区别之一。人类作为社会性群体，其生存和发展需要建立在共同的价值认同之上。人类社会不能缺乏理想和信仰，人的一生甚至整个人类都生存在一种对理想的追求中。

人生如梦，人生也不能无梦！所以自从有人类存在以来，人类从来就没有放弃和停止过对永恒的公平与正义的追求，虽然绝对的公平、正义永远是人类不可企及的理想。在诸多对良知和正义的追求与守护方式中，舆论监督是其中之一。刘建明先生在《当代舆论学》一书中说："多数人都确信人们应当生活在一个公正的世界里，社会事务必须得到公正的处理。好人、品德优良的人受到尊重，得到荣誉，而坏人要受到惩罚。因此对社会的公正或不公正都要引起人们信念的变动而产生舆论。甚至人们看到许多不公正的事，即使和自己的利益无关，也要维持自己的信念，挺身而出，提出意见，形成舆论。"[1]王梅芳先生在《舆论与舆论监督：正义、公正与制衡》一文中说："如

[1] 刘建明. 当代舆论学[M].西安：陕西人民教育出版社，1990：28、29、33.

果把舆论监督看作一种连续的人类行为和人类精神生长的一种文化策略，那么我们就会认识到，舆论监督不仅是现实的政治行为，它也是人类自我完善的文化行为。”[1]

在舆论监督中，人们的确是想通过形成舆论对那些违背正义和良知的社会行为给予道德上的审判，以期达到维护人类良知和正义的目的，从而实现对整个人类共同利益的维护。然而，舆论监督能在多大程度上代表正义和良知呢？这要受到诸多因素的制约。总的来说，舆论监督作为一种社会协调方式，它的表现不是抽象的，而是具体的；不是一成不变的，而是历史的、变化的。它的总体面貌是受社会民主程度的制约的。现代意义上舆论监督的成熟则是人类民主社会成熟的必然结果。民主社会成熟的一个重要特征是社会各子系统的充分发展和相对独立。舆论监督大多是要通过大众传媒来完成的。舆论监督的对象主要是各种社会权力机构尤其是政府权力机构。所以，大众传媒相对于政府权力的独立与否成为制约舆论监督的首要因素，甚至可以说，没有媒体的相对独立就不会有真正的新闻传播，更不会有真正意义上的舆论监督。在媒体从属于政府权力机构的情况下，舆论监督只是一种工作手段，是权力的补充和延伸，其弊端也是显而易见的。

刘建明先生在他的《舆论传播》一书中有这样的论述：“强化舆论监督，必须建立权力制衡机制，使人民的权利向实效转化。遏制腐败的前提是要在权力结构中建立制约机制，使舆论监督具有独立性。不受制约的权力必然滥用权力，受权力制约的舆论监督是提不起来的‘面条’鞭，甚至成为掌权者排斥异己、自我保护而滥用的‘看门犬’。”[2]“新闻监督代表舆论可称作新闻舆论监督，新闻媒体成为威力巨大的舆论机构，但新闻监督完全受权力支配，就坠入权利的自我监督，监督机制必然遭到瓦解，人民的权利就变成一句空话。”[3]这对于理解政府权力对舆论监督的制约是很有启发的。

---

[1] 王梅芳. 舆论与舆论监督：正义、公正与制衡[J]，武汉大学学报（人文科学版），2004（3）.

[2] 刘建明.舆论传播[M]. 北京：清华大学出版社，2001：276.

[3] 刘建明.舆论传播[M]. 北京：清华大学出版社，2001：276.

如果媒体做到了相对独立，舆论监督就一定能够代表正义和良知吗？也未必。美国批判学派传播学者阿特休尔所著的《权力媒介》一书用大量篇幅详尽地阐述了一个基本观点，即所有的媒介不论是过去还是现在，都不是独立、自为的。媒介从来都是某种权力的吹鼓手。也就是说，媒体即使能够独立于政府，却一定不能独立于权势。舆论监督也是如此。具体说来，媒体内容和舆论监督的最终表现形态是要受到以下几种力量制衡的，或者说是以下几种力量的相互角逐、博弈决定了舆论监督的最终面貌。

第一，政治力量。把新闻自由、舆论监督和政治彻底分开是不可能的。大众传媒似乎永远也不可能达到诸如文学等其他社会子系统那样的独立。不同的政治力量总是试图以各种不同的方式控制、引导大众传媒的舆论，即使是在最标榜大众传媒独立的美国，其舆论监督也往往是政治斗争的结果。被某些人称道不疲的“水门事件”“伊朗门事件”“克林顿绯闻”无一不是由美国民主、共和两党互相攻击、斗争推动的。

第二，经济力量。凡是读过贝戈蒂克安《媒体垄断》一书的人，都会被书中所描绘的资本对媒体的控制触目惊心。在这种情况之下，媒体对商业集团的舆论监督恐怕就会被大打折扣，然而，因为独立于政府，为了财团的利益或自身的利益，却可以对政府和社会的腐败有深刻的批判。

第三，受媒体自身利益的制约。一切独立的事物都首先为自身而存在。大众传媒从来就不是绝对的社会公器，所谓绝对的公器说，有时不过是媒体用来自我标榜的旗帜，而有时又会是善良单纯的学者梦想。不但如此，媒体本身就是一种权势机构，和所有的权势机构一样，不受制约就必然会膨胀和被滥用。有时这种权势机构为了自身的利益更容易和其他权势机构达成妥协而出卖道德和良心，而有时则为了提高自己的社会名誉，不遗余力地进行舆论监督。某些记者搞舆论监督有时就是为了个人出彩。

第四，受专业主义新闻理念的制约。人心向善，这也是不变的事实。社会上总会有一些不畏强权、不为利益所动的人类良知守护者，他们在一定程度上促使新闻舆论监督向符合人类良知和正义的方向运动。

第五，其他人为因素的影响。著名传播学者施拉姆曾说：“人类传播是人做的某种事。它本身是没有生命的。它本身没有什么不可思议的，除非是传播关系中的人使之成为不可思议。”[1]

其实，正是由于人为因素的存在，舆论监督才丰富多彩、变动不拘起来，那些试图完全将社会科学逻辑化、条理化的做法其本身就陷入了思维僵化的窠臼。在舆论监督的操作层面，人情世故的影响有时丝毫不亚于其他因素，这一点似乎可从我国某些舆论监督节目的实践中得到证实。社会本身是一个动态的平衡体。正义和良知只在各种权势集团的相互制衡与博弈中逐渐接近。舆论监督也是一个动态的平衡过程。大众传媒不可能单纯为了正义和良知去搞监督。我们也不能仅仅靠媒体的道德水平来保障实现较为理想的舆论监督，如果这样，就如同要求每个公民都做好人，进而实现社会大同一样幼稚。所以，从舆论监督的外部制约因素来看，舆论监督就成了一种力量的角逐和博弈。它需要的是策略，是斗智、斗勇、斗实力。然而，缺乏舆论主体的制衡，理想状态舆论监督的实现有可能永远是一种幻想。除了上述外在因素对于舆论监督的最终表现形态形成制约以外，从舆论的形成过程、舆论的结构以及媒体对舆论的反应机制来看，舆论也存在偏离正义和良知的可能。

首先，舆论的形成机制有可能使舆论偏离正义和良知。舆论要想完全代表正义，其自身必须理智，而这几乎是永远不可能实现的。舆论从表面上看是公众的意见，众人的意见，但它的形成却从来就不是所有人理智讨论的结果，而只是少数人的意见被大多数人接受的过程而已。在这一过程中舆论领袖和舆论人起到了至关重要的作用。当然，少数舆论领袖的意见被众人接受并最终成为舆论要受到一定条件的制约，条件就是舆论领袖的意见至少要符合公众的现实利益或价值标准。其次，这并不能保证舆论是理智的，因为在很多时候人们是非常乐意传播和接受非理性甚至事后看起来是荒谬的意见的。卡斯伯·约斯特在《新闻学原理》一书中曾说，每一个人都为自己的职业和个人的兴趣所吸引，所以不能花费许多脑筋或注意力来对公共事件作个人的解释。这样他们就很可能接受别人花了许多时间研究这些事件而后表示出来

---

[1] [美]威尔伯·施拉姆、威廉·波特. 传播学概论[M]. 北京：新华出版社，1984：4.

的意见，只要这些意见不违反他个人的偏见或固有的理性感。最后，舆论也从来就不是单纯的意见，它同时也充斥着共同情感，是意见和情感的混合体。卡斯伯·约斯特认为，所谓舆论实质上就是公共情绪，它既含有感情，也含有思想。这也决定了舆论的形成必定不是单纯的理智协商和讨论。事实上，在舆论形成过程中，存在着感染机制，也就是说，情感一直在起作用。

正是由于自身形成机制的缺陷，负向舆论的出现便成为可能。这种情况在历史上是屡见不鲜的。第二次世界大战期间，德国法西斯对内宣传形成的舆论就是一种最典型的负向舆论。正是由于舆论自身形成机制的局限性，舆论本身就不可能完全代表公平与正义。在某个特定的历史时期，人类很有可能集体偏航。在欧洲，苏格拉底被处以死刑、布鲁诺被烧死都是得到了当时舆论的支持的，可是历史证明当时的舆论是偏离了人类的正义和良知的。在我国也有类似的例子。小说《小二黑结婚》中男主人公的原型死于非命，当时的舆论对此事没有表示任何同情，只是作家赵树理于心不忍，才在小说中把悲剧改为了喜剧。其次，媒体反映舆论的机制有可能使舆论偏离正义。舆论正确的前提是全面认识事物。“当人们对客观事物的属性、特征感觉得越丰富，越全面，所获得的印象也就越深刻，越完整，从而人们也就越容易形成正确的舆论。如果人们对客观事物获得的印象支离破碎，也就很难形成自己的见解，必然容易接受他人对这一事物的意见，轻易受社会舆论的左右。”[1]

在现代社会，人们对社会的认识尤其是对公共事务的认识主要是通过大众传媒形成的拟态环境来实现的，所以，大众传媒只有正确地反映事物，人们才能形成正确的舆论。然而，在现实世界中，大众传媒反映社会现实和舆论是按照新闻规律进行的。新闻就是选择。在新闻报道实践中，大众传媒会选择最热闹、最吸引人的事件和情节报告给人们，而这就有可能忽略事实的本质。这就好比是人们看大海，只看见美丽的浪花是无法真正理解大海的，依据浪花对大海作出的评价必定是不可靠的。

媒体在舆论形成过程中的选择又具有放大舆论的功能。这种放大通过以

[1] 刘建明. 当代舆论学[M].西安：陕西人民教育出版社，1990：28、29、33.

下两个环节来实现：一是事实和意见的选择和集中。二是事实和意见的扩散。舆论在放大与扩散中极有可能产生扭曲或变形，从而偏离正义和良知的轨道。

舆论监督可能代表正义和良知，同时也有可能偏离正义和良知。虽然守护正义和良知是媒体不可或缺的社会责任，我们却不应该把其他社会系统承担的同类责任转嫁到舆论监督头上来。即使舆论监督代表了正义和良知，它也只是人类守护正义和良知的诸多方式之一，而且不是最主要的方式。我们讨论舆论监督的诸多制约因素，并不是否定舆论监督的积极意义，而是强调在讨论舆论监督时要学会具体问题具体分析。舆论监督在现实层面上是一种策略、一种博弈。明白了这一点，才能更好地在舆论监督中进退有据、攻守得力，从而提升舆论监督的效果。

参考文献

佘晓敏．舆论监督的难度与突破口 [J]. 当代传播，2004（2）.

周潇．舆论监督乏力的成因分析 [J]. 西安财经学院学报，2004（3）.

罗以澄、吴玉兰．我国新闻舆论监督与法制建设的互动关系 [J]. 当代传播，2006（5）.

鲁力．舆论监督与监督媒体 [J]. 新闻前哨，2006（2-3）.

王永亮．美国新闻舆论监督的保障机制 [J]. 湖南大众传媒职业技术学院学报，2006（3）.

刘志宣．“批评性报道”的提法值得商榷 [J]. 新闻大学，2006（3）.

叶翩．论“舆论监督”与“公众话语权”[J]. 当代经理人，2006（7）.

毕一鸣．“让民做主”还是“为民做主”——论舆论监督中的媒介定位 [J]. 当代传播，2007（3）.

丁柏铨．论党报舆论监督 [J]. 当代传播，2007（4）.

陈迹．舆论监督的错位及规避 [J]. 当代传播，2007（4）.

（白贵、邸敬存，原载《东南传播》2008年第3期）

中国发展传播学研究的一项新成果

韩利红的《主流媒体与政治系统伴随关系实证研究——以〈人民日报〉“厂长负责制”报道（1978—1988）为例》一书近日由河北教育出版社出版。此著以《人民日报》对中国当代企业领导制度改革的较为系统和深入报道为研究对象，具体探讨了发展传播学理论与中国实践相结合的途径和方式，为中国发展传播学研究提供了一个成功的范例。

“发展传播学”起源于西方学术界，其要旨是研究发展中国家如何利用传播手段，促进国家的经济、政治和文化变革，推动社会的现代化发展，探讨大众传媒在社会发展过程中所发挥的作用。在中国，这一领域一般性、原则性的研究比较多，针对中国现实问题、具体深入的实证性研究还比较少。因此，眼下迫切需要进行扎根于本土的、微观的实证性研究，积累本土政策实践的经验性知识，总结大众媒体辅助和影响中国公共政策形成的特点与规律，建立反映中国政策现象和过程的知识体系。只有在掌握丰富的本土研究和源于中国政策经验的知识积累后，才有可能形成具有理论意义的概念与分析框架，为中国发展传播学提供实践论证和理论建树。

从发展传播学的视角看，此著具有较强的新闻学价值和学术研究意义。从1978年肇始的中国当代改革开放的新时期，人们的思想观念日新月异，改革的浪潮波澜壮阔，经济、政治、社会、文化都显得朝气蓬勃，留下了许多值得回忆的历史片段。这一时期轰轰烈烈的社会变革在当代中国新闻史上留下了浓墨重彩的一笔。其中，1978—1988年《人民日报》关于“厂长负责制”报道，则是这一时段具有典型意义的企业改革实践和新闻传播事件。而且，从中国发展传播学视角看，这一题目内含更为重要的研究价值。在当代中国政治、经济、文化和社会发展各个领域，能够作为发展传播学研究案例的问题中，以“厂长负责制”为核心的工业企业管理体制改革是一个较为经典的题目，无论从“厂长负责制”这一工业企业领导制度改革的重要性程度来看，还是从《人民日报》对这一问题关注和报道的时间之长、持续之久、密度之大，以及最终达到的目标和所产生的社会影响来看，都是一个很好的发展传播学研究题目。

综合来看，韩利红的这部专著具有这样几个特点：

一是在文献梳理上有草创之功。作者从十余年的《人民日报》中搜集到最基础的原始资料，对《人民日报》追踪和参与“厂长负责制”实行过程作了全面、深入和条理清晰的分析研究，填补了新闻媒体助推这一国企管理体制改革研究的空白，它不仅是一项中国当代经济史、中国当代新闻传播史的研究成果，还为后续的相关研究提供了较为完整和翔实的资料，具有相当高的新闻史料价值。

二是在中国发展传播学个案研究上有贡献。作者运用创新扩散理论分析了“厂长负责制”经由创新者邓小平倡导之后，经过《人民日报》十年多的传播实践，使之走过了从认知阶段、说服阶段、决策阶段、实施阶段到确认阶段的完整发展过程，为中国发展传播学研究提供了一个较为成功的案例，为丰富中国发展传播学的理论和实践作出了自己的努力。

三是对新闻传播学中的伴随关系理论做了有益探索。作者由系统论原理出发，提出发展中国家的新闻媒体与主导国家经济、社会、文化发展的政治系统是一种伴随关系，是国家政治系统中的一个特殊的组成部分，国家政治系统对社会各阶层发挥引导和影响作用，很大一部分工作是通过新闻网络这一伴随系统来展开的。但伴随系统之间的关系是一种双向互动关系，这就需要全面和辩证地把握新闻媒体的双向传播职能，使其同时成为党和人民的“耳目喉舌”。当然，该书也有一些稍显遗憾之处，比如由于写作结构的原因，历史发展的纵向线索较为清晰，“史论结合”的论述有时显得不够平衡，相应地降低了一部分内容的理论性。但瑕不掩瑜，该书的选题颇具学术价值，资料丰富翔实，特点鲜明突出，体现出很好的开创性。此书的出版使我们高兴地看到，中国发展传播学研究大有可为。

（白贵，原载《河北学刊》2016年第1期）

媒体在国企“厂长负责制”试点决策中的助推作用

摘要： 20世纪80年代中国国营企业实行以“厂长负责制”为核心的管理体制改革，经历了一个较长时间的探索过程，其中，多种因素发挥了各自的作用。对此，运用美国政治学家约翰·W. 金登的多源流理论进行分析可以清晰地看出，在问题源流、政治源流和政策源流经由汇合而打开“政策之窗”的过程中，新闻媒体在国家决策层做出试行“厂长负责制”决定中所发挥的推动作用。

关键词： 厂长负责制　多源流理论　政策之窗　政府决策

在中国当代改革开放的新时期，国营企业进行了长达十年的“厂长负责制”管理体制改革，在这一改革过程中，多种社会因素参与其中，发挥了各自的作用。对此，运用多源流决策理论进行分析，可以发现新闻媒体在开启“政策之窗”所发挥的重要推动作用。

一、多源流理论与中国国情

政府决策中的多源流理论是由美国政治学家约翰·W. 金登在1995年率先提出的。该理论认为，在政策形成过程中存在三种不同的动力源，即问题源流、政治源流和政策源流。问题源流是指“政府官员如何将其注意力聚焦在某个特定问题而不是其他问题上”[1]，指标、焦点事件本身和对现行状态的反

[1] 约翰·W. 金登.议程、备选方案与公共政策[M].北京：中国人民大学出版社，2004：180.

馈会使问题被社会关注。政治源流是指“国民情绪的变化、选举结果、政府的更迭、意识形态在国会中分布的变化以及利益集团施压活动等因素。”[1]这些因素敦促相关政治家在考虑问题时调整他们的侧重点，影响到政策的制定。政策源流是指“政策建议的产生、讨论、重新设计以及受到重视的过程。”[2]这一过程大多产生于专业政策人员的组织中。政策专家围绕要解决的问题，提出自己的意见和主张，并广为散布和传播，力求这些政策建议和主张能够被重视和接受。以上三条源流有着各自的流动系统，但彼此之间也相互联系，在某一个特殊的时点上，三条溪流交汇，问题由此被提上政策议程。这个关键的时间节点被称为“政策之窗”，即“一个政策专家提出其最得意的政策建议或个人对问题之看法的机会。”[3]政策之窗并不是随时能够打开，也不会长时间开启，往往是稍纵即逝。这就需要政策专家时刻做好充分准备，敏锐地捕捉机遇来推动政策之窗的开启，并准确及时地推出自己的政策主张使公共问题纳入政策议程，最终形成预设的政策结果[4]。多源流理论的核心观点在于，某项政策之所以能够被提上议事日程是由于在特定时刻多种因素汇合在一起共同作用的结果，而不是单一因素个别作用使然[5]。在政策制定中，问题源流、政治源流和政策源流是紧密相连的，问题是议程设置的诱因，是政策源流形成的前提条件；政治源流是政策源流的主导因素。政策之窗的打开，需要问题源流、政治源流和政策源流同时并存，并汇聚在一起，共同发生作用。政策本身，政策的主、客体三者之间是互动伴生的，政策制定前后以及制定和执行过程中都是互动的。问题源流、政治源流和政策源流的汇合推开了政策

---

[1] 约翰·W. 金登.议程、备选方案与公共政策[M].北京：中国人民大学出版社，2004：181.

[2] 约翰·W. 金登.议程、备选方案与公共政策[M].北京：中国人民大学出版社，2004：181.

[3] 约翰·W. 金登.议程、备选方案与公共政策[M].北京：中国人民大学出版社，2004：204.

[4] 约翰·W. 金登.议程、备选方案与公共政策[M].北京：中国人民大学出版社，2004：155.

[5] 约翰·W. 金登.议程、备选方案与公共政策[M].北京：中国人民大学出版社，2004：225.

之窗，为把问题提上政策议程创造了机遇，因此，政策之窗又被称作“机会之窗”，政策之窗的闭合表明政策变革的时机还未成熟，如果想推动政策变迁，就必须待到政策之窗开启。按照政策之窗赖以打开的基础，又可将政策之窗分为问题之窗和政治之窗。问题之窗的开启是由于新问题的出现或老问题产生重大突变，并引起政府官员及相关群体的关注。政治之窗的开启是由于政治气候发生显著变化、或新上任政府推出新的政治理念，或国家政局产生动荡等。如果社会信息流动通畅，社会政治生活的透明度就会提高，政策之窗的开启则会更加频繁。也就是说，当更多的社会问题经由新闻媒体传播扩散，就会被更多的人知晓，政策制定的问题源流就会更加丰富。而当一个社会问题引起公众的讨论和共鸣时，政府官员对该问题会更加关注，其被提上政策议程的可能性会大大提高，从而增加了“政策之窗”开启的概率。在应用多源流理论解释中国的政策制定过程时，必须考虑中国政治体制、管理体制的特殊性，这样才能有针对性地分析中国公共管理过程中的政策问题。改革开放以后，中国的政策制定突破了“自上而下”的高度集中模式，更注重上下互动和双向反馈，更接近于多源流的模式。在中国实际政策制定过程中，公众的利益诉求主要通过大众传媒来表达，中国主流新闻媒体作为联结政策中枢系统与广大公众的桥梁，在政策输入过程中起到利益综合与平衡的作用。

二、“厂长负责制”试点决策中三大源流的表现特征

鉴于计划经济体制下企业出现的种种弊端，比如是政企不分，责权分离。企业的生产计划权、产品销售权、人权、财权、物资采购权、工资调整权全部集中在各级主管部门手中，各级“婆婆”对企业的生产经营干预过多，统得过死，企业及其管理者——厂长均缺乏独立的生产经营自主权。而分配上的“大锅饭”，使得企业职工端着“铁饭碗”，干好干坏都一样，缺乏劳动积极性，致使企业严重亏损，长期得不到扭转。造成多头管理，职责不清，互相扯皮，增加了“内耗”。不仅削弱了企业的活力，造成工作效率低下，而且常常阻碍企业生产经营正常进行。政治源流的表现在于中国当代改革开放的

总设计师、“厂长负责制”的制度创新者邓小平，在1978年和1980年两次提出实行国营工业企业管理体制变革，后来，这样的机会逐渐出现了。媒体加大了对“厂长负责制”企业管理制度改革的宣传。1979年7月13日，国务院颁发了第一个“扩权十条”，即《关于扩大国营工业企业经营管理自主权的若干规定》。此外，还颁布了《关于国营企业利润留成的规定》《关于开征国营企业固定资产税的暂行规定》《关于提高国营工业企业固定资产折旧率和改进折旧费使用办法的暂行规定》《关于国营工业企业实行流动资金全额信贷的暂行规定》等。这五个文件是改革开放以来关于企业改革的第一批文件，对各地的企业改革起到了极大的促进作用。很快，扩大企业自主权工作在全国国营企业中迅速铺开，形成燎原之势，并取得了巨大的经济效益。

1980年8月邓小平提出进行党和国家领导体制改革之后，中共中央和国务院先后以行政法规的形式颁布了四个《条例》，即1981年7月13日颁布的《国营工业企业职工代表大会暂行条例》、1982年1月2日颁布的《国营工厂厂长工作暂行条例》、1982年6月3日颁布的《中国共产党工业企业基层组织工作暂行条例》、1983年4月1日颁布的《国营工业企业暂行条例》，这些《条例》在实际工作中都发挥了切实的作用。

三、新闻媒体的介入与三大源流汇合

三大源流汇合方能推开“政策之窗”，而前者能否实现最终汇合，有赖于三大源流能否出现变化以及出现变化的时间。这一变化的时间节点出现在1984年春天，后来，人们把它称为中国“改革的春天”。这时，新闻媒体的介入促使问题源流出现变化，后者则顺势推动了政治源流和政策源流发生新的变化。

1984年2月中旬到3月初，国务院组成由9个单位29人组成的基层调研组，到浙江、上海和江苏进行调研，调研的方式主要是召开座谈会。国营工厂厂长、党委书记、工会主席56人和省市有关部门负责同志12人参加了座谈。座谈会开得很活跃，提出了不少好的意见和建议，也提了一些需要研究解决的问题。绝大多数受访者认为企业领导体制改革势在必行，赞成实行厂长负责制[1]。对于这次关于制定“国营工厂法”调研活动情况,《人民日报》等进行了大量的跟踪报道。制定以“厂长负责制”为核心内容的“国营工厂法”，是中国当代企业管理体制改革的关键环节，具有十分重要的战略意义。出于充分考虑新闻传播效果，斟酌改革政策的社会认可度和群众接受度的需要，必须首先为这一改革举措的出台找到一个合适“出口”，即公开宣传的恰当时机，这正是国家政策的制定者们所一再顾虑的问题。正在此时，杚人民日报枠于1984年3月30日转载了福建省厂长（经理）研究会的一封呼吁信，恰到好处地为实行“厂长负责制”改革送来了这样一个非常合适的“突破口”。

当时来自福建全省的55位厂长、经理会聚在福州，参加“福建省厂长（经理）研究会”成立大会暨第一次会议。与会的55位厂长经理联名书写了《请给我们“松绑”》呼吁信，1984年3月30日，即《人民日报》在第二版头条转载了这封信，并特别附加了“编者按”，明确指出：福建省55位厂长经理的“松绑”呼吁信提出了当前国家经济体制改革中的一个重要问题，切中要害地道出了导致中国企业管理落后、效益不高问题的深层次原因，把企业没有权，厂长经理没有权，旧的阻碍生产力发展的制度革不掉，新的能够促进生产力发展的制度建立不起来等中国企业经营管理中存在的种种痼疾顽症，提到了十分尖锐、发人深省的高度。我们知道，“编者按”是报刊编者对编发的新闻所作的说明、提示或评介文字，用来宣传党和国家的方针、政策，传递了报社对新闻信息的是非判断和价值取向，提纲挈领地表达报道的中心思想，使得新闻的思想深度、理性高度和社会意义得到进一步提高。可以说，“编者按”的篇幅虽小，却能体现深刻的含义而能产生重要的作用。《人民日报》这篇“编者按”，有效地提升了原报道所谈为企业“松绑”问题的认识高度，编者甚至直接站出来大声疾呼：“这些像绳索一样捆绑着企业的手脚，前进一步，困难得很！这种状况的确到了非解决不可的时候了！”这样的呼吁的确令人深思、催人警醒！

于是，继《人民日报》之后,《红旗》杂志、《工人日报》《经济日报》《半

[1] 王梦奎.随彭真进行的一次调查研究[J].中国发展观察，2012（7）.

月谈》、新华社、中央电视台、中央人民广播电台等新闻媒体竞相刊载和播发了福建“松绑”放权的消息和系列报道，并引起了国家有关部门的高度重视。福建55位厂长经理的代表应邀到北京国家体制改革委员会、中共中央党校和《红旗》杂志社汇报座谈。

“一石激起千层浪”，经由《人民日报》转发，《请给我们“松绑”》的社会影响很快波及全国，“松绑”一词不胫而走，成为当时使用频率极高的流行语，极大地解放了人们的思想。全国各地掀起了声势浩大的“松绑”浪潮，不仅是工厂企业的干部职工，各省市党委和政府部门都被动员起来了，江西、黑龙江、河北、贵州、吉林、云南、内蒙古、宁夏、江苏、河南、天津等省、市、自治区积极采取措施放权“松绑”，全国上下遥相呼应，形成了关于加快国营企业管理体制改革的强大社会舆论，政治形势为之一变。“松绑”放权的呼吁引起了国家高层决策者的重视，1984年5月10日，国务院颁布了《关于进一步扩大国营工业企业自主权的暂行规定》，即著名的“扩权十条”。1984年5月15日，国务院总理赵紫阳在全国人大“政府工作报告”中第一次以官方的名义明确提出“在国营企业中逐步实行厂长（经理）负责制”。如今，《人民日报》“呼吁信”所强化的问题溪流为“政策之窗”开启发挥了重要的作用。于是，在1984年春天这样一个时间节点上，问题溪流、政治溪流、政策溪流这三大源流实现了汇合，终于推开了国营企业实行“厂长负责制”改革试点的“政策之窗”。

在20世纪80年代，《人民日报》在全国公众中拥有强大的影响力。1982年底，北京新闻学会对《人民日报》的北京读者做了抽样调查，结果表明，《人民日报》的北京读者中工人占32.9%，农民占9%，学生占8.1%，商业从业者占7.3%。工、农、学、商四种来源的读者共占调查样本总数的57.3%，而国家干部只占22%，“县团级干部”更少。1983年4月，《人民日报》发行处通过对884个县的调查发现，公社以下农村订阅的《人民日报》占总份数的64.2%。可见，《人民日报》虽然是党中央的机关报，它的读者绝大部分还是工农学商各界广大干部和群众[1]。正是由于《人民日报》拥有广大的读者受众，所以"松绑"放权的呼吁信通过《人民日报》的放大宣传，立刻在社会上引起了强烈反响，形成了席卷全国的"松绑"热潮，并产生了巨大的舆论影响，为上层决策者提供了很好的决策依据。总之，新闻媒体的介入引发了问题溪流的激荡，并助推了政治溪流和政策溪流的涌动，三者汇合推动了"政策之窗"的开启。

"厂长负责制"的出台在中国经济体制改革史上是一次重大的突破与创新，其间经历了不同利益群体、不同思想观念长时期的交锋与碰撞，其决策过程很好地诠释了约翰·W. 金登关于政府决策中的多源流理论，并为该理论提供了真实而生动的中国范本。"厂长负责制"诞生的整个过程也彰显了媒体在开启政策之窗、促动政府政策制定的舆论力量，这对中国其他公共政策领域的改革也同样具有启示和借鉴意义。

（白贵、韩利红，原载《河北大学学报》哲学社会科学版2015年第3期）

[1] 范荣康.新闻评论的一般特征［J］.新闻战线，1984（2）.

民国新闻纪录片伦理规制的历史考察

摘要：民国前中期，随着新闻纪录片社会化进程的加快，相伴而来的伦理冲突也逐渐凸显。社会普遍呼吁新闻纪录片应秉持真实性原则，摒除不良内容，引导新闻纪录片发挥社会教育职能。抗战时期，提倡新闻纪录片记录、传播真实战况，统一舆论、思想，团结各界积极抗战成为社会共识。大众媒介伦理批判与官方的管控措施共同使得新闻纪录片在真实性、题材内容、教育职责等方面得到不同程度的规制。新闻纪录片的伦理规制强化了国民对国家与民族的认知，是民国“新媒介”社会化进程中伦理变迁轨迹的重要段落。从公共利益至上、求善、无害等伦理学原则出发，追求媒介、社会与人的良性互动，不断规制、影响着民国媒介特别是新媒介的伦理走向。

关键词：民国“新闻纪录片” 伦理规制 公众利益 媒介责任 历史考察

“纪录片”一词，诞生于1926年2月8日，此后学界虽对“纪录片”的概念有所争议，但对其属性达成了一定的共识：第一，纪录片具备真实性，这是其本质属性。第二，非虚构性。第三，主观性。纪录片虽是真实的，非虚构的，但是在取景、拍摄、剪辑、艺术加工等过程中都会融入创作者及观众的主观思想。第四，故事性。故事性是纪录片得以传播与引人深思的基础。新闻纪录片作为纪录片的一种形态，是指借助影视媒体手段，以纪录片的手法，对新近发生的事实所进行的完整而系统的影片记录。新闻纪录片是新闻和纪录片的融合体，兼具新闻与纪录片两种属性。新闻纪录片通过影像报道社会生活纪实、重大新闻事件与政治活动，其内容必须具有一定的新闻价值。

一、“新闻纪录片”的风行及其社会影响

民国时期是中国纪录片的奠基与发展的时期，当时更多人将新闻纪录片称为“新闻片”。有学者认为，纪录片的定义也有一个发展的过程，在早期，新闻纪录片当然是纪录片中的一种，这种概念一直可延续到中华人民共和国成立之前。纪录片分为两大类：新闻事件性的纪录片和文化性纪录片。新闻事件性的纪录片，主要记录一种不能再重复的事件；文化性纪录片的报道领域很广，可以涉及社会生活许多方面，但主要是介绍生活方式、反映人的思想意识和文化艺术等。[1]按这种分类来看，民国时期的多数纪录片均可称为新闻事件性纪录片，其内容以报道社会新闻事件与重大政治活动及战事为主。中国人拍摄的第一部新闻纪录片是朱连奎1911年拍摄的《武汉战争》，记录了武昌起义的战场情景。随后1913年的《上海战争》被称为“空前绝后的活动影戏”。这两部新闻纪录片区别于之前的风光类纪录片，记载了民国资产阶级革命的历史场景，具有新闻与文献价值。20世纪20年代，先后有近20家影片公司拍摄新闻纪录片，有记录知名人物活动的，如《孙传芳》《冯玉祥》等，有记录事件的，如《济南惨案》《张作霖惨案》等。据不完全统计，1905年到1930年，中国人自己拍摄的新闻纪录片有百余部。[2]而“九一八”事变后，抗战题材的新闻纪录片逐渐成为主流,《十九路军血战抗日——上海战地写真》《上海之战》《东北义勇军抗日战史》等新闻片记录了战场真实情境，呈现了战争的罪恶与残酷，激励着国人众志成城，团结抗日。

新闻纪录片在群众中十分受追捧，其主要上映场所为各大电影剧院，以武汉为例，1919年有专业性电影院19家，兼有电影放映的戏院和游艺场9家，大众皆可购票去影院观看电影与纪录片且票价适中。如《新秦晚报》为即将在西安阿房宫影院公映的《抗战特辑四集》新闻纪录片做宣传：“最近在汉口连映二十余日，每场皆患坐满，热烈情形可称空前。该片已于日前到达本市，近期在阿房宫公映。其内容如台儿庄歼敌真相，我军英勇情形以及大批俘获

---

[1] 石屹.电视纪录片——艺术、手法与中外观照[M].上海：复旦大学出版社，2000：200.

[2] 程季华.中国电影发展史[M].北京：中国电影出版社.1963：635.

物品等，均包罗无遗。摄影师技术高明，故所取材最有价值，其他如武汉击落敌机二十一架，潼关炮战真相等亦极为珍贵，成为抗战史影片中最有价值之一部。”[1]而抗战时期，抗日流动电影放映队也成为影片播放的重要方式，使得更多的群众可以有机会观看新闻纪录片。“湖北省电影教育巡回施教队首次在恩施放映有声电影……放映中国电影制片厂的《保家乡》，影前加映抗战电影新闻片。放映均在露天场地，每场观众逾千人。”[2]新闻纪录片丰富了当时的新闻报道方式，降低了信息获取门槛。动态影像彻底改变了以往纸媒的死板与单调，让新闻“鲜活”起来。新颖的视听媒介不仅使人获得了新闻信息，而且可以使人悦耳娱目，于是风行一时，当时社会对新闻纪录片有着高度评价：“利用报纸传播新闻是比用口头或其他方法传播的迅速而广大。不过这种传播新闻的方法仍有很大的缺点：一个不识字的人，他看着新闻报纸是一点消息也得不到。因此，为了补救新闻纸的缺陷，或是还有其他的原因，那比较新闻纸，更要普遍化的传播新闻工具——新闻片，发明了。这种用电影传播的新闻，不但可以得到一些新鲜的消息，且能如身临其境似的看见那些新闻活动的表现出来。虽然是远方发生的事情，也都可以映在眼前。”[3]不仅对内传播产生了变革，新闻纪录片在对外宣传上更具有不可替代的作用，“新闻片是报道全国消息最有动效，最生动的手段，也是贯通各地情形的主要工具。尤其是新生中的中国你要把他经历的一切苦难挣扎，传播至全世界。在历史意义上讲，将来人要认识现在的中国，固然可参考历史文献，报纸书籍甚至文艺作品，但给将来最完美的动的图书的，恐怕是新闻片吧！”[4]

二、民国“新闻纪录片”的伦理失序困境

新闻纪录片作为民国社会的“新媒介”，随着社会化进程的深入，在社会的各个方面都产生了巨大影响。但值得注意的是在发展初期，伦理失序现象

[1] 新秦晚报.抗战特辑四集阿房宫上映[N].新秦晚报，1938-05-30.

[2] 恩施州志编纂委员会编.恩施州志[M].武汉：湖北人民出版社。1998：923.

[3] 包时.新闻片之话[J].明星，1935，2（6）.

[4] 苏戈.谈新闻片[J].联华画报，1935，6（3）.

在一个时期内严重影响了其作为新媒介公信力甚至新闻业的发展，最为突出者，当属抗战初期的部分新闻纪录片，在一定程度上扰乱了民众思想，进而造成了负面的社会效应，这些曾引发了民国社会的广泛关注。

1.“普遍信任”与“虚假盛行”

相比于报刊，大众对新闻纪录片更加信任，因为人们毕竟信奉“耳听为虚眼见为实”的信条，活的影像胜于单调的文字，新闻纪录片的出现弥补了报刊新闻真实性的不足，使得新闻更加生动且具有可感性。然而也正是因为这种“真实”，新闻纪录片对于受众的认知影响更为直接而有效；同样，囿于对技术的陌生和对新媒介的追捧心理，虚假拍摄的新闻纪录片对于社会大众的欺骗性、危害性也十分巨大。

作为新闻，最为重要的便是真实性原则。新闻纪录片的真实比起报刊似乎更可靠，民国著名导演程步高曾谈道“盖以新闻影片本是原事实之复写，忠实可靠，不比报纸之记载，或以记者本身之种种关系，或以报纸之党派区别，对于原事实不免有所增改，而含有种种之作用，致新闻失其真相，而阅者以误传误。此新闻影片之所以胜于新闻报纸也”[1]。民国时期，纪录片刚刚兴起不久，民众的猎奇心理使得纪录片广受欢迎，制片商希望通过纪录片来换取商业利益，政府想利用纪录片来为其统治服务，做好宣传舆论工作，爱国人士通过纪录片来记录入侵者的残暴行径，以求唤醒国民共同抗敌……但无论出于何种目的，新闻纪录片的真实性都是必须遵从的原则，失去了真实，新闻纪录片也就失去了价值。“新闻片最大的要求，就是迅速与真实，新闻报道第一要义，一定是要真实。新闻报道固然需迅速，可是同时还需真实，还是比什么都更重大的，有人或要说，因为急于报道，故无吟味、推考事实真伪的余暇，可是来报道事实要去描写真实这件事，可有新闻记者之力，与德义心来得到严正之判断的，所以我说因为是望迅速，故一面是要意识着是否真实的。”[2]可见，虽然新闻追求及时性，但不可为了迅速而失去真实，新闻

[1] 程步高.新闻影片谈[J].明星特刊，1925（5）.

[2] 西林.谈新闻片[J].天津商报每日画刊，1937，23（6）.

纪录片与报刊新闻一样，在真实性上有着极为严格的要求。“九一八”事变后，社会各界都在为抗日救国进行积极宣传。新闻纪录片通过真实影像报道与记录战场实情，视听感官的刺激使受众如亲临现场般感受真实，因而抗战时期的新闻纪录片工作变得十分重要，具有其不可替代的意义与作用。然而，早期新闻纪录片在社会化进程中由于受到猎奇心理和商业利益影响，在真实性原则上存在巨大的问题。“自从去秋战事发生后，香港的制片人，为了生意眼关系，争先恐后的拍起战事新闻片，至今此种新闻片的产生，不下五六十部，以量言，这是一个颇为可观的数目；然而研究它的内容，除中国电影厂、中央摄影厂出品忠实可靠前线实地拍摄外，其他大部为闭门造车。他们的材料来源不外二途：一、从外国影片中翻映，二、以低微的代价向四处搜买，然后并在一起，不管三七二十一的连接起来。加一点字幕说明，只要有四五千尺长，就替他取一个片名，交给电影院里以每天连映十场的极形极状作为一个独立节目开映。所以这种影片，内容简直是包罗万象，有《凡尔登大战》的精彩镜头,《西线无战事》的伟大场面，但是在字幕作者的神笔之下，都一变而为《江阴炮台大血战》,《平型关我军杀敌似麻》了……我曾目观一部战事新闻片字幕制作情形，作者的参考是一份当天的报纸，不管内容是否吻合，只需影片画面与报载标题略有相似，他便不客气的照抄直录。”[1]可见，香港的战事新闻片可谓五花八门，随意制作，根本无须亲赴实地拍摄，只需剪接拼凑，改改字幕即可。这种行为严重违背了新闻纪录片的真实性原则，只为一时的利益可图。有人批判这是发国难财，十分可恶，制片商投机，迎合市场热点，不顾道德与新闻片伦理，粗制滥造，随意编排事实，扰乱社会民众思想。“战事以后，发国难财者为数不少，影界诸公，发财不敢后人，拼命站在他们的岗位上，谋发国难财者，颇不乏人，上海方面这情形还好，香港确实乌烟瘴气，一塌糊涂。当上海战事正激烈时，香港差不多每天都有新的战事巨片出现，内容是把一些旧的战士片剪剪接接，加点说明，装个动人

[1] 电声.大都是“闭门造车”香港的战事新闻片[J].电声，1938，7（15）.

的片名，就此上映，爱国男女趋之若鹜，于是投机片商大发洋财。”[1]

2. 缺乏底线的商业化、娱乐化与教育缺位

民国时期社会娱乐风气盛行，社会分化严重，人们注重感官享受，许多报刊、广播等为了迎合受众，常常提供一些劲爆，具有冲击性、刺激性的消息，大多对人没有裨益。在新闻纪录片发展进程中，其社会教育领域发挥的作用也一度与大众的期望背道而驰，社会对新闻纪录片教育职责遗忘的批判之声不绝于耳："平常很容易看到儿童在弄堂里学做戏台上的黄天霸，而接吻，跳舞，结婚，捕盗，追打，近年来也影响了多少儿童的微弱心理而为他们所娱乐模仿。"[2]正是因为影像具有强大的感染力，民国社会才极为重视纪录片的教育功能，寻求最大限度地发挥其积极作用。有识之士十分注重新闻纪录片的制作，提倡要注重社会公共利益的同时兼具教育性，造福社会。"在新闻报道的时候，大多数民众有很深切且直接有影响的新闻的选择，我们至少不可忘了，公共利益的观念才对，然而现在往往有不顾新闻内的价值，而只能刺激读者感情的东西……这除了只能满足一部分人的好奇心外，对于公众的利益是一点无所寄予，这是每一个新闻片制作者必须避免的。其次，新闻片的摄取，除了应该注意到真实而富于戏剧性，内容勿使单调枯燥外，还应该具有深入的教育意义，并普遍的介绍新知识。"[3]阮毅成谈到影戏的教育功能时表示："影戏是教育的工具，早已为一般人所公认，但是还不过只是以为影戏可以作为教育的工具而已，而我却以为影戏的本身便是教育。无论教育有多少伟大的目的，影戏都可以抓得上，影戏也更因为是与我们的生活最密切的，有时它的功效还比教育来得大，在知识方面，为善方面固然如此，在道德方面，尤其是为恶方面，更是如此。"[4]影戏事业不单单是商业行为，更是文化教育事业，它应该有益于国民的道德培养与文化提升。同样新闻纪录片

---

[1] 余以文.战事新闻片内容想入非非电影界发国难财者也不少[J].中国艺坛画报，1939（65）.

[2] 阮毅成.影戏与社会道德[J].长城特刊，1927（9）.

[3] 西林.谈新闻片[J].天津商报每日画刊，1937，23（6）.

[4] 阮毅成.影戏与社会道德[J].长城特刊，1927（9）.

的制作不仅是为了更加形象生动地传播新闻信息，也应在是非曲直、善恶真假、公平正义等方面给予民众一种正确的价值观念，这才是好的新闻片该具备的社会属性。为了改变不良娱乐风气，民国社会强化社会教育，发挥各类媒介在教育方面的积极作用，例如倡导报刊设立知识园地，广播建立“空中课堂”，通过多种形式普及社会教育。而新闻纪录片作为民国时期的新媒介，社会对其在教育领域的巨大作用寄予了厚望：“新闻片有新闻价值，在国防上更有政治的意义，所以在战时，它可以将伟大的战绩活生生的记载下来，在平时它可以作为一种文化教育有力的工具，它能够补足报章、杂志，以至于历史若干无能为力的地方。”[1]纪录片的兴盛在民国社会产生了重大的影响，新的媒介形式不仅加速了信息传播，改变了传播的格局与模式，而且拓宽了社会教育的途径。程步高呼吁“新闻影片有发展民智之可能，补救教育之不足，增加人生之乐趣，西国制影片事业，虽日渐发达，而鲜有注意及此者，电影院中所见之中国新闻片，多为外人所摄制，我愿国制影片公司急起直追，为国人提高知识焉。”[2]

三、民国“新闻纪录片”伦理问题规制及其历史思考

新闻纪录片对于民国社会而言，在政治、经济、文化、教育、民生、军事诸多方面起到了不可代替的作用。作为一种新媒介，为大众提供了新奇的观影体验，展现了其巨大的社会价值与意义。但新闻纪录片在发展中暴露出的伦理失序现象，以及当局遵循社会普遍的伦理价值原则对新闻纪录片采取的伦理规制措施更值得关注，这是中国新闻纪录片发展史上一个重要的阶段，为以后纪录片及整个影视业的成长打下了不可忽视的基础。

1. 建设始于规制：中国新闻纪录片伦理规范的奠基期

民国时期，真正意义上涉及影片内容管控的始于北洋政府时期，1923年江苏省教育电影审阅委员会成立，这是民国电影检查制度的开端。该会明确

[1] 姚圻.新闻片与纪实片：几年来从电影工作获得的一点启示[J].电影与播音，1943，2（1）.

[2] 程步高.新闻影片谈[J].明星特刊，1925（5）.

制定了影片的审阅标准：第一，影片应有教育意义，对社会产生良好影响；第二，通常影片但为营业关系可无流弊者、本会不加可否；第三，影片内容有碍社会风化，经告知而不加以修正的，该会将上报政府。1926年的北京教育部电影审阅成立，该会对影片不良内容有着更清晰的界定："一、迹近煽惑有妨治安者。二、迹涉淫袭伤风化者。三、凶暴悖乱足以影响人心风俗者。四、外国影片中之近于侮辱中国及中国之影片中之有碍邦交者。"[1]借鉴与吸取之前的经验教训后，此次审阅标准可谓北洋时期最为详细的，第一次列入了有关"辱华"和"有碍邦交"等内容。1930年11月3日，国民政府发布了《电影检查法》。该法案首先明确了电影检查标准"电影片有下列情形之一者不得核准。一、有损中华民族之尊严者；二、违反三民主义者；三、妨害善良风俗或公共秩序者；四、提倡迷信邪说者。电影检查委员会后来又制定了《电影片检查暂行标准》，进一步规范影片内容，如有损中华民族者，为他国宣传，危害中华民国者诋毁现政府之措施者，表现我国或民族之不良习气者，表演服用吗啡者等。为妨害风俗者，如表演儿童犯罪者，描写淫秽及不贞操情态者，描写引诱或强暴异性者，描写乱伦者，以不正当方法脱卸妇女衣裳者，描写自杀行为者，描写赌博者等。另一大项为妨害公共秩序者，如描写盗匪流氓扰乱社会秩序者，描写个人或团体不正当之斗争行为者，表演处决罪犯之恐怖情形者，表演残忍及恐怖之决斗者等。按照规定，凡有违反上述标准之影片，应即修剪或全部禁止。"[2]《电影检查法》在法律层面对影片不良内容进行了明确的说明与规范，对净化电影市场起到了积极作用，该法对新闻纪录片同样具有约束作用。法律条例的设立不单单是一种形式与依据，更重要的是在于贯彻落实，切实规制新闻纪录片的伦理问题。当时香港的电影界状况百出，伦理问题不断，不仅是新闻纪录片的虚假拍摄，在电影方面也是鬼怪横行，低级烂俗。特别在抗日战争的特殊时期，亟待加强管理，统一思想，制作具有民族性、教育性的影片。对此当局十分重视，及时展开调

[1] 中国电影资料馆.中国无声电影[M].北京：中国电影出版社，1996：126.

[2] 电影检查委员会.电影检查工作总报告[M].电影检查委员会，1930.

查与整治。“希望得一机会，与电影界，文化界，新闻界，教育界及各界人士交换意见，商酌今后电影界出品应如何努力及所采取之趋势。本人对于港地卑污神怪影片之大量出产，即表遗憾，但对此种影片亟需严格取缔。昔日电影检查会，对此种影片注意取缔，当此非常时期，更应予以制止。以目前情形言，华南影界，因决然改变其作风……影艺大众化之实践，非将影片迎合大众低级趣味，而系教育大众导人生活艺术化之境地，使能抓住大众之心灵，而只是其向上之途径，此次编导摄影者所当特别注意者也。”[1]

新闻纪录片管理部门也曾对新闻纪录片不良内容下达政令，对有损国家形象的影片内容加以管理。“亲见此间电影院放映新闻片中有关于中国新闻数段，一份贫民争领救济粉，一卫生员手持药桶向衣服褴褛儿童放射药粉似为其捕杀身上虱子。北平行营主任李宗仁将军与其四位军官……随即映出服装臃肿，行为极不整齐之士兵，一队约三四十人无精打采，步行不久，既席地而坐或倒卧情形……此等宣传将使观众对中国留不良印象。此等公司在中国拍摄新闻片，应予以严格审查及限制……如有关系要塞堡垒及军事设施，及涉及迷信怪异者，自应切实予以禁止。”[2]可见，新闻纪录片一方面可以作为新闻的传播与记载，另一方面它对于国家形象的宣传十分重要，成为各国对外传播的一种手段，必须严格管控其内容。虽然有些新闻纪录片的拍摄内容符合客观存在，但确是有意抹黑、侮辱，或是包含色情、有碍风化之场景，这样的新闻纪录片同样需要被管控，不得公开放映。

2.“新闻纪录片”伦理问题规制之意义回望

伦理规制是社会规制的组成部分，具有一般社会规制的基本内涵，即它是具有社会强制力的规则及其实施活动和机制。伦理规制是多方力量共同协作的过程，其具备了外在法律层面的强制力约束，同时兼备内在行业与个体的道德自律行为，是道德规范化的一个必经过程。民国时期的新闻纪录片伦

[1] 徐浩.非常时期电影检查所主任徐浩至港取缔毒素影片，不良电影严予制止，摄竣各片均须检查[J].电影，1938（16）.

[2] 安徽省政府公报.准警察总署电以多明尼亚电影院放映有关中国新闻片数段实有损国体以后应严禁摄取由[N].安徽省政府公报，1948-04-26.

理失序现象已经严重影响到社会的风气，而对于发展初期的纪录片行业来说，行业内部的自我调整与规范能力有限，不能及时纠正已有的伦理问题。只有通过行政与法律等形式，强制纪录片行业进行调整，实行切实有效的伦理规制措施，促进新闻纪录片行业的自律规范，引导其朝着健康、有益于社会的方向发展。政府与社会对于新闻纪录片伦理问题的规制，有利于预防低俗不良之新闻活动，有助于协调新闻关系，促进新闻纪录片行业与社会的协调发展。

回顾民国历史，“五四”时期掀起了革新与革命浪潮，体现在社会的各个层面。而在伦理道德方面的革新就是要用与时代要求相一致的新的道德观念，替代原有伦理思想体系在社会生活中的影响，亦即破除旧道德，树立新道德。由于民国时期特殊的国内外环境，很长一段时期内“救亡图存”成为民国社会的共识，正是在这样的社会理念影响下，新道德的树立充满了公众利益色彩。“五四”时期，在道德的本质和作用问题上，一个普遍的共识是，真正的道德是个体和社会追求完善的体现，以维护公共的生活和群体的利益为特征。[1]真正的道德，既不是将自己视为他人的附属的“奴隶道德”，也不是只知有己不知有人的“极端自利主义”的个体道德，而是将主体置于社会之中，为社会尽义务、谋利益的道德。

在新闻纪录片伦理问题的规制上，政府与社会所秉持的伦理原则深受“五四”时期的伦理思想影响，并以此作为道德标准来衡量新闻纪录片的社会价值。第一，公共利益至上原则。强调一切社会行为应有益于社会整体利益，满足社会大众的精神与物质需求。与之相反，有损于社会整体利益的行为就应得到相应的规制。新闻纪录片具有传递信息、普及教育、娱乐大众等作用，但无论发挥何种作用，都要把公共利益放在第一位，不能因私而罔顾公共利益。第二，求善原则。在伦理学中，“善”是核心议题，善的最终走向为道德评判。某一行为如与社会道德目的一致，则为道德善；如与社会道德目的相

[1] 赵清文.五四“新道德”中的社会伦理取向及其基本内涵[J].中国矿业大学学报，2019（2）.

反，则为道德恶。求善原则就是指追求道德善原则，也即正当原则。

求善原则要求传播者在新媒体影像传播实践中，无论是传播手段还是传播目的都要是善的、正当的，且符合社会道德目的。[1]第三，无害原则。无害原则秉持，即对社会公共利益与国家利益等没有伤害，又对个人与他人没有伤害。在新闻纪录片的传播中，虚假拍摄会造成社会公信力下降，引发不必要的慌乱；色情淫秽影像会危害大众心智，有碍社会风化；暴力血腥镜头则易使人产生心理阴影，影响社会安定。无害原则是道德的最低标准，所谓损人利己、损人不利己等行为均为不道德之行为。

民国新闻纪录片的历史、新闻、文化传播功绩和文献价值值得肯定，而其在社会化进程中显露的伦理问题及其规制经验同样值得关注，其规制的努力，曾经推动了纪录片事业朝着良性方向发展，这也构成民国“新媒介”社会化进程中伦理变迁轨迹的重要组成部分，关乎整个社会思想价值观的嬗变与传承，在民国媒介史上起到了举足轻重的作用。

（白贵、康智，原载《出版发行研究》2019年第12期）

[1] 周建青.伦理学视野下新媒体影像传播的社会伦理问题探析[J].现代传播，2015（1）.

欧盟治理种族歧视或仇恨言论立法之现状、动因及不足探析

摘要：本文对欧盟及其主要成员国治理种族歧视或仇恨言论立法之现状、动因及不足进行了探析。欧盟及其主要成员国均立法将传播种族歧视或仇恨言论界定为犯罪，其立法精神是与国际共识相一致的；而国家族群构成多元化以及种族主义问题凸显，则是相关立法的社会动因；同时，根据变化了的社会族群结构调整相关立法，也是世界各国大势所趋。基于欧洲自身传统，欧盟及其主要成员国均未将“亵渎宗教”纳入种族歧视或仇恨言论治理范畴，在穆斯林群体成为欧洲最大的少数族群的当下，其无法妥善处理因“亵渎”伊斯兰教“先知”而引发的社会冲突；能否尊重伊斯兰教特性，将“亵渎”伊斯兰教“先知”事件纳入族群治理范畴，是欧洲不得不面临的问题，也考验着欧洲各国精英以及民众的智慧。

关键词：种族歧视或仇恨言论　犯罪　族群多元化　亵渎宗教

所谓“种族歧视”是指“基于种族、肤色、世系或原属国或民族本源之任何区别、排斥、限制或优惠，其目的或效果为取消或损害政治、经济、社会、文化或公共生活任何其他方面人权及基本自由在平等地位上之承认、享受或行使”。[1]种族歧视既表现在日常工作、生活中，也表现在相关言论表达中。

---

[1] 消除一切形式种族歧视国际公约[EB/OL].http：//~vw.un.0rg/chinese/d0cuments/instruments/docsch.asp？ year=1969.

种族歧视或仇恨言论，轻则伤害族群感情，影响社会和谐，重则造成族群对立、社会撕裂，甚至引起族群仇杀。“二战”期间，《冲锋队员报》等德国纳粹媒体的反犹宣传；卢旺达大屠杀中，RTLM电台、《康古拉报》等媒体的仇杀煽动，均曾为种族屠杀推波助澜，成为人类社会不堪回首的往事。

种族歧视或仇恨言论必须立法禁止，在世界各国族群结构日益多元化的历史背景下，这尤为重要。欧盟及其主要成员国，[1]均立法禁止种族歧视或仇恨言论，这是对各国族群构成多元化现实在法律建构上做出的回应；同时，其既有立法也面临着现实问题的考验，局限性正在显现。本文拟对上述问题做粗浅的探讨。

一、欧盟及其主要成员国立法将种族歧视或仇恨言论界定为犯罪

“二战”以后，欧盟及其主要成员国均逐步完善了种族歧视或仇恨治理的相关立法，无论是在欧盟层面还是在各个国家层面，都将种族歧视或仇恨言论界定为犯罪。相关立法是其反种族歧视行动的必然组成部分，也是国际社会反种族歧视共识在欧洲的实践。

1.欧盟立法将种族歧视或仇恨言论界定为犯罪

早在1950年，《欧洲人权公约》就规定了无歧视原则（第14条）：“应确保人人无区别地享有本公约所列举的权利和自由，尤其不得基于性别、种族、肤色、语言、宗教、政治或其他方面的见解、民族或社会本源、属于少数民族、财产、出身或其他情况而予以歧视。”[2]《欧洲人权公约》可以在欧洲人权法院直接适用，其可视为禁止种族歧视或仇恨言论立法的欧洲共识和总则。

经过多年努力，2000年以后，欧盟终于将种族歧视或仇恨言论纳入了刑法治理范畴。这体现在《关于将通过计算机系统从事种族歧视和仇外行为犯罪化的附加议定书》《关于种族主义和仇视外国人的框架决定》两部法规中。

---

[1] 虽然英国已在近期启动脱欧，在本文的论述中，为方便起见，仍将英国也包含在内。

[2] 转引自：克莱尔·奥维等著.欧洲人权法原则与判例（第三版）[M].何志鹏等译，北京：北京大学出版社，2006：347.

为加强对网络犯罪的打击，欧盟于2001年通过《网络犯罪公约》；2003年，又通过《公约》附加文件，即《关于将通过计算机系统从事种族歧视和仇外行为犯罪化的附加议定书》。该《议定书》规定，缔约国应将四种网络言论确立为犯罪：[1]通过互联网散播种族歧视和仇外资料；以种族和仇外心理为动机的威胁；以种族和仇外心理为动机的侮辱；否定种族灭绝罪和反人类罪，或对其表示赞同，或认为其罪行轻微等。2007年，欧盟27国司法和内政部长在卢森堡签署《关于种族主义和仇视外国人的框架决定》，其目的是推动成员国在打击种族歧视和仇恨犯罪中加强合作。其中，对种族歧视或仇恨言论做出了如下规定："公开鼓吹针对基于种族、肤色、宗教、国家、民族来界定的一个群体或者这个群体中的个人的暴力和仇恨，宣扬或散布印刷品、图片或者其他材料……"[2]为犯罪，成员国应该确保这些行为"受到至少获刑1至3年的处罚"。[3]

2. 欧盟各主要成员国将种族歧视或仇恨言论界定为犯罪

欧盟各主要成员国也大都将种族歧视或仇恨言论界定为犯罪。其中，德、英、法三国立法较有代表性。

德国将种族平等原则写入了《基本法》。其第3条第3款规定："任何人不得因性别、出身、种族、语言、籍贯、血统、信仰、宗教或政治见解而受歧视或享特权……"。德国更将种族歧视或仇恨言论纳入《刑法》惩处范围。第130条（2）规定：[4]

（2）实施下列行为之一的，处3年以下自由刑或罚金刑：

1. 将煽动对部分居民或民族、种族、宗教、或由其民族特性决定的集团的仇视、要求对之实施暴力或专制、或通过辱骂、恶意蔑视或诽谤部分居民

[1] 张颖军.打击网络犯罪中的少数人权利和保护[J].中南民族大学学报（人文社会科学版），2011（3）.

[2] 田建明.打击种族主义和种族仇恨.中国民族宗教网[EB/OL].http：//www.mzb.com.cn/html/Home/report/21035-1.htm.

[3] 田建明.打击种族主义和种族仇恨.中国民族宗教网[EB/OL].http：//www.mzb.com.cn/html/Home/report/21035-1.htm.

[4] 徐久生，德国刑法典[M].庄敬华译，北京：中国方正出版社，2004：75.

而侵害其人格尊严的文书（第11条第3款）a.予以散发，……

2. 以无线电传播本款第1项所述内容的。

上述条款还可用来规制行为发生在境外，却在德国产生影响的言论。这实际上是赋予了其规制境外联网（尤其是自媒体）言论的权限。2016年9月，德国一名律师向慕尼黑检察院提起诉讼，要求强制Facebook[1]删除其平台上的种族歧视或仇恨言论。检察院已决定对多名Facebook高管开展调查。[2]早在2015年，德国政府还与Facebook、谷歌和Twitter达成协议，三家公司应在接到举报24小时内删除仇恨言论。[3]

英国也有针对种族歧视或仇恨言论的刑事立法。《种族关系法》（1976年）首次规定了煽动种族仇恨罪；《公共秩序法》（1986年）则吸收了《种族关系法》的相关内容并作出了更为详细的规定；2006年，英国又制定《种族与宗教仇恨法》，设置"煽动宗教仇恨罪"，并将其插入《公共秩序法》（1986年）"煽动种族仇恨罪"之后。[4]

《公共秩序法》（1986年）第1823条界定了六类种族歧视或仇恨言论：使用威胁、辱骂、侮辱性语言，或者展示该类文字材料；出版或发行该类书面材料；公开表演该类剧目；发行、展览、播放该类音像制品；在广播或有线电视中播送该类节目；以展览、出版、发行、广播为目的持有该类材料等。[5]相关言论一旦构成煽动种族歧视或仇恨罪，则会受到刑事处罚。《公共秩序法》第27条（3）规定：[6]

（3）犯有本章该款罪名的，应承担如下责任：

（a）经起诉后定罪的，可处不超过两年监禁或被罚款或并罚；

---

[1] Facebook欧洲总部在爱尔兰都柏林，不在德国境内。

[2] 孙谦.Facebook在德遭调查：自由言论还是非法仇恨言[EB/OL].http：//wemedia.ifeng.com/282574492664871/wemedia.shtm1.

[3] 显凡.Facebook谷歌等妥协244小时内删除仇视言论[EB/OL].http：//tech.ifeng.com/a/20151216/415244050.shtm1.

[4] 班克庆.煽动型犯罪研究[D].苏州：苏州大学，2012：115-117.

[5] Pub1ic Order Act 1986.[EB/OL].http：//www.1egiSlation.gov.uk/ukpga/1986/64.

[6] Pub1ic Order Act 1986.[EB/OL].http：//www.1egiSlation.gov.uk/ukpga/1986/64.

（b）依简易程序判决的，可处不超过六个月监禁或处不超过法定最高额罚款或并罚。

在法国，《刑法》第225—1条设置了“歧视罪”，专门惩处包括种族及宗教歧视在内的一切社会歧视行为，构成该罪可“处2年监禁并科30000欧元罚金”。[1]惩治种族歧视或仇恨言论的条款则为第R624—3、R624—4和第R625—7条。第R624—3和R624—4条分别为“具有种族性质或歧视性质的非公开诽谤罪与辱骂罪”，构成该两款罪名“处第四级违警罪当处之刑罚。”[2]副第R625—7条为“非公开煽动种族歧视、仇恨或暴力罪”；该条规定：[3]

针对某人或某一批人，基于他们的出生或是否真正或设定属于某一特定人种、民族、种族或宗教，非公开煽动歧视、仇恨或暴力的，处第五级违警罪当处之罚金。

另外，受二战期间纳粹大屠杀历史的影响，欧盟及其主要成员国还均将否定“纳粹大屠杀”言论界定为犯罪，并给予严厉惩处。这是欧盟在涉种族歧视或仇恨言论立法上最独特之处。比如，德国在《刑法》第130条（3）规定，否定“纳粹大屠杀”，最高可判处5年监禁；奥地利《纳粹法令》第3款规定，否定“纳粹大屠杀”，将会被判1到10年监禁，危害特别严重的，最高可判20年。[4]

3. 欧盟及其主要成员国相关立法与国际共识相一致

欧盟及其主要成员国的立法精神及具体做法与国际共识有着高度的一致性，可视为国际社会禁止种族歧视或仇恨言论立法在欧洲的延伸。禁止种族歧视或仇恨言论的法哲学依据是种族平等。这已经写入《联合国宪章》（1945年）与《世界人权宣言》（1948年）等联合国重要文件之中，并成为指导各国解决相关问题的基本准则。《公民权利和政治权利国际公约》（1966年）则明确提出要立法禁止煽动种族歧视或仇恨言论；其第20条第2款规定：“任何鼓

[1] 罗结珍译.法国新刑法典[M].北京：中国法制出版社，2003：81.
[2] 罗结珍译.法国新刑法典[M].北京：中国法制出版社，2003：223.
[3] 罗结珍译.法国新刑法典[M].北京：中国法制出版社，2003：225.
[4] 史鸿轩.德国如何严惩否认纳粹大屠杀言行[J].知识文库，2015（6）.

吹民族、种族或宗教仇恨的主张，构成煽动歧视、敌视或强暴者，应以法律加以禁止。”[1]

《消除一切形式种族歧视国际公约》则要求各国将种族歧视或仇恨言论界定为犯罪。20世纪60年代，鉴于种族歧视与仇恨在南非等国家和地区的严重情况，联合国呼吁国际社会终止一切形式的种族、宗教歧视和仇恨。1963年，联合国通过《消除一切形式种族歧视宣言》；为实施《宣言》所规定的原则，联合国于1965年通过《消除一切形式种族歧视国际公约》。该《公约》第4条规定，传播种族歧视或仇恨言论为犯罪：[2]（子）应宣告凡传播以种族优越或仇恨为根据之思想，煽动种族歧视以及对任何种族或属于另一肤色或民族本源之人群实施强暴行为或煽动此种行为者……概为犯罪行为，[3]依法惩处；（丑）应宣告凡组织及有组织之宣传活动与所有其他宣传活动之提倡与煽动种族歧视者，概为非法，加以禁止，并确认参加此等组织或活动为犯罪行为……

《公约》第4条，已经成为世界各国刑法惩治种族歧视或仇恨言论的立法依据，欧盟及其主要成员的相关立法，均可视为《公约》及其他国际共识在欧洲的延伸与适用。

二、国家族群构成多元化是欧盟相关立法的社会动因

法律的一项重要功能是调节现实社会的种种利益关系，以保障社会秩序平稳运行。因此，在遵循正义准则的前提下，根据变动的现实对法律作出相应建构或调整，就成为立法的应有之义。欧盟相关立法的社会动因，正是其社会族群构成及相互关系的变迁。

1. 欧洲社会族群构成及其相互关系变迁促使欧盟进行相关立法

禁止种族歧视或仇恨言论是欧盟反种族歧视行动的一个组成部分。因此，在分析其立法动因时，要纳入欧洲反种族歧视立法的框架来审视。“二战”以

[1] 赵雪波等编.世界新闻法律辑录[M].北京：社会科学文献出版社，2010：6.

[2] 消除一切形式种族歧视国际公约[EB/OL].http：//wwW.un.0rg/chinese/documents/instruments/do∞—ch.asp？ year=1969.

[3] 字体为本文调整，下同。

后，欧洲社会族群构成逐步多元化，种族歧视问题也日益凸显，这推动了各国反种族歧视立法，而禁止种族歧视或仇恨言论正在其中。

20世纪50年代，西欧经济迅速复兴，造成劳动力大量短缺，移民成为解决这一矛盾的主要途径。最初，主要是从南欧等欧盟内部国家调节劳工。到20世纪60年代，非欧盟移民所占欧洲劳动力的比例还非常小；欧洲主流观点也认为，外来移民只是暂时现象。当时，在欧盟及其各成员国，种族歧视或仇恨尚不构成其主要社会问题，也未进入立法考虑。

20世纪70年代，情况发生了重大变化。首先是非欧盟国家移民迅速增长。到1973年，已经有“2/3的移民是非欧盟国家国民”。[1]“占欧盟劳动力的5%”[2]左右。这些移民大多来自欧洲各国的前殖民地。比如：法国的移民主要来自北非各国；英国的移民主要来自印度和巴基斯坦等国；德国则大量接受了土耳其劳工；荷兰则大量接收了印尼劳工等。移民中的主体部分是信仰伊斯兰教的穆斯林，而伊斯兰文明是与基督教文明有着重大差异的文明形态。因此，到20世纪70年代，欧盟各主要成员国实际上已经开始由单一民族国家逐步向多族群、多宗教国家转变。

与此同时，欧洲经济增速放缓、失业重现；尤其是1973年的石油危机，使其经济状况更加恶化。欧盟各国开始控制移民。由于业已存在的庞大移民基数，以及家庭团聚政策等因素的影响，移民数量却有增无减。此时，种族歧视和仇外问题开始凸显，各国频繁发生排外和袭击移民事件。为有效应对因族群构成变迁而出现的社会问题，欧盟各成员国一方面纷纷签署《消除一切形式种族歧视国际公约》，一方面开始启动国内反种族歧视立法。丹麦、荷兰、法国、德国、英国、意大利等国均制定了相关法律。

20世纪80年代，种族关系继续恶化，欧洲右翼势力抬头。在1984年的议会选举中，法国极右翼势力“国民阵线”竟然获得超过11%的选票。[3]欧洲议会的调查报告则显示，欧盟成员国存在严重的种族主义倾向。20世纪90年代，

[1] 盛文沁.欧盟反种族主义政策：发展历程与新动向[J].社会科学，2007（11）.

[2] 盛文沁.欧盟反种族主义政策：发展历程与新动向[J].社会科学，2007（11）.

[3] 盛文沁.欧盟反种族主义政策：发展历程与新动向[J].社会科学，2007（11）.

移民再次迅速增长：一是“冷战”结束后中东欧移民大量出现；二是南斯拉夫战争中难民大量涌入。与此同时，欧洲极右翼势力也空前壮大。在1994年的国家议会选举中，法国和比利时极右翼政党均获得超过10%的选票；在2002年的法国总统选举中,“国民阵线”竞获得高达17%的选票。[1]种族主义者还利用互联网及各国法律差异，进行跨国煽动。在新的历史背景下，欧盟各国加强了反种族主义合作。1997年，欧盟通过《阿姆斯特丹条约》，为《欧洲共同体条约》新设第13条内容。第13条授权欧洲理事会在一定条件下，经全体一致同意可与种族歧视行为作斗争。[2]2000年，欧盟部长理事会通过《种族平等待遇指令》。《种族平等待遇指令》规定，要“不分种族或民族本原而实施平等待遇原则；禁止就业、教育、社会保障以及公共产品供给中的种族与少数民族歧视”。[3]2007年，在德国的推动下，欧盟通过《关于种族主义和仇视外国人的框架决定》(以下简称《决定》)，以加强各国打击种族歧视的司法合作；《决定》还要求各国将煽动种族歧视或仇恨言论界定为犯罪。

总之，“二战”以后，大规模移民使欧洲各国从单一民族国家发展为多族群国家，多族群共存的格局已不可逆转，同时伴生的则是种族关系逐步恶化。欧盟及其主要成员国回应这一现实，纷纷对法律作出必要建构或调整，以禁止包括种族歧视或仇恨言论在内的一切种族歧视行为。

2. 根据国内族群结构调整相关立法的是国际社会的共同经验

族群构成多元化是欧盟调整相关立法的社会动因，这从其他国家的经验中也能得到印证。“二战”以后，随着世界一体化进程推进，不单是欧盟，其他许多西方国家也都突破单一民族国家范畴，呈现出族群构成多元化的格局。他们也纷纷对此作出回应，立法惩治种族歧视或仇恨，并严厉禁止相关言论。其中，加拿大、澳大利亚和新加坡很有典型性。

加拿大是一个移民国家，国内族群构成多元。为保障各族群合法权益，

[1] 方长明.欧洲多元文化主义的危机与反思[J].中南民族大学学报（人文社会科学版），2012（7）.

[2] 盛文沁.欧盟：反种族歧视在行动[J].社会观察，2008（1）.

[3] 转引自：盛文沁.欧盟：反种族歧视在行动[J].社会观察，2008（1）.

从20世纪70年代起，国家积极推行多元文化政策；1988年，还出台《多元文化法》，[1]实现了对多元文化的立法保护。同时，加拿大严厉禁止种族歧视或仇恨言论；其《刑法》第319条规定，在公开场所或其他非私人社交中，传播种族歧视或仇恨言论，最高会被判处两年监禁。[2]澳大利亚也根据国内族群构成的变化调整了相关政策和立法。1973年，时任移民部长的艾尔·格拉斯比将多元文化政策引入澳大利亚；[3]1975年，澳大利亚颁布《反种族歧视法》，禁止在公共场所传播种族歧视或仇恨言论。其第18C条款规定，“公开‘冒犯、侮辱、羞辱及恐吓’个人或一些人的行为属于非法。”[4]澳大利亚《刑法》第80.2A还规定，基于“种族、宗教、民族、国家或种族本源、政治观点的差异”，[5]煽动对群体实施暴力的，处5年监禁；如果对公共和平、社会秩序和政府管理产生实质性危害，则被处7年监禁。《刑法》第80.2B条则规定，煽动对群体具体成员实施暴力，被处以同样刑罚。

新加坡也是多族群国家，1964年和1969年曾两次发生严重的种族冲突。在1964年的冲突中，《马来前锋报》等媒体的煽动是其重要原因。鉴于历史教训，新加坡立法严惩种族歧视或仇恨言论，其《煽动法》中对此有详细规定。《煽动法》界定的“煽动倾向”[6]包括四项内容；第4项为：“煽动[7]新加坡不同种族或群体之间的敌意”[8]构成煽动罪，“初犯可处5000元新币罚款、或处不超

---

[1] 戴晓东.加拿大的多元文化主义与文化安全[J].现代国际关系，2004（4）.

[2] 资料来源：Criminal Code（R.S.C.，1985，c.C-46）[EB/OL].http：//laws—lois.justice.gc.ca/eng/acts/C—46/section—319.html.

[3] 杨洪贵.多元文化主义的产生与发展与探析[J].学术论坛，2007（2）.

[4] 李景卫.悉尼华人坚决反对澳政府修改《反种族歧视法》[EB/OL].http：//chinese.peop1e.com.en/n/2014/O426/c42309—24946653.htm1.

[5] Commonwealth Consolidated Acts[EB/OL].http：//www.austlii.edu.au/au/legis/cth/consolact/cca1995115/sch1.htm1.同时参考：班克庆.煽动型犯罪研究[D].苏州：苏州大学，2012，第138页.

[6] 英文原文为：Seditious tendency.

[7] 英文词语为“promote”.

[8] Sedition Act（Singapore）[EB/OL].https：//en.wikisource.org/wiki/Sedition-Act-（Singapore）.

过3年监禁或并罚；再犯则处不超过5年监禁”。[1]2016年，“真实新加坡”网站创办者杨凯兴因煽动种族仇恨被判刑8个月，[2]女编辑高木爱（杨妻）则被判刑10个月。[3]鉴于新加坡族群认同和宗教认同的高度统一性，《煽动法》同样适用于宗教仇恨煽动。另外，新加坡《刑法》还专门设置了惩处蓄意伤害个体宗教情感言论的条款（第298条），最高可处1年监禁或罚款或并罚。[4]在澳大利亚，宗教认同与族群认同也带有较高的一致性《反种族歧视法》的第18C条款同样对“亵渎宗教”言论有约束力。2015年，《查理周刊》事件发生后，该法案保证了新的“《查理周刊》不能在澳大利亚发行”。[5]

在世界一体化、各国族群构成多元化的历史背景下，立法禁止种族歧视或仇恨言论已经成为世界各国的必然选择。欧盟及其各主要成员国的相关立法是这一世界趋势的有机部分，也只有以世界趋势为参照，才能真正把握欧盟立法的实质、意义及不足等。

三、欧盟及其主要国家相关立法的不足与调适可能

欧盟及其主要成员国关于禁止种族歧视或仇恨言论的立法，在表述上虽然多将“宗教”二字包含在内（见前文所引用内容），其内涵却不包括“亵渎宗教”言论，而是将其归于表达自由范畴。英国《种族与宗教仇恨法》第29J条还明确规定，“对特定宗教或其信徒们的活动表达憎恶、讨厌、嘲笑、侮辱、辱骂等”不属于煽动宗教仇恨范畴。[6]虽然欧盟也极力提倡媒体自律、尊重各

[1] Sedition Act（Singapore）[EB/OL].https：//en.wikisource.org/wiki/Sedition-Act-（Singapore）.

[2] 侯启祥.“真实新加坡”创办人杨凯兴被判坐牢八个月[EB/OL].httP：//www.Zaobao.com/realtime/Singapore/stOry20160628—634598.

[3] 侯启祥.“真实新加坡”网站女总编辑监10个月[EB/OL].http：//www.zaobao.c0巾/rea1time/singap0re/story20160323—596113.

[4] 刘涛、柯良栋译.新加坡刑法[M].北京：北京大学出版社，2006：66.

[5] 周旭.澳大利亚禁售《查理周刊》拒绝废除反歧视法[EB/OL].http：//world.huanqiu.com/exc1usive/2115—01/5409107.html

[6] Racial and Religious Hatred Act 2006[EB/OL].http：//www.1egislation.gov.uk/ukpga/2006/1/contents

宗教“禁忌”，但在欧洲社会族群构成多元化的当下，仅靠自律，无法妥善处理因“亵渎”伊斯兰教先知而引发的社会冲突。[1]欧盟既有立法正面临着困境和考验。

1.既有立法无法解决“亵渎”言论引发的社会冲突

近些年来，欧盟发生多起因“亵渎”伊斯兰教先知穆罕默德而引发的重大社会冲突。如1989年的“撒旦诗篇事件”、2005年的“丹麦漫画事件”、2015年的“《查理周刊》事件”等。这些事件均被西方定性为言论自由范畴，而不将其视为种族歧视或仇恨。如果仅从欧盟的立法逻辑上来看，是有其自身道理的；从现实实践来看，其解决问题的无效性却是有目共睹的。

将“亵渎”伊斯兰教先知的言论界定为表达自由并不能使大多数穆斯林信服和接受。《查理周刊》事件发生后，一位法国学者对法国穆斯林访问时，许多人都问道：为什么法国对反犹言论严厉禁止，而对仇视伊斯兰现象却普遍接受？[2]

事实上，这是欧洲普通穆斯林的普遍疑问。在历次冲突事件中，不乏部分穆斯林的偏激所在，但若因此对一个群体大部分人的真实感受视而不见或完全视其为不理智，这显然是带有强烈的文化偏见的。在世界一体化、传播国际化的时代背景下，欧盟各国的做法反而激起更加剧烈的对抗。在“丹麦漫画事件”中，《日德兰邮报》主编曾公开道歉，事情本来有希望和解。但是，德国、法国、意大利及西班牙四国媒体对漫画的转载，最终使事件发展为蔓延多国的暴力冲突。在《查理周刊》事件中，新一期讽刺漫画，则引发了全球范围内的穆斯林的抗议，并酿成新的暴力冲突。立法只有与现实矛盾相适应，才能有效解决社会问题。欧盟将“亵渎”宗教先知的言论排除在法律规制之外，使立法与现实产生背离。事实证明，这不但无法有效解决相关问题，反而加剧了对抗，为更大的冲突埋置了隐患。

---

[1] 本文视角是欧盟相关立法的不足及调适可能，至于穆斯林群体是否需要对自身文化做出审视与调整，是问题的另外一个侧面，是可以进行讨论的。这里暂不涉及。

[2] 陈玉瑶.表达自由可以成为亵渎宗教的理由吗？[J].黑龙江民族丛刊，2016（2）.

2. 既有立法忽略了穆斯林群体宗教认同与族群认同的高度一致性

基于一种文明实践得出的法治模式，并不天然具有推广到其他文明体系的合法性。立法需要综合考虑社会自身的性质与特征。欧盟把基于西方宗教现实的既有经验无条件地推行到穆斯林群体，这忽略了伊斯兰文明自身的特殊性，必然会产生文化错位。要恰当治理欧盟“亵渎”伊斯兰教先知言论引发的社会冲突，首先要承认伊斯兰文明与基督教文明的重大差异，然后才能找准问题症结，做到有的放矢。在欧洲，传统宗教（天主教和基督教）已经世俗化，其世俗化后的一个重要特征是群体认同与宗教认同分离。即宗教信仰成为纯粹的个体行为，而“亵渎”宗教不再被认为是对信教群体的侮辱。前文提到的英国《种族与宗教仇恨法》第29J条款，正是这一理念的体现。现在，除极少数国家外，西方各国均相继废除了“宗教亵渎”法律，这在美、法两国尤为彻底。

伊斯兰教却大为不同。在历史上，伊斯兰教并未有过天主教那样的世俗化经历，同时，广大穆斯林也将伊斯兰教视为他们身份的标志，将对其先知的亵渎视同为对群体的侮辱。总之，在伊斯兰教那里，宗教认同与族群认同是高度一致的。因此，当欧盟及其主要成员国将“世俗化”的标准适用到穆斯林群体时，是很容易产生冲突的。

从欧洲世俗化的视角来看，“亵渎”伊斯兰教先知是纯粹的宗教问题，但从穆斯林的视角来看，它必然是族群问题。对于相关问题的解决，前者视角的无效性已经被现实所证实。因此，承认和尊重穆斯林群体宗教性与族群性的统一，通过对话、协商乃至相互妥协来达成新的社会共识，才是欧盟未来应有的理性选择。

3. 既有立法回避了“亵渎”事件对群体的真实伤害

“二战”以后，穆斯林群体已经成为欧洲最大的少数族群。由于与欧洲既有文化传统存在重大差异，穆斯林群体与欧洲主流文化之间一直存在相当程度的对抗。尤其是近些年来，欧洲发生一系列恐怖袭击或骚乱：如1988年马德里爆炸事件、2005年伦敦爆炸事件、2005年巴黎骚乱事件等。这使欧洲产生了普遍的伊斯兰恐惧症。客观地讲，伊斯兰恐惧症在欧洲蔓延事出有因，但它绝不是理性的。在存在严重的文化对抗与普遍敌视的社会氛围下，欧盟各国的相关媒体表达，其群体针对性也是不言而喻的。实际上，在“丹麦漫画事件”中，《日德兰邮报》刊载漫画的初衷，就是回击恐怖分子对荷兰电影导演凡高的暗杀。暴力固然应该惩处，但因此“亵渎”族群象征、彻底否定一个群体，则是走向另一极端。

另外，正是因为穆斯林群体宗教认同与群体认同的统一性，“亵渎”宗教先知必然对整个群体造成情感伤害。欧洲忽视或回避了真实的伤害，虽然在逻辑上可以自洽，却不能使被伤害者信服。理性的选择是禁止任何形式的种族歧视或仇恨言论，不管其出于什么原因。欧盟各国媒体“亵渎”伊斯兰教先知的言论，客观上刺激并助长了族群歧视与仇恨，不应被简单定性为表达自由。为了族群和谐与社会安宁，其理应纳入族群范畴来治理。

四、结论

综前所述，欧盟及其主要成员国在治理种族歧视或仇恨言论的立法上，已经作出了相当努力、取得了重大成效。其对待种族歧视或仇恨言论的态度是严肃的，其立法精神与国际共识是一致的，其立法框架也是基本成熟和相对完善的。这些都是值得借鉴的经验。欧盟立法的社会动因则是其族群结构的多元化变迁及族群关系恶化等。在世界一体化的历史背景下，许多国家都突破单一民族模式，呈现出多族群共存的格局；而根据变化了的社会族群结构及关系调整相关立法、禁止种族歧视或仇恨言论已经成为世界必然选择，欧盟相关立法是其有机组成部分。基于自身传统，欧盟未将“亵渎”宗教“先知”纳入族群歧视或仇恨言论范畴，在穆斯林成为欧洲最大的少数族群的当下，既有立法显现出某种程度的不适用。能否尊重穆斯林群体特征、将“亵渎”伊斯兰教“先知”言论纳入种族歧视范畴，是欧盟不得不面对的问题，也考验着各国精英及民众的智慧。当然，这并不是主张将与伊斯兰教相关的所有话题均设为禁区，对宗教的自由批评也是表达自由的应有之义，但对其最为敏感的禁忌则应禁止“亵渎”。

（白贵、邸敬存，原载《新闻大学》2017年第4期）

书刊出版中侵犯少数民族风俗习惯的表现及对策

摘要：我国书刊出版中时有侵犯少数民族风俗习惯的事件发生，主要表现包括冒犯少数民族的神圣对象、对其风俗习惯进行审丑描写、无端丑化其形象或调侃其主要禁忌、使用历史遗留的歧视性语言等。侵犯少数民族风俗习惯往往引发社会冲突，应通过熟悉并遵守相关法律法规，严格遵守审读、备案制度，提升相关人员民族、宗教知识水平，向专家、学者及有关部门及时求教等方式规避。

关键词：书刊出版　少数民族　风俗习惯　表现

我国是一个多民族国家，每个民族都有自己的风俗习惯。少数民族的风俗习惯和民族禁忌往往具有独特性，一旦受到冒犯，轻则伤害民族情感，重则造成族群冲突，影响社会稳定。近年来，在书刊出版、媒体报道中，因侵犯少数民族风俗习惯而引发的冲突并不少见。因此，如何规避对少数民族风俗习惯的侵犯，促进社会和谐稳定，成为书刊出版中不可回避的问题。

一、侵犯少数民族风俗习惯的表现

1.冒犯少数民族的神圣对象

民族始祖、民族起源、宗教开创者在民族认同中具有神圣地位，关于他们的表述有诸多禁忌。如果对其有所冒犯，则会伤害一个族群的情感，并可能引发冲突。所以，应在书刊出版中多加注意和规避民族神圣对象的禁忌。

在我国近代历史上，这方面的典型案例是“南华北新事件”。1932年9月，《南华文艺》杂志第十四期发表民俗学家娄子文的文章《回教徒怎么不吃猪底肉》；同年，北新书局出版《民间故事丛书》，其中有《小猪八戒》一书。娄文和《小猪八戒》一书都道听途说，诬蔑回族同胞的祖先为猪八戒。这引起了回族同胞的极大愤慨，并最终发展为重大社会事件。胡适先生当年在《独立评论》撰文指出，这无论如何“都是重大的侮辱。”[1]

2. 对少数民族风俗习惯进行审丑描写

少数民族在居住、饮食、婚姻、丧葬、社交礼仪等方面多具有独特习俗，它们是民族认同的重要标志。在文学创作中，对民族习俗的曲解、嘲讽等也往往伤害民族情感并引发社会冲突。

1987年，《人民文学》第一、二期合刊刊登了马建的小说《亮出你的舌苔或空空荡荡》。小说对天葬、灌顶等藏族习俗进行了审丑描写，引起藏族同胞的强烈不满和抗议。另一起典型案例是“《苗族鬼师》事件”。2009年，《中国西部》杂志第二期刊载了李麦的小说《苗族鬼师》。小说将长角苗描绘成善于用蛊的族群，并将青年男女恋爱表述为婚前滥交。小说发表后，引发了部分苗族同胞的强烈抗议。

从理论上讲，民族文化固然有精华与糟粕之分，但对民族习俗的审丑描写往往带有他者视角，也大多存在偏见和歧视，必然伤害少数民族情感，出版人是不能忽略这一点的。

3. 丑化少数民族形象或调侃其主要禁忌

《性风俗》一书的出版可视为丑化少数民族形象的典型。1989年3月，上海文化出版社和山西太原希望书社共同出版发行《性风俗》一书。该书有13小节涉及伊斯兰教，其中，有部分内容是对穆斯林完全子虚乌有的丑化。书籍出版后，引发了强烈的社会反应，并酿成重大暴力冲突。

“《脑筋急转弯》事件”则是轻佻地调侃少数民族主要宗教禁忌而引发重大社会冲突的典型。《脑筋急转弯》是台湾非常流行的一套漫画。1993年1月，四川美术出版社出版了其中的第7至12册，在第10册中，某条漫画对穆斯林不吃猪肉的习俗进行了轻佻的调侃，引起了穆斯林同胞的强烈反应，并最终酿

[1] 转引自王福湘.1932年北新南华侮辱回教案研究[J].鲁迅研究月刊，2010（01）.

成重大社会事件。

4. 使用历史遗留的歧视性语言

有些书刊有意或无意地使用一些历史遗留的歧视性语言，这方面典型的例子是“蒙古大夫”一词引发的诉讼事件。郭宝昌导演的电视剧《大宅门》中有涉及“蒙古大夫”的贬义台词；中国国际广播出版社出版的《四字语分类写作词典》对“蒙古大夫”一词做了贬义释义。对此，辽宁阜新189名蒙医于2002年联名对郭宝昌、中国国际广播出版社等多名被告提起名誉权诉讼，并索赔189万元。[1]2007年7月18日，原新闻出版总署发出《关于停止使用“蒙古大夫”一词尊重少数民族情感的通知》,《通知》要求出版物中停止使用“蒙古大夫”一词。[2]

我国历史文献中存在不少对少数民族的歧视性称谓。这些称谓有的是历史上民族不平等的产物，有的是相互歧视的遗留物，在民族交往日益频繁的今天，继续使用这些词汇，必然会引发被歧视群体的不满，理应逐步废止。

5. 一般性地冒犯民族和宗教禁忌

1992年10月《重庆日报》刊登《“小麦加”临夏》一文，文中关于清真寺“大碗喝酒，大块吃肉”[3]等描写，触犯了宗教禁忌，并以此为导火索，最终引发了较大的社会冲突。1997年，上海《秘书》(第9期)杂志刊载文章《涉外广告中的文化差异》，文章中错误地称阿拉伯地区的穆斯林将某动物“敬奉若神”，[4]引起社会不良反应。

二、规避侵犯少数民族风俗习惯的对策

在我国，侵犯少数民族风俗习惯的出版事件大都受到严肃处理，有的还被处以刑罚。比如，在“《脑筋急转弯》事件”中，四川美术出版社被停业

[1] 停止使用“蒙古大夫”一词[J].新疆新闻出版，2007(05).

[2] 吴昊.从新闻事故的警示中吸取教训—重庆报网违纪新闻案例纠错分析[J].新闻传播，2015(10).

[3] 张洋.涉外广告中的文化差异[J].秘书，1997(09).

[4] 牛丽红.宗教新闻报道视点解读[J].西北民族大学学报(哲学社会科学版)，2008(01).

整顿一年，副社长、总编室主任、助理编辑等人还被以玩忽职守罪分别判处3至5年不等的有期徒刑。仅2002年到2003年一年间，“全国因违反国家民族宗教新闻宣传纪律而受处罚的新闻出版单位就达12家，案例所涉及的内容大多是宗教、民族习俗和禁忌。”[1]然而，严厉惩处并非目的，如何采取有效措施，尽量做到事先规避，才是出版人要积极思考的问题。

1. 熟悉并遵守相关法律法规

在建设法治国家的背景下，侵犯少数民族风俗习惯事件的治理，首先应纳入法律视野来考虑。所以，提升编辑出版人员法律意识，熟悉并遵守相关法律法规，便成为解决问题的首选途径。对此类问题，我国法律已经设置了较为完善的规制体系；《刑法》《治安管理处罚法》及《出版管理条例》等法律或部门规章中均有相关规定。

《治安管理处罚法》第47条规定：“煽动民族仇恨、民族歧视，或者在出版物、计算机信息网络中刊载民族歧视、侮辱内容的，处十日以上十五日以下拘留，可以并处一千元以下罚款。”《刑法》第250条设置了“出版歧视、侮辱少数民族作品罪”。该条规定：“在出版物中刊载歧视、侮辱少数民族的内容，情节恶劣，造成严重后果的，对直接责任人员，处三年以下有期徒刑、拘役或者管制。”《刑法》第249条还设置了“煽动民族仇恨、民族歧视罪”，如果出版物中有煽动民族仇恨、民族歧视的内容，情节严重则可构成该罪。该罪一般处三年以下有期徒刑，情节特别严重的则“处三年以上十年以下有期徒刑。”

《出版管理条例》第25条第四项也规定“煽动民族仇恨、民族歧视，破坏民族团结，或者侵害民族风俗、习惯的”在禁载之列。违反此规定则可依据《出版管理条例》第62条给予行政处罚，包括责令限期停业整顿，没收出版物及违法所得，进行高额罚款，吊销许可证等。领悟上述法律法规精神，熟悉其内容并严格遵守，不但可以有效规制出版物对少数民族权益的侵犯，也是

[1] 白贵.应当做有文化底蕴的传媒人[EB/OL].http：//media.sohu.com/20120512/n343030159.shtm

对出版人自身权益的保护。

2. 严格执行相关审读及备案制度

在书刊出版中，我国实行“三审制度”，在涉及民族风俗习惯的出版中，严格执行这一制度，将有助于减少问题；而一旦审读马虎，则有可能酿成重大事故。上海市新闻出版局在总结《性风俗》事件的经验教训时，特别提到这一原因，“全部审稿时间仅用了三天，从头到尾看过稿件的只有责任编辑一人。审稿草率是个严重教训。”

另外，根据我国《出版管理条例》第20条及原新闻出版署的规定，涉及民族问题和宗教问题的选题属于重大选题范围，必须履行备案手续，否则不能出版。严格执行该制度，也能有效防范相关风险。

3. 提升相关人员民族、宗教知识水平

前述出版事件，有许多是因为知识盲点造成的。由于知识不足，当涉及民族风俗习惯或宗教问题时，出版人员要么对其回避，要么“把有活力的文化变成了受众无意趣的刻板印象或歪曲认识”，从而引发相关少数民族群体的不满。知识不足的一个重要原因在于教育体系中相关话题的缺失。因此，相关人员普遍需要提升相关知识水平。

在提升民族知识水平时，既要熟悉掌握基本常识，更要特别关注民族禁忌。少数民族在饮食、居住、婚姻、丧葬、宗教等方面多有独特之处，并形成了诸多禁忌。对这些独特的风俗和禁忌如果缺乏必要的了解，则往往会在出版中有意无意地冒犯。比如，我国信仰伊斯兰教的民族对猪十分禁忌，而禁忌来源于宗教信仰。在出版中，一些编辑人员不了解个中原委，道听途说、进行曲解，甚至将其解读为图腾、崇拜，诸多冲突因此而起。

另外，关于民族称谓变迁的知识，历史上民族关系及重大历史事件、历史人物的知识，历史及现实中歧视性用语的知识等，都是出版人员应该重点了解和掌握的。

4. 向专家学者及有关部门及时求教

民族风俗习惯的涵盖范围非常广泛，如果遇到把握不准的内容，应该主动向有关人员求教，请他们帮助解决。

一是向相关领域的专家、学者求教。因长期致力于该领域的研究，他们对问题的认识和把握往往更系统和深刻。二是向有关部门工作人员及专家求教。这包括当地的民族委员会、宗教局、统战部门及宣传部门等。这些部门长期处在民族、宗教工作一线，对民族风俗习惯及宗教禁忌等问题的体会更直接，认真听取他们的意见，将有助于避免问题的发生。

在涉及民族风俗习惯的出版中，问题的形成往往与相关人员在一些编校环节粗心大意、不求甚解有关。在细节问题上，如果保持足够的谦虚和谨慎，许多问题是可以事先避免的，至少是可以降低发生风险的。总之，在未来，要想在出版中有效保障少数民族风俗习惯不受侵犯，除严格遵守相关法律法规外，提升相关人员的民族、宗教素养应该成为重要的努力方向。另外，在现实中加强各民族之间的交流与对话，增进相互了解，也将有助于相关问题的解决。只有在充分的交流中，才能逐渐明确各民族神圣与禁忌的边界，才能消除偏见、达成共识。这无疑将从宏观上减少误读和曲解的发生。

（邸敬存、白贵，原载《现代出版》2016年第9期）

宋代出版文明的“史诗”

——评《宋代出版史》

一、宋代文明：出版文化的集中展示

宋代是中国印刷与出版的“黄金时代”。田建平教授的《宋代出版史》以宋史研究宏观视角构建体例，高屋建瓴，将主要思想观点、研究问题、典型案例、事件、人物、书籍等研究要素有机契合，构架严整，章节分明，研究客体、问题与主要观点醒目。同时，从宋代历史文明的宏观视角考察、研究、认知宋代出版，全方位、多角度研究宋代出版，从而揭示、阐释并展示了宋代文明。《宋代出版史》凡十八章，以及绪论、附录，凡113万余字。该书对宋代出版史做了系统、全面、深入的历史研究，揭示了其物质、技术及社会、政治、经济、教育、文化诸层面之意义。主要以考证法、文献分析法及个案研究法为主，基于现当代世界史学发展的新环境与新趋势，借鉴并采用诸如计量史学、书籍史、阅读史、心灵史、比较史学、传播学、媒介研究、文化史等学科理论及方法，对宋代出版学术史、宋代文明与出版、出版体制及生产、报纸出版、发行与贸易、书籍设计与插图、书籍美学、版权保护、出版经济、书籍类型、稿源、编辑体制及编辑规范、印刷物质材料及生产与消费、出版资金、稿酬、出版技术及工价、国家出版管理体制、党争与出版、书籍阅读、出版质量及版本、出版史文献等方面做了系统研究，拓展了宋代出版史研究领域，挖掘出诸多新的史料并予以科学研究，体现了我国宋代出版史研究的新境界、新水平，跃上了一个新高度。

二、媒介研究：出版史、媒介史研究的重大收获

出版史研究属于媒介史研究。《宋代出版史》运用传播学理论及方法，从媒介研究视角研究宋代出版，不仅为宋史研究贡献了新成就，而且为中国书籍史、出版史、传播史及媒介史研究贡献了一部填补空白的学术专著，为传播史、媒介史研究提供了一个研究标本。媒介研究视角使得全书新见迭出。例如第一章“宋代书籍出版总论”中认为：“雕版印刷术的普遍应用，使宋代的媒介生态发生了质的变化，堪称‘媒介革命’——一场由生产技术革命而导致的‘媒介革命’。宋代是一个媒介密集与媒介差异空前突出的朝代。媒介发达超越前代，而雕版书籍的凸显则使其他媒介成为相对次要的媒介。雕版书籍的广泛出现并不是孤立的，而是同其他媒介共生共振的。”“雕版印刷术的广泛应用及宋代书籍的大量生产，促进了中国以往一切知识的聚积、提炼、区分和推广，促进了宋代全部的精神生产及精神生活，开启了对传统经典多重诠释的自由之风和主观之风，从而形成了宋代精神、思想、文化与学术的多元化、多样性与新意义的生成。宋版书籍是整个宋代精神、生产、知识、思想与文化资源——鉴于宋代一般社会生产与生活历史语境之中而学习、受教、写作、交往、雇佣、科考、行政、书写、刻镂、造纸、造墨、刷印、校勘、通信、批评、销售、馈赠、阅读、唱和、伪书诸般现世‘色相’之宋代文化史，包括造纸史、私生活史、知识分子史、印刷史、创作史、技术史、精神生产史、文化史，凡此种种——一个丰富多彩的印刷书籍文本时代诞生之新式主要媒介。”

三、方法：基于传统史学研究之多元方法并举

学术研究，理应根据特定对象科学运用多种研究方法。任何一种方法，只要能够得以合理地运用，都是可取的。出版史研究、媒介史研究亦然。《宋代出版史》基于中国传统史学基本研究方法，又广纳了多种研究方法，综合运用，对宋代丰富的出版史料加以研究、解读、阐释，体现了多学科融合研究方法应用的新境界、新水平，展示了作者应用多学科方法处理丰富、复杂

史料进行研究的非凡能力与水平。该书以考证、文献分析、文本分析、个案研究为主，借鉴并采用诸如计量史学、书籍史、阅读史、心灵史、比较史学、新文化史、传播学、媒介研究等学科理论及方法，从而使研究与阐释丰富而多元，全方位展示了宋代出版文明，揭示了宋代出版文明多维意义世界。

第四章“宋代书籍出版体制及其生产（下）”，对廖莹中、陈起编辑出版的研究，即借鉴并采用了心灵史、阅读史、新文化史研究的方法。第九章“宋代书籍出版类型”，即采用了统计学、个案研究、目录学、图书分类方法，通过选样及抽样，予以统计列表、列举，从而展示了宋代书籍出版丰富的种类，勾勒出了一幅宋代书籍出版类型图谱。既采用中国传统的四部分类法，又采用图书馆学现代学科分类法，从而合理解决了这两种分类法内在冲突对研究客体造成的障碍与局限。针对碎片化史料，则采用“粹选”与列举法，予以有限列举。第十五章“宋代书籍阅读消费”，采用个案研究、统计学、文本分析，以及阅读史、新文化史研究方法。特别是对沈括的阅读生活作了精彩研究，开拓了沈括研究新视界。

四、史料观：史料本位及史料处理的情境化

历史研究，必以史料为其本位。出版史、媒介史研究亦然。衡量与评价出版史、媒介史研究成果，也必须将史料问题列在首位。《宋代出版史》以史料为本位，收集、发掘、展示了丰富的出版史料，对于丰富而复杂的出版史料予以科学控制与使用，体现了科学的史料观。主要体现在：（1）视野开阔，史料宏富；（2）开辟新的史料，呈现出新的史料形式，如牒文格式标准史料；（3）整合史料，史料秩序化，将丰富的史料科学纳入全书框架之中；（4）坚持史料第一，以史料为证，言必有据；（5）重要史料整体呈现与微观史料交互使用；（6）借鉴其他学科研究方法控制并处理史料，科学利用碎片化史料。

《后记》中对于史料控制作出说明。（1）宏观史与微观史相结合。大而言之，以往一切皆史，小而言之，每一点一滴，一种细微事物，皆有其史。例如廖莹中仰药时的心情，亦即其心情史。（2）微观史，注重历史细节的考察、再现与呈现。（3）史料完整性。注重完整呈现史料，特别是一些典型史料，

完整保持原貌，如苏轼关于高丽购书的五篇奏文，即完整举出。（4）史料语境与情境。完整呈现史料的语境与情境。（5）史料行文格式。

如国子监雕书之牒文，其格式本身就是史料，似可称之为“格式史料”，书中一再完整予以呈现。

五、内容创新：主要思想及具体论述新见叠现

基于科学的史料控制及研究方法的合理运用，基于作者严谨的史学态度及多学科知识融汇的文化素养，《宋代出版史》主要思想及具体论述呈现出明显的新境界、新水平，新见叠现，取得了一系列重要突破。

例如第一章“宋代书籍出版总论”，对宋代出版史学术史、宋代出版史作出明确分期。从宋代媒介生态环境、宗教政策、唐宋社会变革论、宋学、“斯文”文化模型的视野考察宋代出版史，提出宋文化主导下的宋辽夏金出版整体观，均具有显著新意。第五章“宋代报纸出版”中，据李焘《续资治通鉴长编》对哲宗时期邸报出版作了集中统计，特别是对邸报内容及记事作了研究，将其内容归纳为帝位继承、吏治、变法派与反对派政争、党争、救灾、战事管理、车盖亭诗案、减免税赋、河防、宋夏边政10类。第七章“宋代书籍设计、插图及美学特征”，提炼并论述了宋版书籍“神韵至上的美学特征”：“宋版书籍形成了独特的美学风格，具有独特的美学品质，确立了中国古代雕版书籍基本的美学风范，被后世尊为雕版书籍的不朽典范。技术美学、材料美学、书法美学、工艺美学、设计美学悉备。”第十一章“宋代稿源、书籍编辑体例及编辑规范”中，对宋代编辑出版术语作了仔细收集整理，予以列表。指出：“编辑出版术语的定型、数量及其丰富性是书籍出版业发展的主要标志之一。宋代文化的繁荣及书籍出版业的发达使得编辑出版术语呈现出细密、丰富、全面的文化生态，细致展现了编辑出版业的整体结构、阶段、步骤、层次及一切工作程序，全方位确立了编辑出版业的技术及艺术规范及标准。

（白贵、曹磊，原载《出版发行研究》2017年第9期）

填补元史研究空白的新作

——评《元代出版史》

梁启超先生在《中国历史研究法》中谈道："例如《元史》，猥杂极矣，其中半录官牍，鄙俚一仍原文。"又道："《元史》所以不餍人望者，以纂修太草率，而董其事者又不通蒙古语言文字也。"这真是一针见血的精辟论见！长期以来，由于多种原因，导致了整个元史学术研究的相对贫弱。尤其是对元代出版史的研究，更为其中的弱项。

河北人民出版社近期出版的《元代出版史》填补了这方面的学术空白，向读者第一次全面展示了元代出版的总体风貌。全书论述了元代的政府出版、儒学与书院出版、私家与书坊出版、图书包括民族语言文字图书的出版、版画、元版本的风格和特点、元版本的鉴定、善本例释、吴兴体与元押、出版技术、图书收藏、元代出版对世界的影响，凡十三章。该书首次将"元代民族语言文字图书的出版"列为专章，并择要介绍了元代蒙古文字（畏兀体、八思巴体）、藏文、回鹘文、西夏文、契丹文、叙利亚文、阿拉伯文、波斯文、梵文、拉丁文以及法语、德语等民族文字出版的图书，令人大开眼界。

元人新的世界观、今内蒙古东部地区为中华文化重要起源地之一，以及中华文化丰富的多元性是支持本书的三个基本学术理念。作者以元帝国横跨欧亚的大视野为背景，对元代出版史第一次做出了科学的评价：一、与宋代一起代表了中国雕版印刷史上的古典时代，为其鼎盛时期；代表了活字印刷的古典时代，为其奠基时期，承先启后，直接开启了后来活字印刷的先河。二、以蒙古文字作为"国书"的多种民族语言文字用之于出版，呈现了多种语言文字出版的泱泱风姿。三、在空前的时空平台上将其时领先于世界的中国出版文化传播向西方世界。四、白话文大量用之于出版，并由此而得以广泛传播，其影响至为深远。五、古典时代的各种著述体裁及其出版大备，简化汉字。

此外，全书选录了127幅珍贵的插图，也令人大饱眼福。此书可与美国著名学者卡特的经典之作《中国印刷术的发明及其西传》中对元代的论述对读。

（白贵，原载《中国出版》2003年11月）

会议综述

从无到有：中国受众研究20年

——“全国第三届受众研究学术研讨会”综述

2001年9月2—23日“全国第三届受众研究学术研讨会”在河北保定举行。这次研讨会由中国社会科学院新闻与传播研究所和河北大学新闻传播学院联合主办，包括全国各新闻传播学研究机构、大学新闻传播院系和专业调查公司的学者、专家共50多人参加了会议，共同探讨和研究市场经济的新形势下大众传媒的受众理论和受众调查问题。

1982年中国社科院新闻研究所和首都新闻学会调查组进行了“北京地区读者、听众、观众调查”(以下简称“北京调查”)。从那以后我国大众媒介受众研究发展迅速，特别是在社会主义市场经济的推动下出现了受众研究的专业组织，受众理论的研究水平也有很大提高。在这种情况下，中国社科院新闻研究所先后于1986年和1992年举办了两届受众研究学术研讨会。在21世纪中大众媒介将面临新的机遇和挑战：媒体产业化进程加快；加入WTO后媒介的竞争以及多元文化的碰撞与融合愈演愈烈；网络科技的进步正在潜移默化地改变着人们的交往方式和思想观念……所有这一切都要求大众媒介比以往任何时候更要关注对受众的调查和研究，以期在激烈的市场竞争中寻求自我生存和发展的空间。第三届受众研究学术研讨会正是在这种形势下召开的。与前两届相比，本次研讨会不仅有理论的探索与争鸣还有实证性的调查报告，并且二者在深度和广度上都有很大的提高。此外一些商业调查公司如央视—索福瑞媒介研究公司、零点调查公司、美兰德信息公司和媒体代表也参加了讨论这说明受众学术研究和受众调查运作开始进入对话与合作阶段。产、学、研的相互结合标志着我国的受众研究日趋成熟。

一、受众研究20年的回顾与展望

我国受众研究是在改革开放初期起步的。中国社科院新闻与传播所研究员陈崇山首先做了题为《中国学受众研究20年》的报告从不同角度整体、宏观地回顾了20年受众研究的发展历程。她把中国受众研究划分为三个阶段，其中有三个标志值得注意：1.1982年的“北京调查”被视为我国受众调研的里程碑。这次调查首次采用了国际上通用的抽样调查方法对受众接触媒介的行为进行调查，推动了当时蓬勃发展的新闻改革，是思想解放的一大成果。2.1986年10月以甘惜分教授任所长的中国人民大学舆论研究所成立，标志着我国的受众研究有了专门的组织从而结束了零散无序的研究现状。3.以1990年亚运会广播电视传播效果研究为受众调研的新起点，受众理论研究与实践从显性向隐性深入。特别是1995年以后各类媒介调查公司的大量涌现，受众调查进入市场走向科学化、规范化。陈崇山最后指出在新的世纪里应加强受众研究，从受众本位出发实现新闻传播业的“理论创新，体制创新，技术创新”。

香港城市大学英文与传播学系教授祝建华发表了《精确化、理论化、本土化：20年受众研究心得谈》，提出受众调研的科学化不仅仅是追求精确化，其真谛是理论化。他引用了《传播科学手册》中评估理论科学性的七项标准（内在一致性、解释力、预测力、可证伪性、简洁性、启发性、组织力），以此说明我们的理论研究不仅要描述“是什么”还要发现“为什么”。关于西方受众理论本土化的问题，他强调中西方的社会结构有所不同，应从本土的实情出发，从西方理论中严格选择直接相关而又具有可操作性的概念、命题或框架，发展本土化的理论。

台湾政治大学传播学副教授王旭则回顾台湾阅听人研究的情况，并就两岸两次较大规模的针对阅听人媒介使用情形进行的问卷调查进行比较，这种探讨有益于促进两岸媒介的交流与互动。

二、受众理论研究

受众理论研究是本次研讨会的重头戏，无论研究深度还是广度都大大超过了前两届研讨会。这次研讨会充分发扬了学术民主的思想，贯彻了“百家争鸣”的方针。学者们在对一些问题的论述中有时观点截然相反。

有些学者提出“受众本位”的观点，但另一些学者则认为传者、受者的关系并不是传播主体与客体的关系，而是同一传播活动中共生的两个主体。比如陈崇山研究员以《论受众本位》为题论证了受众在传播中的重要地位，强调了“受众本位”所体现出的以人为本的思想，重申满足受众需要是新闻媒介的天职。而武汉大学新闻学院教授单波则认为不应把受众仅看作接受信息的一方，传播是人与人之间平等交互的过程，传者与受众的关系是一种共生现象，应在“主体间性”中把握受众。随着网络媒体的兴起，这种对受众主体性的讨论越来越多。一些学者在自己的研究领域中用“阅听人”“用户”“消费者”等替代了“受众”这一词语。值得肯定的是，与从前把受众当成完全被动的“靶子”论相比，认识到受众的主动性和自由选择权利是很大的进步，但如果把这种自由和个性无限地扩大和张扬就又走到理论的另一个极端。南京大学新闻系教授潘知常指出，受众并非只是一个被动处理信息的弱者，也并非一个主动处理信息的强者，而只是一个能够自由地面对信息的消费者。

有些学者运用“沉默的螺旋”理论说明受众行为，而另一部分学者提出反“沉默的螺旋”的模式。清华大学传播系教授刘建明提出了受众行为的反“沉默的螺旋”模式。他引入西方理论和实验研究成果证明沉默的螺旋不是普遍的规律，它忽略了舆论变化中“少数派”的作用，在意识形态冲突的社会里甚至完全失效，替代“沉默的螺旋”模式的则是舆论悖反模式。此外还有学者从其他角度阐释了对受众理论的研究。

三、受众市场研究与媒介经营策略

随着社会主义市场经济体制的逐步建立，大众媒体越来越重视对受众市场的研究，并根据受众需求的变化及时调整传播内容和经营政策，以保证在竞争中立于不败之地。在这次研讨会上，许多学者正是从这个角度出发进行研究的。复旦大学新闻学院副教授程士安提出，要重新认识受众需求及其对媒介经营策略的影响。媒介革命已导致受众地位和格局的变化，传媒业应学会运用市场营销的规则细化受众市场，准确市场定位，从而追求有限条件下传播效果的最大化。郑州大学教授颜景毅与其不谋而合，也从经营的视角着手受众研究。他分析了受众与媒介的实际关系及其影响因素，回答了媒介如何保值增值的问题。另有一些学者是通过对受众心理的分析来提出应对策略的。如中国青年政治学院教师李岚通过受众收视行为的研究总结出几种电视节目的编排方法，以有效地吸引观众的注意力；河北大学新闻学院副教授曹茹深入地分析了受众的心理特征和心理需要，提出媒介应采取何种措施来满足这些需要；厦门大学新闻系副教授黄合水则探究了广告传播效果产生的心理机制，将消费心理分为品牌意识、品牌联想、品牌态度三个层次。

此外，中国人民大学舆论研究所教授喻国明论述了传媒业的发展变化带来的一些负面影响。他简明地概括了“十五”期间我国传媒业的三大变化：传媒产业化将带来的平民化浪潮；加入WTO后多元文化将加速进入；网络崛起后人们认识世界的方式将面临转型。这就势必带来一些负面影响，如传播产品中迎合性成分将越来越大，传播产品将具有易得性和“傻瓜”化特征媒介传播重心远离社会重大现实问题，以及西方价值观的冲击、社会凝聚力的削弱等。

四、受众调查方法及其调查成果展示

许多专家从总结实践经验入手，深入探讨了受众调查的方法和操作规范并展示了一批高水准的受众调查报告。北京广播学院教授柯惠新就调查数据处理中出现的常见问题，包括样本加权问题、缺失值的处理及变量转换中出现的问题，提出了参考性意见和对策，与会者认为具有很高的实用价值。河北省新闻研究所研究员王泽华较为全面地介绍了现当代统计分析法在受众研究中的运用问题。零点调查公司董事长袁岳、美兰德调查公司总经理周江、索福瑞调查公司研究部主任萧海峰在会上展示了各自的运作理念，阐述了进行受众调查的科学依据。

这次研讨会上还发表了最新的调查报告，涉及报纸、期刊、电视、网络等多个领域。调查指标中除了对电视收视率和报纸发行量的测定外，还很重视对受众满意度和阅读率的测定，这样可使对受众接触媒介行为的考察更为全面和准确。河北大学新闻学院教授乔云霞公布了她所承担的国家课题——《关于"中国受众对新闻媒介舆论监督的认知"的调查报告》。

20年的受众研究和实践收获固然很多，但也存在一些问题有待于我们进一步发展和开拓。上海《新闻记者》主任编辑贾亦凡针对近年来受众调查和研究中出现的商业性挑战公正性、功利性挑战学术性、无序性挑战科学性等问题提出了自己的见解，引起与会者的重视。此外，与会者认为，实证研究成果的理论提升问题，数据统计的科学性问题，受众研究不平衡问题都需要在今后的工作中不断加以解决和完善。

（白贵、赵晖，原载《新闻记者》2001年12月）

中国传播学会成立大会暨第九次全国传播学研讨会综述

2006年4月21日至24日，来自海内外的新闻传播学者在河北省历史名城保定汇聚一堂，共同庆贺中国新闻文化促进会传播学分会（简称中国传播学会）的成立，并召开第九次全国传播学研讨会。会议由中国社会科学院新闻与传播研究所、河北大学新闻传播学院共同主办。来自全国新闻传播学界和业界的近150名代表，围绕“和谐与发展”的主题进行了热烈的研讨。

大会主题发言阶段19位学者代表发表了各自的学术见解。主题发言涵盖传播学各个领域的研究热点和前沿问题。中国社会科学院新闻与传播研究所尹韵公研究员对“非典”时期的新闻传播进行了再反思，认为媒体既要依法报道疫情又不要一味等待和失语；中国传播学会首任会长明安香研究员将新世纪的全球传播格局描述为扇形格局，并将扇形格局从塔尖至塔底分为：美国、跨区域文化语言传播大国、新兴文化语言传播国家、其他国家传播四部分；美国圣迭戈州立大学教授William Eaddie简要勾勒了美国传播学发展的主要历程并介绍了其研究特色；南京大学新闻研究所教授丁柏铨在阐述灾难性事件中政府、新闻传媒、公众的关系时，提出灾难事件后政府在及时向公众公开发布有关信息时公开比不公开好，早公开比迟公开好，主动公开比被动公开好，以用事实说话的方式公开比用观念公开好；英国格拉斯哥大学教授Christine Geraghty对大众传媒中的肥皂剧进行了研究，认为肥皂剧凭借电视的亲和力扮演了公共教育的角色，然而其社会角色和文化角色优先于其美学享受；台湾政治大学新闻系教授冯建三在评介美国电视机运动时指出，关机策略的目的在于让电视更能够符合人们的需要，而不是陷入“娱乐至死”的傻乐中或失去人际互动的能力；北京大学新闻与传播学院教授龚文庠阐述了跨国传播对国际关系的影响，提出了“全球公民社会”和“全球治理”的观念，并认为其可以作为促进国际和谐的途径；四川大学文学与新闻学院邱沛篁教授认为为构建和谐社会新闻传媒，在新闻报道中应坚持正确的导向，坚持正面报道为主，积极开展正确的舆论监督等；清华大学新闻与传播学院教授熊澄宇从技术形态、传播平台、社会结构三个视角对新媒体的概念进行了界定提出应加强有关新媒体历史的研究，注重研究新媒体的形态以及对社会的影响，加强从宏观战略和微观形态两方面进行应用研究；北京大学新闻与传播学院教授程曼丽在论及我国软实力提升中的大众传播策略时指出，国家硬实力的提升与媒体传播力特别是影响力的提升不一定是正相关的，为此需要调整观念制定合乎规律与要求的、有效的大众传播策略，并将其作为国家软实力提升整体战略中的一个重要方面来对待；暨南大学新闻学院教授吴文虎在对“播客”现象进行较为深入的文本意义解读后提出，在播客特定的语境下人们借助不同的符号系统使“自我实现”得到最大的满足；香港城市大学英文与传播系祝建华教授将权衡需求理论运用于对数码电视的市场前景的分析，认为数码电视的采纳与否主要取决于每一观众对自己各种需求之轻重缓急的权衡、对满足这些需求而付出的成本与获得的回报之间的权衡；北京大学新闻与传播学院教授关世杰对于10年来我国跨文化传播研究进行了回顾与反思，认为定量研究方法的缺失是学科发展的瓶颈；资深IT评论员胡泳介绍了新媒体环境下的参与式新闻提出，参与式新闻包括新闻评论、草根报道、另类编辑、核查事实四种形式，构成了主流媒体的一种反馈机制；深圳大学文学院院长吴予敏从视觉传播研究的知识谱系和当代意义、视觉传播观点中的“图像真实”、媒介形象的视觉建构等方面深刻辨析了媒介形象和视觉传播二者之间的关系；中国传媒大学国际传播学院教授陈卫星认为，在目前传播全球化的形势下，一方面中西方之间存在发展的落差，另一方面中国也经历了从对抗到缓和的过程；中国社会科学院新闻与传播研究所副研究员王怡红提出，关系传播不仅作为人际交流的研究对象而存在，作为透视人际交流现象的理论而存在，而且作为能左右传播研究者选择对人际交流进行解释的方式而存在作为能代表和影响人际交流研究的面貌与发展方向的范式而存在；河北大学新闻与传播学院副教授张雅明关注媒介心理学的兴起，认为我国媒介心理研究应充分关注心理学理论与研究进展，关注研究方法的科学性与先进性，关注新媒介环境下具有重大意义的社会生活事件；上海大学影视艺术学院教授张咏华以若干新闻传播学刊物为例，对2005年中国大陆的国际传播研究方向的论文进行了研究，提出学界和新闻业界要共同构筑国际传播领域的关注话题，并相互进入对方的研究视野。

4月23日会议进入分组研讨阶段，与会代表共分4个分会场、11个单元进行了研讨。在大会主题“和谐与发展”的统驭下，围绕“传播学理论研究”“传播效果研究”“媒介经营与管理研究”“大众传播与文化研究”“新媒介研究”“传播与和谐社会”“媒介实务与市场经济”“媒介与妇女儿童研究”“跨文化传播研究”等主题进行了讨论。华中科技大学新媒介研究工作坊和北京体育大学体育传播研究工作坊分别做了研究报告。

河北大学新闻传播学院吴庚振教授指出，从当前新闻传播学研究的实际情况看，需要处理好专业核心领域研究与专业边际研究的关系、通论和专著的关系、著作和论文的关系、数量与质量的关系。四川省社会科学院新闻传播研究所研究员林之达阐述了中国传统文化的传播者面临的第三个传播困难和传播矛盾，即如何了解受传者心理并针对受传者心理进行传播，揭示我国古代传播者如何克服这第三个传播困难、化解这第三个传播矛盾的情况。复旦大学新闻学院李双龙结合《数字化环境下的人际传播发展新趋向》一文，分析网络人际传播的优点和局限，提出网络人际传播是一种基于多种选择性和可能性的人际传播模式，虽然在向着人与人之间更有效和更融洽的方向发展时还具有许多局限性，但是随着传播媒介的进一步变革，人际传播将在选择中寻到最优的模式。中国科技大学教授胡河宁在其论文《组织传播符号的伦理意蕴》中提出组织符号建构组织成员共有的价值观和信念，并在很大程度上决定组织成员的行为方式。组织传播中的伦理精神与组织符号中的伦理意蕴主要体现在组织关系建构、组织说服力和组织控制诸方面。复旦大学新闻学院教授孟建的论文《中国新闻发布活动传播效果的理论与策略》指出，新闻发布活动的传播效果特指新闻发布活动经过不同形式的新闻发布活动使新闻发言人所代表部门的受众（相关记者和相关公众）以及这些受众所代表的社会群体发生预期的变化。而这些变化要尽量符合传播者（政府选定的新闻发布活动者）的要求。郑州大学新闻与传播学院教授董广安从传播学角度以内部作品质量与外部社会根源等内外因两大层次七个维度广泛、深入、细致地分析、探讨了穆青新闻作品强大传播效果和社会影响的产生根源。中国社会科学院新闻与传播研究所副研究员姜飞认为跨文化传播学要形成一个科学性、严密性的研究方向，向成为一个学科的方向发展下去，当前需要思考这样几个问题：跨文化传播学的研究对象、研究方法、基本理论范式、学术指向，为跨文化传播学的研究奠定某种起点、逻辑和对问题的分析角度和方法。

西北大学新闻传播学院教授杨立川揭示了世纪之初中国大陆大众传播中出现的一种引人注目的现象——利用传播习俗强化传播效果，其表现方式和特点体现为：注重对流行性传播现象的利用，改造性利用传播民俗地域方言节目风行一时等；西南政法大学新闻传播学院教授张诗蒂在分析转型期中国大众文化嬗变与传媒的角色后，提出传统文化的历史底蕴及其内含的惰性因子、商业文化的蔓生和多元价值取向共同塑造了复杂的社会文化现象，作为一个社会影响力很强的“文化装置”，媒体具有极强的“聚合力”和“辐射性”，成为文化传播的强大推动力。

四川大学文学与新闻学院教授李苓把《超级女声》看作当今中国大众文化的经典文本之一，通过对来自天涯、百度等大型论坛与超级女声相关的网友评论的分析，认为超级女声实现的正是大众文化的本质精神，即大众通过对超级女声这一电视文本的多元解读和积极创作；华中科技大学新闻与信息传播学院副教授陈先红提出，“新媒介即关系”的创见其理论依据在于：“关系传播”体现了新媒介的传播归属，新媒介作为“关系的居间者”分别对人们的社会角色关系、文化关系和情感关系产生深刻影响；“电子对话”体现了新媒介的传播特征。西南政法大学新闻传播学院教授赵中颉的论文《徘徊在神化的民主和现实的禁锢之间——关于网络政治传播的几点冷思考》，从政治场景对传播内容的控制、网络舆论对受众的引导、公共空间中民众的失语等几方面，揭示网络政治传播带来的民主浪潮背后合法的专制力量隐蔽的行动意图、目的和方式。

重庆大学人文艺术学院教授彭逸林从手机的功能、对传统媒介的延伸、发展趋势等方面来探讨手机作为新兴媒介的大众传播功能，认为个性化、人性化、智能化是未来手机的发展趋势。北京体育大学体育传媒系教授易剑东认为中国体育引入媒体关系营销传播具有必然性。公众对于体育事务的知情权和探究欲望、国际体育赛事大量进入中国带来新闻服务的国际标准、体育市场营销对于媒体关系的依赖、职业体育俱乐部步入正轨的要求，都无一例外对于媒体关系营销传播提出了迫切的需求。武汉大学新闻与传播学院教授秦志希对于消费文化语境下新闻传媒的变异进行了深刻的辨析：传媒自身也发生着消费文化的变异，既是新闻信息的传播者，同时又成为自身文化产品和市场产品的推销者；传播者的角色变更使传媒的运作机制得以改变，商业逻辑正在入主新闻传播并成为其内在驱动力，使得新闻传播这种人类的精神交往活动被物化。但是传媒消费主义文化包含复杂的意味不可持简单否定的态度。

苏州大学新闻传播学院教授陈龙就国内网络中若干针对女大学生的报道进行解读与分析，发现媒体对女大学生形象的再现呈现出四个特点，媒体所再现出来的女大学生形象，其实是扭曲了的被看的消费符号，是社会性别权利不平等的表现。这种再现在相当程度上影响了社会大众对于女大学生相关角色的定义与认知。北京体育大学传媒系教师庞明慧通过对《中国妇女报》创刊以来20年间（1984—2003年）家庭暴力报道的内容分析，借助社会性别理论和女性主义对公私领域分界理论的再思考，探讨了该报家庭暴力报道的特征和变化趋势。

河北大学新闻传播学院教授陈燕通过三所学校高中生的问卷调查实证数据和个案访谈分析得出结论，网络在一定程度上影响了青少年社会化程度；网络对青少年社会化的影响有积极与消极两面作用；网络提供了内容自主选择权，青少年并不是完全被动地承受网络媒体的传播内容，有相当大的主动权。厦门大学新闻传播系教授陈如在全国范围内对18—30岁的具有大学或大学以上学历的青年做了关于爱国主义教育效果的抽样调查，研究发现：虽然电视是受访对象中学时代最常接触的媒体之一，但对受访对象的影响并不像预期的那么强烈，调查对象最认同的电视中爱国主义教育形式是历史纪录片，最喜欢的电视剧类型是当代主旋律剧。

（白贵、高菲，原载《现代传播》2006年第3期）

后 记

跨入21世纪迄今，20多年来传媒发展日新月异，给人恍如隔世之感。技术与传媒实践的迭代，也让学术界发生着重要的变化。这本集子中的文字从一个侧面记录着此种嬗变的轨迹。

2022年的夏日，在苍山洱海之间，完成了几个心愿。其中之一便是编定了这本“文存”。另一本《文海留贝：文学与审美论辑》，稍早于这一本集子，集纳了从20世纪70年代末到21世纪前20年发表的一些文章，主要是文学与审美类文字。

这个集子里的东西，更多地伴随着时空转换的记忆、专业发展的记忆、师生交往的记忆。从时间跨度来讲，这个集子里的文章时间跨度是20多年，基本上都是进入新世纪以后，在河北大学执教期间写作发表的，而前一本集子的时间跨度基本是跨世纪的四十年。

日本作家芥川龙之介曾说过：“删除我一生中的任何一个瞬间，我都不能成为今天的自己。”的确，无论苦难或是荣耀，坎坷或美好，都是生活的馈赠，命运的安排。所有这一切，印成了你人生的足印。亲手编过这两个集子之后，对于芥川龙之介的这句话有了更深的感受。对于写作的人来说，普遍的体验是遗憾，尤其是回首一些早期文字的时候，更是如此。但它构成了人生无数瞬间的一环、一个要素，哪怕浅薄、幼稚、俗气。

从文体上来看，收入这本集子的文字，有的是学术论文，有的是著作序言，有的是评论；从涉及的领域来讲，几乎是覆盖了传媒的各主要领域——从报刊到广播电视，从编辑出版到新媒体；从学术内容而言，从媒介研究到史论研究，一直到文化研究，不一而足。其中很大一部分发表在国内的重要期刊或报纸上。部分被《新华文摘》、人大复印报刊资料等转载。部分入选“知网”高PCSI论文、高被引论文、高下载论文。

从写作由来及形式而言，有的是应报刊邀约而撰写，有的是在学术会议的演讲之上加工而成的论文。需要特别指出的是，本书的文章不小的部分是与我的博士、硕士弟子合作完成（在书中都已逐一标注），所以它也是师生合作岁月的一种记录、一份见证。我喜欢与我的弟子交流，喜欢与他们谈论一些社会观念、学术思想，对世界的认知，对人生的感悟，也愿意给需要者提出一些建议。从某种意义上说，正是因为与他们讨论过程中的相互启发，才有了彼此的共同进步。如今，我的弟子工作分布在国内外多所大学、研究机构、媒体。有些人已经成为副教授、教授，不少人也当了导师，有些人当了记者、编辑，成了媒体领导，还有的在文化与行政机构，或者是企业。而与他们合作留下的学术文字，将成为我常常念及的一种美好而长久的记忆。

最后，要感谢人民日报出版社对本书出版的支持，感谢责任编辑梁雪云所付出的辛勤劳动。

白　贵

2023年元月7日记于海南三亚凤凰水城

在此，要特别感谢书法家李纯博先生慨允为本书题签，他的书法使本书增色。

白　贵

2023年5月12日补记于河北大学紫园寓所